Maurice Bardèche

NÜRNGERG

Nürnberg oder das Gelobte Land
und
Nürnberg II oder die Falschmünzer

Maurice Bardèche
(1907-1998)

*Nürnberg oder das Gelobte Land
und
Nürnberg II oder die Falschmünzer
1948-1950*

Veröffentlicht von
Omnia Veritas LTD

www.omnia-veritas.com

NÜRNBERG ODER DAS GELOBTE LAND 7
VORWORT DES UEBERSETZERS 8
NÜRNBERG ODER DIE FALSCHMÜNZER 143
VORWORT 144
ERSTER TEIL 160
    DER NÜRNBERGER PROZESS UND DIE WELTMEINUNG 160
KAPITEL I 161
    DIE PRESSE 161
KAPITEL II 180
    DIE OFFIZIELLEN 180
KAPITEL III 188
    DIE SCHRIFTSTELLER 188
ZWEITER TEIL 235
    MOTIVE, DIE VORSICHT ANRATEN 235
KAPITEL I 236
    ZEUGEN UNTER DRUCK 236
KAPITEL II 260
    DIE MALMÉDY-ÄFFAIRE 260
KAPITEL III 273
    WEITERE UNTERSUCHUNGSMETHODEN 273
DRITTER TEIL 289
    UNBEACHTET GELASSENE ZEUGEN 289
KAPITEL I 290
    EINE AUSSAGE ÜBER BUCHENWALD 290
KAPITEL II 316
    DER DACHAUER LAGERPROZESS 316
KAPITEL III 340
    DIE WEHRMACHT UND DIE KRIEGSVERBRECHEN 340
SCHLUSSFOLGERUNG 376
BEREITS VERÖFFENTLICHT 382

Nürnberg oder das gelobte Land

Vorwort des Uebersetzers

> « Deutschland kann als das Herz Europas betrachtet werden. Die grosse festländische Vereinigung wird ihre Unabhängigkeit nicht anders wieder zu finden vermögen als durch diejenige dieses Landes. »
>
> Madame de Staël

Dieses Buch ist ein Beitrag zu der grossen Krise des Rechtsgedankens, in der das Abendland heute steht. Wie der Lichtstrahl sich durch eine Wellenbewegung fortsetzt, so verwirklicht der Sinn unseres Daseins sich durch ein Auf und Ab des Lebensstroms. Einem Wellenberg folgt ein Wellental und diesem wieder ein Wellenberg. Einer Blüte ein Verfall und diesem ein neuer Aufstieg. Kaum scheint das ferne Ziel erreicht, tritt auch die Abkehr von ihm schon wieder ein. Aeusserlich gesehen macht ein Wechselspiel von Annäherung an das Ziel und Wiederentfernung von ihm den Inhalt der Menschengeschichte aus. Aber ohne Abstieg kein Aufstieg. Wie das Licht den Punkt, nach dem es ausgesandt ist, nur in den unzählbaren Schwingungen des Aethers erreicht, so findet das Leben seine Sinnsverwirklichung nur in den ewigen Auf- und Abschwankungen zwischen Geburt und Tod, Jugend und Alter, Aufstieg und Niedergang. Aus Gegensätzen gebiert die Weltgeschichte die ewigen Werte des Daseins. Wo kein Wechsel der Jahreszeiten ist, wird das Blut träge.

Diesem Auf und Ab, hoher Geltung und völliger Missachtung ist auch das Recht unterworfen. Rechtsblüte und Rechtszerfall folgen einander wie Frühling und Herbst, Sommer und Winter. Wir finden Zeitalter, in denen der Richter sein Amt in keiner anderen Weise übt als der Arzt, der ein gebrochenes Glied « einrichtet », damit die Natur die Heilung an ihm vollziehen und es wieder gesund machen kann. Und gleich darauf begegnen wir wieder Zeiten, in denen aus Rachedurst und um der Vergeltung willen gerichtet *wird und Rechtsprechung nicht dazu da ist, zu bessern und von Irrtum zu heilen, sondern um am Unterlegenen sein*

Mütchen zu kühlen. Schon der griechische Dichter Aeschylos beschwor in seinen Tragödien vor zweieinhalbtausend Jahren seine Zeitgenossen, der Blutrache ein Ende zu setzen. Und Plato bezeichnete strafen um zu vergelten als tierisch. Das Neue Testament schliesslich glaubte mit seinem « Richte nicht, damit nicht auch über Dich wieder das Gericht der Vergeltung kommt », der hasserfüllten Welt des Alten Testaments den Endpunkt gesetzt haben.

Aber im jüngsten Wettstreit der Kontinente ist wieder ein vermeintlich längst überwundener, heilloser Geist über unsern Erdteil gekommen. Eine fremdartige Denkund Empfindungsweise hat sich unser bemächtigt und uns mit allen Uebeln einer allgemeinen Rechtsverwilderung, eines bedenkenlosen Missbrauchs der öffentlichen Gewalt, einer Entwürdigung der menschlichen Persönlichkeit und einer alle Herzensbande auflösenden Unaufrichtigkeit geschlagen. Europa steht wieder einmal in einem Wellental. Als einziger Reichtum ist uns die Armut geblieben. Gerade sie aber bildet den Ausgang für den Wiederaufstieg zum Wellenberg. Niemand weiss die Freiheit höher zu schätzen, als wer sie verlor. Niemand setzt sich entschlossener für seine Menschenwürde ein als der, dem man sie raubte. Niemandem ist die Gerechtigkeit teurer als dem, dem Unrecht geschah. Niemand ist mehr erfüllt vom Mut zur Wahrheit, als wer die Lüge am eigenen Leibe erfahren hat. Weil es den Löwenmut zur Wahrheit besitzt, haben wir das vorliegende Buch des französischen Schriftstellers Maurice Bardèche ins Deutsche übersetzt. Möge die Fackel der Wahrheit in jedes abendländische Gewissen und Herz leuchten. Dann wird aus der Nacht wieder Tag werden!

* * *

Maurice Bardèche hat sich seinen Schriftstellernamen mit zwei Veröffentlichungen über Gegenstände der schönen Literatur gemacht. Die eine, 1940 erschienen, ist Balsac, die zweite 1947, Stendhal gewidmet. 1908 bei Bourges geboren, erwirbt er, in die Ecole Normale Supérieure eingetreten, 1932 die Universitätsgrade, liest 1940/41 an der Sorbonne Literaturgeschichte des 19. Jahrhunderts und wird 1942 an der Universität Lille zum ordentlichen Professor der französischen Literatur ernannt. Sein dortiges Wirken nimmt ein plötzliches Ende, als er im Spätsommer 1944 von der Säuberungsbewegung abgesetzt und mehrere Monate in Haft gehalten wird. Da er sich weder persönlich noch schriftstellerisch politisch betätigt hat, bleibt er von Anklage und Verurteilung verschont. Umso schwerer trifft ihn das Schicksal seines ehemaligen Schulfreundes und engen Mitarbeiters an seiner literarischen Arbeit, mit dem ihn, durch Verheiratung mit seiner Schwester, auch verwandtschaftliche Beziehungen verknüpfen, Robert Brasillach's. Brasillach, schon in der Vorkriegszeit von neuen geistigen und politischen Gedanken bewegt und an der Wochenschrift « Je Suis Partout » tätig, wird während der deutschen Besetzungszeit deren führender Kopf, so dass das Blatt bis zu 200 000 Stück wöchentlicher Auflage erreicht und die heranwachsende französische Jugend in ihren Bann zieht. Seine Unerschrockenheit und hohe schriftstellerische Begabung - von letzterer zeugen an die zwanzig Bände Dichtungen und Abhandlungen - gereichen dem Fünfunddreissigjährigen aber zum Verhängnis. Von der Säuberungsbewegung der Zusammenarbeit mit Deutschland bezichtigt und zum Tode verurteilt, endet sein junges Leben am 6. Februar 1945 am Fuss eines Erdwalles im Fort Montrouge.

Von da an beginnt Bardèche sich mit den Dingen des öffentlichen Lebens, vor allem des öffentlichen Rechts zu befassen. 1947 erscheint die in Anredeform geschriebene Schrift « Lettre à François Mauriac ». Bardèche gibt darin dem führenden Kopf französischer Rechtskreise Antwort auf dessen Frage aus dem Jahre 1945: « Anerkennen Sie jetzt, dass Sie Unrecht gehabt haben? » Zwei Jahre furchtbarster Nachkriegsenttäuschung sind verstrichen. Keine Voraussage trifft zu. Kein Versprechen geht in Erfüllung. Statt dass, wie man einer leichtgläubigen Welt eingehämmert hatte, nach der Niederwerfung des nationalsozialistischen Deutschlands Frieden und Wohlstand eintrat, steht man bereits vor einem dritten Weltkrieg. Not, Elend, Unzufriedenheit, Hass, Ungerechtigkeit über Ungerechtigkeit, Lüge, Heuchelei, Unduldsamkeit, Verfolgung Andersgesinnter, Unfreiheit... Die Antwort von Bardèche im Jahre 1947 lautet ganz einfach: « Anerkennen Sie jetzt, dass Sie (!!) *Unrecht gehabt haben? »- Anfang 1949 kommt dann das vorliegende Buch «Nuremberg ou La Terre Promise », Nürnberg oder das Gelobte Land, heraus.*

* * *

« Ich übernehme nicht die Verteidigung Deutschlands - leitet Bardèche sein Buch ein —; ich übernehme die Verteidigung der «Wahrheit». Und an anderer Stelle nennt er das Buch ein «Vorwort» zur Versöhnung. Ruft aber, was ungeschminkt die Wahrheit ausspricht, nicht unter Umständen einer neuen Aufwühlung der Gefühle und damit dem Gegenteil von Versöhnung? Sind nicht Verhältnisse denkbar, wo es zweckmässiger erschiene, an den Dingen, wie sie einmal sind, nicht zu rütteln? Wäre einem mühsam hergestellten Frieden nicht vielleicht besser gedient, wenn geschwiegen und nicht geredet wird? Und ergreift schliesslich, wer für die Wahrheit Partei ergreift, tatsächlich nicht eben doch Partei für eine Partei? Diese Frage kann durchaus gestellt, es kann aber auch eine eindeutige Antwort darauf gegeben werden. Wer ein Freund des Krieges ist, dem wird immer mehr an der Macht als an der Wahrheit liegen. Und wer den Frieden durch Versöhnung will, wird nicht ruhen, bis die Wahrheit sich durchgesetzt hat. Denn die Wahrheit ist immer die Voraussetzung, oder eben das «Vorwort» zur Versöhnung. Die Versöhnung aber ist die Aufhebung aller bisherigen Spaltung in Parteien. Allein durch sie wird einem Krieg ein wirkliches Ende gesetzt. Friede ohne Versöhnung ist blosse Hinausschiebung des nächsten Krieges.

Wer von der überwindenden Macht der Wahrheit überzeugt ist, wird nie den guten Zweck mit schlechten Mitteln, die innere Versöhnung durch äussere Gewalt erreichen wollen. Daher liegt es Bardèche völlig fern, einer Aenderung der bestehenden Machtverhältnisse das Wort zu reden. Verändert muss der innere Mensch werden. Und zwar nicht nur auf der Seite der Sieger, sondern ebensosehr auf der der Besiegten. Ein grosser Friedensfreund hat einmal den strafenden Frieden als einen Frieden des Gefängnisses bezeichnet. Daher verlangt Bardèche von den Siegern, dass sie dem Besiegten nicht nur beim Wiederaufbau seiner zerstörten Städte helfen, sondern auch bei der Beseitigung des Unheils, das sie durch ihren Gefängnisfrieden in seiner Seele angerichtet haben. Er selbst will mit seinem Buch, von dem er schreibt, dass es sich an die ehrlos erklärten Besiegten, « an diese Verworfenen wendet, damit sie wissen, dass nicht die ganze Welt blind den Wahrspruch der Sieger angenommen hat », einen ersten Schritt tun. Und in Amerika, wo es manchmal Leute mit einem erstaunlichen Verständnis für die seelische Lage anderer Völker gibt, macht man sich Sorge, dass in dem seelisch misshandelten Deutschland der Zweifel an einer Gerechtigkeit und an allen geistigen

Werten überhaupt Anfälligkeit für eine Politik der Verzweiflung schaffen könnte. Die abendländische Gesellschaft von heute wundert sich allerdings immer noch, dass 95 von 100 Gefängnisinsassen, die man aus der menschlichen Gemeinschaft ausgestossen hat, nach ihrer sogenannten Wiederaufnahme in diese eine « Politik der Verzweiflung » einschlagen, d. h. rückfällig werden.

* * *

Eine Wandlung von der Verzweiflung und ihren Folgen hinweg wird sich im Besiegten nicht anders bewirken lassen, als indem man ihm Genugtuung dafür gibt, dass man ihn seelisch misshandelt und seine Ehre und Menschenwürde mit Füssen getreten hat. Mit anderen Worten: durch die Revision des Urteils, das über ihn gefällt worden ist. Gleichzeitig muss der Sieger sich aber auch Rechenschaft darüber ablegen, dass es überhaupt ein Irrtum ist, über Seinesgleichen zu Gericht zu sitzen. Er muss sich von der Vorstellung los machen, dass er mit Nürnberg irgendetwas Neues und im Vergleich zum Bisherigen gar Verdienstliches geschaffen habe. Neu an der Rechtsprechung von Nürnberg war allein, dass man die Ketzer, die man früher auf den Holzstoss warf, jetzt an den Holzpfahl hängt. Im übrigen hat man einfach alles, was einmal im Abendland als Recht galt, und von dem das heutige Geschlecht bald nur noch vom Hörensagen weiss, über Bord geworfen. Mit den Moskauerprozessen der dreissiger Jahre fing es an. In Nürnberg erreichte es eine bisher nie gesehene Höhe. Man unterschied zwischen Handlung und Handelndem. Was beim Einen gottgefälliges Werk, war beim Anderen todeswürdiges Verbrechen. Man bestrafte nicht die Verfehlung, sondern die Andersgläubigkeit. Rechtskundige Leute mit unrechtskundigem Gewissen mussten eigens für diesen Zweck Gesetze herstellen. Schliesslich stellte man den Verurteilten, zur Erhöhung des eigenen Ruhmes öffentlich zur Schau. An die Stelle der Menschenachtung trat die Leichenschändung. - Und wie hatte es doch früher geheissen? Unabänderliche Festlegung im Gesetz, was strafbare Handlung ist. Unabhängigkeit der Bestrafung von der Person. Durch die Rücksichtnahme auf die Absicht des Beschuldigten war die Rechtsfindung zu einer Erforschung der seelischen Ursachen der Verfehlung und die Strafe zu einem Mittel der Erziehung geworden. Der Mensch galt nicht als ein in Sünde geborenes und zu ewiger Verdammnis *bestimmtes Wesen, sondern als ein zu Einsicht und Umkehr fähiger Irrender. Wer sich verfehlte, den merzte man nicht einfach aus. Und selbst noch im schlimmsten Verbrecher wurde, in dem man ihn der Erlösung teilhaftig werden liess, die menschliche Persönlichkeit geachtet.*

Also ein paar Jahrtausende zurück ist man in Nürnberg gegangen. Und das gilt auch für das « Gelobte Land », nach dessen Vorstellungen der Friede gebaut werden sollte. Es ist ein Land ewiger Versprechung und niemaliger Erfüllung. Buchstabengläubigkeit, Unduldsamkeit, Feindeshass, Rachebedürfnis und Auserwähltheitsglaube kennzeichnen es. Ihm ist jene erlösende und versöhnende Kraft fremd, die allein im Menschen den Schöpfergeist entbindet und ihn mit seinem Schöpfungsgrund versöhnt. Darum hat der Hassfriedensplan von Nürnberg seinen Ursprung letztlich im Hass aus Unvermögen. Hass aus dem Unfrieden des eigenen Herzens. Darum ginge dieser weltliche Ueberstaat, dieses wiederauferstehende messianische Reich, das die Gewissen allein durch die Furcht vor Strafe und Vergeltung beherrscht und sich als Verkörperung des Weltgewissens ausgeben möchte, nie aus der freien Zustimmung seiner Glieder hervor. Es wäre ein den Völkern übergeworfenes Netz, in dem diese ohnmächtig ihr Sklavendasein dahinleben müssten. Das geistige Reich, das nur ein inneres Reich ist, würde als Vorspann vor Zwecken und Zielen weltlicher Herrschaft missbraucht. Sein Amt, durch die Herrschaft des Herzens den Menschen den Weg durch den weltlichen Bereich zu weisen, fiele dahin und mit ihm der höhere Sinn unseres Erdenlebens.

* * *

Bardèche setzt würdig eine alte Ueberlieferung seines Landes fort. Er führt seinen geistigen Kampf für die Gesundung einer kranken Welt und eines Erdteiles vor allem, der heute sein überliefertes Gut vertan und seine Seele verspielt hat, mit dem schneidenden Schwert der Ironie. *Aber daneben bricht auch immer wieder der* Dichter *durch. Aus seinem Buch weht uns das Heimweh nach der einstigen Heimat entgegen, nach der Mutter Erde und dem erdverbundenen Menschen und seinen einfachsten gesellschaftlichen Lebensformen der Familie und der Gemeinde. Die stillen Bauerngehöfte inmitten der weiten Felder, die verträumt dahinziehenden Flussläufe, die im vollen Lichtglanz flimmernde*

Landschaft der « douce France » erstehen vor unserem geistigen Auge. Wir hören das Rauschen ihrer Bäume und das Läuten ihrer Glocken, für das dem vermeintlichen Weltbürger, wie er aus dem Gesetz von Nürnberg hervorgehen sollte, für alle Zeiten das Gehör gefehlt hätte.

Zürich, im Sommer 1949. *H. R.*

> Salomon zählte alle Fremden, die im Lande waren, nach der Zählung, die David, sein Vater angeordnet hatte. Man fand deren hundertdreiundfünfzig tausendsechshundert. Und er nahm davon siebzigtausend zum Lastentragen, aehtzigtausend, um in den Bergen Stein zu hauen, und dreitausendsechshundert, um das Volk zu überwachen und zur Arbeit anzuhalten.
>
> **Altes Testament**, 2. Buch Chronika 2, 17-18

Ich übernehme nicht die Verteidigung Deutschlands. Ich übernehme die Verteidigung der Wahrheit. Ich weiss nicht, ob die Wahrheit besteht. Und viele Leute führen sogar eine Reihe von Gründen an, um mir zu beweisen, dass sie nicht besteht. Aber ich weiss, dass die Lüge besteht. Ich weiss, dass die planmässige Entstellung der Tatsachen besteht. Wir leben seit drei Jahren auf einer Fälschung der Geschichte. Diese Fälschung ist geschickt: sie reisst die Einbildungskraft mit sich fort. Dann stützt sie sich auf das Einverständnis der Einbildungskraft. Man begann damit, zu sagen: seht, das alles habt Ihr erlitten. Dann sagt man: erinnert Ihr Euch dessen, was Ihr erlitten habt? Man hat sogar eine Philosophie dieser Fälschung erfunden. Sie besteht daran, uns zu erklären, dass das was wir wirklich waren, keinerlei Bedeutung hat, sondern dass allein *das Bild* zählt, das man sich von uns machte. Es scheint, dass diese Umstellung *die einzige Wirklichkeit* ist. Der jungen Gruppe Rotschild ist so zu einem metaphysischen Dasein verholfen worden.

Ich glaube starr an die Wahrheit. Ich glaube sogar, dass sie schliesslich über alles und selbst über das Bild, das *man* von uns macht, den Sieg davonträgt. Das jämmerliche Schicksal der von der Resistance erfundenen Fälschung hat uns bereits den Beweis dafür erbracht. Heute ist der Block zerbrochen. Die Farben blättern ab: Reklameflächen überdauern nur wenige Jahreszeiten. Aber wenn nun die Propaganda der Demokratien drei Jahre lang über uns gelogen hat; wenn sie verschleiert hat, was wir getan haben: dürfen wir ihr dann glauben, wenn sie uns von Deutschland spricht? Hat sie nicht die Geschichte der Besetzung gefälscht, so wie sie die Tätigkeit der französischen Regierung falsch dargestellt hat? Die Oeffentlichkeit beginnt ihr Urteil über die Säuberung zu berichtigen. Müssen wir uns nicht fragen, ob die gleiche Berichtigung nicht auch notwendig ist in Bezug auf das Urteil, das von den gleichen Richtern in Nürnberg gesprochen wurde? Ist es nicht wenigstens ehrlich, ist es nicht notwendig, diese Frage zu stellen? Wenn das richterliche Verfahren, das Tausende von Franzosen getroffen hat, ein Betrug ist: wer beweist uns, dass dasjenige, das Tausende von Deutschen betroffen hat, nicht auch einer ist? Haben wir das Recht, daran achtlos, ohne Rücksicht auf unsere eigenen Belange vorbeizugehen?

Werden wir dulden, dass Tausende von Menschen in dieser Zeit leiden und sich empören über unsere Weigerung, Zeugnis abzulegen, über unsere Feigheit, unser falsches Mitleid? Sie weisen die Zwangsjacke zurück, die wir ihrer Stimme und ihrer Vergangenheit anziehen wollen. Sie wissen, dass unsere Zeitungen lügen, dass unsere Filme lügen, dass unsere Schriftsteller lügen. Sie wissen es und werden es nicht vergessen: werden wir diesen Blick der Verachtung, den sie uns mit Recht zuwerfen, auf uns fallen lassen? Wir wissen es: die ganze Geschichte dieses Krieges muss neu geschrieben werden! Werden wir unsere Türe der Wahrheit verschliessen?

Wir haben diese Menschen, die sich in unsern Häusern und Städten niedergelassen hatten, gesehen. Sie waren unsere Feinde, und was noch grausamer ist, sie waren die Herren bei uns. Das beraubt sie aber nicht des Anrechtes, das alle Menschen auf die Wahrheit und die Gerechtigkeit haben; ihres Anrechtes auf die Aufrichtigkeit der anderen Menschen. Sie haben mit Mut gekämpft. Sie haben das Geschick des Krieges erlitten, den sie angenommen hatten. Heute sind ihre Städte zerstört. Sie wohnen in Löchern inmitten der Ruinen. Sie haben nichts mehr. Sie leben wie Bettler von dem, was der Sieger ihnen bewilligt. Ihre Kinder sterben und ihre Töchter sind die Beute des Fremden. Ihre Not übersteigt alles, was jemals vor die Vorstellungskraft der Menschen gekommen ist. Werden wir ihnen das Brot und das Salz verweigern? Und wenn diese Bettler, aus denen wir Geächtete machen, keine anderen Menschen wären als wir? Wenn unsere Hände nicht reiner wären als ihre Hände? Wenn unsere Gewissen nicht leichter wären als ihre Gewissen? Wenn wir uns getäuscht hätten? Wenn man uns belogen hätte?

Und doch verlangen die Sieger von uns, das Zwiegespräch mit Deutschland auf dieses Urteil ohne Berufung zu gründen, oder besser, zu verweigern. Sie haben sich des Schwertes Jehovas bemächtigt und Deutschland aus den menschlichen Gefilden vertrieben. Der Zusammenbruch Deutschlands genügte den Siegern nicht. Die Deutschen waren nicht nur Besiegte. Sie waren keine gewöhnliche Besiegte. Das Schlechte war in ihnen besiegt worden: man musste sie lehren, dass sie Barbaren, *Barbaren* seien! Was über sie kam, der letzte Grad der Not, die Verzweiflung wie am Tage der Sündflut, ihr Land verschlungen wie Gomorrha und sie verlassen umherirrend, betäubt inmitten der Ruinen wie am Tag nach dem Untergang der Welt – man musste sie lehren, dass ihnen *recht geschah*, wie die Kinder sagen! Es war eine gerechte Strafe des Himmels! Sie, die Deutschen, sollten sich auf ihre Ruinen setzen und sich die Brust schlagen. Denn *sie waren Ungeheuer gewesen*. Und es ist gerecht, dass die Städte der Ungeheuer zerstört wurden und auch die Frauen der Ungeheuer und ihre kleinen Kinder. Und der Rundfunk aller Völker der Welt, und die Presse aller Völker der Welt, und Millionen von Stimmen aller Himmelsrichtungen der Welt, ohne Ausnahme, ohne falsche Note, machten sich daran, dem Menschen, der auf seinen Ruinen sass, zu erklären, warum er ein Ungeheuer gewesen war.

Dieses Buch ist an diese Verworfenen gerichtet. Denn sie sollen wissen, dass nicht die ganze Welt den Wahrspruch der Sieger blind angenommen hat. Die Zeit, um Berufung einzulegen, wird eines Tages kommen. Die aus dem Sieg der Waffen hervorgegangenen Gerichte fällen nur vergängliche Urteile. Die politische Zweckmässigkeit und die Furcht widerrufen bereits diese Urteilssprüche. Unsere Meinung über Deutschland und das nationalsozialistische Regime ist unabhängig von diesen Zufälligkeiten. Unser einziger Ehrgeiz bei der Niederschrift dieses Buches war, es noch in fünfzehn Jahren ohne Scham lesen zu können. Wenn wir finden, dass die deutsche Armee oder die nationalsozialistische Partei Verbrechen begangen haben, werden wir diese natürlich Verbrechen nennen. Aber wenn wir denken, dass man sie mit Hilfe von Trugschlüssen oder Lügen anklagt, werden wir diese Trugschlüsse und diese Lügen zur Anzeige bringen. Denn all das sieht viel zu viel einer Theaterbeleuchtung ähnlich: man richtet die Scheinwerfer und beleuchtet während dieser Zeit nur eine einzige Szene. Alles Uebrige bleibt im Dunkeln. Es ist Zeit, dass man die Leuchter anzündet und den

Zuschauern ein wenig ins Gesicht sieht!

* * *

Bemerken wir zuerst einleitend, dass dieser Prozess, den man Deutschland oder genauer dem Nationalsozialismus macht, eine feste Grundlage hat, eine viel festere Grundlage, als man allgemein glaubt. Bloss ist es nicht diejenige, die man angibt. Und die Dinge sind in Wahrheit viel ergreifender und die Begründung der Anklage und der Beweggrund zur Anklage viel beängstigender für die Sieger, als man sagt.

Die Oeffentlichkeit und die Ankläger der Siegermächte behaupten, dass sie sich zu Richtern aufgeworfen haben, weil sie die Zivilisation vertreten. Das ist die amtliche Darlegung. Aber das ist auch der amtliche Trugschluss. Denn das heisst, dasjenige zum Grundsatz und zur festen Grundlage nehmen, was gerade in Frage steht. Erst am Schlusse des zwischen Deutschland und den Alliierten eröffneten Prozesses wird man sagen können, welches Lager die Zivilisation vertrat. Aber man kann es nicht am Anfang sagen, und vor allem kann es nicht eine der in Frage stehenden Parteien sagen. Die Vereinigten Staaten, England und die USSR haben ihre gelehrtesten Juristen eingesetzt, um dieses Schlussverfahren kleiner Kinder zu verteidigen: « Seit vier Jahren wiederholt unser Rundfunk, dass Ihr Barbaren seid; Ihr seid besiegt worden; also seid Ihr Barbaren! » Denn es ist klar, dass Herr Shawcross, Herr Jackson und Herr Rudenko am Pult von Nürnberg nichts anderes sagen, wenn sie sich auf die einmütige Entrüstung der zivilisierten Welt berufen. Eine Entrüstung, die ihre eigene Propaganda hervorgerufen, unterstützt und geführt hat, und die nach ihrem Belieben, wie eine Wolke von Heuschrecken, auf jede Art von politischem Leben, das ihnen missfällt, gelenkt werden kann. Aber lassen wir uns nicht irreführen: diese gemachte Entrüstung war lange Zeit und ist, im ganzen gesehen, immer noch die hauptsächliche Begründung der Anklage gegen das deutsche Regime. Diese Entrüstung der zivilisierten Welt ist es, die den Prozess verlangt. Sie ist es ebenfalls, die seine Führung unterstützt. Und schliesslich ist sie alles: die Richter von Nürnberg sind nur die Geschäftsführer, die Schriftgelehrten dieser Einmütigkeit. Man setzt uns mit Gewalt rote Brillen auf und lädt uns daraufhin ein, zu erklären, dass die Dinge rot sind. Das ist ein Zukunftsprogramm, dessen philosophische Verdienste aufzuzählen wir noch nicht am Ende sind. Aber die Wahrheit ist ganz anders. Der wahre Grund des Prozesses von Nürnberg, derjenige, den man nie zu nennen gewagt hat, ich befürchte sehr, dass es die Furcht sei: es ist der Anblick der Ruinen, der Schrecken der Sieger. *Es ist notwendig, dass die Anderen Unrecht haben!* Es ist notwendig, denn wenn sie zufällig keine Ungeheuer gewesen wären: was für eine Last würden diese zerstörten Städte und diese Tausende von Phosphorbomben bedeuten? Der Schreck und die Verzweiflung der Sieger bilden den wahren Grund des Prozesses. Sie haben sich das Gesicht verschleiert vor dem, was sie gezwungen waren zu tun. Und um sich Mut zu geben, haben sie ihre Blutbäder in Kreuzzüge verwandelt. Sie haben *nachträglich* ein Recht zum Blutbad im Namen der Achtung vor der Menschlichkeit erfunden. Da sie Totschläger waren, haben sie sich zu Polizisten befördert. Wir wissen, dass von einer gewissen Zahl von Toten an jeder Krieg verbindlich zu einem Kriege des Rechts wird. Der Sieg ist also nur vollständig, wenn man, nachdem die Burg bezwungen ist, auch die Gewissen bezwingt. Unter diesem Gesichtspunkt ist der Prozess von Nürnberg ein Werkzeug des neuzeitlichen Krieges, das als Bomber beschrieben zu werden verdient.

Wir hatten schon 1918 die gleiche Sache versuchen wollen. Aber da damals der Krieg nur eine kostspielige militärische Unternehmung war, begnügte man sich, den Deutschen die Karte des Angreifers zuzuschieben. Niemand wollte für die Toten verantwortlich sein. Man belastete die Besiegten damit, indem man ihre Unterhändler nötigte, zu unterschreiben, dass ihr Land für diesen Krieg verantwortlich sei. Diesmal, nachdem der Krieg auf beiden Seiten zu einem Blutbad der Unschuldigen geworden war, genügte es nicht, dass die Besiegten sich als Angreifer bekannten. Um die Verbrechen zu entschuldigen, die in der Kriegführung auf der eigenen Seite begangen wurden, war es *unbedingt notwendig*, auf der anderen Seite noch schwerere Verbrechen zu entdecken. Es war unbedingt notwendig, dass die englischen und amerikanischen Bomber als das Schwert des Herrn erschienen. Die Alliierten hatten keine Wahl. Wenn sie nicht feierlich bestätigten, wenn sie nicht durch gleichgültig was für ein Mittel bewiesen, dass sie die Retter der Menschheit gewesen waren, waren sie nichts weiter als Mörder. Würden die Menschen, wenn sie eines Tages aufhörten, an die *deutsche*

Ungeheuerlichkeit zu glauben, nicht Rechnung stellen für die verschwundenen Städte?

Es besteht also ein offensichtliches Interesse der britischen und amerikanischen Propaganda und, in einem geringeren Grade der sowjetrussischen Propaganda, die Lehre von den *deutschen Verbrechen* zu unterstützen. Man erkennt das noch besser, wenn man sich klar macht, dass diese Lehre sich trotz ihres öffentlichen Interesses, erst spät in ihrer endgültigen Form gebildet hat.

Am Anfang glaubte niemand daran. Der Rundfunk bemühte sich, den Eintritt in den Krieg zu rechtfertigen. Die Oeffentlichkeit fürchtete tatsächlich eine deutsche Vorherrschaft, aber sie glaubte nicht an eine *deutsche Ungeheuerlichkeit*. « Man wird uns den Streich mit den deutschen Grausamkeiten nicht wiederholen », sagten die Offiziere in den ersten Monaten der Besetzung. Die Bombardierungen von Coventry und London, die ersten Luftbombardierungen von Zivilbevölkerungen - verdarben diese Weisheit. Und ein wenig später der Unterseebootskrieg. Dann die Besetzung, die Geiseln, die Vergeltungsmassnahmen. Jetzt gelang dem Rundfunk der erste Grad der Vergiftung der öffentlichen Meinung. Die Deutschen waren Ungeheuer, weil sie unehrliche Gegner waren und nur an das Gesetz des Stärkeren glaubten. Ihnen gegenüber anständige Völker, die immer geschlagen wurden, weil sie sich in allem ehrlich betrugen. Aber die Völker glaubten nicht, dass die Deutschen Ungeheuer waren. Sie kannten nur die Schlagworte der Propaganda aus der Zeit des Kaisers und der dicken Berta.

Die Besetzung der Länder des Ostens und der gleichzeitig in ganz Europa gegen den Terrorismus und die Sabotage unternommene Kampf lieferten weitere Beweise. Die Deutschen waren Ungeheuer, weil ihnen überall ihre Totschläger folgten. Man setzte die Sage von der Gestapo auf ihren Sockel: in ganz Europa richteten die deutschen Armeen die Schreckensherrschaft auf. Die Nächte waren erfüllt von Stiefelgeklapper. Die Gefängnisse waren voll. Und bei jedem Tagesanbruch krachten die Salven. Der Sinn des Krieges wurde klar: Millionen von Menschen von einem zum anderen Ende des Festlandes kämpften für die Befreiung der neuen Sklaven. Die Bomber nannten sich Befreier, « Liberator ». Das war die Zeit, als Amerika in den Krieg eintrat. Die Völker glaubten noch nicht, dass die Deutschen Ungeheuer waren. Aber schon fassten sie diesen Krieg als einen Kreuzzug für die Freiheit auf. Das war der zweite Grad der Vergiftung.

Doch stimmten diese Bilder noch nicht mit der Hochspannung unserer gegenwärtigen Propaganda überein. Der Rückzug der deutschen Armeen im Osten erlaubte schliesslich das Stichwort auszusprechen. Das war der erwartete Augenblick: denn der deutsche Rückzug hinterliess Strandgut. Man sprach von Kriegsverbrechen. Und eine Erklärung vom 30. Oktober 1943 erlaubte zur allgemeinen Genugtuung, die öffentliche Meinung auf diese Verbrechen aufmerksam zu machen und die Strafe dafür vorauszusehen. Dieses Mal waren die Deutschen richtige *Ungeheuer*. Sie schnitten die Hände der kleinen Kinder ab, wie man es immer behauptet hatte. Es war nicht mehr die Gewalt. Es war die Barbarei. Von diesem Augenblick an *hatte* die zivilisierte Welt *ihnen gegenüber Rechte:* denn schliesslich gibt es empfindsame Gewissen, die nicht dulden, dass man die Unehrlichkeit mit Luftbombardementen bestraft, noch dass man ein autoritäres Regime als ein gemeinrechtliches Vergehen betrachtet, wogegen die ganze Welt bereit ist, die Schlächter von Kindern ausserhalb der Kriegsrechte zu stellen. Jetzt hatte man « die frische Tat ». Man verbreitete sie. Man wertete sie aus. Die Völker begannen zu überlegen, dass die Deutschen sehr wohl Ungeheuer sein konnten. Und man kam zur dritten Stufe der Vergiftung, die darin besteht, zu vergessen, was man jede Nacht auf den Flügen anrichtet, und umsomehr an das zu denken, was jeden Tag in den Gefängnissen vor sich geht.

Das war das militärische Ziel, zu dem man von Anfang an die Gewissen führen zu können wünschte. Das war der Zustand, in dem man sie erhalten musste. Man musste das umso mehr, als bald nach diesem Zeitpunkt, im Dezember 1943, die Art der Bombardierungen sich änderte: anstatt militärische Gegenstände ins Ziel zu fassen, erhielten die alliierten Flieger den Befehl, die Taktik der Bombenteppiche anzuwenden, die ganze Städte vernichtete. Und diese an einen Weltuntergang gemahnenden Zerstörungen verlangten ganz offensichtlich eine entsprechende Ungeheuerlichkeit. Man fühlte deren Notwendigkeit so sehr, dass man von diesem Zeitpunkt an eine mächtige Einrichtung zur Feststellung der deutschen Verbrechen schuf, die die

Aufgabe hatte, sich in den Fusstapfen der ersten Besetzungswelle einzurichten, ähnlich wie in Russland die Polizeiformationen dem Vorgehen der Panzertruppen folgten. Diese Annäherung ist sinnvoll: die Deutschen säuberten, die Amerikaner beschuldigten. Jeder verrichtete, was am dringlichsten war. Diese Nachforschungen waren, wie man weiss, von Erfolg gekrönt. Man hatte das grosse Glück, im Januar 1945 jene Konzentrationslager zu entdecken, von denen bisher niemand sprechen gehört hatte und die der Beweis wurden, dessen man gerade bedurfte: die frische Tat im Reinzustand, *das Verbrechen gegen die Menschlichkeit*, das alles rechtfertigte. Man photographierte sie, filmte sie, veröffentlichte sie, machte sie durch eine riesenhafte Oeffentlichkeit wie eine neue Füllfedermarke bekannt. Der moralische Krieg war gewonnen. Die deutsche *Scheusslichkeit* war durch diese kostbaren Beweisstücke erwiesen. Das Volk, das solches erfunden hatte, besass kein Recht, sich über irgend etwas zu beklagen. Und das Stillschweigen war derart, der Vorhang so geschickt und plötzlich weggerissen, dass nicht eine Stimme zu sagen wagte, dass alles das zu schön sei um wirklich wahr zu sein.

So wurde die deutsche Straffälligkeit durch je nach den Zeiten sehr verschiedene Gründe bestätigt: und bemerkenswert ist nur, dass diese Straffälligkeit in dem Masse wächst, in dem die Bombardierungen gegen die Zivilbevölkerung zunehmen. Dieses zeitliche Zusammenfallen ist an sich recht verdächtig. Und es ist zu klar, dass wir nicht ohne Vorsicht die Anschuldigungen der Regierungen hinnehmen dürfen, die ein so offensichtliches Bedürfnis nach einem Wechselgeld haben.

Es ist vielleicht nicht unnütz, sich auf diese bewundernswerte technische Aufmachung zu berufen. Nachdem wir den Technikern, zur Hauptsache Juden, die dieses Programm orchestrierten, unsere Anerkennung übermittelt haben, besitzen wir den Wunsch, klar zu sehen und dieses Theaterstück anzuschauen, in dem die Anschuldigungen, gleich den Theaterstreichen im Melodrama, wie gerufen kommen!

Dieser Aufgabe also wollen wir uns widmen. Sicherlich kann dieses kleine Buch nur ein erster Stein sein. Es enthält mehr Fragen als Antworten. Mehr Untersuchungen als Beweisstücke. Aber ist es nicht bereits etwas, wenn man ein wenig Ordnung in einen Gegenstand bringt, den man absichtlich mit Verwirrung dargestellt hat? Die Arbeit ist so gut gemacht worden, dass heute niemand mehr wagt, die Dinge bei ihrem Namen zu nennen. Man hat alles zugleich als ungeheuerlich bezeichnet: die Handlungen, die Menschen, die Begriffe. Alle Gedanken sind jetzt wie von Betäubung befallen. Sie sind erstarrt, unfruchtbar. Sie tappen in einer Watte von Lügen herum. Und manchmal wenden sie sich, wenn sie Wahrheiten begegnen, mit Schrecken davon ab, weil diese Wahrheiten geächtet sind. Der erste Gegenstand dieser Ueberlegungen wird daher eine Art Wiederherstellung der Gewissheit sein. Doch darf sich diese Arbeit der Berichtigung nicht auf die Tatsachen beschränken. Der Gerichtshof von Nürnberg hat im Namen einer gewissen Anzahl von Grundsätzen, im Namen einer gewissen politischen Moral gerichtet. Alle diese Beschuldigungen haben eine Kehrseite. Man schlägt uns eine Zukunft vor. Man *bringt sie zu Ansehen*, indem man die Vergangenheit verdammt. Wir wollen aber auch in diese Zukunft klar sehen. Wir möchten diese Grundsätze von Angesicht sehen. Denn schon ahnen wir, dass diese neue Sittlichkeit sich auf eine befremdliche Welt bezieht, auf eine Welt, ähnlich der Welt eines Kranken, eine dehnbare Welt, die unser Blick nicht mehr erkennt: aber eine Welt, die diejenige der *Anderen* ist. Gerade diejenige, die Bernanos voraussah, als er den Tag fürchtete, an dem sich die, in dem duckmäuserischen Gehirn des kleinen negerhaften Schuhputzers des New Yorker Ghettos eingeschlossenen Träume verwirklichen würden. Jetzt sind wir soweit! Man hat den Gewissen zu viel Arznei verabreicht. Man hat uns den Schlag der Circe versetzt. Wir sind alle Juden geworden!

★ ★ ★

Beginnen wir also diesen Prozess von Nürnberg zu beschreiben, auf dessen Gipfel sich die Burg dieses neuen Gemeinwesens erhebt. Hier enden die Beschuldigungen und hier beginnt die künftige Welt.

Die Geschäftsstelle des internationalen Militärgerichts hat seit dem letzten Jahr mit der Veröffentlichung der stenographischen Aufnahme des Nürnberger Prozesses begonnen. Diese Veröffentlichung soll vierundzwanzig Bände von ungefähr 500 bis 700 Seiten umfassen. Die französische Ausgabe umfasst gegenwärtig zwölf Bände, die vor allem den Beweisstücken der Anklage entsprechen. Dieser Teil der Arbeit genügt uns. Denn die Anklage richtet sich selbst durch das, was sie sagt.

Es scheint unnütz, die Verteidigung zu hören.

Rufen wir zuerst einige Bestandteile des Bauwerkes in Erinnerung. *Der internationale Militärgerichtshof* wurde errichtet auf Grund der Vereinbarung von London vom 8. August 1945, die zwischen Frankreich, den Vereinigten Staaten, Grossbritannien und der Union der sozialistischen Sowjetrepubliken geschlossen wurde. Dieser Vereinbarung war eine *Satzung des Gerichtshofes* beigeschlossen, die zugleich die Zusammensetzung, das Verfahren, die Rechtssprechung des Gerichtshofes und *die Liste der Handlungen, die als verbrecherisch zu betrachten sind,* feststellt. Man erfuhr also durch diese am 8. August 1945 veröffentlichte Satzung zum ersten Mal, dass gewisse Handlungen, die bisher in den Texten des Völkerrechts nicht erwähnt worden waren, als verbrecherisch betrachtet wurden, und dass die Angeklagten sich dieser Handlungen als solcher zu verantworten hatten, trotzdem es vorher nirgendwo jemals geschrieben war, dass sie verbrecherisch seien. Man erfuhr dort ausserdem, dass die Straffreiheit, die denjenigen, der einen erhaltenen Befehl ausführt, schirmte, nicht in Berücksichtigung gezogen werde. Und dass anderseits das Gericht erklären konnte, dass eine so oder so beschaffene politische Organisation, die vor das Gericht gefordert war, keine politische Organisation darstellte, sondern eine Vereinigung von Uebeltätern, die sich gebildet hatte, um eine Verschwörung oder ein Verbrechen zu verüben. Und dass infolgedessen alle ihre Mitglieder als Verschwörer oder Verbrecher behandelt werden konnten.

Der Prozess rollte während eines Jahres, vom Oktober 1945 bis zum Monat Oktober 1946 ab. Der Gerichtshof wurde durch drei Richter gebildet, von denen der eine ein Amerikaner, der zweite ein Franzose, der dritte ein Russe war, und dem ein hoher britischer Beamter, Lord Justice Lawrence vorstand. Die Anklage wurde erhoben durch vier Hauptankläger, verbeiständigt durch neunundvierzig Rechtsgelehrte in Uniform. Eine gewichtige Geschäftsstelle war mit der Sammlung und Ordnung der Beweisstücke beauftragt. Die vier Hauptanklagepunkte lauteten: auf *Verschwörung* (das ist die politische Tätigkeit der nationalsozialistischen Partei seit ihrem Beginn, die mit einer Verschwörung gleichgesetzt wird); auf *Verbrechen gegen den Frieden* (das ist die Anklage, den Krieg veranlasst zu haben); auf *Kriegsverbrechen* und auf *Verbrechen gegen die Menschlichkeit*. Die

Anklage wurde erhoben mittels einer Reihe von Darlegungen des Staatsanwaltes. Jede dieser Darlegungen stützte sich auf die Beibringung von Beweisstücken, die im Laufe des Prozesses veröffentlicht worden sind. Jedermann weiss es, denn die Presse hat es des langen erklärt, dass diese Darlegungen vor einem Mikrophon gesprochen wurden. Sie mussten langsam gesprochen werden. Jeder Satz war vom nachfolgenden durch eine Pause getrennt. Uebersetzer übertrugen an Ort und Stelle. Die Angeklagten, ihre Verteidiger und die Mitglieder der Staatsanwaltschaft verfügten über Hörer, die ihnen ermöglichten, die Ausführungen in ihrer Sprache zu hören, indem sie auf die Wellenlänge einstellten, die der Sendung ihres eigenen Uebersetzers entsprach. Diese technische Meisterhaftigkeit machte auf die Einbildungskraft den stärksten Eindruck. Und doch, wenn man überlegt, war das nicht das Ueberraschendste an diesem Prozess.

Der Anschein der Rechtsmässigkeit wurde vollkommen gewahrt. Die Verteidigung hatte wenig Rechte, aber diese Rechte wurden geachtet. Einige eifrige Hilfskräfte des öffentlichen Anklägers wurden zur Ordnung gerufen, als sie sich erlaubten, die Handlungen, über die sie berichteten, voreilig zu benennen. Der internationale Gerichtshof unterbrach die Darlegungen des französischen Anklägers auf Grund ihres unaufrichtigen und weitschweifigen Charakters und weigerte sich, ihre Fortsetzung zu hören. Mehrere Angeklagte wurden freigesprochen. Schliesslich waren die Formen vollendet und niemals wurde zweifelhaftes Recht mit mehr Anstand gesprochen.

Denn dieses neuzeitliche Maschinenwesen hatte, wie man weiss, zum Ergebnis, die Rechtsprechung der Negerstämme wieder zum Leben zu erwecken. Der siegreiche König richtet sich auf seinem Thron ein und lässt seine Hexenmeister rufen: und unter Beisein der auf ihren Absätzen sitzenden Krieger erwürgt man die besiegten Häuptlinge. Wir beginnen zu vermuten, dass alles übrige Komödie darstellt, und die Zuschauerschaft, nach achtzehn Monaten, schon nicht mehr der Getäuschte dieser Inszenesetzung ist. Man erwürgt sie, weil sie besiegt worden sind. Die Grausamkeiten, die man ihnen vorwirft – kein gerechter Mensch kann vermeiden, sich zu sagen, dass sie ebensoschwere den Befehlshabern der alliierten Armeen vorwerfen können: die Phosphorbomben sind bestimmt der Konzentrationslager würdig! Ein amerikanisches Gericht, das Goering zum Tode verurteilt, hat nicht mehr Ansehen in den Augen der Menschen als ein deutsches Gericht, das sich angemasst hätte, Roosevelt zu verurteilen. Ein Gericht, das das Gesetz macht, nachdem es sich auf seinen Sitz gesetzt hat, führt an die Anfänge der Geschichte zurück. Zur Zeit Chilperichs wagte man nicht, so zu richten! Das Recht des Stärkeren ist eine anständigere Handlung. Wenn der Gallier *Vae victis* ausruft, hält er sich wenigstens nicht für Salomon. Aber diesem Gericht ist es gelungen, eine Versammlung von Negern im Stehkragen zu sein: das ist das Programm unserer kommenden Zivilisation! Es ist ein Maskenspiel, ein Albdruck: sie haben sich als Richter verkleidet! Sie sind ernst. Sie haben sich mit ihren Hörern geschmückt. Sie haben die Köpfe von Patriarchen. Sie verlesen Schriftstücke mit süsslicher Stimme in vier Sprachen zugleich. Und in Wirklichkeit sind es Negerkönige. Das ist eine Verkleidung von Negerkönigen. Und im gelangweilten und ehrwürdigen Saal hört man gedämpft die Kriegstrommel der Stämme. Es sind sehr saubere und vollkommen verneuzeitlichte Neger. Sie haben, ohne es in ihrer negerhaften Einfachheit, in ihrer negerhaften Unbewusstheit zu merken, ein Ergebnis gezeitigt, das ohne Zweifel keiner von ihnen erwartete: sie haben durch ihre Schlechtgläubigkeit sogar jene wieder zu Ehren gebracht, deren Verteidigung beinahe unmöglich war. Und sie haben Millionen von Deutschen, die in ihrem Unglück geflüchtet und an ihrer Niederlage und durch ihr Besiegtenlos gewachsen sind, das Recht gegeben, sie zu verachten! Goering, ein spöttischer Spassmacher, wusste wohl, dass sie ihm in jeder Sache recht gaben, weil sie mit ihrer Richterrüstung dem Gesetz des Stärkeren huldigten, das er selbst zu seinem Gesetz gemacht hatte. Und Goering betrachtete lachend den als Richter verkleideten Goering, der den als Galeerensklaven verkleideten Goering verurteilte.

Im übrigen ist der innere und äussere Anblick dieser Gerichtskomödie nicht das, was uns interessiert. Dass die Verurteilung der deutschen Führer durch die amerikanischen Führer ein politischer Fehlgriff war, ist ein Punkt, in dem ein grosser Teil der öffentlichen Meinung heute einig geht, einschliesslich eines Teiles der amerikanischen Presse. Doch ist das nur ein politischer Fehler unter vielen anderen. Wag das Nürnberger Gericht imgrunde gewesen ist: eine Form summarischer Rechtssprechung, hat wenig Bedeutung. Aber was uns im Gegenteil viel wichtiger ist, was wir den Richtern von Nürnberg viel mehr vorwerfen, das ist, sich nicht damit begnügt zu haben, eine summarische Rechtssprechung zu sein: es ist ihre Anmassung, wirklich Richter zu sein, die wir bestreiten. Es ist das, was ihre Verteidiger an ihnen verteidigen, was wir angreifen. Wir werden also ihre Anmassung, Richter zu sein, prüfen. Wir fordern nicht amerikanische Staatsmänner vor das Gericht der Wahrheit, die den Irrtum begingen, den deutschen Staatsmann zu verurteilen, der mit ihnen den Uebergabevertrag geschlossen hat, sondern das Weltgewissen auf seinem Sitze. Weil sie sagen, dass sie die Weisheit sind, werden wir tatsächlich so vorgehen, als ob wir sie für Weise halten. Weil sie sagen, dass sie das Gesetz sind, nehmen wir sie für den Augenblick als Gesetzgeber an: dringen wir also in Begleitung der Herren Shawcross, Justice Jackson und Rudenko in die Gärten des neuen Rechts ein: es ist eine von Wundern bevölkerte Erde!

* * *

Beginnen wir mit der Bemerkung, dass es uns nicht erlaubt ist, sie zu übersehen. Die Entdeckungsreise, die wir zu machen im Begriff sind, hat etwas Ergreifendes, weil diese Welt nicht übersehen werden darf. Es ist diejenige, in der wir leben werden. Es sind die Deutschen, die angeklagt sind. Aber die ganze Welt, und schliesslich wir selbst sind die Unterworfenen: denn alles was wir gegen die Rechtssprechung von Nürnberg unternehmen, ist fortan ein Verbrechen und kann uns als Verbrechen zugerechnet werden. Dieser Prozess hat das Gesetz der Völker gesprochen, was zu übersehen niemandem erlaubt ist. Achthunderttausend Chinesen werden vielleicht in zehn Jahren im Namen der Satzung von Nürnberg gehängt, da sich nun einmal zweihunderttausend Deutsche zu Ehren des Briand-Kellog-Paktes in Konzentrationslagern befinden, von dem sie vielleicht niemals haben sprechen hören.

Die erste Terrasse, auf der sich die neuen Gärten des Rechts ausdehnen, ist eine ganz neuzeitliche Auffassung der Verantwortlichkeit. Wir hatten bisher geglaubt, dass wir nur für unsere eigenen Handlungen einzustehen hätten. Auf diesen Grundsatz hatten wir unsere bescheidenen Glaubensformen gegründet. Dieser Grundsatz ist heute überholt. Um der Moral der Völker eine sichere Grundlage zu geben, hat man sie auf die Kollektivverantwortlichkeit gegründet.

Verstehen wir uns über diesen Punkt! Die Richter von Nürnberg haben niemals gesagt, dass das deutsche Volk gesamthaft für die Handlungen des nationalsozialistischen Regimes verantwortlich sei. Sie haben sogar mehrmals das Gegenteil versichert. Das deutsche Volk ist von der *öffentlichen Meinung* der zivilisierten Völker gesamthaft verurteilt worden. Es *flösst Schrecken ein*. Aber die Richter spielen die olympische Ruhe und klagen es nicht amtlich in seiner Gesamtheit an. Immerhin ist das Völkerrecht wie die Steuer. Es bedarf eines Gegenstandes, dem man etwas auferlegen kann: eine Verurteilung ist nur dann möglich, wenn es *zuvor* Schuldige gegeben hat! Und es ist unerträglich, dass man schliesslich nur einen Stufenbau findet, der in einen einzigen verantwortlichen Führer ausmündet, der Euch den übeln Streich spielt, sich das Leben zu nehmen. Daher beschreibt das neue Recht zuerst die seiner Gerichtsbarkeit Unterstehenden. Schuldig sind alle diejenigen, die Teil einer « verbrecherischen Organisation » bilden.

Nichts Vernünftigeres! Doch beginnen hier die Schwierigkeiten. Denn diese Begriffe des neuen Rechts haben alle etwas Unbestimmtes. Sie sind bis ins Unendliche dehnbar. Eine verbrecherische Organisation hat etwas Gemeinsames mit einem Kriminalroman: erst am Ende kennt Ihr den Schuldigen. So bilden die Kader der nationalsozialistischen Partei eine verbrecherische Organisation. Aber die Kader der kommunistischen Partei, die ihnen sehr gleichen, bilden keine verbrecherische Organisation. Die Menschen allerdings haben in beiden Fällen dieselbe Gemütsart. Sie wenden die gleichen Verfahrensweisen an und in beiden Fällen mit der gleichen Leidenschaftlichkeit: sie stellen sich ebenfalls das gleiche Ziel, das die Gewaltherrschaft der Partei ist. Es gibt also nichts in ihrer Zusammensetzung, oder, wie die Philosophen sagen, in ihrem Wesen, das diese beiden Gruppen voneinander unterscheidet. Es gibt auch in ihrem Verhalten nichts, da der Geschichtsforscher behauptet, dass die Verantwortlichen der kommunistischen Partei nicht behutsamer mit dem Leben und der menschlichen Freiheit umgehen wie die Verantwortlichen der nationalsozialistischen Partei. Werden wir die Demütigung haben, schliessen zu müssen, dass wir die einen verurteilen, weil wir sie unter unserm Stiefel halten, und dass wir den Andern keinen Prozess machen, weil sie unser spotten können? Immerhin ist das eine Annahme, die wir nicht ausschalten können. Die Gerichtsbarkeit der zwischenstaatlichen Rechtssprechung beschränkt sich auf die schwachen oder besiegten Länder. Sie nennt Nachteil bei den starken Völkern, was sie bei den besiegten Verbrechen nennt. Sie ist völlig verschieden von der strafoder zivilrechtlichen Rechtsprechung, in dem Sinne, dass sie bestimmte Handlungen nicht treffen *kann*, und infolgedessen ohnmächtig ist, eine wirklich allgemeine Bezeichnung der Handlungen aufzustellen. Diese Rechtsprechung ist wie das Tageslicht: es beleuchtet nie mehr als die Hälfte der bewohnten Erde.

Ihre Ohnmacht ist ihr geringerer Fehler. Denn es gibt guten Glauben auch in der Ohnmacht. Aber das zwischenstaatliche Gesetz ist ausserdem ein Sklave der politischen Zufälligkeiten: es gibt Verurteilungen, die es nicht aussprechen *will!* Der Kreis der politischen Leiter der kommunistischen Partei könnte auf dem Papier sehr wohl durch ein Gericht verurteilt werden, das ohnmächtig wäre, seinem Urteil Nachachtung zu verschaffen: das wäre weniger schwerwiegend, als ein Gericht zu sehen, das mit Vorbedacht die offensichtliche Verwandtschaft des Kreises der kommunistischen Leiter mit dem Kreis der nationalsozialistischen Leiter übersieht. Es ist hier zu klar, dass es darin keine Gerechtigkeit für Alle gibt, noch geben kann. Es heisst nicht mehr: « Jenachdem Ihr mächtig oder elend seid », sondern: « Jenachdem Ihr im einen oder im andern Lager steht ». Man merkt dann, dass die verbrecherische Eigenschaft vom Wesen auf den Zweck verlagert wird, und sogar nicht auf den wirklichen Zweck der Organisation, auf ihren entfernten Zweck, weil das Gericht weit davon entfernt, amtlich den *fortschrittlichen Charakter* der Stalinischen Diktatur gelten zu lassen, sondern auf einen naheliegenden Zweck, dessen einziger Richter das Gericht ist. Die selben Handlungen sind nicht mehr verbrecherisch durch ihre Bestimmung und in sich selbst. Sie sind oder sind nicht verbrecherisch je nach dem Gesichtswinkel: die Verschickungen, die schlussendlich der Sache der Demokratie dienen, werden von der neuen Rechtsprechung nicht als verbrecherische Handlungen verfolgt, während jede Verschickung verbrecherisch ist im Lager der Feinde der Demokratie. So sieht das Gericht die Handlungen mit einem Anzeichen von Brechung, wie Stöcke, die man im Wasser betrachtet: unter dem einen Winkel sind sie gerade, unter einem andern krumm.

Das macht das Leben für uns Privatpersonen recht schwierig. Denn es geht daraus hervor, dass niemand niemals ganz sicher ist, nicht Teil einer verbrecherischen Organisation zu bilden. Der deutsche Schuhmacher, Vater von drei kleinen Kindern, alter Kämpfer von Verdun, der 1934 eine Mitgliedkarte bei der nationalsozialistischen Partei gefasst hat, ist vom öffentlichen Kläger angeklagt worden, einer verbrecherischen Organisation anzugehören. Was machte der französische Kaufmann, Vater von drei Kindern, alter Kämpfer von Verdun, der in die Bewegung der Croix de Feu eingetreten war, anderes? Der eine wie der andere glaubte eine politische Bewegung zu unterstützen, die tauglich wäre, die Wiedererhebung seines Landes sicherzustellen. Der eine wie der andere hat dieselbe Handlung begangen: und trotzdem haben die Ereignisse jeder der beiden Handlungen einen verschiedenen Wert gegeben. Der eine ist ein Patriot (unter der Bedingung, dass er den englischen Rundfunk gehört hat, wohlverstanden), aber der andere wird von den Vertretern des Weltgewissens angeklagt.

Diese Schwierigkeiten sind von grösster Wichtigkeit. Der Boden flieht uns unter den Füssen weg. Unsere weisen Rechtsgelehrten geben sich vielleicht nicht Rechenschaft, aber sie greifen da eine völlig neuzeitliche Auffassung der Rechtspflege auf, diejenige, die in Sowjetrussland den Prozessen von Moskau als Grundlage gedient hat. Unsere Auffassung der Rechtspflege war bisher römisch und christlich gewesen: römisch in der Forderung, dass jede strafbare Handlung eine unveränderliche Bezeichnung erhält, die sich auf das Wesen der Handlung selbst bezieht, gleichgültig wo und von wem sie begangen wurde; christlich darin, dass die Absicht immer in Rücksicht gezogen werden musste, sei es um die Umstände der als verbrecherisch bezeichneten Handlung zu erschweren oder zu erleichtern. Aber es gibt eine andere Auffassung von Schuld, die aus verschiedenen Gründen, als marxistisch bezeichnet werden kann, und die in dem Gedanken besteht, dass eine bestimmte Handlung, die an sich und nach ihrer Absicht im Augenblick, wo sie begangen wurde, nicht strafbar war, unter einer bestimmten späteren Betrachtungsweise der Ereignisse, gesetzlich als strafbar erscheinen kann. Ich treibe hier keine Gleichschaltung. Die Marxisten sind guten Glaubens, wenn sie das sagen. Denn sie leben in einer Art nicht-euklidischer Welt, wo die Linien der Geschichte durch den marxistischen Gesichtspunkt gruppiert und entstellt, oder wenn man will, harmonisiert erscheinen. Während die Herren Shawcross und Justice Jackson, die englischen und amerikanischen Ankläger, in einer euklidischen Welt leben, wo alles sicher ist, wo alles klar ist, wo alles es wenigstens sein sollte, und wo die Tatsachen die Tatsachen sein sollten und sonst nichts. Allein ihr schlechter Glaube führt uns in eine Welt, wo nichts sicher ist. Unsere Absichten zählen nicht mehr. Selbst unsere Handlungen zählen nicht mehr. *Was wir wirklich sind, zählt nicht mehr.* Sondern unsere eigene Geschichte und unser eigenes Leben können fortan durch eine Art von politischem Demiurgen, durch einen Töpfer, der ihnen eine Form verleiht, die sie nie gehabt haben, geknetet, ausgewalzt und aufgeblasen werden. Jede unserer Handlungen in der Welt, die sich vorbereitet, ist wie eine Seifenblase, die die Geschichte am Ende ihres Strohhalmes hält: sie kann ihr die Gestalt und die Farbe geben, die sie schlussendlich will. Und der Richter nähert sich dann und sagt zu uns: « Ihr seid nicht mehr ein deutscher Schuhmacher, oder ein französischer Kaufmann, wie Ihr zu sein glaubtet; Ihr seid ein Ungeheuer. Ihr habt einer Vereinigung von Uebeltätern angehört, Ihr habt teilgenommen an einer Verschwörung gegen den Frieden, wie es sehr deutlich aus dem ersten Teil meiner Anklagerede hervorgeht ».

Was werden wir den Deutschen antworten, wenn sie uns eines Tages sagen, dass sie nichts *Ungeheuerliches* im Nationalsozialismus selbst sehen? Dass Ausschreitungen durch diese Herrschaftsordnung haben begangen werden können, wie sie in allen Kriegen und jedes Mal vorkommen, wenn eine Herrschaftsordnung die Aufgabe, sie gegen Sabotage zu schützen, Polizeielementen anvertrauen muss. Aber dass nichts von an all dem das Wesen des Nationalsozialismus berührt. Und dass sie weiterhin überzeugt sind, für Gerechtigkeit und Wahrheit gekämpft zu haben, d. h. für das, was sie damals als Gerechtigkeit und Wahrheit ansahen und zu sehen fortfahren. Was werden wir diesen Menschen antworten, gegen die wir einen Glaubenskrieg geführt haben? Auch sie haben ihre Heiligen. Was werden wir ihren Heiligen antworten? Wenn einer unter ihnen uns diese gewaltige Ernte an Grösse und Aufopferung in Erinnerung ruft, die das junge Deutschland mit all seinen Kräften dargebracht hat, wenn uns die Tausende dieser so schönen Aehren vor der neuen Ernte dargeboten werden: was werden wir, wir Mitschuldige der Richter, Mitschuldige der Lüge, sagen? Wir haben im Namen eines gewissen Begriffes von menschlichem Fortschritt verurteilt. Wer gibt uns die Gewähr, dass dieser Begriff richtig ist? Er ist nur ein Glaube wie ein anderer. Wer gibt uns die Gewähr, dass dieser Glaube wahr ist? Die Hälfte der Menschen sagt uns bereits, dass er falsch ist, dass auch sie bereit sind zu sterben - als Zeugen eines anderen Glaubens! Was ist dann wahr? Ist es unser Glaube oder derjenige der sozialistischen sowjetischen Republiken Russlands? Und wenn schon niemand wissen kann, welche unter den Richtern die Wahrheit innehatten, was ist dieses Unbedingte wert, in dessen Namen wir die Zerstörung und das Unglück verbreitet haben? Wer beweist uns, dass der Nationalsozialismus nicht *auch* die Wahrheit war? Wer beweist uns, dass wir nicht Zufälligkeiten, unvermeidliche Zwischenfälle im Kampfe, für das Wesentliche genommen haben, wie wir es vielleicht beim Kommunismus tun? Oder noch einfacher, wenn wir gelogen hätten? Und wenn der Nationalsozialismus in Wirklichkeit die Wahrheit und der Fortschritt, oder wenigstens eine Art von Wahrheit und Fortschritt gewesen wäre? Wenn die kommende Welt sich nur durch eine Wahl zwischen dem Kommunismus und dem autoritären Nationalismus errichten liesse? Wenn die demokratische Auffassung nicht gangbar, wenn sie durch die Geschichte verurteilt wäre? Wir lassen gelten, dass man Städte zermalmen kann, um das Wesentliche obsiegen zu lassen, um die Zivilisation zu retten: und wenn der Nationalsozialismus auch einer dieser Kampfwagen wäre, die die Götter tragen und deren Räder, wenn nötig, über Tausende von Körpern rollen müssen? Die Bomben beweisen nichts gegen eine Idee. Wenn wir eines Tages Sowjetrussland zermalmen, ist der Kommunismus weniger wahr? Wer kann sicher sein, dass Gott in seinem Lager ist? Im Grunde geht es bei dieser Auseinandersetzung nur um eine Kirche, die eine andere Kirche anklagt. Jenseitige Lehren beweisen sich nicht.

Doch führen uns diese Fragen zu weit. Sie haben an dieser Stelle nur einen Daseinsgrund: sie machen uns auf andere Art und ein Mal mehr verständlich, dass die Lage der Sieger beunruhigend und heikel, *und die Ungerechtigkeit für sie unbedingt notwendig ist!* Es handelt sich um eine zweite Affäre Dreyfuss! Wenn der Angeklagte unschuldig ist, schwankt ihre Welt in den Grundfesten. Nehmen wir uns in acht, wenn wir sie hören, und kehren zu unseren Rechtsbetrachtungen zurück, d. h. zu diesem deutschen Schuhmacher, der sich, ohne es zu wissen, nach seinem Uebergang in eine richterliche Maschinerie, die stark den Zerrspiegeln des Museums Grévin gleicht, als Mitschuldiger einer Vereinigung von Uebeltätern fand.

Man wird im weiteren feststellen, dass diese neue Art, das Recht aufzufassen, ein Abgehen von der christlichen Welt bedeutet, die zwar keine euklidische Welt war - die römische Welt, das römische Recht ist euklidisch —, die uns aber die Möglichkeit zur Besserung in umgekehrter Richtung brachte. Nach der christlichen Auffassung des Rechts konnte der Mensch immer die Absicht verteidigen. Sogar wenn seine eigenen Handlungen ihn selbst erschreckten: denn die Erscheinung des Gesichtswinkels, die im neuen Recht so grosse Bedeutung erhält, ist eine Wirklichkeit. An einer Wegbiegung, die das Geschehen macht, können unsere Handlungen mit einem Gesicht erscheinen, das wir nicht wieder erkennen. Die fremden Handlungen, die sie umgeben, färben auf ihre Erscheinung ab. Handlungen, für die wir nicht verantwortlich sind, drücken durch ihre Nähe auf den Bereich unserer eigenen Verantwortlichkeit. Was wir selbst waren, ist dann verwandelt durch das Spiel von Schatten, Licht und Abstand. Ein Fremder erhebt sich in der Vergangenheit, und dieser Fremde sind wir selbst. Das christliche Recht war in dieser Hinsicht ein Recht der Wiederherstellung der Persönlichkeit gegenüber dem römischen Recht, das geometrisch, wissenschaftlich und gegenständlich war. Es hatte das Bestehen dieses Gesichtswinkels des Geschehens erfahren und gab dem Menschen das Recht zum Aufschrei: « Das hatte ich nicht gewollt! » Es hatte in das Recht sogar einen seelischen Bestandteil eingeführt, der es gestattete, der Gegenständlichkeit der Tatsachen eine seelische Gegenständlichkeit gegenüberzustellen, die diesen oft widersprach. Das menschliche Recht war vor allem ein Erforschen der Ursachen geworden. Es näherte sich so nah wie möglich der Handlung: es neigte sich über die Gesichter! Es genügt, diese Grundsätze in Erinnerung zu rufen, um zu sehen, was wir mit einem Schlag ausgelöscht haben. Nürnberg will nicht mehr die Gesichter sehen. Nürnberg will nicht einmal die Handlungen auf den Einzelnen beziehen: Nürnberg sieht Massen, denkt in Massen und Statistiken und liefert dem weltlichen Arm aus. Man richtet nicht mehr. Das ist aus der Mode gekommen. Man putzt aus, man schneidet aus!

Diese Umwandlung des Rechts hat sich mit Unterstützung der Christen selbst vollzogen, oder wenigstens von einigen von ihnen und zum hohen Ruhme der Gottheit! Es handelt sich, man erinnert sich vielleicht daran, um die Verteidigung der menschlichen Persönlichkeit. Ich bin nicht sicher, ob diese Christen sich Rechenschaft gaben, dass dieses Rückwärtsschreiten des Rechts eine Absage an den christlichen Gedanken selbst war. Dass sie durch diese Zusammenarbeit die geduldige Arbeit der gemeinsamen Nennerbestimmung zwischen der Christuslehre und dem römischen Recht vernichteten und umgekehrt Stellungen stärkten, die anzuprangern sie nicht müde geworden waren. Diese durch Leidenschaft und Furcht verursachte falsche Parteinahme hat viel schwerere Folgen als man vorerst glaubt. Die Kirche tritt heute als Verteidigerin von Leuten gegenüber Regierungen auf, die bei sich nur eine Ordnung zur Anwendung gebracht haben, deren Allgemeinheit durch das Urteil von Nürnberg verkündet worden war. Sie findet darin den Zusammenhang mit der christlichen Ueberlieferung wieder. Aber müsste sie sich dann nicht eines Tages gegen die Zweideutigkeiten erheben und überall die Kollektivurteile verurteilen, wo sie ausgesprochen worden sind und nicht nur in gewissen Ländern Europas? Und ihre Zustimmung zum neuen aus Nürnberg hervorgegangenen Recht, die sie vorerst gegeben zu haben schien, zurückziehen? Man muss wählen, wie Christus zu sprechen oder wie Herr François de Menthon.

Man muss indessen anerkennen, dass unsere Rechtsgelehrten Heilmittel für alles haben und selbst für das gefährliche Leben, das zu führen sie uns gegenwärtig zwingen. In Wirklichkeit sind diese Heilmittel nicht in den Schuldspruch geschrieben. Sie wurden nicht in der Gerichtsverhandlung enthüllt. Sie ergeben sich aus dem Wesen, aus dem Geist, wenn man so sagen darf, von Nürnberg. Und schliesslich aus der Art, wie dieses Urteil dargestellt und ausgelegt wurde. Aber wäre unsere Auslegung vollständig, wenn wir die Ratschläge übersähen, die uns am Ausgang der Gerichtsverhandlungen durch berufene Stimmen erteilt wurden? Wir haben seit drei Jahren erfahren, dass die Begleittexte der Gerichtsberichterstatter nicht weniger Einfluss auf das Los der Angeklagten hatten als die Artikel des Strafgesetzbuches.

Seht Ihr, so sagen die Schreiber unserer neuen Rechtsgelehrten, es gibt ein sehr einfaches Mittel, zu erkennen, ob die Organisation, der Ihr angehört, eines Tages Gefahr läuft, als verbrecherisch erklärt zu werden. Ihr müsst Euch grundsätzlich hüten vor der Entschlusskraft. Wenn Ihr irgendwo das Eigenschaftswort *nationalistisch* hört, wenn man Euch auffordert, Herr im eigenen Hause zu sein, wenn man Euch von Einigkeit, von Selbstzucht, von Kraft und Grösse spricht: Ihr könnt nicht leugnen, dass das ein wenig demokratischer Wortschatz ist und Ihr infolgedessen Gefahr lauft, Eure Organisation eines Tages verbrecherisch werden zu sehen. Hütet Euch also vor den schlechten Gedanken und wisst, dass das, was wir verbrecherisch nennen, immer durch die gleichen Absichten abgesteckt ist.

Die Schreiber gehen hier mit dem Schuldspruch einig. Das *Urteil*, das im ersten Band des *Prozesses* zu finden ist, stellt das Bestehen einer « Verschwörung oder eines verabredeten Planes gegen den Frieden » fest. Diese Erklärung ruft mancherlei Auslegungen. Aber es ist auf jeden Fall klar, dass die Verschwörung mit der Entstehung der Partei beginnt: die Partei selbst ist das Werkzeug der Verschwörung und letztendlich die Verschwörung. Dieser Entscheid hat einzigartige Folgen. Er kommt in Wirklichkeit dem Verbot gleich, sich zu bestimmten Zwecken und unter Annahme bestimmter Verfahrensweisen zu vereinigen. Gerade das will das Gericht sagen: Ihr lauft Gefahr, sagt es, eines Tages Verbrechen gegen den Frieden oder Verbrechen gegen die Menschheit zu begehen. Und Ihr könnt nicht vorgeben, dass Ihr es nicht wusstet, da man ja *Mein Kampf* für Euch geschrieben hatte! Die Verurteilung gilt also letztendlich dem Parteiprogramm! Und dadurch bildet das Urteil für die Zukunft einen Eingriff in jede nationale Selbständigkeit. Eure Regierung ist schlecht, sagen uns die Rechtsgelehrten. Ihr seid frei, sie zu wechseln: aber Ihr habt nur das Recht, sie nach bestimmten Regeln zu ändern. Ihr denkt, dass die Organisation der Welt nicht vollkommen ist: Ihr könnt versuchen, sie zu ändern. Aber es ist Euch verboten, Euch dabei auf bestimmte Grundsätze zu berufen. Dabei findet es sich, dass die Regeln, die man uns auferlegt, solche sind, die die Ohnmacht verewigen, oder dass die Grundsätze, an die zu denken man uns untersagt, solche sind, die die Unordnung beseitigen würden.

Diese Anklage wegen Verschwörung ist eine hervorragende Erfindung. Die Welt ist fortan auf ewig demokratisch. Sie ist demokratisch durch Rechtsentscheid. Fortan lastet auf jeder Art nationaler Wiedergeburt ein richterlicher Vorentscheid. Und das ist unendlich schwerwiegend. Denn in Wirklichkeit ist jede Partei ihrer Begriffsbestimmung nach eine Verschwörung oder ein verabredeter Plan, weil jede Partei eine Verbindung von Menschen darstellt, die sich vornehmen, die Macht zu ergreifen und ihren Plan, den sie Programm nennen, auszuführen, oder wenigstens den grösstmöglichen Teil davon. Der Entscheid von Nürnberg besteht also darin, eine vorgängige Auswahl unter den Parteien zu treffen. Die einen sind verfassungsmässig und die anderen verdächtig. Die einen sind *in der Linie* des demokratischen Geistes und haben infolgedessen das Recht, die Macht zu ergreifen und einen verabredeten Plan zu haben, da man sicher ist, dass dieser verabredete Plan niemals die Demokratie und den Frieden bedrohen wird. Die Anderen umgekehrt haben nicht das Recht zur Macht und infolgedessen ist es unnütz, dass sie bestehen: es versteht sich, dass sie im Keime alle Arten von Verbrechen gegen den Frieden und die Menschlichkeit enthalten. Nach solchem ist es erstaunlich, dass die Amerikaner die Politik des Herrn Gottwald nicht verstehen: denn Herr Gottwald macht nichts anderes, als in seinem Land die weisen, durch das neue Recht eingegebenen Vorsichtsmassnahmen anzuwenden, wobei er bloss dem Wort *demokratisch* einen etwas besonderen Sinn gibt.

Es liegt in dieser einfachen Erklärung also ein Grundsatz der *Einmischung*. Nun hat diese Einmischung aber die Eigentümlichkeit, dass kein feststellbarer Wille aus ihr spricht, oder wenigstens zu sprechen scheint. Es ist nicht diese Grossmacht im besonderen oder jene Gruppe von Grossmächten, die sich der Wiederherstellung nationaler Bewegungen widersetzt. Es ist eine viel unbestimmtere Wesenheit. Es ist ein Wesen ohne Macht und Geschäftsräume. Es ist das Gewissen der Menschheit. « Wir wollen *solches* nicht wiedersehen », sagt das Gewissen der Menschheit. Wir werden sehen, doch niemand weiss genau, was das ist: *solches*. Aber diese Stimme der Menschheit ist sehr bequem. Diese namenlose Macht ist nur ein Grundsatz der Ohnmacht. Sie erlegt nicht auf. Sie beansprucht nicht, irgendetwas aufzuerlegen. Ob eine dem Nationalsozialismus entsprechende Bewegung sich morgen bildet: es ist ganz sicher, dass die UNO nicht eingreifen wird, um ihre Unterdrückung zu verlangen. Aber das *Weltgewissen* wird jeder Regierung beistimmen, die das Verbot einer solchen Partei ausspricht, oder zu ihrer Bequemlichkeit, jeder Partei, die sie beschuldigt, dem Nationalsozialismus zu gleichen. Jede nationale Erhebung, jede Politik der Entschlusskraft oder einfach der Sauberkeit, wird so verdächtigt. Man hat die Gewissen verrenkt und sieht uns jetzt hinken. Wer hat das getan? Wer hat das gewollt? Es ist *Niemand*, wie der Zyklop schrie. Der Ueberstaat besteht nicht. Aber die Einspracherechte des Ueberstaates bestehen: sie sind im Schuldspruch von Nürnberg enthalten. Der Ueberstaat fügt das Uebel, das er zufügen kann, zu, bevor er fähig ist, Dienste zu leisten. Das Uebel, das er zufügen kann, besteht darin, uns gegenüber allem zu entwaffnen. Seinen Feinden gegenüber ebenso wie den unsrigen gegenüber.

Das ist eine einzigartige Lage. Wir sind entwaffnet und bedroht durch eine Idee, durch nichts anderes als eine Idee! Nichts ist verboten. Aber wir sind gewarnt, dass eine bestimmte *Denkweise* nicht gut ist! Wir sind eingeladen, in uns gewisse Zuneigungen vorzubereiten und in uns mehrere endgültige Ablehnungen einzurichten. Man lehrt uns, wie die Kinder, Worte zu verbinden: « Herr Mandel ist ein grosser Patriot; Herr Roosevelt ist ein grosser Bürger der Welt; Herr Jean Richard Bloch ist ein grosser Schriftsteller; Herr Benda ist ein Denker ». Und umgekehrt: « Ich werde nie Anhänger der Rassenlehre sein; ich werde Herrn Kriegel-Valrimont sehr lieben; ich werde auf ewig die SS, Charles Maurras und *Je Suis Partout* verdammen ». Und diejenigen, deren Geist für solche Zuneigungen nicht empfänglich ist oder die solche Ablehnungen verwerfen? Diejenigen, deren Herz auf andere Anrufe antwortet? Diejenigen, deren Geist in anderen Kategorien denkt? Diejenigen, die anders *gemacht* sind? Ich habe hier den gleichen Eindruck wie beim Lesen gewisser marxistischer Texte: diese Leute haben nicht das gleiche Gehirn wie ich. Es ist eine andere Rasse. Und dieser Vergleich hilft uns auf den Weg. Es gibt eine vor lauter demokratischem « Idealismus » blinde Welt, die gleicher Art ist, wie die vor Marxismus blinde Welt. Es ist nicht erstaunlich, wenn ihre Verfahrensweisen allmählich übereinstimmen, wenn ihr Recht schliesslich das gleiche wird, obwohl die Worte bei ihnen nicht den gleichen Sinn haben. Es ist auch ein Glaube. Es ist das gleiche Unternehmen auf die Seelen. Wenn sie den Nationalismus verdammen, wissen sie sehr gut, was sie tun. Es ist die Grundlage ihres Gesetzes. Sie verdammen *unsere Wahrheit*. Sie erklären sie für vollständig falsch. Sie verdammen unser Fühlen, unsere Wurzeln sogar, unsere tiefste Art zu sehen und zu empfinden. Sie erklären uns, dass unser Gehirn nicht so gemacht ist, wie es sein sollte: Wir haben das Gehirn von Barbaren.

Diese ständige Warnung bereitet uns zu einer Art von politischem Leben, die wir nicht übersehen dürfen und die zu übersehen uns übrigens drei Jahre festländischer Erfahrung nicht erlauben. Die Verurteilung der nationalsozialistischen Partei geht viel weiter als es den Anschein hat. Sie trifft in Wirklichkeit alle dauerhaften Formen, alle geologischen Formen des politischen Lebens. Jedes Volk, jede Partei, die sich des Bodens, der Ueberlieferung, des Berufs, der Rasse erinnern, sind verdächtig. Wer immer das Recht des Zuerstgekommenen beansprucht und so offensichtliche Sachen wie das Eigentum des Gemeinwesens bejaht, beleidigt eine Weltmoral, die das Recht der Völker, ihre Gesetze zu verfassen, leugnet. Nicht nur die Deutschen, wir alle sind enteignet! Niemand hat mehr das Recht, sich auf seinen Acker zu setzen und zu sagen: « Diese Erde gehört mir ». Niemand hat mehr das Recht, sich im Gemeinwesen zu erheben und zu sagen: « Wir sind die Alten. Wir haben die Häuser dieser Stadt gebaut. Wer den Gesetzen nicht gehorchen will, verlasse uns! » Es steht nunmehr geschrieben, dass ein Konzil von unspürbaren Wesen die Macht hat, zu wissen, was sich in unseren Häusern und unseren Städten zuträgt. Verbrechen gegen die Menschheit: dieses Gesetz ist gut! Dieses hier ist nicht gut. Die Zivilisation hat ein Recht zur Einsprache!

Wir lebten bisher in einer festen Welt, deren Geschlechterfolgen eine nach der anderen die Schichtungen angesetzt hatten. Alles war klar: der Vater war der Vater; das Gesetz war das Gesetz; der Fremde war der Fremde! Man hatte das Recht zu sagen, dass das Gesetz hart war, aber es war das Gesetz. Heute sind diese festen Grundlagen des politischen Lebens vom Bannstrahl getroffen. Denn diese Wahrheiten bilden das Programm einer rassisch eingestellten Partei, die vor dem Gerichtshof der Menschheit verdammt worden ist. Umgekehrt empfiehlt der Fremde eine Welt nach seinen Träumen. Es gibt keine Grenzen mehr. Es gibt keine Gemeinwesen mehr. Vom einen zum andern Ende des Festlandes sind die Gesetze die gleichen. Und auch die Pässe. Und auch die Richter und selbst die Geldsorten. Eine Polizei und ein Gehirn: der Senator von Milwaukee prüft und beschliesst! Wodurch der Handel frei wird. Endlich *ist der Handel frei!* Wir pflanzen Rüben, die sich zufällig nie gut verkaufen, und kaufen Maschinenpflüge, die wie sich zeigt, immer viel kosten. Und wir sind frei, Einspruch zu erheben. Frei, unendlich frei, zu schreiben, zu stimmen, öffentlich zu sprechen, vorausgesetzt, dass wir niemals Massnahmen treffen, die alles ändern könnten. Wir sind frei, uns in einer Welt von Watte zu bewegen und zu schlagen. Man weiss nicht recht, wo unsere Freiheit endet, wo unsere Nationalität endet. Man weiss nicht recht, wo das endet, was erlaubt ist! Es ist eine dehnbare Welt. Man weiss nicht mehr, wo seine Füsse hinstellen. Man weiss selbst nicht mehr, ob man Füsse hat. Man fühlt sich ganz leicht, wie wenn man seinen Körper verloren hätte. Aber für diejenigen, die dieser einfachen Abtrennung zustimmen: was für unendliche Vergütungen, welche Masse von Trinkgeldern! Diese Welt, die man vor unseren Augen erglänzen lässt, ist einigen Palästen der Atlantis ähnlich. Ueberall finden sich Nippsachen, falsche Marmorsäulen, Inschriften, geheimnisvolle Früchte. Beim Eintritt in diesen Palast legt Ihr Eure Macht ab. Zum Entgelt habt Ihr das Recht, die goldenen Aepfel zu berühren und die Inschriften zu lesen. Ihr seid nichts mehr. Ihr fühlt das Gewicht Eures Körpers nicht mehr. Ihr habt aufgehört, Mensch zu sein: Ihr seid Gläubige der Menschheitsreligion. Im Hintergrund des Heiligtums sitzt ein Negergott. Ihr habt alle Rechte, ausgenommen, Schlechtes über den Gott zu sagen!

* * *

Der zweite Teil der Anklage betrifft die « Verbrechen gegen den Frieden ».

Bekanntlich klagen die Vereinten Nationen die deutsche Regierung an, mit ihrem Einfall in *polnisches Gebiet* den Weltkrieg hervorgerufen zu haben. Ein Einfall, der Frankreich und England zwang, sich ihren Verpflichtungen entsprechend, als mit Deutschland im Kriegszustand zu erklären. Sie machen die deutsche Regierung ausserdem wegen ihrer Angriffe auf neutrale Länder für die Ausdehnung des Krieges verantwortlich. Weiter behauptet die Anklage, mittels zweier vertraulicher Schriftstücke, die in den deutschen Archiven gefunden wurden, die Vorsätzlichkeit festzustellen. Schriftstücke, deren Echtheit angesichts der Vorsicht, mit der sie geprüft wurden, nicht geleugnet werden kann. Das eine ist unter dem Namen Note Hossbach, das andere unter dem Namen Dossier Schmundt bekannt.

Die Note Hossbach ist das durch den Ordonnanzoffizier Hitlers aufgenommene Protokoll einer Konferenz, die in der Reichskanzlei am 5. November 1937 vor den hauptsächlichen nationalsozialistischen Leitern abgehalten wurde und die man als politisches Testament Hitlers hinstellt. Es ist eine übrigens sehr eindringliche Darlegung der Lehren vom

Lebensraum und ihrer Folgen: Hitler zeigt darin das dem Erstickungstod geweihte und zur Auffindung von Land verurteilte nationalsozialistische Deutschland. Er bezeichnet den Osten als den Weg zur notwendigen kolonialen Ausdehnung des Reiches. Und er erklärt, dass diese Ausdehnung nicht ohne eine Reihe von Kriegen geschehen kann, zu denen Deutschland sich unerbittlich gezwungen sieht. Wir werden weiter unten Anmerkungen zu dieser Darlegung machen. Wenn sie ausgelegt werden muss, wie die Anklage sie ausgelegt hat - die Angeklagten und vor allem Goering bestreiten aber diese Auslegung —, würde sie den Beweis erbringen, dass Hitler die Möglichkeit des Krieges sah und annahm.

Das Dossier Schmundt ist das, ebenfalls vom Ordonnanzoffizier Hitlers - zu diesem Zeitpunkt Oberst Schmundt - abgefasste Protokoll einer Konferenz, die in der Reichskanzlei am 28. Mai 1939 in Anwesenheit der Leiter der Partei und der Verantwortlichen des Generalstabes abgehalten wurde. Diese Konferenz besteht zur Hauptsache in einer Darlegung Hitlers, die die Unvermeidlichkeit eines Krieges mit Polen als ersten Schritt der Unternehmung zur kolonialen Ausdehnung bestätigt: bei Untersuchung der Folgen dieses Krieges sieht Hitler die Ausdehnung auf ganz Europa voraus. Und er gibt seinen Generälen durch eine ebenso packende Untersuchung wie die vorausgehende zu verstehen, dass der Krieg, der zu entstehen im Begriff ist, nicht ein lokales Unternehmen, sondern wahrscheinlich der Beginn eines Kampfes auf Tod und Leben mit England sein wird, dessen Ausgang niemand voraussehen kann. Auch hier drängen sich Einwände und Anmerkungen auf und die Verteidigung bestreitet ebenfalls die Tragweite des Dossiers Schmundt. Unter diesem Vorbehalt hat das Dossier Schmundt den gleichen Sinn wie die Note Hossbach, von der es imgrunde nichts anderes als eine Anwendung darstellt. Es würde auf gleiche Art beweisen, dass Hitler die Folgen seiner Politik keineswegs verkannte und mit der Möglichkeit des europäischen Krieges rechnete, auch wenn er die Hoffnung hegte, ihm entrinnen zu können. Wenn diese Schriftstücke richtig ausgelegt worden sind, ist es schwer zu behaupten, dass Deutschland an der Verantwortung für den Krieg keinen Anteil hat.

Die Anklage legt weiter eine sehr grosse Zahl von Generalstabsbesprechungen, von Feldzugsplänen und

Operationsstudien vor, deren Einzelheiten wir hier nicht wiedergeben können und in denen sie ebenfalls Beweise für die Vorsätzlichkeit sieht. Da diese Schriftstücke einen weniger Aufsehen erregenden Charakter haben als die Dossier Hossbach und Schmundt, und da es anderseits oft schwierig ist, die theoretische Untersuchung von einer taktischen Annahme und vom Operationsplan zu unterscheiden, den man als den Handlungsbeginn oder als eine ausgesprochene Vorsätzlichkeit bezeichnen kann, denken wir, dass es genügt, dem Leser das Bestehen dieser Schriftstücke anzuzeigen, ohne sie zu besprechen.

Die deutschen Geschichtsschreiber werden übrigens anerkennen müssen, dass die deutschen Armeen als erste in polnisches Gebiet eingedrungen sind, ohne dass die deutsche Regierung den schwebenden Verhandlungen Zeit gelassen hätte, sich zu entwickeln. Sie werden nicht verfehlen, die blutigen polnischen Herausforderungen ins Licht zu rücken, die die Anklage mit Stillschweigen übergeht, und den trügerischen Charakter der Verhandlungen hervorzuheben, die das englische Kabinett, wie es scheint, mit der Hoffnung führte, sie scheitern zu sehen. Sie werden auch sagen, dass die polnische Regierung sich angestrengt hat, die Verhandlungen und den Vergleich zu verhindern. Das sind da ganz wichtige Umstände, die kein Urteil über die Verantwortlichkeit des Krieges auslassen darf und die nicht zu erwähnen das Gericht von Nürnberg sicherlich Unrecht hat. Es ist ferner nicht weniger wahr, dass es die deutsche Armee ist, die die ersten Kanonenschüsse abgefeuert hat. Am 1. September 1939 konnte ein Telegramm noch alles retten: dieses Telegramm konnte nur von Berlin aus abgehen.

Nachdem das gesagt ist, beginnt hier nun aber der schlechte Glaube. Auf der einen Seite durchblättert man alle Archive, tastet die Mauern ab, erforscht die Ratschläge, zieht Nutzen aus vertrauensvollen Mitteilungen: alles liegt zu Tage, die geheimsten Unterredungen der deutschen Staatsmänner sind auf dem Tisch der Beweisstücke ausgebreitet. Man hat selbst die telephonischen Abhörungen nicht vergessen. Auf der anderen Seite das Stillschweigen! Man wirft dem deutschen Generalstab Operationsstudien vor, die man in seinen Archiven gefunden hat: Ihr habt den Krieg vorbereitet, sagt man ihm. Wem wird man weis machen, dass in der gleichen Zeit die anderen europäischen Generalstäbe keinen irgendwelchen Plan machten? Sich nicht vorbereiteten, um irgendwelchem strategischen Fall begegnen zu können? Wem will man weis machen, dass die europäischen Staatsmänner sich nicht verabredeten? Wem will man weis machen, dass die Schubladen von London und Paris leer sind und dass die deutschen Vorbereitungen Lämmer überrascht haben, die nur vom Frieden träumten? Als die Verteidigung vom Gericht verlangt, ähnliche Schriftstücke einzulegen über die französische Politik der Kriegsausweitung, über die englische Politik der Kriegsausweitung, über die Pläne des französischen Generalstabes, über die alliierten Kriegsverbrechen, über die vom englischen Generalstab an die « Kommandos » gegebenen Anweisungen, über den Krieg der Partisanen in Russland, antwortet man ihr, dass das den Gerichtshof nicht interessiert und dass das gestellte Begehren « völlig ausserhalb des Gegenstandes liegt ». Es sind nicht die Vereinten Staaten, die sich in Anklagezustand befinden, sagt man ihnen. Das ist sehr richtig: aber warum dann *Geschichte* nennen, was nur eine kunstvolle Szenenbeleuchtung ist? Auch hier wird nur die Hälfte der Erde beleuchtet. Auf solchen Schein stützte man sich, als man früher leugnete, dass die Erde rund sei. Die Geschichte beginnt, wenn man das Licht gleicherweise verteilt, wenn jeder seine Beweisstücke auf den Tisch legt und sagt: urteilt! Alles andere ist Propaganda! Ist es ehrlich, diese Vorlegung der Tatsachen abzulehnen? Ist es ehrenhaft, sie so zu verstümmeln? Es ist gerechter und entspricht letztendlich dem Belang unserer eigenen Länder besser, sofort zu sagen, dass dieses Aufgebot der Hüter der Archive uns nicht täuscht.

Denn dieses Wissen um die Beleuchtung überwiegt keineswegs die Gewissheit. Es ist England, das sich am 3. September 1939, 11 Uhr vormittags als im Kriegszustand mit Deutschland befindlich erklärt hat. Es ist Frankreich, das die selbe Erklärung um 5 Uhr abends gemacht hat. England und Frankreich hatten Rechtsgründe, diese Erklärungen zu machen. Aber schliesslich ist es gewiss, dass sie sie gemacht haben. Man befindet sich in schlechter Lage, um jede Verantwortlichkeit an einem Kriege abzulehnen, wenn man als erster einem anderen Staat mitgeteilt hat, dass man sich als mit ihm in Kriegszustand befindlich betrachtet. Ausserdem gab es in Frankreich und in England eine Kriegspartei. Man verbirgt es uns heute nicht. Man wirft Staatsmännern vor, Anhänger von München gewesen zu sein, d. h. eine Verständigung gesucht zu haben:

das heisst, man wollte keine Verständigung! Das heisst, man nahm diesen Krieg an, ja sogar, dass man ihn wünschte! Das wiegt wohl die Note Hossbach auf, scheint mir. Schliesslich weiss die ganze Welt, dass nach der Niederlage Polens, Deutschland Verhandlungen anzubahnen versuchte auf der Grundlage der vollendeten Tatsache. Das ist vielleicht unmoralisch. Aber es war noch ein Weg, einen europäischen Krieg zu vermeiden. Diese Eröffnungen wurden nicht angenommen. Man hielt auf diesen Krieg. Man war fest entschlossen, ihn nicht fahren zu lassen. Das sind ein wenig zu starke Augenscheinlichkeiten, als dass man sie schweigend übergehen kann. Trotz der Inszenesetzung von Nürnberg wird die Zukunft leicht die Wahrheit wieder herstellen: Hitler hat es auf sich genommen, für eine Eroberung, die er für lebenswichtig hielt, einen Krieg zu wagen. England hat beschlossen, ihm den Krieg als Preis dieser Eroberung aufzuzwingen. Hitler dachte höchstens eine örtliche militärische Unternehmung auszulösen. England hat daraus gewollt einen Weltkrieg hervorgehen lassen.

Ein Wort noch, um mit der Prüfung unserer Beschwerden zu schliessen. Die Anklage hat den Ueberfällen wichtige Darlegungen gewidmet, die während des Verlaufs der Kriegshandlungen stattfanden. In diesem Punkt ist die Stellung der Anklage, wenn man sich auf die Feststellung der *Tatsachen* beschränkt, sehr stark. Diese Ueberfälle sind sicher. Aber hat man das Recht, strategische Ueberfälle und die Entfesselung eines Weltkrieges genau auf die gleiche Ebene, genau als Unternehmen gleichen Gewichts hinzustellen? Es ist sicherlich wider das Recht, wider die Gerechtigkeit, wider die Verträge, vier Uhr morgens eine Panzerdivision in Kopenhagen oder Oslo auftauchen zu lassen. Ist es aber eine Handlung gleicher Grössenordnung, wie die Verantwortung, das Feuer an Europa zu legen? Die wahren Verantwortlichen des Krieges sind im gleichen Masse mittelbar für die örtlichen Angriffshandlungen verantwortlich, die der Verlauf des Krieges unvermeidlich machte. Wenn England nicht den Krieg erklärt hätte, wäre Norwegen niemals besetzt worden. Es ist der 3. September, an dem Kopenhagen und Oslo zu zittern begannen!

Und auch dann noch bringen einen, bei Ueberlegung, gewisse Vergleiche in Verlegenheit. Wenn ein englischer Diplomat Ränke schmiedet, um gewisse wirtschaftliche Zugeständnisse zu erhalten oder um eine gewisse politische Bereitschaft hervorzurufen oder aufrechtzuerhalten, dann ist das ein freies Spiel von Einflüssen. Es ist kein Ueberfall. Es ist kein Druck. Es ist nach dem Völkerrecht nichts Unzulässiges: und doch, ist es nicht eine Art Abstecken der politischen Karte? Die Schaffung einer Einflusszone ohne militärischen Eingriff? Und wenn die selbe Diplomatie sich nicht mehr damit zufrieden gibt, zu beeinflussen, zu raten, sondern gewaltsam eine Ministerkrise hervorruft, die zur Verabschiedung des deutschfreundlichen Ministers führt, dann ist das immer das selbe freie Spiel von Einflüssen. Das nennt sich ebenfalls nicht Tatbestand der Einmischung: und doch, ist es nicht ein verstecktes politisches Sicheinrichten, ähnlich jenen Einmischungen, die man jetzt dem Sowjetregime vorwirft? Und welche Gewähr hat man, dass dieses politische Sicheinrichten nicht ein militärisches Sicheinrichten vorbereitet und diesem vorangeht? Es ist so leicht, sich zu Hilfe rufen zu lassen! Die britische Presse, die sehr ungehalten ist über solche Verfahrensweisen, wenn sie von den sowjetischen oder deutschen Diplomaten geübt werden, neigt immer dazu, sie sehr nützlich zu finden, wenn sie von der britischen Botschaft angewandt werden. Es besteht da offensichtlich eine Lücke im Völkerrecht. Und eine Lücke, die sehr schwierig auszufüllen ist. Aber dann muss man die Folgerungen daraus ziehen. Die Ueberfälle, die man Deutschland vorhält (ich lasse den Angriff auf Russland bei Seite), sind in Wirklichkeit zuvorkommende Eingriffe. England hat z. B. nichts anderes getan in Syrien. Es besteht im Kriegsfall ein unentrinnbares Verhängnis der schwachen Zonen. Ein schlecht verteidigtes Gebiet wird zur Beute: es handelt sich, darum, der Erstbesetzende zu sein. Das unbedingt Richtige wäre ein völliges Abstandhalten: das ist der Geist des Völkerrechts. Aber das kann auf diesem Gebiet fast nicht angewandt werden. Die diplomatischen Methoden verdrehen das Gesetz, die strategischen gehen darüber hinweg. Aber all das kommt schlussendlich auf dasselbe hinaus. Es ist nicht gut, ein strategisch interessanter Neutraler zu sein!

So bemerkt man, dass auf diesem Gebiet, wo die *Tatsachen* die deutsche Regierung zu belasten scheinen, die Wirklichkeit nicht so einfach war. Die *Tatsachen* ohne die Umstände darstellen, ist eine Art zu lügen. Es gibt keine nackte *Tatsache*. Es gibt keinen Beweis ohne Umstände: diese Umstände planmässig übersehen, heisst die Wahrheit entstellen. Unsere Lügen dauern nicht ewig. Morgen wird das deutsche Volk seine Stimme seinerseits erheben. Und wir wissen bereits, dass die

Welt gezwungen sein wird, dieser Stimme Rechnung zu tragen. Sie wird uns sagen, dass wenn Hitler tatsächlich Polen angegriffen hat, andere Leute diesen Angriff voll Bangen erwarteten, diesen Angriff wünschten und beteten, dass er stattfinden möge! Diese Leute nannten sich Mandel, Churchill, Hore Belisha, Paul Reynaud. Die jüdisch-reaktionäre Allianz wollte « ihren » Krieg, der für sie ein heiliger Krieg war: sie wusste, dass nur ein ausgesprochener Ueberfall ihr erlaubte, die öffentliche Meinung mitzureissen. Die deutschen Archivare werden kaum Mühe haben, uns zu beweisen, dass sie kalt die Bedingungen dieses Ueberfalls vorbereiteten. Fürchtet den Tag, an dem die Geschichte dieses Krieges geschrieben wird! In diesem Augenblick werden die Umstände der örtlichen Ueberfälle klar zu Tage treten. Man wird sehen, dass sie unterlassen haben zu sagen, dass ihre Machenschaften und Ränke die Eingriffe unvermeidlich machten. Ihre Heuchelei wird in vollem Licht erscheinen. Und ihre gewaltige richterliche Maschine wird sich gegen sie selbst wenden, weil derjenige, der Gift eingiesst nicht weniger schuldhaft ist als derjenige, der zuschlägt! Aber die Methoden von Nürnberg sind eine schöne Sache. Das Fehlen jeglichen alliierten Beweisstückes erlaubt, das Gift zu leugnen. Und das Völkerrecht erlaubt, denjenigen als Schuldigen zu bezeichnen, der zuerst ankommt. Das ist die Verbindung einer zweifachen Unehrlichkeit: die eine, die sich auf die Untersuchung bezieht, die andere, die aus dem Strafgesetzbuch kommt. Wir wissen, dass man mit einem schlechten Recht und unehrlichen Polizisten weit gehen kann. Diese Wahrheit ist uns auf unsere eigene Rechnung bewiesen worden.

So sind wir also zu diesem ersten Schluss geführt worden, dass der Prozess von Nürnberg kein reiner Kristall ist. Die nationalsozialistische *Verschwörung* endigte mit einem starken Deutschland. Aber dieses starke Deutschland führte nicht notwendigerweise zum Krieg. Es verlangte das Recht zu leben. Es verlangte es mit Verfahrensweisen, die aufreizend waren. Aber man konnte reden. Deutschland befand sich in einem Dauerzustand der Auflehnung gegen den internationalen Zwang. Es befand sich nicht in einem Dauerzustand des *Verbrechens gegen den Frieden!* An der Entfesselung des Krieges ist eine viel mannigfaltigere Mitwirkung von Umständen schuldig, als die amtliche Auffassung Wort haben will. Jeder hat daran seinen Anteil gehabt. Und jeder hatte auch ausgezeichnete Gründe: die USSR, nur an sich zu denken und eine Falle zu vermeiden, England und Frankreich, ein endgültiges Halt zu gebieten, Deutschland, eine Politik der Erstickung zu brechen. Und jeder hatte auch Hintergedanken. Wäre es nicht vernünftiger, daraus ein allgemeines Geständnis zu machen? Niemand ist unschuldig in dieser Angelegenheit. Aber es gibt Dinge, die man nicht gerne ausspricht: es ist sehr viel bequemer, einen Verbrecher zu haben!

Unsere Propaganda hat bei der Beschreibung der Verantwortlichkeit für den Krieg also durch Auslassung und Abänderung gelogen. Und anderseits bemerkt man, wenn man von den *Tatsachen* zu den *Grundsätzen* aufsteigt, dass wir, um die Anklage fest zu gründen, dahin geführt worden sind, eine Denkweise wieder zu erwecken, die nie zur Ausführung ihrer Aufgabe fähig war und die durch die Tatsachen vielfach verurteilt worden ist, und eine hirnverbrannte und gefährliche Lehre, die uns in der Zukunft vor unlösbare Schwierigkeiten stellt, gegen die Erfahrung und die Natur der Dinge aufrechtzuerhalten. Diese Denkweise hat einen Vorteil: sie erlaubt uns, uns zu rechtfertigen. Aber um uns diese Befriedigung zu geben, nehmen wir alle tödlichen Folgen falscher Ideen in Kauf. Denn man kann die Geschichte fälschen: aber die Wirklichkeit lässt sich nicht so leicht vergewaltigen.

Diese Denkweise ist diejenige des unteilbaren Friedens und der Unabänderlichkeit der Verträge. Es ist eine Art geologischer Auffassung der Politik. Man nimmt an, dass die politische Welt, die während einer gewissen Zahl von Jahrhunderten in Fluss war wie die Oberfläche unseres Planeten, plötzlich ihren Zustand der Erkaltung erreicht hat. Sie hat ihn erreicht kraft eines Beschlusses der Diplomaten. Von der Masse der Kräfte wird angenommen, dass sie sich verdichtet hat. Sie hat sich nach gewissen endgültigen Kraftlinien verdichtet. Diese unveränderliche Erscheinungsweise der politischen Welt, dieser fortan feste und ewige Lavastrom ist das, was man *die Rüstung der Verträge* nennt. Wenn eine Spalte sich auftut, wenn irgendwo ein Gleiten eintritt, müssen wir Alle zu Hilfe kommen, da die ganze Erdrinde bedroht ist. Die Geschichte der Reiche ist abgeschlossen. Von nun an gibt es nur noch fliegende Rettungsmannschaften, die man ruft für Ausebnungsund Sicherungsarbeiten.

Dieser feierliche Stillstand der Geschichte, wie er allgemein am

Morgen nach einem Zusammenbruch verkündet wird, zeitigt in Wirklichkeit folgendes: Ein Volk ist in einem Krieg besiegt worden. Man besetzt sein Gebiet. Man raubt seine Werkstätten aus. Man macht ihm jedes Leben unmöglich. Dann sagt man ihm: unterschreib nur diesen Vertrag, und wir gehen weg. Ihr seid für Euch. Das Leben beginnt von Neuem. Diese Beredsamkeit ist überzeugend. Man findet schliesslich immer einen Regierungschef, der unterzeichnet: er bestreut sein Haupt mit Asche. Er weint. Er schwört, dass seine Hand gezwungen ist. Er beruft sich auf die düstere Zukunft. Aber *er unterschreibt!* Von da an ist es aus. Shylok hält sein Pfund Fleisch in der Hand. Dieser Vertrag ist ohne Berufung. Dieser Vertrag ist das Gesetz. Ihr könnt lange flehen. Ihr könnt lange zeigen, dass diese Ketten Euch das Leben unmöglich machen: das ist alles vergebens! Dieser Vertrag ist die endgültige Grundlage Eurer Beziehungen mit der internationalen Gemeinschaft geworden. Er verpflichtet nicht nur diejenigen, die unterzeichnen mussten, sondern ihre ganze Nachkommenschaft. Niemand hat das Recht, zu sagen, er solle ihn zurückweisen. Wer ihn überschreitet, begeht ein Verbrechen. Dieses Verbrechen heisst Verbrechen gegen den Frieden. Und es gibt nicht eine einzige Verletzung des Versailler Vertrages, die nicht in dieser Kolonne auf die Rechnung der deutschen Leiter gesetzt worden wäre. Die Anklage drückt das so aus: an dem und dem Tag von dem und dem Jahr habt Ihr die und die Handlung im Widerspruch zum Versailler Vertrag, Paragraph so und so, begangen!

Verdichtet in ihrer unwiderruflichen Bestimmung, mit Gewalt in Stahllungen eingeschlossen, wo sie mit Mühe atmen, flehen die besiegten Völker. Sie verlangen zu leben. Hier zeigen sich die Vorteile der geologischen Starrheit. Man ist nicht unmenschlich, man hört auf sie: aber man gibt ihnen zu verstehen, dass der Vertrag für sie ein Gebiss ist. Wenn sie vernünftig sind, wenn sie das Fremde annehmen, wenn sie ihre Unabhängigkeit aufgeben, dann kann dieses Gebiss gelockert werden. Man kann von Entgegenkommen, vielleicht selbst von Abänderung reden. Kaffee und Orangen im Austausch gegen eine demokratische Regierung; ein Neger ein Schiff Reis; zwei Neger zwei Schiffe Reis; eine Synagoge ein ganzer Geleitzug! Aber wenn sie sich nach ihrem Gutdünken regieren wollen, das Gesetz! Wir werden keine anderen Beweisstücke wählen, um diese Lage zu erhellen, als dasjenige, das von der Anklage selbst angeführt wird: die dramatische Konferenz vom 5.

November 1937, wie sie in der Note Hossbach beschrieben wird. Alle Ausführungen Hitlers haben diese Gegenüberstellung zur Grundlage: entweder geben wir die Macht auf und dann sind die Angelsachsen vielleicht bereit, Erleichterungen im Versailler Vertrag ins Auge zu fassen, die Deutschland zu leben erlauben, aber tributpflichtig zu leben - oder wir bleiben an der Macht und dann ist unsere Herrschaft dem Untergang geweiht, weil man uns die Rohstoffe, die Ausgänge und die Gebiete verweigert, die uns unentbehrlich sind. Dieser Erpressungsversuch ist völlig gesetzlich: dahin gelangt man mit dem Unabänderlichkeitscharakter der Verträge.

Dieses Ende ist logisch, aber es ist ungenügend, wie uns die Erfahrung gezeigt hat. Wenn man ruhig auf dem Eismeer gehen will, muss man unbedingt sicher sein, dass sich während dieser Zeit keine unterirdische Arbeit vollzieht. Die halbe Untertänigkeit ist eine Fehlrechnung. Wenn wir wollen, dass die Welt unbeweglich sei, muss man diese Unbeweglichkeit überwachen. Die vollständige und bewusste Anwendung dieser Denkweise hätte uns dahin führen müssen, die deutsche Industrie zu überwachen, die deutsche Arbeiterschaft, die deutsche Bevölkerung, die deutsche Nahrung, die deutschen Wahlen, und diese Ueberwachung im Namen der in der Unteilbarkeit des Friedens einigen Völker zu bewerkstelligen. Wenn man das Leben bekämpft, muss man es bis zum Ende bekämpfen. Wenn Ihr nicht wollt, dass es seine Vergeltung nimmt, dann ist die einzige Lösung ein blutmässiger und wirtschaftlicher Malthusianismus, den man am besten durch die Auswanderung und die Ausfuhr erleichtern kann: die besiegten Völker stellen für die Anderen Waren und Sklaven her. Und es wird klug sein, sie während sehr langer Zeit durch eine verkappte Besetzung zu überwachen. Der Vertrag von Versailles verurteilte uns dazu, Deutschland in Sklaverei zu halten. Er auferlegte uns und der ganzen Welt eine dauernde Geschäftsführung, die wir nicht ausgeübt haben. Zwanzig Jahre politische Erfahrung haben uns mit Gewalt bewiesen, dass es keine mittlere Grenze gibt zwischen der völligen Freiheit und der Knechtschaft der Besiegten.

Trotzdem weigert der internationale Gerichtshof sich, das zu sehen. Die Logik macht ihm Angst. Er stellt die Vordersätze auf, weil sie ihm unentbehrlich sind für die Anklage. Aber hierauf verhüllt er sich das

Gesicht und stimmt der Schlussfolgerung nicht zu. Er besteht eigensinnig darauf, wie ein Kind. Er antwortet wie ein Kind. Er flüchtet sich in das Ungewisse und schützt sich hinter Worten. Und alles was man aus den Klägern angesichts dieser schweren Frage herausziehen kann, ist dieser an Folgewidrigkeit und Kinderei erstaunliche Satz: « Es ist möglich, dass Deutschland von 1920 bis 1930 verzweifelten Fragestellungen gegenüber stand, Fragestellungen, die die kühnsten Massnahmen gerechtfertigt hätten, mit Ausnahme des Krieges. Alle anderen Verfahrensweisen, Ueberredung, Propaganda, wirtschaftlicher Wettbewerb, Diplomatie, waren einem verwundeten Volk offen, aber der Angriffskrieg blieb geächtet ». Das ist wirklich das, was wir während zwanzig Jahren Deutschland und Italien wiederholt haben: häuft Euch, entwirrt Euch, aber kommt nicht unsere Gärten zertreten!

Unsere Rechtsgelehrten von Nürnberg sind also nicht einen Schritt vorwärts gekommen. Indem sie die alte Lehre von der unwandelbaren Aufteilung der Welt aus ihrem Schlaf aufwecken, finden sie all deren Schwierigkeiten wieder. Und sie wagen nicht, ihre Denkweise zu Ende zu denken. Sie wagen nicht zu wählen. Sie können nicht wählen. Wenn sie für die dauernde Knechtschaft der Besiegten entscheiden, für eine eingestandene, erklärte Knechtschaft, setzen sie sich in Widerspruch zu ihrer Kriegsideologie. Wenn sie darauf verzichten, die Atmung und die Ausdehnung der Reiche mit Gewalt zu verhindern, die die Macht und den unverjährbaren Charakter von Lebensgesetzen haben, dann geben sie Deutschland recht und müssen die Verantwortung für den Krieg auf sich nehmen. Sie befinden sich vor dieser Augenscheinlichkeit: die alte Diplomatie hätte wahrscheinlich die Teilung Polens geduldet - es war nicht das erste Mal - und der Weltkrieg wäre vermieden worden. Waren die Angliederung Aethiopiens, das Verschwinden der Tschechoslovakei nicht unendlich weniger kostspielig für die Menschheit, als die Entfesselung eines Weltkrieges? Es war nicht gerecht? Aber ist die Abtrennung eines Viertels von Deutschland zugunsten des slawischen Imperialismus, die schreckliche Ueberführung von Millionen menschlicher Wesen, die man seit vier Jahren wie Vieh behandelt, gerecht? Die früheren Staatsmänner wussten, dass man einen allgemeinen Krieg nur aus unendlich schweren Gründen, die das Bestehen aller Völker in Gefahr bringen, wagen darf. Und sie wussten auch, dass man den unverjährbaren Gesetzen des Lebens etwas bewilligen muss. Waren wir durch die Teilung Polens einer tödlichen Gefahr ausgesetzt? Ist die Gefahr, die die demokratischen Staatsmänner mit ihren eigenen Händen hergestellt haben, nicht unendlich viel schwerer? Ist unsere Lage nicht unendlich viel ergreifender? Wer sagt sich heute nicht, dass Europa im Monat August 1939 schön war? Die Ereignisse haben Choiseul recht gegeben. Die politischen Kräfte sind Naturkräfte wie das Wasser und wie der Wind: man muss sie durch genaue und mächtige Einrichtungen kanalisieren. Oder man muss mit dem Segel steuern. Wenn wir nach dem Kriege nicht die Knechtschaft, die eine der Formen des Naturgesetzes ist, auferlegen wollen, muss man die andere wählen, gangbare Verträge zu machen und die kräftigen Völker sich entwickeln zu lassen: die Nachteile, die aus ihrem Wachstum entstehen, sind schliesslich viel weniger schwer als das Ereignis eines allgemeinen Krieges, von dessen Ausgang nur diejenigen Nutzen ziehen, die unsere Zivilisation bedrohen.

In Verlegenheit zwischen Freiheit und Knechtschaft haben unsere neuen Rechtsgelehrten sich dann auf eine Zwischenlehre festgelegt, deren Vergangenheit ihnen Bestandteile bot und der sie einen erhabenen Geltungsbereich gaben. Die Verträge sind unwiderruflich, der Friede ist unteilbar: aber, sagen sie uns, beunruhigt Euch nicht über den Schein von Knechtschaft, der diesen Sätzen anhaftet, denn sie sind in Wirklichkeit die Grundlage einer demokratischen Welt, in der alle Völker gleiche Rechte und die Wohltaten der Freiheit geniessen werden. Gewiss werdet Ihr ein ganz wenig Sklaven sein. Aber das ist der beste Weg zu Euer Aller Freiheit.

Um zu dieser erfindungsreichen Lehre zu kommen, war die Anklage genötigt, den Versaillervertrag, den seine Gegner mit dem gemeinen Wort *Diktat* bezeichneten und der in der Tat nach dem Pulver des Stärkeren roch, ein wenig im Schatten zu lassen. Dafür gruben sie im diplomatischen Zeughaus eine Anzahl abgenutzter Verträge aus, die ein sehr friedliches Aussehen hatten und sich ungefähr mit dem Gedanken einer freiwilligen Zustimmung vertrugen. In der Tat, sagen unsere Rechtsgelehrten, haben die Deutschen nicht nur den Versailler Vertrag verletzt. Sie haben auch Verträge verletzt, die sie freiwillig unterzeichnet hatten, die Haager Abkommen, den Pakt von Locarno, den Völkerbundsvertrag, den Briand-Kellog Pakt. Wir werden uns hier nicht bei den Haager Abkommen aufhalten; sie sind, wenigstens was den

Angriff anbetrifft, unklar. Und wir haben den Worten des britischen Staatsanwaltes Sir Hartley Shawcross nichts beizufügen: « Diese ersten Abkommen waren weit entfernt davon, den Krieg ausserhalb des Gesetzes zu stellen und eine verbindliche Form des Schiedsspruchs zu schaffen. Ich werde sicherlich vom Gerichtshof nicht verlangen, zu erklären, dass durch die Verletzung dieser Abkommen irgend ein Verbrechen begangen wurde ». Aber der Pakt von Locarno, aber der Briand-Kellog Pakt - man wiederholt es uns zwanzig Mal —, das ist etwas anderes! Das sind heilige Texte, das ist die Stiftshütte! Und derselbe Sir Hartley Shawcross umschrieb ihre wesentliche Bedeutung mit den Worten: Der Vertrag von Locarno « begründete den allgemeinen Verzicht auf den Krieg », und der Briand-Kellog Pakt begründete einen weiteren, so schweren und so feierlichen Verzicht, dass von diesem Zeitpunkt an « das Recht zum Krieg keinen Teil des Wesens der Selbständigkeit mehr bildete ». Uebrigens befanden sich England und Frankreich in Anwendung dieses Vertrages im Krieg, fügt Sir Hartley Shawcross bei. Sie brauchten den Krieg nicht zu erklären. Sie waren im Krieg, weil « eine Verletzung des Vertrages gegenüber einem einzigen Unterzeichner einen Angriff gegen alle anderen Unterzeichner bildete; und sie waren im Recht, sie als solche zu behandeln ».

Diese Erklärungen verdienen aus der Nähe betrachtet zu werden. Man wird sie vorerst wegen ihres Scharfsinns loben. Sie stellen eine sehr elegante Art dar, die Frage der Kriegserklärung zu lösen. Es ist sehr einfach: wer den ersten Kanonenschuss abfeuert, versetzt sich in Kriegszustand mit der ganzen Welt. Die deutschen Geschichtsschreiber werden uns vielleicht fragen, warum von allen Unterzeichnern allein England und Frankreich diesen Eifer gezeigt haben: wir werden ihnen antworten, dass sie übelwollende und persönliche Feinde von Sir Hartley Shawcross sind. Aber das ist nicht alles. Vor allem auf der politischen Ebene sind diese Sätze von einer grossen Schönheit und einer grossen Festigkeit der Lehre. « Ihr habt zugestimmt, sagt im wesentlichen unser Gesetzgeber, Teil eines Ueberstaates zu bilden. Ihr habt in dieser Hinsicht auf einen Teil Eurer Selbständigkeit verzichtet. Ihr habt nicht mehr das Recht, Euch davon loszusagen. Dies ist unwiderruflich und Eure Unterschrift kann gegen Euch angerufen werden ». Dazu wäre unter geschichtlichem Gesichtspunkt viel zu sagen. Deutschland hat sich aus dem Völkerbund zurückgezogen. Es war durch die Arbeiten und die

Beschlüsse des Völkerbundes nicht mehr gebunden. Es hat den Pakt von Locarno, der 1934 ein erstes Mal für eine Zeitdauer von fünf Jahren erneuert wurde, abgelehnt und nach Ablauf dieser Zeitdauer nicht erneuert; es war also durch die Verpflichtung von Locarno nicht mehr gebunden. Es lehnte den Briand-Kellog Pakt nicht ab, der übrigens keine Auflösungsklausel zuliess. Aber wer konnte sich durch den Briand-Kellog Pakt wirklich gebunden fühlen, da dieser Pakt sich im Zusammenhang mit dem äthiopischen Krieg als unanwendbar erwiesen hatte? Das macht nichts aus, sagt die Anklage. Diese Widerrufe haben, da sie einseitig waren, keinerlei Wert für uns: Deutschland, das dem Völkerbund nicht mehr angehört, ist in unsern Augen genau so schuldig, wie wenn es ihm noch angehörte. Der Vertrag von Locarno hat für uns den gleichen Wert, wie wenn er nie gekündigt worden wäre. Und der Briand-Kellog Pakt, der keine Bedeutung hat, wenn es sich um Aethiopien handelt, verpflichtet Europa gebieterisch, Krieg zu beginnen, wenn es sich um Polen handelt. Die zwischenstaatlichen Verträge haben etwas von priesterlichem Wesen an sich: sie weihen für die Ewigkeit!

Aber nicht der geschichtliche Gesichtspunkt der Angelegenheit geht uns in diesem Augenblick an. Lassen wir zu, dass der Briand-Kellog Pakt ein *Vertrag* ist, im gleichen Sinne wie Versailles ein Vertrag ist. Lassen wir zu, dass er von der Oeffentlichkeit und von den Mächten ernst genommen wird und lassen wir zu, dass dieser Vertrag von Deutschland verletzt worden sei. Wichtig, eine gründliche Veränderung ist die Bedeutung, die dieser Vertrag plötzlich unter den anderen Verträgen bekommt, ist die plötzliche Beförderung, die Wesensveränderung, die aus ihm nicht einen Vertrag wie die andern macht, sondern ein Gesetz, ein endgültiges Urteil Gottes.

Hier tritt die *Denkweise,* die der Anklage als Grundlage dient, und im besonderen die Einheit dieser Denkweise in Erscheinung. Im ersten Abschnitt der Anklageakte versichert der Ankläger, dass ein Weltgewissen, eine internationale Moral besteht, die sich allen auferlegt und dass diese internationale Moral bestimmte Formen politischen Handelns verbietet. Hier versichert er nicht nur, dass die internationale Moral besteht, sondern dass sie Organe hat, berufene Wortträger und eine gesetzgebende Gewalt, die die gleiche zwingende Kraft besitzt wie die nationalen, gesetzgebenden Gewalten. Ihr hattet nicht das Recht, sagt die Anklage, Krieg zu machen. Denn der Völkerbund verbietet ihn auf Grund eines gesetzgebenden Textes, unter dem sich die Unterschrift Eurer Vertreter befindet. Nur unter diesem Gesichtspunkt hört der Briand-Kellog Pakt auf, eine blosse Erklärung zu sein, die behauptet, dass der Krieg eine höchst gemeine Sache ist, und wird ein Erlass, der den Krieg verbietet. Damit der Briand-Kellog Pakt diese Bedeutung hat, muss man zulassen, dass der Völkerbund Richelieu war: er verbietet den Krieg, wie Richelieu das Duell verbietet. Und er hat Ribbentrop hängen lassen, wie Richelieu Montmorency-Boutteville den Kopf abschlagen liess. Der Völkerbund war also eine Macht, deren Verfassung Deutschland verletzt hat. England und Frankreich, und nicht nur England und Frankreich, sondern alle Staaten, die den Völkerbund anerkannt haben, befinden sich selbsttätig im Krieg gegen es, wie alle Staaten die den amerikanischen Bundesstaat bilden, sich im Krieg mit Kalifornien befinden würden, wenn Kalifornien sich gegen die Bundesgewalt erhöbe.

So werden die Einheit und die Macht der internationalen Moral wahrnehmbar. Das Weltgewissen, oder wenn man will, die internationale Moral wird eine Gewalt. Sie verbietet den Nationalismus aus eigener Machtvollkommenheit wie die Bundesrechte den Schleichhandel mit Alkohol verbieten. Und sie bestraft den Krieg wie eine Meuterei. Diese Beförderung des Weltgewissens gestattet uns, weiter in den Geist unserer neuen Gesetzgeber einzudringen. Alles liegt bei ihnen und die zweite Abteilung der Anklageakte ist vollständig auf die erste abgestimmt.

Die Haltung der Anklage besteht darin, das Bestehen dessen zu verneinen, was besteht und das Bestehen dessen zu versichern, was nicht besteht. Für sie besteht die internationale Moral und sie hat die Gewalt, geschriebene Gesetze zu machen oder nicht zu machen, die den geschriebenen Gesetzen der Völker vorangehen. Und ebenso besteht der Völkerbund, der nicht mehr besteht, und seine Polizeigewalt, die nie bestanden hat, besteht irgendwo im Grenzenlosen. Sie ist die Hand Gottes. Und ihr Hoheitsrecht besteht, obschon es nie irgendwo bestätigt worden ist. Diese Betrachtungsweise ist eine noch scharfsinnigere Form von rückwirkender Kraft, als die anderen: denn im ganzen urteilt der Gerichtshof im Namen eines Ueberstaates, der 1945 ein gewisses Dasein hat, vorausgesetzt dass man an die UNO glaubt, der aber 1939 kein

Dasein hatte. Es ist ein Erwachen der Hirngespinste. Aber vor allem der Sieg der reinen Wesen. Alle allgemeinen Gedanken sind im Begriff, ein Schwert zu haben. Die Wolken machen das Gesetz. Sie sagen, dass sie bestehen und dass sie allein bestehen. Es ist die Höhle Platos: unsere Wirklichkeiten sind nur noch Schatten. Unsere Gesetze sind nur noch Schatten. Und die Schatten sagen, dass sie die Wirklichkeit und die wirklichen Gesetze sind. Es ist der Sieg der Weltalle. Und wir, die wir an das glauben, was besteht, betrachten betäubt die Entfesselung des Ungreifbaren.

Denn schliesslich muss man sehen, wohin uns das führt. Ich spreche hier nicht von dem schändlichen Gebrauch, der im Prozess von Nürnberg vom Briand-Kellog Pakt gemacht worden ist, in dessen Namen man gefordert hat, *alles* in gemeinrechtliche Verbrechen umzuwandeln, was die deutschen Heerführer getan hatten, unter dem Vorwand, dass, da ihr Krieg ungesetzlich war, es von ihrer Seite keine *Kriegshandlungen* mehr gab und geben konnte. Ich denke hier an die Folgen dieser Herrschaft der Wolken. Die hauptsächlichste ist auf Seite aller Völker, ob sie Vertragsteilhaber sind oder nicht (da sie immer Teilhaber an der Moral sind), ein Verzicht auf die Selbständigkeit zugunsten der internationalen Gemeinschaft. Dieser Gedanke ist als Begründung der kommenden Welt so weit verbreitet, dass man uns alle Tage einlädt, uns daran zu gewöhnen. Und er ist so offensichtlich, dass Litwinow ihn schon vor zwanzig Jahren wie folgt formulierte: « Die unbedingte Selbständigkeit, die volle Handlungsfreiheit kommt nur denjenigen Staaten zu, die keine internationalen Verpflichtungen unterschrieben haben ».

Wie geschieht diese Uebertragung der Selbständigkeit? Bemerken wir vorerst, dass es kein gewöhnlicher Verzicht auf die Selbständigkeit ist. Es kommt vor, dass ein Volk auf gewisse Souveränitätsrechte verzichtet. Zum Beispiel überträgt es jemand anderem die Aufgabe, seine Angehörigen im Heiligen Land zu beschützen, seine Rechte an der Verwaltung des Suezkanals zur Geltung zu bringen oder die Schifffahrt auf der Donau zu regeln. Nicht um das handelt es sich hier. Wir sind weit entfernt davon. Die Völker werden zu dem einzigartigen, unglaublichen Rücktritt eingeladen; sie treten das Recht, zu sagen, was erträglich und was unerträglich, die Grenzen festzusetzen zwischen dem, was sie dulden und was sie nicht dulden werden, an eine höhere Gewalt ab, d. h. sie entsagen in Wirklichkeit jeder obersten Gewalt. Denn was ist ein Gewaltinhaber, den man beschimpft, den man prellt und der nicht das Recht hat, sich zu erheben und zu sagen: es ist genug? Ein solcher Gewaltinhaber hört auf, die Eigenschaft der *Souveränität* zu besitzen. Er handelt wie eine Privatperson, die antwortet: « Mein Herr, es gibt Gerichte; es gibt die *Gerichte des Königs* ». Er ist nicht mehr Gewaltinhaber, da er einen König anerkennt. Die Völker geben also nicht einen *Teil* ihrer Gewalt auf. Sie verzichten auf ihre Gewalt überhaupt. Jedes unter ihnen ist nur noch ein Bürger eines Weltreiches. Und diese Lage ist so klar, dass jedes Volk nicht nur Bürgerrechte annimmt, sondern auch Bürgerpflichten übernimmt. Es übernimmt besonders die eigentliche Bürgerpflicht, diejenige, die man dem Gewaltinhaber unerlässlich *schuldet*, die Militärdienstpflicht. Es nimmt an, aufgeboten zu werden. Es wird Weltbürger und verpflichtet sich, seinerseits auf Befehl des Rates auf die Wache zu ziehen und auf Kommando seinen Helm aufzusetzen. Jedes Volk ist fortan ein Nationalgardist, wie die Zeitgenossen Louis-Philipps.

Diese Abdankung der Völker sehen wir in ihrer ganzen Ausdehnung nur, wenn wir uns dessen erinnern, was im ersten Abschnitt der Anklageakte gesagt worden ist. Denn man stellt fest, dass die Völker nicht nur auf das Recht verzichten, selbst zu unterscheiden, was erträglich und was unerträglich ist. Sie übertragen in Wirklichkeit das Recht, zu sagen, was gerecht und was ungerecht ist. Es kommt jemand anderem zu, nicht nur sagen, ob sie verletzt sind, sondern ob sie der Moral gemäss leben. Sie fragen für alles um Erlaubnis. Dafür, Krieg zu führen oder nicht Krieg zu führen. Dafür, stark zu sein nach dieser oder jener Methode. Dafür, die Regierung zu wechseln. Dafür, über dieses Gesetz oder jene Kontingentierung abzustimmen. Und es ist nicht erstaunlich, dass man ihnen jetzt *Empfehlungen* über ihr Geld, über ihren Handel, über ihren Haushalt, über ihre Bewaffnung, über ihren demokratischen Stimmaufwand macht. All das war im Geist von Nürnberg enthalten. Und erstaunlich wäre, wenn man es ihnen nicht machte!

So wird die *Einmischung*, die zuerst versteckt und rein geistig war, wenn es sich um politische Rechte handelte, genau, rechtlich, bedingt durch Einrichtungen und Texte, wenn man auf das internationale Gebiet hinübergeht. Die Annäherung des Briand-Kellog Paktes an einen Erlass lässt so recht den gerichtsbarkeitlichen Charakter der internationalen Gewalt erkennen, und die Annäherung der Staaten an den Stand des Bürgers lässt recht ihre Entthronung erkennen. Der packende Uebergang, dem wir beiwohnen, hat alle Merkmale der Entstehungsabschnitte neuer Gewalten. Die gleichen Erscheinungen sind in dem Italien des 16. Jahrhunderts aufgetreten, als die Staaten ihre rechtliche Gewalt den Lehensfürsten aufdrängen wollten. Die Orsini, die Malatesta, die Colonna behaupteten, die Rechtsgewalt über ihre Länder zu haben. Sie verstanden nichts von den Strafprozessen, die die Republik von Venedig oder der Papst ihnen anhängig machten. Und sie starben von ihrem guten Recht überzeugt. Und überzeugt, dass ihre Feinde sich ihrer entledigten (was wahr war), indem sie ihnen Albernheiten erzählten. Man könnte aus diesem Vergleich schliessen, dass der Prozess von Nürnberg die erste Bekundung eines neuen Rechts ist, das in zweihundert Jahren selbstverständlich erscheinen wird. Das ist möglich. Aber noch sicherer ist, dass die Orsini, die Malatesta und die Colonna sofort nachher als selbständige Gewalten verschwunden und ihre Kinder gehorsame Untergebene des Papstes und des Grossherzogs von Toscana geworden sind. Wenn Nürnberg das Recht für die Zukunft spricht, wenn das internationale Recht sich endgültig seinen Platz, der gegenwärtig von ihm gefordert wird, sichert, werden unsere Völker wie die italienischen Lehensfürsten enden. Diese Texte verewigen ihre Unterwerfung und ihr Verschwinden.

An diesem Punkt unserer Untersuchung sehen wir das Panorama der neuen Ordnung sich aufbauen. Es ist im ganzen eine Art Umstellung. Die Unwiderruflichkeit der Verträge und die Unteilbarkeit des Friedens führt uns nicht zur Knechtschaft und zu all ihren abstossenden Folgen wie Malthusianismus, Ueberwachung, Besetzung. Aber sie gewöhnen uns ganz allmählich an einen gemässigten Grad dieser Erscheinungen, an eine erträgliche Uebersetzung dieses Wortschatzes der Unterwerfung. Es handelt sich nicht mehr um Knechtschaft, sondern um Einmischung. Es ist nicht die Rede von Ueberwachung, sondern von Planung. Nicht weiter von Malthusianismus, sondern von Organisation der Ausfuhren. Und noch weniger von Besetzung, als blos von internationalen Konferenzen, die wie ärztliche Untersuchungen über unsere demokratische Temperatur sind. Die ganze Welt ist um den Tisch versammelt. Jeder hat seinen Stimmzettel. Es gibt nicht Sieger noch Besiegte. Die Freiheit herrscht und jeder atmet: nicht wie man in einer künstlichen Lunge atmet, sondern wie man in der Kabine eines Unterseebootes oder eines Luftschiffes atmet, wo der Sauerstoffgehalt durch einen sinnreichen Zutrittsmechanismus geregelt wird. Jedermann hat beim Eintritt eine gewisse Zahl falscher Ideen und überflüssiger Ansprüche abgelegt, wie die Mohammedaner ihre Pantoffeln ablegen, bevor sie die Moschee betreten. Jedermann ist frei, weil jeder vor dem Eintritt geschworen hat, dass man für ewig die demokratischen Grundsätze hochhalten wird, d. h. dass man vor allen Dingen ein ewiges Abonnement auf die Verfassung der Vereinten Nationen zeichnet. Ist das nicht das Glück auf dieser Welt? Ist es nicht ein glücklicher Ausgleich zwischen den zwei Schwierigkeiten, die uns soeben aufhielten? So wird die Quadratur des Zirkels gelöst. Deutschland wird nicht nur verurteilt, weil es den Versailler-Vertrag verletzt hat, sondern im wesentlichen, weil es wider den Geist und die Befehle des Weltgewissens, d. h. der Demokratie gehandelt hat: und es nimmt seinen Rang unter den Völkern wieder ein, vorausgesetzt, dass es der Göttin, die es verletzt hat, Treue schwört!

Nur muss man diese neuen Anordnungen in allen ihren Folgen sehen. Diese Zurückführung der Staaten auf den Stand von Privatpersonen hat zum ersten Ergebnis, die *gegenwärtige* Verteilung der Reichtümer der Welt zu verewigen. Die gesellschaftliche Ungleichheit wiederholt sich auf der Stufe der Staaten und im gleichen Verhältnis mit den rechtlichen Einrichtungen. Das heisst, dass der Bürger zum Wächter über die Ungleichheit ernannt wird, die ihn zu Boden drückt. Nun wird in den Gemeinwesen die statische Lage ständig durch die politischen Kämpfe geändert. In regelmässigen Zeitabständen lässt der Bürger wissen, und oft mit einer gewissen Gewaltsamkeit, dass er seine Wächterrolle nur weiter spielen will, wenn die anfängliche Ungleichheit zu seinen Gunsten verbessert wird. Der Gesellschaftsvertrag wird so ständig einer Durchsicht unterzogen. Aber was für eine Entsprechung hat dieses Mittel, das die politische Tätigkeit den Bürgern verleiht, auf der Stufe der Staaten? Aller politische Kampf in diesem Bereich ist Krieg oder Vorspiel zum Krieg. Und dieser Krieg kann in der neuen Ordnung nur noch ein Weltkrieg sein.

Ihr seid frei, sagt man uns, aber frei unter der Bedingung, dass Ihr Euer Los anerkennt. Ihr habt gleiche Rechte wie die andern. Aber man muss eben wissen, dass die andern darauf verzichtet haben, das Wesentliche noch in Frage zu stellen. Das ist eine versteckte Art, den Malthusianismus wieder einzuführen. Die Verfassungsurkunde der Vereinten Nationen sichert die Massenarmut, wie der Briand-Kellog Pakt Versailles sicherte. Es sind sogar keine Annexionen mehr nötig. Es ist kein Zwang mehr nötig. Es genügt, den demokratischen Geist zur Annahme zu bringen, der denselben Dienst leistet wie alle Zwangsnahmen. Die Reichen schreien « Hosianna ». Sie danken, nachdem sie Lobgesänge auf die *Potomac* gesungen haben. Und sie verkünden, dass ihr Sieg der Sieg der Gerechtigkeit und des Friedens ist. Das ist bewundernswert. Es ist nicht einmal mehr notwendig, von *Ungeheuern* zu sprechen. Die Ungeheuer sind verschwunden. Das ist fertig. Man hat nicht nötig, ihnen ihre Kolonien wegzunehmen - um sie an ihrem Platz auszubeuten. Sie haben keine Kolonien mehr, noch ihre Handelsflotte - um ihnen Schiffe vermieten zu können. Sie haben keine Schiffe mehr, noch ihre Industrie - um sie die in Detroit, oder in Essen von den Kapitalisten von Detroit, hergestellten Töpfe höchst teuer zahlen zu lassen. Sie haben keine Fabriken mehr. Es genügt, sie zu überreden, den gegenwärtigen Zustand der Dinge vorzüglich zu finden. Ihn als eine dieser Schicksalsfügungen zu betrachten, gegen die man nichts vermag. Die Verfassungsurkunde der Vereinten Nationen besorgt die Ordnung eines Diktates. Versailles ist eine Kinderei, da wir den Briand-Kellog Pakt haben. Demokratie und Unbeweglichkeit ist unser Kampfruf: mit dem man, da in der besten aller Welten alles zum Besten bestellt ist, die Gerupften einlädt, vor dem Erbe der Gerechten die Wache aufzuziehen!

So treffen und durchdringen sich zwei Bereiche, die einander vorerst fremd erscheinen, die Moral und die Wirtschaft. Nürnberg gibt vor, den Frieden sicherzustellen. Es findet sich, dass der Friede und das Weltgewissen, trotzdem sie im Himmel sitzen, wie Könige sind, von denen Montaigne sagt: trotzdem sie auf Thronen sassen, sassen sie doch nur auf ihrem Hintern. So müssen die reinen Ideen, die ungreifbaren Ideen, die sich an Stelle der Gewaltinhaber in Fleisch und Blut verwandeln, Hand anlegen an die unreinen Arbeiten der Kunst des Fürsten. Ihre Regierung besteht letztlich darin, Reichtümer auszuteilen. Man kann die Regierung des Geistigen nicht übernehmen, ohne die Regierung des Zeitlichen zu überragen. Man kann die Gewalten des Geistigen nicht entthronen, ohne auch einen Teil des Zeitlichen zu entthronen, das *mitkommt*, wie die Erde mit den Wurzeln mitkommt. Also können wir ihnen sagen: « Reine Ideen, unangreifbare Ideen, welches sind Eure Diener? Welchen Statthaltern, welchen Kanzlern, welchen Junkern Eurer Gewalt, habt Ihr die Regierung des Zeitlichen übertragen, mit der Ihr Euch nicht befasst? Welche Ordensgemeinschaft herrscht über uns? Wenn Ihr von uns verlangt, die Wache aufzuziehen, möchten wir gerne wissen, vor wem wir die Wache aufziehen? Wenn Ihr von uns verlangt, am Tore zu grüssen, möchten wir gerne wissen, wer in Euren Kutschen sitzt? » Aber der Gerichtshof antwortet im zweiten Abschnitt seiner Anklageakte noch nicht auf diese Frage. Er gibt sich zufrieden, die Grundsätze aufzustellen, die wir beschrieben haben und aus welchen wir unsere Zukunft zu lesen versuchen.

Denn wir, die die Gärten des neuen Eden durchschreiten, sehen die Formen und den Umriss der künftigen Welt sich etwas genauer abzeichnen. Dieses neue Gesetz ist bestimmt eine schöne Sache. Der erste Abschnitt der Anklageakte verjagte uns aus dem Gemeinwesen. Er verjagte uns zunächst praktisch daraus. Der zweite Abschnitt verjagte uns rechtlich daraus, indem er uns den Titel eines Weltbürgers gab. Wir haben vorerst gehört, dass wir nicht mehr das Recht haben, uns auf dem Platz vor dem Haus des Kadi zu versammeln und zu sagen: diese Stadt gehörte unsern Vätern und sie gehört uns. Diese Aecker gehörten unsern Vätern und sie gehören uns. Und jetzt hat der Kadi nicht mehr das Recht, mit dem Schwert vor sich einherzuschreiten: er hat seine Gewalt aufgegeben. Es kommen schöne Beamte mit einer weissen Mütze auf dem Kopf, die den Frieden und den Wohlstand verkünden. Willkommen, Ihr schönen Beamten unseres Herrn! Ihr wacht nicht nur über unsern Schlaf. Ihr regelt alle Arten verschiedenartigen Verkehrs, den unserer Maschinen, den unserer Gedanken, den unseres Geldes und bald den unserer Truppen. Unser Kadi tritt jeden Tag von seinen schönen Reitern begleitet aus seinem Palast hervor, um zum Gebet zu gehen. Er tut so, als ob er Euch nicht sähe. Und wir denken, indem wir einen Rückblick auf uns selbst werfen, mit Bitterkeit an die Sultane, die wir so vor uns vorbei marschieren liessen.

Die Welt, die wir eben noch so flüssig, sich jeder Bestimmung, jeder Sicherheit entziehend empfanden, hat also schliesslich etwas Beständiges, Bestimmtes, Unwiderrufliches: die Gesetze machen uns abgabepflichtig. Bei uns, in unsern Gemeinschaften, nichts mehr Sicheres, keine sichern

Grenzen zwischen Gut und Böse mehr. Keine Erde mehr, auf der unsere Füsse ausruhen können. Aber was für eine kräftige Baukunst beginnt sich über uns abzuzeichnen. Der französische, der deutsche, der spanische, der italienische Bürger weiss nicht recht, was für ein Geschick ihm beschieden ist. Aber der Bürger der Welt weiss, dass der harmonische Gerüstbau der Verträge sich für ihn erhebt. Seine Person ist geheiligt, seine Waren sind geheiligt. Seine Herstellungskosten sind geheiligt. Seine Gewinnanteile sind geheiligt. Die Weltrepublik ist die Republik der Händler! Das Glücksspiel der Geschichte ist ein für allemal eingestellt. Es gibt nur noch ein Gesetz, dasjenige, das die Erhaltung der Gewinne gestattet. Alles ist erlaubt, ausser was darin besteht, darauf zurückzukommen. Die Verteilung der Lose ist endgültig. Ihr seid Verkäufer auf ewig oder Käufer auf ewig. Reich oder arm für immer. Herr oder Abgabepflichtiger bis an das Ende der Zeiten. Da wo die nationalen Gewalten auslöschen, beginnt die wirtschaftliche Weltherrschaft zu leuchten. Ein Volk vermag nichts gegen die Händler, nachdem es auf das Recht verzichtet hat, zu sagen: hier sind die Verträge so, die Gebräuche so. Und Ihr zahlt einen so und so hohen Zehnten, um Euch niedersetzen zu dürfen. Die Vereinten Staaten der Welt sind nur zum Schein eine politische Auffassung: in Wirklichkeit ist es eine wirtschaftliche Auffassung! Diese unbewegliche Welt wird nur noch eine gewaltige Börse sein: Winnipeg bestimmt den Kurs des Getreides, New York den des Kupfers, Pretoria den des Goldes, Amsterdam den des Diamanten. Was für eine Berufungsmöglichkeit haben wir, wenn wir nicht einig gehen? Die Auseinandersetzung zwischen Reich und Arm? Wir wissen, was das gibt. Die schlechte Laune, das Verschliessen der Häfen? Man hat hundert Mittel, es uns bereuen zu lassen. Wer auf das Recht verzichtet, den Ausländer zu besteuern, ihn aus der Stadt hinauszuweisen mit seinen Waren, seine Häfen den Missionaren zu verschliessen, verzichtet auf die Freiheit und alle ihre Güter. Was ist ein Streik, was ist eine soziale Errungenschaft in einem Land, das gezwungen wird, seine Preise denen des Auslandes anzupassen? Diese Frage gibt uns den Schlüssel zu unsern gegenwärtigen Schwierigkeiten: man sichert seinem eigenen Volk das Leben nur, wenn man Meister im eigenen Haus ist und den Fremden höflich hinauskomplimentiert. Aber die neue « Verfassung der Welt », wie Präsident Truman sich ausdrückt, fordert uns auf, das Gegenteil zu tun. Diese Politik hat einen Namen: vor dreiviertel Jahrhunderten nannte man sie züchtig « die Politik der offenen Türe ». Wir sind China geworden. Die Wahl des Präsidenten der

Vereinigten Staaten bedeutet mehr für uns, als unsere eigenen Ministerkrisen.

Aber wir haben einen Trost: es ist das Weltgewissen, das uns regiert. Vollkommen geschliffene Rechtsgelehrte bringen uns fixfertige Gesetze. Sie sind die Hüter der Vestalin Demokratie. Aehnlich den dicken Eunuchen, die die Strasse zum Harem bewachen, haben sie ein unbekanntes Gesicht und sprechen eine Sprache, die wir nicht verstehen! Sie sind die Ausleger der Wolken. Ihre Tätigkeit besteht darin, die kostbaren Geheimnisse der Freiheit, des Friedens, der Wahrheit in unsere Reichweite zu bringen: sie erklären uns, was die Vaterlandsliebe ist, worin der Verrat besteht, der Mut, die Bürgerpflicht. Sie erklären uns unsere neue Ehre und das Gesicht unseres neuen Vaterlandes. O Gesetz des Gemeinwesens, Gesetz unserer Stadt! Volle und reiche Gesetze, Gesetze, die nach unserem Fleisch, nach unserem Geruch riechen! Gesetze unserer Erde! O Gesetze des Fürsten, die der Herold in den Flecken ausrief! Verordnungen, über die die Räte, die viereckige Mütze in der Hand, ihre Meinung äusserten! O altes Königreich, Zeit der Korsaren, wo seid Ihr? O kriegerische Gesetze, mörderische Gesetze, wir wissen jetzt, dass Ihr Gesetze des Friedens und der Liebe wart! O ungerechte Gesetze, Ihr wart Gesetze der Gerechtigkeit! O Gesetze der Aechtung, Ihr wart Gesetze des Heils! O Gesetze der Plünderung, Ihr wart Gesetze der Vormundschaft! O Gesetze, Ihr wart unser eigenes Leben und unser Atem. Ihr wart das Mass unserer Kraft. Und selbst im Schlechten noch blieb unser Schwung aufbehalten. Ihr wart unser eigenes Blut und Ihr wart unsere Seele. Ihr wart unser Gesicht. Und wir erkennen Euch wieder. Ja wir erkennen Euch wieder: und selbst die gewaltsamsten, selbst jene, die wir heute ungerecht nennen, selbst der Widerruf des Ediktes von Nantes, das man uns zu verfluchen lehrt, wie erscheinen sie uns Gesetze der Mässigung und der Weisheit im Vergleich zu den Gesetzen des Auslandes! Jetzt ist die Zeit des Gesetzes ohne Gesicht gekommen, die Zeit der Fälschungen und des Gesetz genannten Mörders. Heute hat eine Maschine zur Fabrikation der Welt den Platz unserer Räte eingenommen. Von Zeit zu Zeit setzt sie ein ungeheurliches, trockenes, hygienisches, unmenschliches Erzeugnis in Umlauf, das wir betäubt betrachten wie einen Meteorstein. Und unsere neuen Gesetzgeber erklären uns, dass man alle deutschen Soldaten als gemeinrechtliche Mörder hätte hängen und alle französischen Bürger wegen Einverständnisses mit dem Feind hätte erschiessen können, aber dass man *einen Beweis von Nachsicht geliefert* hat. O barbarische Gesetze des 13. Jahrhunderts, Gebrauch von Poitou, Duell mit dem Knüppel, Kongress, Gottesurteil; heute strahlt die Gerechtigkeit, die Gerechtigkeit und die Milde auf Euren Gesichtern. Unsichtbare Baumeister entwerfen unsere Welt mit der Messchnur! Wir hatten ein Haus. Wir werden an seiner Stelle einen schönen Entwurf haben. Ein Auge in der Mitte eines Dreiecks, wie auf dem Einband des Katechismus, regiert die neue politische Schöpfung. Die Idealisten sind entfesselt. Alles was Ungeheuer geboren hat, hat das Wort. Unsere Welt wird weiss sein wie eine Klinik, schweigsam wie ein Leichenschauhaus. Es ist das Jahrhundert des Albdruckes. Ich hasse Euch, Idealismen!

Denn man kann uns lang bei allen Gelegenheiten hohle Worte über unsere Unabhängigkeit machen, die Wirklichkeit ist so. Die Sieger, heute durch die Folgen dessen, was sie getan haben, tief erschreckt, können uns lange versichern, dass all das nicht so schwer ist. Dass man die Städte wieder aufbauen wird. Dass man Kohle, Maschinen, Treibstoff, Baumwolle verteilen wird - nicht den Bösen, wohlverstanden, nicht den spanischen Faschisten zum Beispiel —. Dass wir das Recht haben werden, Nationalisten zu sein, so viel uns gefällt. Schlechte Köpfe, wenn wir wollen. Gegner von wem wir wollen. Dass nichts geändert ist: wir wissen, wir, dass das nur eine Augentäuschung ist. Und dass alle wirtschaftlichen Pläne der Welt die politischen Rechte nicht ersetzen können, die man uns genommen hat.

Die Völker sind entmannt. Die Lehre von den Vereinten Staaten der Welt ist ein Betrug, solange sie sich auf eine politische Forderung gründet. Und die Behauptung von der Vortrefflichkeit der Demokratie ist eine Behauptung, die genau derjenigen von der Vortrefflichkeit des Marxismus gleicht. Auch sie ist ein Mittel zur Einmischung genau wie der Marxismus. Wir sind keine freien Menschen mehr: und wir sind es nicht mehr, seit der Gerichtshof von Nürnberg verkündigt hat, dass es über unserem nationalen Willen einen Weltwillen gebe, der allein das Vermögen habe, die wahren Gesetze zu schreiben. Nicht der Marshall-Plan bedroht unsere Unabhängigkeit. Es sind die Grundsätze von Nürnberg. Jene, die heute den Marshallplan angreifen, wissen es nicht oder wollen es nicht sagen, aber in *Wirklichkeit* greifen sie die Moral von Nürnberg an: die Hälfte des französischen Volkes erhebt heute, ohne es zu wissen, Einspruch dagegen, dass Goering gehängt worden ist.

Wir wissen übrigens, wohin das führt. Um sich ihre Anklage bequem zu machen, haben die Vereinten Nationen eine zweideutige Lehre verkündet, die sie heute vor die grössten Schwierigkeiten stellt. Jene, die überzeugt sind von dem guten Glauben der Sowjets, haben nicht Unrecht. Ist dieser gute Glaube *grundsätzlich* nicht augenscheinlich? Man verlangt von ihnen, Deutschland des Verbrechens gegen die Demokratie anzuklagen. In diesem Punkt waren sie völlig einig. Man schlägt ihnen vor, zu verkünden, dass in Zukunft die Welt im Geiste der Demokratie regiert werde. Das passte ihnen vollständig. Man bemerkte die Zweideutigkeit erst, als man zur Anwendung übergehen wollte. Die Russen dachten offensichtlich, dass sie sich verpflichtet hätten, die sowjetische Verfassung auszuführen, die nach ihren Gesichtspunkten die demokratischste der Welt ist. Sie waren durchaus Anhänger der Einmischung, aber durch die Vermittlung der kommunistischen Parteien. Sie wollten durchaus Pläne, unter der Bedingung, dass sie dreijährig, vierjährig, fünfjährig seien. Ausfuhren, vorausgesetzt, dass sie nach dem Osten geleitet würden. Und internationale Konferenzen, wenn sie folgsam auf Herrn Wyschinski hörten. Sie hatten verstanden, dass der demokratische Geist, von Moskau ausgehend und sich in Gegenuhrzeigerrichtung bewegend, über die Welt zu wehen begann. Als man ihnen erläuterte, dass es sich nicht um das handelte, sondern dass man die amerikanische Verfassung zu verbreiten, den Dollar und die Wahl mit geheimen Stimmzetteln auszubreiten, die Inspektionen des Roten Kreuzes zu begünstigen und sich im Esszimmer von Herrn Marshall zu versammeln beginne, erklärten sie, dass es sich um ein schweres Missverständnis handle. Versetzt Euch an ihren Platz! Sie hatten den Krieg nicht geführt, damit der amerikanische Botschafter in Warschau den Regen und das schöne Wetter machen konnte.

Das ist die Gefahr der unbestimmten Formulierungen und der falschen Ideen. Wir bemerken heute, dass der harmlose Briand-Kellogg-Pakt viel Explosivstoffe enthielt, die man nicht darin vermutete. Er war vorzüglich, um Deutschland zu verurteilen. Aber er war sehr schlecht, um die Welt zu regieren. Heute müssen die Richter von Nürnberg, wenn sie sich selbst gegenüber logisch sein wollen, die Staaten, die bei sich nicht die Demokratie nach amerikanischem Muster anwenden, als Feinde des

Weltgewissens zur Anzeige bringen. Sie müssen sie aus der internationalen Gemeinschaft ausschliessen. Und das Weltgewissen muss selbstherrlich den Bann gegen die Rebellen schleudern! So stellen uns die Grundsätze von Nürnberg nicht nur unter Vormundschaft, sondern verurteilen uns auch zu einem weiteren Krieg. Zu einem dem vorhergehenden ganz gleichen Krieg. Zu einem Krieg ohne Notwendigkeit. Zu einem ideologischen Krieg. Sozusagen zu einem Krieg um das Recht. Darum werden vielleicht in einigen Monaten Tausende junger Franzosen und junger Deutscher denselben runden Helm zu Ehren einer höheren Moral tragen, die für sie und für uns darin besteht, nicht mehr Meister im eigenen Haus zu sein. Es ist wahr, dass wir im Austausch gegen diese Wirrkopfpolitik die Genugtuung haben werden, zu wissen, dass der Bolschewismus und der Nationalsozialismus zwei Seiten der selben Ungeheuerlichkeit waren. Ich weiss nicht, ob die Amerikaner wirklich gesehen haben, dass diese zusätzliche Verkündigung kaum dazu beitrug, die Dinge zu vereinfachen.

* * *

Der dritte Abschnitt der Anklageakte ist wie der zweite höchst klassischer Art. Es handelt sich hier um die *Kriegsverbrechen*. Der Gerichtshof stützt sich hier auf einen bestimmten Text: die Haager Abkommen von 1907. Er nennt Kriegsverbrechen die durch die Kriegführenden in Verletzung dieser Abkommen begangenen Handlungen, die die Verfahrensweisen bestimmen, die von den selbständigen Staaten als mit dem Kriegsrecht übereinstimmend anerkannt worden sind. Diesem Vorgehen kann nichts vorgeworfen werden. Wir werden weiter unten sehen, wo die Unehrlichkeit in diesem Punkt beginnt. Aber man entdeckte sehr schnell, dass das öffentlich bekannt gegebene Völkerrecht, d. h. der Text des Haager Abkommens nicht gestatten würde, Handlungen zu treffen, für die man die Deutschen zahlen lassen wollte. Man erfand daher, wie wir gesagt haben, einen neuen Begriff: den des *Verbrechens gegen die Menschlichkeit*. Und diese Beschuldigung diente dem vierten Abschnitt der Anklagerede als Titel. Aber da man nicht recht wusste, wo die *Kriegsverbrechen* endeten, und wo die *Verbrechen gegen die Menschlichkeit* anfingen, und da es einem anderseits von Nutzen war, Handlungen, die in Wirklichkeit von dem umstrittenen Begriff abhingen, unvermerkt einem unbestreitbaren

Begriff zu unterschieben, brachte man den dritten und vierten Abschnitt ständig durcheinander. Es ist uns unmöglich, sie in unserer Untersuchung voneinander zu scheiden, trotzdem der öffentliche Ankläger sich bei diesen zwei Anklagen auf sehr verschiedene Grundsätze stützt. Dieser Teil der Anklageakte ist derjenige, den man der öffentlichen Meinung zum Frass vorwarf: wir haben oben gesagt, warum. Um die scheinbar sehr vernünftigen Grundsätze zu beurteilen, auf die die Anklage sich beruft, muss man zuerst die Anschuldigung beurteilen. Und hier ist die Wahrheit nicht so leicht zu entwirren, wie man glauben könnte. Es gibt über die deutschen Scheusslichkeiten ein umfangreiches Schrifttum: aber dieses Schrifttum steht im Gegensatz zu dem, was wir alle *gesehen* haben. Vierzig Millionen Franzosen haben die Deutschen während drei Jahren in ihrer Stadt, auf ihrem Hof, in ihren Häusern, auf ihren Strassen *gesehen* und haben keineswegs gefunden, dass sie Ungeheuer seien. Sind wir Opfer einer gewaltigen Tarnung gewesen, unter der sich ein Tier verbarg? Oder sind die Berichte, die man uns gemacht hat, nicht übertrieben gewesen? Wir haben keinerlei Interesse, « das gute Deutschland » zu verteidigen: denn die Politik der französischen Regierung während der Besetzung erscheint viel wirksamer, wenn die Deutschen wirklich *Ungeheuer* sind. Die Anhänger der Widerstandsbewegung haben im Gegenteil ein Interesse, ihre Leiden auszustellen: man weiss zur Genüge, dass die Leiden sich leicht in gute Stellen verwandeln. Haben wir uns über die Deutschen getäuscht? Wir sind bereit, es guten Glaubens anzuerkennen, wir würden uns dadurch nicht herabgesetzt fühlen: aber ist es wahr?

Das ist die erste Schwierigkeit. Es gibt deren weitere, die sich mit dieser verbinden. Man klagt Deutschland der Vertilgung einer grossen Zahl menschlicher Wesen an. Wohlverstanden, wir verurteilen solche Verfahrensweisen zu jeder Zeit und selbst zur Kriegszeit. Dieser Punkt stand für keinen von uns je in Frage. Und wenn wir während des Krieges gewisse Handlungen, die man heute Deutschland vorwirft, gekannt hätten, hätten wir gegen diese Handlungen Verwahrung eingelegt. Aber zuerst, wir wiederholen es, müssen wir eine unparteiische Prüfung dieser Anschuldigungen verlangen. Eine Prüfung, die noch nicht gemacht worden ist. Darauf können wir von diesen Dingen sprechen, so als ob wir vergässen, dass die Alliierten durch andere, aber auch wirksame Verfahrensweisen eine beinahe ebenso umfangreiche Ausrottungsart auf ihre Rechnung genommen haben. Und schliesslich dürfen wir Franzosen, wenn wir unser Urteil aussprechen, nicht vergessen, dass diese Ausrottung, und das geht klar aus der Anklage selbst hervor, sich vor allem gegen Bevölkerungen gerichtet hätte, die man als fremdgebürtig bezeichnen kann, so vor allem gegen die Slawen. Die Propaganda der Widerstandsanhänger hatte zum Gegenstand, alles durcheinander zu bringen: sie sprach von den Konzentrationslagern, wie wenn die Franzosen wie die Slawen behandelt worden wären. Und sie hat überall die grösste Scheusslichkeit gewählt, die sie als die Regel hinstellte. Das hat zur Folge, dass die Leser unserer Zeitungen völlig überzeugt sind, dass man in Ravensbrück jeden Tag unter Absingen der *Lily Marlène* fünfhundert Kinder von Belleville in Verbrennungsöfen warf. Wir müssen uns also auch in diesem Punkt hüten. Wir wissen, dass eine entsetzliche Rechnung zwischen Deutschland und Sowjetrussland offen zu sein scheint: und auf die Gefahr hin, viele Leser in Erstaunen zu versetzen, füge ich bei, dass wenn man die durch ihre Regierung gegebenen Zahlen für richtig hält, die Russen, angesichts ihrer Verluste und ihrer Leiden, in den Vergeltungsmassnahmen der Besetzung mässig gewesen wären. Wenn es wahr ist, dass ihre Gefangenen zu Hunderttausenden niedergemetzelt, dass ihre Gebiete zerstört, entvölkert und dem Erdboden gleichgemacht, dass ihre Bauern klumpenweise gehängt worden sind; wenn, was sie behaupten, sich bewahrheitet, hätten sie das Recht gehabt, kraft dieses Gesetzes der Wiedervergeltung, das wir so oft in Erinnerung rufen, die Hälfte Deutschlands in eine dürre Wüste zu verwandeln: sie haben nichts derartiges getan. Sie haben kaltes Blut bewahrt und verstanden, dass die Unterdrückung ihrer unwiderruflichen Feinde und die Errichtung ihrer Herrschaft für sie ein wichtigerer Gegenstand war als die Vergeltung. Und sie haben uns die Deutschen rechtlich für Tatbestände verurteilen lassen, über die ihre Politik mit dem Schwamm hinwegging. Seien wir also nicht königlicher als der König! Was in Auschwitz, in Maidanek und an anderen Orten geschah, geht die Slawen an: wir haben uns mit dem Abendland zu befassen. Fordern wir nicht Schulden ein, die der Gläubiger nicht eintreibt! Sondern tragen wir Sorge, die Uebertreibungen unserer Propaganda richtig zu stellen! Für uns ist wichtig zu wissen, was die Deutschen uns angetan haben. Ueber diesen Punkt wollen wir die Beweisstücke von Nürnberg befragen.

Diese Aufgabe ist um so leichter, als der Gerichtshof dem französischen

Staatsanwalt die Aufgabe anvertraut hat, die als *Kriegsverbrechen* und *Verbrechen gegen die Menschlichkeit* bezeichneten Tatbestände, was den westlichen Abschnitt anbetrifft, zu vertreten. Wir haben also da ein hervorragendes Mittel, die erste der Schwierigkeiten zu überwinden, die sich uns soeben stellte. Diese öffentliche Anklagerede erlaubt uns, die persönlichen Anklagen zu übersehen, die von Journalisten oder Gelegenheitsschriftstellern gesammelt worden sind und deren Aufrechterhaltung der französische Staatsanwalt nicht ratsam fand. Gleichzeitig erlaubt sie uns, aus den wirr durcheinander gegen den Nationalsozialismus erhobenen Anklagen, leicht das herauszulösen, was unser Land betrifft. Unser Ziel ist also, uns zuerst zu fragen: sind die deutschen Greueltaten, an die man in unserer Presse jeden Tag erinnert wird, *bewiesen?* Was bringt über diesen Punkt die feierlichste unserer Anklagen, die einzig berufene, die in Nürnberg erhoben worden ist? Anstatt sofort an die Prüfung der Grundsätze zu gehen, sich neben den Richter zu setzen und ihn richten zu sehen, muss man sich also für die Untersuchung interessieren. Man muss zu erkennen versuchen, was es Zuverlässiges in der Anklagerede gibt. Wir werden mit dem Gericht die Zeugen hören und die überzeugenden Stücke aufspüren. Und dann werden wir fragen: Und Ihr?

Ein selbst rasches Durchlesen des *Prozesses von Nürnberg* genügt, um zu erkennen, dass vom Augenblick an, wo die französische Abordnung, der dieser Teil der Anklagerede anvertraut war, sich erhebt, um ihre Anklagepunkte vorzubringen, die Verfahrensweisen des Prozesses sich vollständig wandeln. Die mit dem ersten und zweiten Teil der Anklage beauftragten amerikanischen und englischen Vertretungen hatten eine bestimmte Anzahl von Regeln beachtet, die nach dem Wortlaut der Geschäftsführung des internationalen Gerichtshofes nicht verbindlich, aber von grosser Klugheit waren. Zum Beispiel bestand der Hauptteil der aufgeführten Beweisstücke aus deutschen Schriftstücken, die man in den deutschen Archiven gefunden hatte, und die durch festgestellte Verantwortliche gezeichnet waren: es kam vor, dass der Staatsanwalt ein Beweisstück vorlegte, das aus einem der alliierten Staaten stammte. Aber wenn er das tat, machte er ausdrücklich darauf aufmerksam, in der Meinung, dass diese Beweisstücke nicht genau den gleichen Wert hätten wie die Schriftstücke deutschen Ursprungs. Ebenso waren die bisher aufgerufenen Zeugen, mit beinahe einer Ausnahme, deutsche

Beamte oder Generäle, Oberst Lahusen vom Generalstab des Generals Canaris; der SS-General Ohlendorf; der Major Wisliceny, Mitarbeiter Eichmanns in der Leitung der Judenfrage; SS-General Schellenberg; der Wächter Hollrieg vom Lager Mauthausen; der SS-General Von dem Bach-Zelewski; die U-boot-Offiziere Heisig und Mohle. Einwendungen der Verteidigung hinsichtlich der Herkunft der Beweisstücke waren selten. Der Präsident hatte fast nie Zwischenfälle zu rügen. Von dem Augenblick an, wo unser Vertreter sich erhebt, beginnt sich all das zu ändern. Und die Grundlagen der Anklage erscheinen derart verschieden, sie schaffen derartige Zwischenfälle, sie rufen derartige Ordnungsrufe des Gerichtshofes selbst hervor, dass es unmöglich ist, diese Anklagerede in Betracht zu ziehen, ohne sie einer vorgängigen Untersuchung zu unterwerfen.

Die erste Regelwidrigkeit ist das fast völlige Verschwinden der deutschen Beweisstücke und Zeugnisse. Man darf nicht sagen, dass dieses Verschwinden gleichgültig sei. Es ist schwerwiegend: der französische Staatsanwalt ist nicht dazu da, « Verbrechen Deutschlands » aufzuzählen, denn man kann nicht « Deutschland » hängen. Aber er behauptet, zu beweisen, dass diese Verbrechen die Folge von Befehlen sind, die durch Menschen gegeben wurden, die vor ihm stehen und die er anklagt. Er verlangt, dass man über Keitel die Todesstrafe verhängt, dessen Hauptquartier irgendwo am Dnjepr war. Ueber Neurath, der Reichsprotektor der Tschechoslowakei war. Ueber Speer, der sich mit der Rüstung befasste. Ueber Jodl, der die militärischen Unternehmungen leitete. Ueber Baldur von Schirach. Und er brachte keinerlei Beweisstück bei, das bewies, dass Keitel, Neurath, Ribbentrop, Speer, Jodl usw. , die von ihm aufgeführten Verbrechen, die vielleicht wirklich waren, befohlen haben. Er fordert diese Menschenleben leichtfertig und ohne Beweise. Er kann, streng genommen wohl mutmassen, dass Goering *wusste* (Goering hat das Gegenteil behauptet), oder in jedem Fall, hätte *wissen müssen*. Er hat vielleicht recht, zu behaupten, dass Kaltenbrunner, Mitarbeiter Himmlers, dass Seyss-Inquart, Gouverneur von Holland, *nicht nicht wissen konnten*, und dass das Wissen zu ihren Befugnissen gehörte. Aber er beweist weder das Bestehen eines Planes, noch die Ausführung persönlicher Befehle der Angeklagten. In einem Prozess gegen Deutschland könnte er sagen, dass er auf das Zeugnis der Opfer zurückgreifen müsse, dass es unmöglich sei, es anders zu machen: aber seine erste Unehrlichkeit besteht darin, dass er keinen Prozess gegen Deutschland führt. Er möchte es wohl. Aber er tut es nicht. Das Wesen, das man Deutschland nennt, ist nicht aufgerufen worden vom Gerichtsdiener. Er spricht gegen Menschen, die vor ihm sitzen und aufgerufen sind, sich für ihre Handlungen und nicht für die Handlungen anderer zu verantworten. Und er hat nicht das Recht, das Bestehen eines verabredeten Planes, die französische Bevölkerung auszurotten, zu behaupten, da er es nicht beweisen kann. Und er hat auch nicht das Recht, Menschen anzuklagen, Befehle gegeben zu haben, von denen er nicht bestätigen kann, dass sie bestanden haben.

Die zweite Unehrlichkeit der französischen Abordnung bestand darin, diese Beweise, die man nicht besass, diese Befehle, die man nicht besass und von denen vor Gericht zu sagen, dass sie vorhanden waren, regelwidrig ist, durch eine Aufzählung zu ersetzen. Ich werde keine Beweise erbringen, sagt der französische Vertreter. Aber ich werde so viele Zeugen aufmarschieren lassen, ich werde so viele Berichte vorlegen, dass das das nämliche sein wird wie ein Beweis. Denn man wird sehen, dass sich alles überall ebenso zugetragen hat, was Befehle voraussetzt. Schön, so etwas im Lande Descartes' zu sagen! Die Jungen von vierzehn Jahren lernen in unseren Mittelschulen, dass die erste Regel wissenschaftlichen Verfahrens darin besteht, sich auf *vollkommene* Aufzählungen zu stützen. Dieses kleine Beiwort ist wesentlich. Denn dieses kleine Beiwort bedeutet die Ehrlichkeit! Doch die französische Abordnung hat, wenn sie darin nach der Art der französischen Gerichtshöfe verfährt, Abscheu vor vollständigen Aufzählungen. Die französische Abordnung verwechselt Aufzählung und Auswahl. Sie greift einige Polizeiberichte heraus, in denen von Metzeleien die Rede ist, und schliesst: man metzelt überall. Herr Keitel, von Ihrem Hauptquartier am Dnjepr aus hatten Sie *den Befehl* gegeben, in Annevoye, in Rodaz, in Tavaux, in Montpezat de Quercy ein Blutbad anzurichten. Sie lässt drei oder vier Verschickte auftreten, die ihre Konzentrationslager beschreiben, und schliesst: gleich war es in allen Konzentrationslagern und das beweist bei Ihnen allen, bei Ihnen Speer, bei Ihnen Doenitz, bei Ihnen Hess, bei Ihnen Rosenberg, einen *planmässigen Willen zur Ausrottung!* Ich stelle dar, also beweise ich! Ich zeige Lichtbilder: das ist, wie wenn Sie überall gewesen wären. Ich reiche Klage ein. Ich verlange Vergeltung. Und diese Klage muss für Sie den gleichen Wert haben wie ein rechtskräftiger Beweis: umso mehr, als es « Anhänger der Widerstandsbewegung » sind, die zu hören Sie die Ehre haben. Die französische Abordnung glaubt sich vor dem Gerichtshof der Seine und versteht nicht, wenn der Präsident recht kalt unterbricht.

Der gleichen optischen Täuschung entsprechen die Schriftstücke, durch die die französische Abordnung die Beweise ersetzt. Und daraus entsteht die Verwirrung dieses ganzen Teiles des Prozesses. Bald hält die französische Abordnung sich an einzelne Zwischenfälle, die, so peinlich sie an sich sein mögen, in keiner Weise allgemeine Bedeutung haben: so beweist die Verhaftung der Familie des Generals Giraud, über die viel zu sagen wäre, keineswegs, dass die Familien der Widerstandsanhänger planmässig nach Deutschland verschickt worden sind. Und wir wissen alle, dass nichts dran ist. Eine gute Statistik hätte der Sache besser gedient. Bald schwingt sie kleine Papierfetzen, die man durchschnüffelt, die man prüft, die man mit deutlichen Anzeichen von Verdacht gegen das Licht hält: ein Polizeioffizier von St. Gingolf (Var) bescheinigt etwas über die administrativen Verweisungen. Der militärische Sicherheitsdienst von Vaucluse versichert, dass man übel dran war im Gefängnis. Ein Leiter des Generalstabes der FFI findet ein Werkzeug mit Kugeln. Für diejenigen, die wissen, dass der Hauptteil der für die Befreiung an Ort und Stelle ernannten Polizeioffiziere später wieder rückversetzt werden musste, dass eine gewisse Zahl von Mitgliedern des militärischen Sicherheitsdienstes jetzt eingesperrt ist und dass die Leiter des Generalstabes der FFI sich am Vorabend oft die Abzeichen selbst angeheftet hatten, sind diese mit Stempeln übersäten « Berichte » nicht sehr eindrucksvoll. Eine ernsthafte Untersuchung hätte ergeben, dass die Verhältnisse in den Gefängnissen je nach den Gefängnissen wechselten. Dass man in Fresnes eingesperrt sein konnte, ohne gefoltert zu werden. Dass einzelne Polizeidienste rechtmässig waren und andere aus Folterknechten zusammengesetzt waren. Dass selbst die Methoden der Gestapo in Frankreich je nach den Untergeordneten, die die Verantwortung dafür hatten, wechselten. Und der Präsident hatte nicht Unrecht, wenn er angesichts dieser sonderbaren Untersuchungsverfahren seufzte, unterbrach und schliesslich diese Berichte nur zuliess unter Anbringung aller Vorbehalte über ihre « Beweiskraft », und offensichtlich weil er verstanden hatte, dass, wenn er sie zurückwies, er die französische Abordnung zum Stillschweigen zwang.

Aber im Bericht glänzt die französische Abordnung am meisten. Man fühlt eine gewisse Befangenheit, hier seinen ganzen Gedanken zu äussern: denn wer die Genauigkeit der Tatbestände und die Redlichkeit der Zeugen prüft, während man ihm vom Leiden der Andern erzählt, setzt sich dem Vorwurf aus, kein Herz zu haben und selbst der einfachsten Menschlichkeit unzugänglich zu sein. Aber es ist unmöglich, es nicht zu sagen, dass Berichte, die von einem Dritten nach Dritten gemacht und anderseits notwendigerweise ohne ihre Begleitumstände verbreitet und unterbreitet werden, im ganzen nur Rührmittel bilden, aber auf keinen Fall eine ernsthafte und vollständige Untersuchung über das Verhalten der deutschen Armee in Frankreich ersetzen. Es sind nur losgelöste Tatbestände, als solche berühren sie möglicherweise die Verantwortlichkeit der lokalen Befehlshaber. Aber man kann nicht vorgeben, mit ein paar Dutzend Berichten über Foltereien oder Vergeltungsmassnahmen, die alle 1944 und in Gegenden stattfinden, wo es in der Ecke jedes Gehölzes einen Freischärler gab, die Geschichte der militärischen Besetzung Frankreichs zwischen 1940 und 1944 darzustellen. Ueber solche Gegenstände soll man nichts oder alles sagen. Ein Teilbericht ist ein parteiischer Bericht. Hier wird man uns eines Tages sagen: Frankreich hat gelogen!

Doch bilden die Verfahrensweisen, die wir beschreiben, in der Darlegung der französischen Abordnung ein System. Sie glaubt sich vor einem Preisgericht. Man verlangt von ihr einen Bericht. Sie zieht eine Ausstellung vor. Sie widmet sich der *Ausstellung der deutschen Verbrechen:* je scheusslicher es ist, desto mehr triumphiert sie. Oradour-sur-Glane, Maillé, Tulle, Ascq, das ist nicht mehr ein Richter, der spricht: es ist, möchte man sagen, die Presse vom September 1944. Es handelt sich nicht mehr um Gerechtigkeit. Es handelt sich darum, den Feind zu besudeln! Die französische Abordnung ist bereit, dabei mitzutun. Sie brennt darauf, sich mit einer amtlichen Kundgebung an dem Unternehmen der Beschimpfung und des Hasses zu beteiligen, das die niedrigste Presse unserer Geschichte vor der Oeffentlichkeit zur Schau stellt. Das Gewissen, die Ehre der Richter, das ist Altertumskunde für sie: sie sind Journalisten geworden. Und diese Menschen, die wir wider Willen unser Land vertreten zu sehen den Schmerz haben, verstehen nicht einmal, wie niederdrückend diese höflichen und kalten Unterbrechungen des Präsidenten sind, der ihnen auf seine Weise in Erinnerung ruft, dass es selbst vor einem solchen Gerichtshof ein Mindestmass von Anstand gibt.

Diese unaufrichtige Darstellung, dieser ständige Anruf der niedersten Instinkte der Oeffentlichkeit haben sie übrigens dahin geführt, ihr Ziel völlig zu verfehlen. Was man von der französischen Abordnung verlangte, was man ein Recht hatte, von ihr zu verlangen, war ein sachlicher und brauchbarer Bericht über die deutsche Besetzung in den westlichen Ländern zwischen 1940 und 1944. Kein ernsthafter Mensch wird bereit sein, zu sagen, dass ein solcher Bericht im Protokoll des Prozesses enthalten ist. Einzig die Frage der wirtschaftlichen Ausplünderung ist gewissenhaft behandelt und mit Zahlen belegt, die einer Aussprache als Unterlage dienen können. Für den Rest keinerlei Gesamtbild, keinerlei Statistik, keinerlei Bemühen, Ordnung zu schaffen und ehrlich darzustellen. Es wird in zehn Jahren einem deutschen Geschichtsforscher genügen, die Darlegung unseres Vertreters aufzugreifen und sie mit Beweisstücken, Daten und Zahlen zu versehen, um uns unter einem unerbittlichen Nachweis unseres schlechten Glaubens zu erschlagen. Er wird leicht zeigen, dass die deutsche Politik, selbst diejenige der Polizei und des Heeres 1941 und 1943 eine verschiedene war. Dass einzelne deutsche Verwaltungsstellen das Leben der Franzosen so viel beschützt haben als sie konnten, und dass schliesslich, was Jedermann weiss, das Leben des französischen Volkes mindestens bis zu Beginn des Jahres 1944 erträglich war. Er wird uns sagen, dass es Verwechslungen gibt, die man nicht freiwillig machen darf, wenn es sich darum handelt, Menschen anzuklagen. Selbst wenn man denkt, dass diese Menschen Ungeheuer sind. Er wird uns beweisen, dass der Plan der Ausrottung des französischen Volkes nie bestanden hat. Was sehr gut erklärt, dass man keinerlei Spur davon gefunden hat. Und dass wir infolgedessen kein Recht hatten, unter dieser Bezeichnung Männer wie Keitel und Jodl anzuklagen, einfach weil wir das Unglück hatten, Himmler nicht lebendig finden zu können. Er wird uns erklären, dass diese Politik der *Unterschiebung* der Verantwortlichkeiten, von der wir unsern Mitbürgern gegenüber so grossen Gebrauch gemacht haben, eine Rechtskomödie ist, die diejenigen entehrt, die sie spielen. Die Tatsachen zeigen uns, was leider leicht ist, was eine Politik der Ausrottung ist. Denn schliesslich gibt es in diesem Prozess selbst, wenige Seiten nach der französischen Darlegung, eine Darlegung, die uns zermalmt: es ist diejenige der Sowjetdelegation. Ja, im Osten Europas gibt es eine schreckliche offene Rechnung zwischen Deutschland und seinen Nachbarn. Ja, da hat es eine Politik der Ausrottung gegeben. Und da hat man die Spuren gefunden. Nicht durch eine *Aufzählung* nach unsern beliebten Verfahrensweisen. Nicht durch *Muster*. Man hat die Beratschlagungen der Konferenzen des Führers gefunden. Man hat die Anweisungen an die Verantwortlichen gefunden. Man hat Befehle gefunden. Man hat alles gefunden. Diese fürchterliche Politik scheint unglücklicherweise verwirklicht worden zu sein. Wenigstens gibt es Schriftstücke, die es sagen. Und wenn wir uns in irgendeinem Punkt mit dem heuchlerischen Schmerz der Ankläger Deutschlands treffen, so geschieht das durch unseren aufrichtigen Schmerz im Gedanken an jene Männer und Frauen in der Ukraine, die die Deutschen als die Befreiung und das Lebensrecht mit Blumen empfingen und die durch jene Menschen, die sie mit Willkommrufen empfingen und die in ihren Taschen vielleicht den Befehl hatten, sie zum Verschwinden zu bringen, stumpfsinnig niedergemetzelt, ausgehungert und ausgerottet wurden. Das, ja das ist ein Verbrechen. Aber ist es wahr? Es hat von allem in diesen Schriftstücken. Und sie sind nicht immer vorsichtig eingeordnet worden. Man hat mehrere Male Darlegungen als *Befehle* hingestellt, die nur *Denkschriften*, d. h. nahegelegte Gedanken waren, die gerade zurückgewiesen wurden. Andere Male hat man *Befehle* gezeigt. Aber es geht aus dem Prozess selbst hervor, dass diese Befehle durch die Armeekommandanten nicht ausgeführt wurden, weil sie sie für zu streng hielten. Andere Male hat man sich über die Bedeutung der Massnahmen getäuscht: z. B, war die planmässige Zerstörung der Dörfer nicht eine Einschüchterungspolitik, sondern ein Kampfmittel gegen die Partisanen, das darin bestand, das Vieh und dann die Einwohner wegzuführen und schliesslich die Wohnstätten selbst zu zerstören, so dass um die Partisanen eine Art « verbrannte Erde » gelegt wurde, ähnlich derjenigen, die das russische Oberkommando um die deutschen Divisionen herum geschaffen hatte. Ebenso wurden die Zerstörungen von Werken oder Ernten und die Raubzüge gegen die Bevölkerungen von beiden Armeen angewandt. Durch die russische Armee auf ihrem Rückzug, und durch die deutsche Armee auf dem ihren. Die Deutschen haben sogar behauptet, dass sie in der Ukraine gewaltige Arbeiten vollbracht und oft der Bevölkerung geholfen und sie versorgt hätten, was das direkte Gegenteil von dem ist, was man ihnen nachsagt. Wem soll man also glauben? Die von der russischen Abordnung vorgelegten Zahlen sind nicht nachprüfbar. Und wenn die russische Abordnung sich des Prozesses von Nürnberg zur Entfaltung einer gewaltigen Propaganda bedient hätte, wie die französische Abordnung? Wir können nachprüfen, was die französische Abordnung sagt. Das ist bei uns geschehen. Aber wer kann nachprüfen, was die sowjetische Abordnung sagt? In diesem Punkt ist der Prozess *offen:* aber wir hätten sehr Unrecht, zu glauben, dass er durch das Urteil geschlossen sei.

Aber wer sieht nicht, selbst wenn wir der Propaganda und Fälschung Rechnung tragen und selbst ohne grundsätzlich Stellung zu beziehen, da wir das nicht können, dass die Zahlen und Tatsachen, die durch die russische Abordnung angeführt werden, uns erdrücken? Die französische Abordnung hätte sich leicht einige gehässige und verächtliche Verfahren ersparen können, wenn sie überlegt hätte, dass ihre Darlegung sich einige Seiten neben diesem schrecklichen Schriftstück gedruckt finden würde. Und sie wäre gut unterrichtet gewesen, wenn sie dem Leser nicht erlaubt hätte, die Zahlen des sogenannten Willens zur Ausrottung des französischen Volkes mit den Zahlen zu vergleichen, die die Ausrottung der slawischen Völker ausdrücken. Es ist gewiss traurig, unsere Opfer zählen zu müssen: 77 in Ascq, 120 in Tulle, 800 in Oradour, 6 angezündete Dörfer in Frankreich, 12 in den belgischen Ardennen anzuführen. Aber man spricht, selbst mit diesen Tatsachen, nicht von einem Willen zur Ausrottung, wenn ein sowjetischer Staatsanwalt sich erheben und 135 000 Erschossene in der Gegend von Smolensk anführen kann, 172 000 in der Gegend von Leningrad, 195 000 in Karkow, 100 000 in Baby-Yar bei Kiew, und behaupten kann, dass die deutsche Armee ihm 70 000 Dörfer zerstört hat. Selbst wenn der sowjetische Staatsanwalt die Tatsachen entstellt oder übertrieben hat, beweist diese einfache Nebeneinanderstellung, dass die Befehle zur Ausrottung, die man für Frankreich sucht, niemals bestanden haben, und dass im Gegenteil Anweisungen bestanden, die eine Politik der Schonung vorschrieben. Es wäre wenigstens ehrlich gewesen, das anzuerkennen. Wenn etwas die vernünftige und kaltblütige Politik mit Deutschland während der Jahre der Besetzung rechtfertigt, dann ist es wohl dieses Rechenbuch dessen, was wir zu erwarten hatten, wenn wir sie ausschlugen.

Aber lassen wir diese Abschweifung und kehren wieder zur französischen Abordnung zurück. Es kommt vor, dass sie Beweise findet oder wenigstens vorgibt, solche zu finden. Sie möchte es gerne machen wie alle Welt, die französische Abordnung, und von Zeit zu Zeit stolz vor dem Gericht, auf das Pult des Präsidenten ein deutsch geschriebenes Beweisstück niederlegen. Leider findet, wer es unternimmt, etwas zu beweisen, was nicht besteht, zuerst kaum Beweisstücke, und darauf kommt es vor, dass er mit den gefundenen Beweisstücken Verdruss hat. Diese zwei Besonderheiten kennzeichnen die französische Beweisführung. Zuerst ist sie mager. Und man kann von ihr wie von den Rezepten des Doktors Knock sagen, dass es keinen starken Band gibt, wenn man die deutschen Texte sammelt, die sie bilden. Und dann hat sie immer etwas Hinkendes. Sie steht in Widerspruch mit dem, was man gesagt hat. Sie ist nicht gezeichnet. Sie ist nicht klar. Und im Vergleich mit der Beweisführung der anderen Abordnungen macht sie in Wahrheit eine traurige Gestalt.

Wenn es der französischen Abordnung gelingt, einen Befehl betreffend die in Verhören anzuwendenden Foltern zu entdecken, dann bemerkt man, wenn man ihn prüft, dass dieser Befehl gerade die Foltern verbietet, die man uns soeben geschildert hat, und die Anwendung von genau bezeichneten Zwangsmassnahmen auf ganz bestimmte Fälle beschränkt: das beweist nicht, dass die deutschen Polizisten nicht folterten. Aber das beweist gerade, dass man ihnen keine Folterbefehle gegeben hatte, wie sonst allen Polizeien der Welt. Wenn die französische Abordnung Rechnungen für giftiges Gas findet, irrt sie sich bei der Uebersetzung und führt einen Satz an, in dem man lesen kann, dass dieses Gas zur « Austilgung » bestimmt war, während der deutsche Text in Wirklichkeit sagt, dass es zur « Gesundmachung », d. h. zur Vernichtung der Läuse bestimmt war, über die sich tatsächlich alle Internierten beklagten: und anderseits bemerkt man bei der Nachprüfung dieser Rechnungen, dass einzelne von ihnen für Lager bestimmt waren, die nie Gaskammern besessen hatten. Die französische Abordnung übersieht beharrlich diese Einzelheit und bringt diese berüchtigten Rechnungen mit einem Satz in Zusammenhang, den einer ihrer Zeugen aus dem Munde eines deutschen Unteroffiziers während seiner Verhaftung gehört haben will. Diese nicht zusammenpassende Zusammenstellung erschüttert sie nicht einen Augenblick. Und sie hält dafür, dass sie mit einem Bündel ungenau ausgelegter Rechnungen und einem Satz in der Luft, diesen so hartnäckig gesuchten « Willen zur

Ausrottung » « umfassend festgestellt » hat!

Wenn sie schliesslich dazu kommt, ein echtes Beweisstück vorzulegen, legt sie es missbräuchlich aus. Sie führt, nach vielen andern, den berüchtigten Erlass *Nacht und Nebel* an. Aber da Hitler nicht da ist, um die Verantwortung dafür zu übernehmen, schiebt man diese Keitel zu, der gegen den Erlass Einsprache erhoben hatte. Sie führt, ebenfalls nach anderen Abordnungen, ein Schriftstück über die Volksjustiz an den alliierten Fliegern an. Aber sie vergisst zu sagen, dass dieses Beweisstück nur ein Plan war und dass dieser nie ein Befehl oder eine Anweisung wurde, weil die militärischen Gewalten sich ihm widersetzten. Und alles ist von gleicher Zuverlässigkeit. Es gibt immer etwas, was man in dieser Beibringung von Beweisen zurücknehmen muss und das die Verteidigung zurückzunehmen nie verfehlt – und gelegentlich selbst der Präsident aus eigener Eingebung. Der berüchtigte Wille zur Ausrottung scheint der französischen Abordnung « festgestellt » durch einen Brief, « dessen Echtheit noch nicht auf seine Echtheit geprüft worden ist » und der sich übrigens nur auf die Juden bezieht. Die französische Abordnung wirft den deutschen Militärbehörden vor, die Heimschaffung von Kriegsgefangenen, die missbräuchlich nach Unterzeichnung des Waffenstillstandes gefangen genommen worden waren, verweigert zu haben: sie beruft sich auf einen Brief des Gesandten Scapini vom April 1941. Aber sie vergisst zu sagen, dass in diesem Zeitpunkt die deutsche Armee von sich aus oder nach Verhandlungen mehrere Hunderttausende französischer Kriegsgefangener bereits frei gelassen hatte. Sie führt einen Zeugen auf über die Vergeltungslager für entwichene Gefangene: diese Vergeltungslager waren sehr hart. Aber es wäre anständig gewesen, zu sagen, dass im allgemeinen die 900 000 französischen Gefangenen, die sich während des Krieges in den Händen der Deutschen befanden, gemäss dem Genfer Abkommen behandelt worden sind.

Irrtum durch Auslassung, durch Ungenauigkeit, durch missbräuchliche Uebertragung der Verantwortlichkeit, durch Leichtfertigkeit, durch Auslegung, das findet man ständig in dem von der französischen Abordnung aufgelegten Aktenstoss. Wenn man so viele Nähte entdeckt in der amtlichen Beweiserbringung, wenn man nie den Eindruck einer unbedingten Ehrlichkeit und Zuverlässigkeit bei den Leuten hat, die beauftragt worden sind, im Namen unseres Landes zu sprechen, was ist dann der Aktenstoss, was ist die Untersuchung wert? Und was bewahrt uns vor dem Vorwurf der Fälschung?

Aber das ist nicht alles. Es bleiben unsere Zeugen. Die Zeugen gehören zur Ordnung der Berichte, zur Ordnung der Darlegung. Wie wir wissen, ist die französische Abordnung auf diesem Gebiete gross. Wiederholen wir noch einmal: es handelte sich nicht nur darum, Kaltenbrunner, den Mitarbeiter Himmlers, zu verurteilen, sondern Jodl, Keitel, Ribbentrop, Doenitz, Hess usw. Aber die französische Abordnung wendet sich nicht an das Gericht: die französische Abordnung wendet sich an die Menschheit. Sehen wir also, durch wen sie sich vor der Menschheit vertreten lässt. Wir haben oben gesagt, wer die Zeugen der amerikanischen und englischen Ankläger waren. Diese deutschen Zeugen sagten vielleicht nicht die ganze Wahrheit: weil sie an ihren eigenen Prozess dachten, konnte es nützlich sein, ihre Vorgesetzten zu belasten. Aber wenigstens konnte man dem künftigen deutschen Geschichtsschreiber sagen, dass diese Zeugen ohne Hass und ohne die Absicht, zu schaden, ausgesagt hatten. Die Zeugen der französischen Abordnung sind anderer Art. Für sie ist Deutschland der Feind. Man kann ihn nie genug belasten. Sie sind da, um Scheusslichkeiten zu beschreiben. Um eine Vorlesung über die Scheusslichkeiten zu halten, die sie gesehen haben. Ueber diejenigen, die man ihnen erzählt hat. Und über diejenigen, die man ihren Freunden erzählt hat. Die einzige Fragestellung für sie besteht darin, diesen Hass nicht zu sehr zu zeigen und wenigstens in ihrer Haltung den Anschein der Sachlichkeit zu wahren.

Der Vorbeimarsch dieser Zeugen erfüllt übrigens den Leser mit einer gewissen Bestürzung. Man hätte nicht geglaubt, dass die Unvernunft so weit gehen könnte. Das erste Zeugnis, das man dem Gericht vorlegt, ist die eidliche Aussage einer Frau Jakob. Sie betrifft das Lager von Compiègne und beginnt so: « Wir haben den Besuch mehrerer deutscher Persönlichkeiten gehabt: Stülpnagel, Du Paty de Clam... ». Das lässt den Rest vorausahnen. Man sieht nach und nach einige Persönlichkeiten gleicher Art auftreten. Da ist Marie-Claude Vaillant-Couturier, kommunistische Abgeordnete. Dann nach ihr ein Zeuge Namens Veith, ein anderer Namens Boix, ein anderer Namens Balachowsky. Ihr Verhör beginnt folgendermassen: *Der Präsident:* « Wollen Sie sich setzen! Wollen

Sie bitte Ihren Namen buchstabieren! » *Herr Veith:* « Jean Frédéric Veith. Ich bin am 28. April 1908 in Moskau geboren ». - Zum Folgenden: *Der Präsident:* « Wie nennen Sie sich? » *Herr François Boix:* « François Boix ». *Der Präsident:* « Sind Sie Franzose? » *Herr Boix:* « Ich bin spanischer Flüchtling ». Und man erfährt, dass Herr Boix 1920 in Barcelona geboren ist. — Zum Letzten: *Der Präsident:* « Wie ist Ihr Name? » *Dr. Alfred Balachowsky :* « Balachowsky, Alfred ». *Der Präsident:* « Sind Sie Franzose? » *Dr. Balachowsky:* « Franzose! » Und einige Augenblicke später: *Herr Dubost (Vertreter des französischen Staatsanwaltes):* « Sie sind wohnhaft in Viroflay? Sie sind geboren am 15. August 1909 in Korotscha in Russland? » *Dr. Balachowsky:* « So ist es! » — Und so ist es! Von insgesamt neun Zeugenaussagen, die die französische Abordnung vorlegt, sind nur drei, die von Herrn Lampe, Herrn Dupont und Herrn Roser Zeugenaussagen von Leuten, die auf französischem Boden geboren wurden: ich zähle hier die Zeugenaussage von Marie-Claude Vaillant-Couturier, der kommunistischen Abgeordneten nicht, die ihr offensichtlich genau so von ihrer Partei diktiert worden ist, wie die Reden, die sie in der Kammer hält, und die durch ihre Uebertreibungen über den tragischsten Gegenstand Lachausbrüche hervorgerufen hat, die der Präsident durch sein Eingreifen zur Ruhe bringen musste.

Da befindet sich unter unsern neun Zeugnissen also eine Anzahl von Aussagen, die wir durch die blosse Anführung des Zivilstandes der Zeugen als *verdächtig* erwiesen haben. Kann man wenigstens behaupten, dass die andern Aussagen unangreifbar seien? Das ist möglich. Und in Ermangelung einer in Gegenwart der Parteien angestellten Untersuchung, die noch niemand hat machen können, muss man zulassen, dass sie vorläufig eine gewisse Beweiskraft besitzen. Auch muss man sie mit den Mitteln prüfen, die uns zur Verfügung stehen. Von den drei Zeugenaussagen stammen zwei von Verschickten: der eine davon wurde nach Mauthausen verschickt, der andere nach Buchenwald. Aber diese zwei Zeugen waren seit März, bezw. Januar 1944 verschickt. Angenommen man betrachte ihr Zeugnis als unbezweifelbar, dann bleibt, dass dieses Zeugnis nur für den Zeitraum nach ihrer Internierung gelten kann. War es nicht nützlich, durch andere Zeugnisse zu überprüfen, ob die Verhältnisse von Mauthausen und Buchenwald während der vorangegangenen Jahre die gleichen gewesen sind? Der dritte Zeuge ist ein Unteroffizier, Kriegsgefangener, neun mal entwichen, neun mal wieder aufgegriffen, und der über die Straflager für Kriegsgefangene aussagt. Welches auch immer das Vertrauen sein mag, das er einflösst: die Beweisführung des Staatsanwaltes hat einen Mangel: denn man lässt ihn unklugerweise über Tatbestände aussagen, die er nicht gesehen hat, die seine Kameraden ihm erzählt haben, oder die seinen Kameraden erzählt worden sind. Das ergibt folgendes Ergebnis: « Ein Soldat, dessen Namen er vergessen hat », hat ihm erzählt, « in einer Stadt, deren Namen er ebenfalls vergessen hat », zu einer Zeit, die er nicht angeben kann, usw. Eine andere wichtige Auskunft ist ihm « durch die Küche » gegeben worden. Und es ist bedauerlich für diese Auskunft, dass sie im Widerspruch steht zu Beweisstücken, die man andernorts gefunden hat. Man kann sich vorstellen, dass es der Verteidigung nicht schwer fällt, über dieses Zeugnis aus zweiter und dritter Hand obzusiegen: einem Advokaten gelingt es sogar mit einiger Boshaftigkeit, den Zeugen einen Mord *beschreiben* zu lassen, an dem nicht dabei gewesen zu sein er wenige Minuten vorher erklärt hatte. Wohlverstanden bedeutet das nicht, dass es keine Straflager gegeben, dass es keine Gewalttaten gegen entwichene Sträflinge, dass es keine Konzentrationslager gegeben hat. Aber wäre es nicht vorzuziehen gewesen, dass die von den Vertretern Frankreichs über so schwere Tatbestände vorgelegten Beweisstücke unanfechtbar und vor allem vollständig gewesen wären? Unsere Zeugen zügeln kaum ihren Hass. Sie schreien, wie vor unseren Gerichtshöfen, dass sie Kameraden zu rächen haben. Sie versichern, dass sie nicht erlauben werden, dass man vergisst. Dass sie für das da sind. Und wir verlangen nur die Wahrheit von ihnen: das ist nicht das nämliche! Wenn die Verteidigung ihrerseits sie verhört, sieht man sie ein einzigartiges Schauspiel geben. Die Verteidigung ist für sie offensichtlich der Feind. Es geht darum, sich nicht in seinen Schlingen fangen zu lassen. Sie werden geschmeidig wie Proteus, gerieben wie Pathelin in der alten Komödie: sie antworten nebenbei. Sie antworten nicht. Sie hüten sich vor allen Dingen sehr, der Verteidigung irgend einen Vorteil zu lassen. Sie sind die Zeugen des Staatsanwaltes. Denn sie sind als Ankläger hierher gekommen. Sie sind die Lautsprecher der Resistance und der Propaganda der Resistance. Sie sind in keinem Augenblick Leute, die aus ihrer Stadt kamen, um dem Gerichtshof zu helfen, die Wahrheit festzustellen.

Dieser Einwurf ist schwer. Er ist schwer, weil er von allen Arten von Umständen begleitet ist, die zu erwähnen man den Mut haben muss.

Einmal ist es unmöglich, sich bei gewissen Stellen dieser Aussagen nicht zu fragen, ob es sich nicht um gelenkte Zeugenaussagen handelt. Es gibt Antworten, es gibt Versicherungen, die nicht von der Art eines unmittelbaren Zeugnisses sind, sondern sich wie Kehrreime wiederholen. Man verhört die Zeugen über den berüchtigten « Willen zur Ausrottung » des französischen Volkes. Ohne jeden Zweifel, antworten sie im Chor, bestand ein Wille zur Ausrottung. Ohne jeden Zweifel gab es « höhere Befehle ». Man verhört sie über die Verantwortlichkeit des ganzen deutschen Volkes. Ohne jeden Zweifel, versichern sie mit der selben Einmütigkeit, wusste das deutsche Volk, was in den Lagern vorging. Man verhört sie über die Zugehörigkeit der Wachtdienste des Lagers. Es sind immer SS, erklären sie ohne zu wanken. Das Gegenverhör kann lang überraschende Dinge in Erscheinung treten lassen: dass die Juden unmittelbar abgesondert wurden. Dass es den deutschen Wächtern unter Todesstrafe verboten war, von den Lagern zu sprechen. Dass die SS von 1943 an an die Front geschickt und von einer Art Landwehr abgelöst wurden. Das macht nichts. Die Zeugen sprechen sich mit Sicherheit über Fragen aus, auf die sie mit Sicherheit zu antworten nicht instande sind. Und sie antworten genau das, was für die französische Abordnung zu hören notwendig ist.

Es gibt noch verwirrendere Umstände. Warum hat man diese Zeugen und sie allein aussagen lassen? Da man uns versichert, dass man die Anklage nur durch eine Auswahl hat vorbringen können: nach was für einem Grundsatz ist diese Auswahl erfolgt? Hat man ein genaues Bild der deutschen Besetzung und der Internierungslager geben wollen? Oder hat man vor allem wirkungsvolle Zeugen gesucht? Warum beziehen sich alle Zeugenaussagen auf das Jahr 1944? Warum betreffen sie nur Mauthausen und Buchenwald, wo es doch zwanzig Internierungslager und zweihundert Kommandos gab? Man erkannte, dass sich unter den Verschickten eine gewisse Anzahl befand, die wegen Schwarzhandel und gemeinrechtlichen Vergehen interniert worden war. Warum gibt man nicht den genauen Hundertsatz davon an? Warum hat man keine Internierten dieser Art verhört? Man erklärt uns, dass die durch die Deutschen unter den Internierten ausgewählten *Kapos* für einen Hauptteil der Grausamkeiten verantwortlich sind. Warum ist kein Internierter, der diese Rolle übernommen hatte, vorgeladen worden? Jedermann kennt wenigstens einen davon in unserem Land und diese

Sache hat genug Lärm hervorgerufen. Es gibt deren mehrere Hunderte. Die Geschichte der Lager war also keineswegs so klar und es gibt Dinge, die man lieber im Dunkeln lässt. Aber wenn man uns nicht alles sagt, was ist dann diese vorauserfundene Geschichte, was ist diese künstliche Auswahl wert? Wir haben ja von dieser vorgängigen Filtrierung der Zeugen Beweise. Wir fangen an, Beweise zu haben. Da ist für das Zusammenbringen der Zeugnisse ein Kriegsgefangener vor eine Untersuchungskommission geladen worden. Er hat erzählt, was ihm in seiner Gefangenschaft begegnet ist. Man hat ihm gedankt und ihm erklärt, dass man sein Zeugnis nicht verwenden werde, da es keinerlei Belastungsbestandteil gegen die Deutschen enthalte. Dort ist ein Verschickter ebenfalls ausgefragt worden. Er war in Mauthausen wie die Zeugen der Anklage. Er spricht von Mauthausen nicht in genau gleicher Weise. Man hat ihn vorgeladen. Man hat sein Zeugnis zur Kenntnis genommen. Aber man hat sich dessen nicht bedient, ohne ihm zu erklären, warum nicht. Es ist klar, dass man sich nicht bemühte, gegenteilige Zeugenaussagen über diese Frage zu besitzen. Ich komme zu einem mindestens befremdlichen Umstand, und der gleicher Art ist. Er wird berichtet in einer Untersuchung der spanischen Wochenschrift *Madrid* und wurde mir ausserdem von Leuten, mit denen ich im Briefwechsel stehe, bestätigt. Warum sollten wir dieses Zeugnis ablehnen, da Herr Dubost dasjenige von Herrn Boix zulässt? Es handelt sich um das, von den Siegern zur Förderung eines gewissen öffentlichen Reiseverkehrs verfolgte Tarnungsund Wirtschaftsunternehmen. Um die Einbildungskraft zu beeindrucken, hat man eine bestimmte Anzahl von Lagern in Museen verwandelt. Man hält so, mit Hülfe von Wachspuppen, nachgebildeten Gaskammern, Folterszenen, wie sie im Musée Grévin zusammengestellt werden, die Erinnerung an die von der Propaganda beschriebenen Greueltaten wach. Das schon ist allerhand. Aber da es sich oft fand, dass die Orte sich nicht zu einer Wiederaufrichtung hergaben, hat man die Maurerkelle in Gang gesetzt und wie im Kino vollständige Folterdemonstrationen an Orten erbaut, wo sie nie bestanden haben. Oder aber man hat, immer in der frommen Absicht, sie wahrscheinlicher zu machen, in Auschwitz und in Dachau zum Beispiel *zusätzliche* Verbrennungsöfen errichtet, zur Besänftigung der Gewissensregungen, die in den Gehirnen einiger Mathematiker hätten entstehen können. So wird man Geschichte schreiben: man ersieht daraus sogar, dass man sie erfinden kann! Das beweist, dass wir in der schwierigen Kunst der

Propaganda viel Fortschritte gemacht haben. Wenn die Rasse der Geschichtsschreiber nicht zum Verschwinden verurteilt ist, wird es klug sein, ihnen allen eine harte archeologische Bildung zu geben.

Da ich nicht ein ebenso unerschrockener Geist bin wie die Mitglieder der französischen Abordnung, werde ich daraus nicht schliessen, dass es einen « Willen zur Fälschung » gegeben hat: aber ich kann dem Leser nicht verheimlichen, dass *kleine Tatbestände* dieser Art mich ziemlich misstrauisch machen.

Die Anklage der französischen Abordnung ist umso zerbrechlicher, als sie uns das Recht gibt, Ergänzungszeugnisse vorzuschlagen. Denn wer den Weg wählt, durch die Aufzählung von Zeugnissen zu beweisen, kann nicht ablehnen, dass man zu dieser Aufzählung beiträgt. Und die Zeugen, die jeder von uns kennt, stellen für ihn bessere Gewährleistungen dar, als die Zeugen der amtlichen Auffassung. Die französische Abordnung hat sich vielleicht darüber nicht Rechenschaft abgelegt: aber ihre Art des Vorgehens lässt die Frage unbestimmt offen. Allerdings sind die *aufrichtigen* Zeugen, die jeder von uns hat treffen können, weit entfernt, so bestimmt zu sein, wie die amtlichen Zeugen: oder wenigstens *waren* sie weit erntfernt davon, es bei ihrem Austritt aus dem Lager zu sein. Denn es hat sich in diesem Punkt eine sehr interessante Erscheinung gezeigt. Die echten, ursprünglichen Zeugnisse, wie die Engländer sagen, die man Mitte 1945 hören konnte, haben sich später geändert. Anfangs haben die Verschickten erzählt, was sie gesehen hatten. Ein wenig später haben sie den Einfluss der Verschickungsliteratur erlitten und sprachen auf Grund der Bücher, die sie gelesen haben und auf Grund von Erzählungen von Kameraden, die fortschreitend an Stelle ihrer persönlichen Eindrücke traten. Im letzten Abschnitt schliesslich haben sie sich mehr oder weniger unbewusst eine nutzbringende Auffassung ihrer Gefangenschaft gebildet. Sie haben sich eine Seele von politischen Berufsinternierten gegeben. Und sie haben in ihren Erzählungen das, was sie gesehen hatten, ersetzt durch das, was zu sagen nützlich war. Eine kleine Zahl hat umgekehrt eine gegenteilige Entwicklung durchgemacht. Die Uebertreibungen der Spezialliteratur haben sie abgestossen. Sie haben dazu geneigt, den gegenteiligen Standpunkt davon einzunehmen. Und es kommt ihnen, nach vier Jahren Abstand, öfters vor, dass sie verkleinern, was sich in ihrer Erinnerung aufgezeichnet hatte. Aus Gewissenhaftigkeit, nichts als Genaues zu sagen. Oder aus einer Art Scham, dieses aussergewöhnliche Geschick erneut wachzurufen. Oder um nicht mit den andern verwechselt zu werden. Es ergeben sich daraus eine grosse Buntheit in den vertraulichen Mitteilungen und oft Widersprüche: denn man muss die Veränderungen hinzufügen, die die Erinnerungen je nach Familie, Beruf, erhaltenen oder abgebrochenen Beziehungen mit alten Kameraden, oder nach der leidenschaftlichen Färbung, die ihnen durch die eine oder andere politische Zugehörigkeit gegeben wird, erleiden. In dem Mass, in dem die Eindrücke des Verschickten gleich nach seiner Rückkehr und so viel wie möglich vor jeder Berührung mit der Zeugenaussage, haben festgehalten, sozusagen photographiert werden können, erhält man, im Gegensatz zu dem, was man in Nürnberg hat beweisen wollen, den Eindruck einer gewissen Mannigfaltigkeit.

Fügen wir schliesslich hinzu, dass nach dem Prozess mehr oder weniger ursprüngliche Zeugenaussagen erfolgt sind. Man hat besonders die Rolle freiwilliger Hilfskräfte kennengelernt, die einzelne Gefangene in den Lagern übernommen haben. Es wurde entdeckt, dass diese Gefangenen der Auswahl der Opfer nicht fern standen. Dass Protektionsposten und Sonderaufgaben unter verdächtigen Bedingungen vergeben wurden. Einzelne Zeugen des Prozesses selbst hatten schon im Laufe eines Kreuzverhöres eine mittelbare Teilnahme an Verbrechen, die in der Anklageakte aufgeführt werden, zugeben müssen. Und es hat sich seither gezeigt, dass diese Teilnahme oft verbreiteter und allgemeiner war als man glauben konnte. Die wahre Geschichte der Lager ist noch nicht geschrieben. Wir haben gehört, dass die arglose Frage: « Wie haben Sie sich daraus gezogen? » eine schwierige Frage war, auf die viele der Ueberlebenden nicht ohne Verwirrung antworten konnten. Was soll man schliesslich von einzelnen, kürzlich veröffentlichten Werken über die Lager denken? In dem Masse, in dem die Reihen der Widerstandskämpfer sich auflösen, entfernen sich ihre Wortträger von der amtlichen Wahrheit und drücken sich freier über ihre alten Lagerteilhaber aus. Man bemerkt, dass die Solidarität der Verschickten nur ein Propagandaschlagwort war. Sie gestehen sich jetzt selbst ein, dass die Dinge nicht so einfach lagen, wie man uns glauben machen wollte. Jede Partei macht die schwersten Vorbehalte über die Haltung ihrer Gegner. Und schliesslich stellt man fest, dass alle diese Beweisstücke über die deutschen Greueltaten mit grösster Vorsicht zu benützen sind, weil jeder nur für sich selbst redet. Dann platzt von Zeit zu Zeit in das allgemeine Stillschweigen eines dieser fürchterlichen Zeugnisse hinein, das man so lange wie möglich zurückhält, das man erstickt, das aber nachdenklich macht. Was ist wahr in diesen *Jours Francs* von Bradley, wo man die befreiten Verschickten eines rheinländischen Lagers sich eine Zeit lang einer solchen Trunkenheit von Foltereien, Metzeleien, blutigen Schmutzereien, einem solchen Krampf von Sadismus und Verrücktheit hingeben sieht, dass diese orgiastische Befreiung, dieser Wahnsinn von Bauchaufschlitzern, trotz allem was man einwenden kann, die Wage der Greueltaten plötzlich und unmittelbar auf die andere Seite zur Neigung bringt? Wenn all das wahr ist, wenn man dieser Geschichte Rechnung tragen muss, die jeden Tag vorkommt: wer kann dann sagen, dass das Urteil gesprochen ist? Wer kann sagen, dass wir die Wahrheit über die Lager Deutschlands wissen?

Wer darf sich, solange andere Prozesse nicht veröffentlicht worden sind - und ich denke hier an die Prozesse gegen die Mitglieder des SD, des Sicherheitsdienstes oder der Lagerkommandanten - und solange die Verteidigung nicht allen ihren Rechten gemäss, und mit allen ihren Beweisstücken gehört worden ist, rühmen, ein vollständiges und unparteiisches Urteil über die Konzentrationslager fällen zu können? Wenn man seine Zuflucht zu anderen Zeugnissen nimmt, als denjenigen, die durch unsere Propaganda beigeschafft worden sind, versteht man plötzlich die Gefährlichkeit gewisser Lücken in unserem Zeugenverhör. Man bemerkt, dass in der Darstellungsweise der Tatsachen, die uns dann gegeben wird, zufällige Elemente auftauchen, die wir zu Unrecht nicht ins Licht gerückt haben. Das wichtigste von allen ist die Rückwirkung, die die als Folge der Niederlage auftretende Verwirrung und Auflösung der Lagerdienste auf das Leben in den Lagern hatte. Die Bestimmungen, die für die Lager 1942 oder 1943 aufgestellt worden waren, wurden umgestürzt, die Lager waren plötzlich übervölkert und überschwemmt von Inhaftierten, die aus Gefängnissen, die man jetzt räumte, weggeführt wurden. Ohne Nahrungsmittel und Heilmittel. Der Willkür und dem Chaos und einem Hunger überlassen, der furchtbar wurde, da die Versorgungszufuhr im gleichen Augenblick aufhörte, wo die Inhaftierten herbeiströmten. In diesem Augenblick traten die Epidemien, das Massensterben, die Wildheit des Kampfes um das wenige, was an

Nahrung in die Lager gelangte, in Erscheinung. In diesem Augenblick verschwanden oder verringerten sich auch die Kontrollen und konnte die Wut über die Niederlage, der Zorn über die Bombardierungen jene verbrecherischen Handlungen auslösen, die die durch den Wirrwarr geschaffenen schrecklichen Lebensbedingungen noch schrecklicher machten. Unter diesen Bedingungen fanden die amerikanischen Untersuchungsorgane die Lager vor: sie glaubten, dass diese Bedingungen die Regel seien. Sie hielten nicht darauf, weiteres darüber zu wissen.

Und trotzdem hatte die Regel bestanden. Die Lager waren etwas anderes gewesen. Bis zur Zeit der Landung wurden die Lager, versichert man uns, überwacht und geprüft. Sie durften nicht übersetzt sein. Die Inhaftierten mussten in den Baracken vier Kubikmeter Luft auf den Einzelnen haben. Die Kranken wurden im Lazarett gepflegt, das an dem Ort, den man mir beschrieben hat, 50 bis 60 Personen aufnehmen konnte. Die Medikamente wurden dem Lager in genügender Menge geliefert, bis zu dem Bombardement, das die benachbarte Stadt zerstörte. Die Schwerkranken wurden in das Krankenhaus dieser selben Stadt gebracht. Die Inhaftierten hatten das Recht, Pakete zu empfangen: natürlich kam diese Möglichkeit bei ausländischen Inhaftierten nur selten zur Anwendung, da ihre Familie ihre Anschrift nicht kannte. Wenn aber ihre Inhaftsetzung ihrer Familie mitgeteilt war, konnten sie Pakete in Empfang nehmen wie die deutschen Inhaftierten. Die Tuberkulosekranken wurden abgesondert: man konnte denjenigen, die unheilbar waren, nur mit der Ermächtigung des Zentraldienstes des Gaues Spritzen verabreichen. Und in dem Lager, um das es sich handelt, wurde diese Ermächtigung nur ein einziges Mal gegeben. Beim Morgenappell hatten die Inhaftierten das Recht, sich krank zu melden und sich untersuchen zu lassen. Es war verboten, die Verschickten zu schlagen. Und mehrere SS-Leute wurden degradiert wegen Fusstritten. Der Kommandant des Lagers musste einen monatlichen Bericht erstellen, der nach Berlin geschickt und einer sehr strengen Prüfung unterzogen wurde. Rechtlich war das Lager einem Gefängnis gleichgestellt: d. h. dass die Verschickten wie Angeschuldigte behandelt wurden, deren Prozess während dieser Zeit vor den Militärgerichten in dem Land, in dem man sie verhaftet hatte, anhängig war. Wenn dieses in ihrer Abwesenheit gefasste Urteil gesprochen war, wurde es ihnen, wenn es eine

Gefangensetzung bedeutete, mitgeteilt. Am Ende ihrer Strafe wurden diese Inhaftierten in Freiheit gesetzt und es soll tatsächlich Fälle gegeben haben, wo Verschickte befreit und in ihr Land zurückgeschickt worden sind, nachdem sie die Verpflichtung unterschrieben hatten, keine Aussagen über ihr Lager zu machen. Umgekehrt wurde das Urteil nicht mitgeteilt, wenn das Militärgericht ein Todesurteil fällte. Die Verurteilung wurde ordnungsgemäss eingetragen in die Archive des Lagers des SS Gaues. Und der Verurteilte wurde durch eine Einspritzung von Phenol, die man ihm als eine Impfung hinstellte, hingerichtet. Während des Jahres 1944 gab es durchschnittlich 600 Hinrichtungen im Monat auf 15 000 Inhaftierte: in diesem Zeitraum sollen sich die durch Krankheit, Epidemien und Schwäche Gestorbenen um 200 im Monat erhöht haben. Sie wurden viel zahlreicher von Anfang 1945 an, aus den Gründen, die oben angeführt worden sind und die eine vollständige Aenderung der Lebensbedingungen des Lagers mit sich brachten, in deren Gefolge eine Typhusepidemie ausbrach. Diese Beschreibung gilt für das Lager von Belsen bei Bremen, das ein Lager der zweiten Kategorie (wie Dachau und Sachsenhausen) war. Es ist wenig wahrscheinlich, dass man einen Widerhall davon in dem Protokoll des Prozesses von Belsen findet, wo die Verteidigung keine Zeugen zu Gehör bringen konnte, weil die einen Angeklagte waren, denen zu glauben man ablehnte, und die anderen Verborgene, die es nicht eilig hatten, sich zu zeigen. Man findet das Bild davon auch nicht in dem, von den Amerikanern Belsen gewidmeten Film, der Ende 1945 mit SS-Leuten gedreht wurde, die genügend abgezehrt waren, um in den Augen der Oeffentlichkeit vortreffliche Verschickte abzugeben.

Wird man dieser Berichtigung vorwerfen, nur für einen vereinzelten Fall zu gelten? Dieser Einwurf ist gültig. Ich behaupte nichts anderes zu sagen, als was ich gefunden habe. Aber es bestehen Vermutungen für andere Fälle. Es bestehen Beweisstücke, die wir nicht hätten übersehen dürfen und die zu Vermutung Anlass geben.

Das während der Besetzung heimlich durch die jüdischen Nationalisten vervielfältigte Bulletin ist *das einzige* geheime Organ der Resistance, das einige zuverlässige Angaben über die Verschickungslager enthält. Diese Angaben waren für die Familien bestimmt. Es wird natürlich nicht gesagt, wie man sie sich verschaffte. Aber es scheint, dass man ihnen eine gewisse Glaubwürdigkeit einräumen kann, auf Grund ihrer Bestimmung selbst. Folgendes kann man in « *Shem 8* », Juli 1944, Seite 78 uff. lesen: « *Auskünfte über die Verschickungslager*. Wir geben unten Auskünfte wieder, die uns letzten März über die Lager von Schlesien und Polen zugekommen sind, nach denen ein Grossteil der in Frankreich von den französischen und deutschen Behörden festgenommenen Juden geleitet worden ist... *Myslowitz, Schacht Hans*... . Die Lebensbedingungen in diesem Lager sind katastrophal. Die Sterblichkeit ist bestürzend... *Kattowitz-Stadt Nr. 2*... Die Nahrung ist leidlich und entspricht der unter den Arbeitern der Umgegend üblichen. Einige Handwerker arbeiten auf ihrem Beruf. Einige dieser letzteren sind ermächtigt, Briefe zu schreiben und zu empfangen. Die Frauen sind mit häuslichen Arbeiten im Lager selbst und in der Küche bei der Vorbereitung der Nahrung beschäftigt. Im allgemeinen sind die Lebensbedingungen in diesem Lager erträglich... *Lager von Brieg bei Breslau*... Die Nahrung ist reichlich, aber ohne Fett. Die Behandlung durch die Wachmannschaft ist nicht schlecht... *BeuthenGleiwitz*... Die Frauen führen leichte Hilfsarbeiten aus. Sie bereiten die Nahrung der fahrenden Küchen vor... Gebiet *Myslowitz-Chrzanow-Trzebinia*... Alle Arten Handwerker arbeiten hier auf ihrem Beruf. Die Wache ist sehr streng. Sie wird durch Einheiten der regulären Armee gebildet. Nichtsdestoweniger sind die Beziehungen zwischen den Aufsehern und den Internierten im allgemeinen gut... Gebiet *Kattowitz-Birkenau-Wadowicz*... Das Leben in diesen Lagern ist erträglich, in Anbetracht der Nähe der nichtjüdischen Arbeitslager und örtlichen Gemeinschaftsarbeit. Diese Arbeit besteht im Bau von Strassen, Brücken und Häusern in den Städten. Man bevorzugt hier Handwerker. Die Moral unter den Verschickten ist im allgemeinen gut und sie haben Vertrauen in die Zukunft... *Neisse*... Die Arbeit ist sehr hart und mühsam, die Nahrung ungenügend. Die Unterbringung der Inhaftierten ist eines menschlichen Wesens unwürdig... Mehrere Fälle von Selbstmord sind vorgekommen... *Lager Oberlangen-Bielau*... Die Behandlung durch die Vorgesetzten der Wache ist gut. Aber die Ueberwachung während der Arbeit ist sehr streng... *Waldenburg in Schlesien*... Die Existenzbedingungen sind sehr schwer... *Theresienstadt*... Früher eine kleine slowakische Stadt von 7000—8000 Einwohnern, zählt heute annähernd 80. 000. Dieses plötzliche Anwachsen hat seinen Grund in der Verschickung von 30. 000—40. 000 Israeliten, die diesen Flecken wieder ganz besiedelt und aufgebaut haben ». Offensichtlich muss man sich hier der gegenteiligen Zeugnisse erinnern, die von der sowjetischen Abordnung vorgelegt wurden und im besonderen desjenigen, das Treblinka als Grundlage der Ausrottung beschreibt, wo die Juden sofort nach ihrer Ankunft in einem künstlichen Bahnhof, der die Hinrichtungseinrichtungen verbarg, in Massen hingerichtet wurden. Man sieht so den Unterschied der Behandlung zwischen westlichen und mitteleuropäischen Juden.

Die Zeitgeschichte des « Shem 8 » fährt wie folgt fort: « Auskünfte haben gesammelt werden können über die Kinder in niederem Alter, von zwei bis fünf Jahren, hauptsächlich der Mädchen. Mehr als 2000 dieser Kinder sind bei Bauern untergebracht, zur Hauptsache bei Bauernfamilien in Ostpreussen. Einige genaue und vollständige Anschriften der letzteren werden später mitgeteilt. Das beharrliche (noch nicht nachgeprüfte) Gerücht geht um, dass in Lauenburg in Pommern wie in der Grenzmark israelitische Knaben im Alter von fünf bis sechs Jahren sich in der Hitlerjugend befinden. Eine sehr grosse Zahl von Säuglingen und Kleinkindern israelitischer Eltern im Alter von weniger als zwei Jahren sind in Berlin selbst und in der Umgegend dieser Stadt in verschiedenen Krippen und zahlreichen Kinderbewahrungsanstalten verteilt. Sie werden dort immer durch das DRK (Deutsches Rotes Kreuz) und die NSVW (Nationalsozialistische Volkswohlfahrt) wie Kinder und gleichzeitig mit den Kindern von Eltern, die in den Luftbombardementen verunglückt oder umgekommen sind, behandelt und im allgemeinen als solche unter die Waisen aufgenommen. Die von den Zentralbehörden amtlich bewilligte Freilassung eines Verschickten wird im allgemeinen von den Untergeordneten an Ort und Stelle verhindert ».

Ich beanspruche nicht, hier irgend ein allgemeines Urteil über die Bedingungen zu fällen, die den Verschickten auferlegt waren. Ich fälle auch keines über die Glaubwürdigkeit dieser Zeugnisse, mit Ausnahme ihrer materiellen Glaubwürdigkeit: sie verlangen ausgeglichen zu werden, wie alle Zeugnisse. Ich bedaure nur, da es einem Einzelnen möglich ist, sich solche Auskünfte zu verschaffen, dass keine ähnliche Aussage in den Akten der französischen Abordnung enthalten ist, oder dass wenigstens diese Tatsachen, zu denen man leicht gelangen kann, nicht Gegenstand irgendeiner Anspielung gewesen sind. Das ist umso bedauerlicher, als der Prozess sich in Gegenwart der deutschen

Oeffentlichkeit und vor den Mitgliedern der deutschen Verteidigung abspielte, und als in ihrem Land ein Grundsatz, der vom Nationalsozialismus selbst geachtet wurde, es dem Staatsanwalt zur Pflicht macht, Entlastungstatbestände, von denen er Kenntnis erhalten konnte, von sich aus zu erwähnen. Wir sehen heute mit einigem Erstaunen, wie die amerikanische Militärregierung Ilse Koch eine Strafherabsetzung einräumt, die unsere Zeitungen als skandalös bezeichnen. Vielleicht beginnt heute die amerikanische Regierung, über die Konzentrationslager besser unterrichtet und anderseits nicht mehr so sicher, dass sie ein Interesse hat, die Deutschen als Ungeheuer erscheinen zu lassen, die Uebertreibungen ihrer eigenen Propaganda zu erkennen.

Würden wir nicht gut tun, eine Berichtigung unserer amtlichen Haltung ins Auge zu fassen, die die Nähe des Krieges und der Kriegsleiden zu schematisch gemacht hat? Wir wissen alle, dass viele Verschickte gestorben sind ohne umgebracht worden zu sein, sondern einfach im Gefolge des Wirrwarrs, der Ueberfüllung und der fürchterlichen gesundheitlichen Zustände dieser letzten Monate. Es bedeutet keine Beleidigung ihrer Erinnerung, wenn man das offen zugibt. Die Franzosen, die sich über die letzten Augenblicke derjenigen erkundigt haben, die sie in der Gefangenschaft verloren, werden beim Lesen dieser Zeilen sicherlich denken, dass der Bericht, der mir über Belsen gemacht worden ist, nichts Unglaubwürdiges enthält. Warum also in einer planmässigen Schreckensvorstellung leben? Wohlverstanden, es gab andere Lager. Es gab Maidanek, Auschwitz, Treblinka. Aber wie viele Franzosen waren in Auschwitz, in Treblinka? Wir werden sogleich davon sprechen. Es gab auch, und ich vergesse es nicht, die fürchterlichen Ueberführungsbedingungen der Verschickten. Aber auch diese wurden nicht bei allen angewandt. Gewisse Transporte waren dramatisch. Aber viele waren es nicht. Es gab die medizinischen Versuche. Das ist einer der Punkte, über die es am wichtigsten wäre, die von den Deutschen abgegebenen Erklärungen zu hören. Stimmt es, dass, wie man im Prozess gesagt hat, diese Versuche niemals von der Luftwaffe verlangt worden sind, aus dem Grund, weil sie von ihr schon an freiwilligen deutschen Soldaten angestellt worden waren? Stimmt es, wie einzelne Leute mir gegenüber behauptet haben, dass der Vertrag, den man jenen Verschickten vorschlug, die zustimmten, diese Versuche an sich erproben zu lassen, wirklich eingehalten wurde und dass die Verschickten, die sie überlebt hatten, in Freiheit gesetzt wurden? Man müsste sie dann zeigen: in einer solchen Angelegenheit ist diese Art Beweis der einzige, der ohne Einrede bleibt. Welches ist schliesslich der Hundertsatz der französischen Verschickten, die Gegenstand medizinischer Versuche waren? Diese Zahl ist niemals beigebracht worden. Es ist vielleicht schwierig, sie beizubringen. Aber selbst eine sehr allgemeine Auskunft wäre nützlich. Wären solche Feststellungen, ohne Parteilichkeit und ohne propagandistische Nebenabsicht nicht der ganzen Welt und unserm Land im besonderen nützlich? Würden wir nicht bessere Gestalt machen in all dem, wenn unsere Anklagerede gewissenhaft und mit Mässigung Leiden bekannt gegeben hätte, die niemand bestreitet und die jedermann zu achten bereit ist, wenn sie nicht von Hass begleitet sind? Wäre das nicht wertvoller gewesen, als der Gegenuntersuchung einer internationalen Kommission ausgesetzt zu sein, die wie in Belgien nach dem ersten Krieg, beauftragt ist, die Lücken unserer Anklage zu beheben?

Man muss es wiederholen, dass die Zeit noch nicht gekommen ist, die Geschichte dieser Ereignisse zu schreiben. Und ich fasse dieses kleine Buch durchaus nicht als einen Beitrag, so bescheiden er auch sei, zu dieser künftigen Arbeit auf. Ich bringe keineswegs Beweisstücke. Ich weiss nicht mehr als Jedermann. Ich habe lediglich die Ueberlegungen niedergeschrieben, die mir das Lesen des *Prozesses von Nürnberg* eingab. Ein wenig in der Art jener guten Leute von ehemals, die sich naiv einbildeten, dass ihre Meinung über die Verfassungsurkunde oder über das Erstgeburtsrecht die Oeffentlichkeit interessieren könnte. Es drängte mich, es zu schreiben: das ist meine einzige Entschuldigung für diese Unbescheidenheit. Aber schliesslich handelt es sich in dieser Prüfung des dritten und vierten Teiles der Anklageakte um eine Arbeit, die zu machen man mich ehemals ein wenig gelehrt hat: es ist im ganzen eine Zeugniskritik. Ich habe sie nicht anders geführt, als wie ich die gleiche Untersuchung über einen geschichtlichen Tatbestand geführt hätte. Mit denjenigen Verfahrensweisen, die man mich in der Kritik gelehrt hat, und auf denen die Arbeiten der Gelehrten beruhen, deren bescheidener Kollege ich ehemals gewesen bin. Es ist ernst, dass sie so reichlich sein kann. Es ist ernst, dass die französische Abordnung in ihren Anklagen alles so durcheinander mischte. Dass sie, was mit Gewissheit bewiesen werden konnte, durch parteiische Behauptungen, durch gehässige Aussagen, durch unbesonnene Verallgemeinerungen blossstellte. Es ist ernst, dass sie sich weigerte, den Umständen, dem geschichtlichen Zusammenhang Rechnung zu tragen. Dass sie die Tatbestände herauslöste ohne zu sagen, was vorher geschehen war und was sich gleichzeitig zutrug. Es ist ernst, dass sie das Wort nur Zeugen gab, von denen man sich fragen kann, ob sie ein Interesse haben an der Feststellung der Wahrheit oder an der Weiterdauer der Propaganda. Es ist ernst, dass sie die Verfahrensweisen einer öffentlichen Versammlung angenommen und ein Verfahren angewendet hat, das an sich ungeeignet ist, den Vorbedacht zur Ausrottung zu beweisen, auf den man die ganze Anklage gründet. Es ist ernst, dass sie Menschenleben gefordert hat, indem sie sich auf einzelne Tatsachen stützte, für die nur die örtlichen Kommandanten verantwortlich waren und die auf einer Front von so grosser Ausdehnung nicht überwacht werden können. Es ist sicherlich nicht erstaunlich, aber es ist wenig ehrenhaft für unser Land, dass man in dieser Anklagerede solche Sätze wie die lesen kann, um die Haltung Deutschlands gegenüber unseren Gefangenen *zusammenzufassen:* «Deutschland hat die unmenschliche Behandlung vervielfacht, in der Absicht, die Menschen, die es gefangen hielt, zu entwürdigen, die Soldaten waren und sich im Vertrauen auf den Sinn für militärische Ehre der Armee, der sie sich übergaben, ausgeliefert hatten». Oder dass man dazu kommt, Anordnungen über Saboteure als Gemeinverbrechen hinzustellen, in Bezug auf welche man genau bestimmt: «Dieser Paragraph kommt zur Anwendung gegenüber Gruppen der Britischen Armee *ohne Uniform oder in deutscher Uniform* ». Es ist wenig ehrenhaft, dass unsere Anklage den Eindruck gemacht hat, ständig eine unehrliche Anklage zu sein. Und es ist nicht verwunderlich, dass schliesslich der Präsident sich weigerte, sie länger anzuhören. Und dass ein französischer Richter, der beauftragt ist, im Namen unseres Landes zu sprechen, sich in einem der grössten Prozesse der Geschichte, als ein das Recht missbrauchender Schwätzer unterbrechen lassen muss und auf diesen Keulenschlag keine andere Antwort findet als die klägliche Versicherung, « dass er nicht auf einen solchen Eingriff gefasst war ».

Ich wiederhole, dass das nicht zu dem Schluss berechtigt, dass die Deutschen keine Handlungen gegen die Kriegsgesetze begangen haben. Aber es gestattet zum allerwenigsten zu sagen, dass eine so schlechtgläubig geführte Untersuchung ganz und in allen Punkten neu gemacht werden muss: in Erwartung des Ergebnisses dieser Untersuchung, die öffentlich, vollständig und kontradiktorisch sein muss, ist es unmöglich, auf unsere Rechnung zu nehmen, was über diesen Gegenstand von der französischen Abordnung gesagt worden ist. Und wir haben die Pflicht, öffentlich zur Kenntnis zu bringen, das eine gewisse Anzahl Leute unseres Landes die gegenwärtige Untersuchung nicht anerkennen und das Recht verlangen, ihr Urteil aufzuschieben.

In dem Masse, in dem die deutsche Armee Handlungen gegen die Kriegsgesetze begangen hat, verdammen wir diese Handlungen und die Menschen, die dafür verantwortlich sind. Aber unter der Bedingung, dass man sie beibringe mit den Umständen, die sie begleitet haben. Dass man die dafür Verantwortlichen ohne Parteigeist suche. Und dass solche Handlungen bei allen Kriegführenden verurteilt werden, wer diese immer seien. Wir machen uns auf diesem Gebiet die zwei folgenden Bemerkungen der Verteidigung zu eigen. Die eine ist die Erklärung Dr. Babels, ausgedrückt in den folgenden Worten, und die, wie wir glauben, von jedermann in Europa, der guten Glaubens ist, angenommen werden können: « Dieser Krieg hat mir so viel Leid und Unglück gebracht, dass ich keinerlei Grund habe, irgend jemanden in Schutz zu nehmen oder zu verteidigen, der schuldig oder mitschuldig gewesen ist an diesem persönlichen Unglück und an dem Unglück, das über unser ganzes Volk hereingebrochen ist. Ich werde auch nicht versuchen, einer solchen Person dazu zu verhelfen, einer gerechten Strafe zu entgehen. Ich bemühe mich einfach, dem Gerichtshof bei der Erforschung der Wahrheit zu helfen... » Die anandere ist nicht weniger ergreifend. Sie ist vom gleichen Advokat so ausgesprochen worden. Und es ist, glauben wir, für einen gerecht denkenden Menschen ebenfalls unmöglich, ihr nicht zuzustimmen: « In vielen Fällen sind Handlungen, die man den deutschen Truppen zur Last gelegt hat, durch die Haltung der Zivilbevölkerung hervorgerufen worden. Und die Handlungen gegen das Völkerrecht werden, wenn sie sich gegen die Deutschen richten, nicht auf gleiche Weise beurteilt, wie die Verfehlungen, die man Angehörigen der deutschen Armee zur Last legt ».

Es ist insbesondere nicht gerecht, vorzugeben, das Verhalten der deutschen Armee in den Ländern des Westens darzustellen, ohne die Bedingungen der Besetzung zu beschreiben, die ihr durch die Politik der

Alliierten aufgezwungen worden sind. Die Entstehung und Entwicklung der Widerstandsgruppen, die von unverantwortlichen Stellen befohlenen Attentate, die jüdische Propaganda und die kommunistische Tätigkeit, schliesslich die Organisation der Freischärler-Banden, haben von Jahr zu Jahr tiefgreifend den Charakter der Verteidigungsmassnahmen verändert, die die deutsche Armee diesen Unternehmen hat entgegenstellen müssen. Von ihrer Seite haben die Deutschen diese Lage ausserordentlich verschlimmert durch unangebrachte Vergeltungsmassnahmen oder durch die unsinnige Aushebung der Arbeiter. Aber welches auch immer der deutsche Anteil an der Verantwortung auf diesem Gebiet sein mag, so darf man doch nicht vergessen, dass ihre Gegner sich zuerst in eine Lage versetzten, in der sie nicht mehr das Recht hatten, sich auf das Völkerrecht zu berufen. Die Lehre des deutschen Generalstabes über diesen Gegenstand ist nicht neuerungssüchtig: sie ist 1870 festgelegt worden. Sie hat sich seither nicht geändert. Sie ist unerbittlich, aber gesund. Sie verleiht die Eigenschaft von Kämpfenden allein den Truppen in Uniform. Sie verweigert sie jedermann, der sich nicht durch das Tragen dieser Uniform als Kämpfender zu erkennen gibt. Diese Lehre ist unangreifbar. Die Kriegsgesetze haben zum Gegenstand, um die Kämpfenden einen *geschlossenen Kampfplatz* zu schaffen. Sie schützen diejenigen, die zusehen, weil sie nicht anderswo haben sein können. Und diejenigen, die die Verwundeten auflesen. Aber vom Augenblick an, wo einer dieser Zuschauer ein Gewehr ergreift und unehrlicherweise aus dem Fenster auf denjenigen schiesst, der sich ehrlich auf diesem Kampfplatz schlägt, stellt er sich ausserhalb der Kriegsgesetze und infolgedessen ausserhalb des Schutzes, den die Kriegsrechte den Kämpfenden und den Nichtkämpfenden verleihen. Die Freischärler und ihre Hilfskräfte, welches immer ihr Mut und die militärische Korrektheit ist, mit denen sie sich schlagen, sind und können vom internationalen Gesichtspunkt aus nichts anderes als unehrliche Gegner, an den Zugängen zum Kampfplatz verborgene Betrüger sein, die für sich selbst nicht den Schutz der Gesetze beanspruchen können, die auf dem Kampfplatz gelten. Und die gänzlich in der Gnade des Siegers sind, wenn sie sich gefangen nehmen lassen. Jeder Freischärler, jeder freischärlerische Helfershelfer oder Mitschuldige befindet sich daher ausserhalb des Völkerrechts: bei genauer Anwendung des internationalen Gesetzes ist jeder Freischärler oder freischärlerische Helfershelfer und Mitschuldige, wenn er ergriffen wird, mit Frist zum Tode verurteilt. Diese Regel ist hart: aber die jüngste Erfahrung beweist, dass ihre genaue Beobachtung die einzige Gewährleistung für die Zivilbevölkerung darstellt. Die Leute, die die Verantwortung auf sich genommen haben, den *Krieg zu verderben*, indem sie zu solchen Verfahrensweisen griffen, haben eine furchtbare Verantwortung auf sich genommen. Nicht nur gegenüber den Leuten, die sie so dem Tode aussetzten, sondern auch gegenüber der Zivilbevölkerung, der sie so jeden Schutz entzogen. Man kann nicht sagen, dass diese Leute nicht unterrichtet gewesen sind. Die Lehre des deutschen Generalstabes ist während dieses Krieges ständig in Erinnerung gerufen worden. Es ist unzulässig, zu versichern, dass die Erwähnung genüge, man betrachte als kämpfende Truppe eine gewisse Anzahl von Zivilpersonen, die mit Armbinden versehen oder nicht versehen sind. Denn solche Abmachungen haben nur dann Wert, wenn sie von beiden Seiten anerkannt sind. Als die Deutschen einen *Wehrwolf* bildeten, um aus Waldecken auf unsere Besetzungstruppen zu schiessen, erklärten wir ihnen deutlich, dass die Angehörigen ihres *Wehrwolfes*, wenn man sie aufgreife, erschossen würden. Unsere Freischärler sind nur Freischärler: der Umstand, dass sie in der Tasche die Karte einer « fortschrittlichen » Partei tragen, ändert nichts an ihrer Eigenschaft.

Diese Feststellung löscht die wilden Vergeltungsmassnahmen nicht aus, die von einzelnen deutschen Einheiten verübt worden sind. Aber sie ändert deren Charakter. Das alliierte Oberkommando hat bei der Annäherung der Landung vorgegeben, dass es alle Länder Westeuropas in den Zustand einer Dauererhebung versetzen werde. Keine deutsche Truppe, versicherte es, könne anders vorrücken als inmitten von Fallen. Alles werde unter ihren Schritten Wolfsgrube und Mine sein. Jedes Gehölz berge Freischärler. Jeder Schober sei eine Bedrohung. Jede Wegbiegung bereite eine Ueberraschung vor. Jede Gemeindebehörde rühmt sich heute, die Aufständischen mit Lebensmitteln versehen, sie verborgen, sie unterstützt zu haben. Wir sind sehr unklug. Denn solche Erklärungen verkleinern, wenn man zu ihnen stehen muss, die Verantwortlichkeit der deutschen Kommandanten. Wir können diese anklagen, den Begriff des « freischärlerischen Mitschuldigen » gesetzwidrig erweitert und das meist in der Gewalttätigkeit der Handlung und willkürlich und ohne Beweise getan zu haben. Aber das ist etwas ganz anderes als die Anklage unseres Staatsanwaltes. Es gibt keinen « Ausrottungswillen » in diesen

Gewalttätigkeiten des Rückzuges. Es gibt keinen « höheren Befehl » als die Weiterdauer einer rechtlich unangreifbaren Lehre. Es gibt Verantwortlichkeiten. Aber sie liegen bei der Stufe des örtlichen Kommandanten. Uebrigens kann mich nichts hindern, zu schreiben, dass sie in all diesen Fällen geteilt werden von den Herausforderern. Es gibt nicht nur eine Bande von Tieren, jeder Gewalt über sich selbst verlustig, die das Feuer an die Kirche von Oradour gelegt hat: es gibt auch den Mann, der am Londoner Rundfunk sprach und der heute über die Gräber spricht.

Es gibt Kriegsverbrechen, die gewiss unbestreitbar sind, und die von ihren Umständen losgelöst werden können, oder durch die Umstände nicht entschuldigt werden. Sie sind unendlich weniger zahlreich als die französische Abordnung gesagt hat. Wenn in Baignes, zur Zeit der Offensive Rundstedt, der Kommandant einer Panzergruppe hundertneunundzwanzig Amerikaner auf einem Feld mit erhobenen Armen umzingeln und erschiessen lässt, ist das ein kennzeichnendes Kriegsverbrechen in dem Masse, als die Ereignisse sich genau so zugetragen haben, wie man sie beschreibt. Wenn im Gefolge eines gemeinsamen Ausbruches fünfzig englische Fliegeroffiziere, die im Lager von Sagan gefangen waren, ohne Urteil und auf blosse Bezeichnung erschossen werden, ist das ebenfalls ein unbestreitbares, offensichtliches Kriegsverbrechen und eine völlig klare Verletzung der internationalen Abkommen (etwas anderes ist es, zu wissen, ob eine Verantwortlichkeit Goerings in dieser Angelegenheit besteht). Gleiches kann man von den Kollektivvergeltungsmassnahmen und der Einäscherung von Dörfern sagen, aber unter der Bedingung, ausdrücklich zu erwähnen, dass diese Verurteilung für jede Kollektivvergeltungsmassnahme und für jede Dorfeinäscherung gilt, und dass die deswegen verfolgten deutschen Offiziere mit den gleichen Strafen bestraft werden wie die französischen Offiziere, die für entsprechende Handlungen vor und nach diesem Kriege in Indochina verantwortlich sind: denn warum sollte man die Einäscherung von Backsteinbauten ein Verbrechen und die Einäscherung von Bambus-Dörfern eine kleine Sünde nennen? Aber es geht aus der Anklage selbst hervor, dass die Zahl solcher unbestreitbarer Kriegsverbrechen klein ist. Und dass man, wenn man sich die Mühe nimmt, einige von ihnen zu untersuchen, bemerkt, dass dafür keineswegs, wie man uns hat weis machen wollen, das deutsche

Oberkommando verantwortlich ist. Sondern dass die Verantwortung nur bei den Einheitsführern liegt, die kein kaltes Blut zu bewahren und keine Mannszucht aufrecht zu erhalten vermochten. Und im übrigen fast immer bei örtlichen Kräften der Resistance als den Herausforderern. Fügen wir hinzu, dass wenigstens einige dieser Handlungen Gegenstand von Untersuchungen und Bestrafungen seitens des deutschen Oberkommandos selbst gewesen sind. Es ist auf jeden Fall nicht ehrlich, sie, damit sie zahlreich erscheinen, durcheinander mit anderen, viel schwieriger zu beurteilenden Handlungen vorzubringen, mit Ermordungen von Maquisarden ohne Urteil und sogar von Gewalttätigkeiten begleitet; mit Hinrichtungen von Saboteuren, deren Gesetzlichkeit mehr oder weniger bestreitbar ist; oder mit Lynchungen von Fliegern, die die Wut der Bevölkerung genügsam erklärlich macht.

Es ist hier übrigens unmöglich, den Rahmen des Prozesses nicht zu überschreiten. Wenn die Deutschen Verbrechen begangen haben, sind die Leute, die die Greueltaten der Befreiung gedeckt und veranlasst haben, nicht dazu berufen, sich als Richter einzusetzen. Denn wenn es traurig ist, die Liste der als verbrecherisch erklärten Handlungen zu lesen, gegen die die französische Abordnung Klage erhebt, ist es nicht weniger traurig, sich zu sagen, dass man jedem Mord und jeder Vergewaltigung, jeder Folterung, die man der deutschen Armee auf dem Rückzug vorwirft: Morde, Vergewaltigungen und Folterungen gegenüberstellen kann, die von den Freischärlern bei dem, was sie ihren Sieg nannten, begangen worden sind. Gruppen von Maquisarden sind ohne Urteil niedergemacht und vor der Hinrichtung gefoltert worden: ja, aber Soldaten sind unter den gleichen Umständen abgeschlachtet und gequält worden, im Vercors und der Gegend von Limoges, in der Gegend von Périgueux, in der Gegend von Toulouse. Unschuldige sind gehängt, ihre Leichen mit Messerstichen gespickt worden in Trébeurden in der Bretagne. Fünfunddreissig Juden sind ohne Grund in Saint-Amand-Montroud erschossen worden: aber nicht nur in Trébeurden, sondern überall, in zwanzig, dreissig Dörfern sind andere Unschuldige, weil sie vor dem Krieg Rechtsparteien angehört hatten, in ihren Häusern mit Maschinenpistolenschüssen von «Patrioten» niedergestreckt worden, sind ihre Leichen verstümmelt, sind ihnen die Augen ausgestochen, die Ohren abgeschnitten, die Geschlechtsteile ausgerissen worden. Nicht fünfunddreissig Leute, sondern Tausende, sind von

« Widerstandsangehörigen » ohne Grund ermordet worden. « Zwei Frauen », sagt man uns, « wurden in Crest vergewaltigt. Drei Frauen wurden in Saillans vergewaltigt... Perraud, Lucie, 21 Jahre alt, wurde durch einen deutschen Soldaten russischer Herkunft vergewaltigt... Vergewaltigungen, Plünderungen in der Gegend von SaintDonat... ein Zivilist wird in seinem Weinberg getötet... Junge Leute, die mit Mädchen spazieren gingen, wurden auf der Strasse getötet... Kleine Knaben wurden gefangen genommen, weil sie angesichts der Deutschen die Flucht ergriffen hatten... keiner gehörte der Resistance an... Bézillon, André, 18 Jahre alt, dessen Bruder Maquisangehöriger war, wurde schrecklich verstümmelt, Nase und Zunge abgeschnitten... » Erinnern Euch diese Sätze des Staatsanwaltes der Regierung de Gaulle an nichts? Wie viele Frauen wurden vergewaltigt in den Hauptorten der durch die Ankunft der « Maquis » in Schrecken versetzten Landesteile? Wie viele junge Leute, die auf der Strasse spazierten (ich weiss sogar von einem Mädchen, dass bei Limoges am Tag seiner Hochzeit in seinem Hochzeitskleid niedergeschlagen wurde), wie viele, von denen man nicht sagen kann, dass sie weder der Miliz, noch der L. V. F., noch sonst irgendetwas angehörten? Wie viele Bézillon André, 18 Jahre alt, haben für ihren Bruder gezahlt, ermordet wie er, verstümmelt wie er? Ihr könnt versichert sein, wenn man im Rennen nach den Greueltaten die Rechnung aufstellt, werden wir nur um eine Haupteslänge verlieren. Wenn man den Vertreter der französischen Abordnung das Schicksal der Familie Maujean in Tavaux im Departement Aisne in Erinnerung rufen hört, die Mutter vor den Augen ihrer fünf Kinder getötet, das Haus verbrannt, die Leiche der Mutter mit Benzin übergossen, die Kinder in den Keller eingesperrt und in letzter Minute von den Nachbarn gerettet: wie soll man nicht an das Blutbad von Voiron denken, wo, ich weiss nicht was für Anhänger des Patriotismus es für nötig erachteten, ihren Verrat an zwei Kindern von zwei und vier Jahren zu sühnen? Wenn man uns den Tod des Kommandanten Madeline enthüllt, mit dem Ochsenziemer geschlagen, die Nägel ausgerissen, gezwungen mit nackten Füssen auf Reissnägeln zu laufen, mit Zigaretten gebrannt: dann ist es unmöglich, nicht sogleich die fast gleiche Marter des Vertreters der Action Française bei Toulouse heraufzubeschwören, den man vier Wochen lang den Todeskampf kämpfen liess, mit gebrochenen Gliedern, überall offenen Wunden, in die man Benzin goss, das man anzündete, und Säuren, um ihn zum Schreien zu bringen. Oder der Tod des Pfarrers von Tautavel in der Gegend von Perpignan, der so gefoltert wurde, dass am Morgen seiner Hinrichtung sein Strohsack von Blut getränkt und dessen Tod so fürchterlich war, dass er während mehreren Monaten abergläubische Gebräuche wieder erweckte, die man seit Jahrhunderten für überwunden glaubte. Eine Bande von Mongolen hat in Presles bei Nizza einen kleinen Knaben an das Tor einer Scheune gekreuzigt: bei Annemasse haben « Patrioten » einen Mann an den Boden gekreuzigt, nachdem sie ihm die Augen ausgestochen hatten. Herr Dommergues, Professor in Besançon, bezeugt, dass er während seines Verhörs durch die Gestapo mit Ochsenziemerschlägen misshandelt wurde, dass im Nebenraum eine gefolterte Frau Schreie ausstiess, dass er einen Kameraden hängen gesehen hatte, mit einem Gewicht an jedem Fuss, und dass ein anderer ausgestochene Augen hatte: aber wir müssen zu unserer Schande gestehen, dass ähnliche Dinge während zwei Monaten in einer grossen Zahl von gaullistischen Gefängnissen im Süden Frankreichs und in Savoyen vorgekommen sind, wo man jede Nacht die Schreie der gefolterten Gefangenen hören konnte, und wohin man Freunde und Frauen einlud, um ihnen damit Unterhaltung zu bieten. Wer in Frankreich weiss, dass selbst die Erschiessung der Geisseln von Chateaubriant ihr schauerliches Gegenstück gehabt hat? Die Niedermetzelung der Geisseln des Fort-Carré bei Antibes, genau das gleiche, nur mit der Abwandlung, dass die Ermordung der Geisseln dazu diente, eine Abrechnung zu bemänteln. Es ist zu einfach, uns heute mit der Erklärung zu kommen, dass das « kommunistische Verbrechen » waren. Da ist nicht wahr. Es waren Handlungen von Verrückten. Und es gibt Verrückte in allen Lagern. Das alles ging vor sich in der Zeit, in der General de Gaulle an der Regierung war und dabei über eine fast unbeschränkte Macht verfügte. Welcher Vertreter des *Weltgewissens* hat seine Stimme erhoben? Welcher Funkspruch?

Ach, man könnte diesen erbaulichen Vergleich unendlich fortsetzen! Wir verdammen tatsächlich die Handlungen von Verrückten, die Banden einer zersprengten Armee ohne Befehlsgewalt, ohne Mannszucht, während einiger Wochen in unserem Lande begangen haben, und billigen, dass man die *einzelnen* Verantwortlichen dafür sucht. Aber dann muss man mit dem gleichen Rechtsanspruch und vor dem gleichen Gericht die Verantwortlichen für ähnliche Verbrechen verfolgen, die durch einzelne Kräfte der Resistance begangen wurden.

Wir haben ebenfalls unsere Kriegsverbrecher! Was werden wir antworten, wenn alle Aktenbündel geöffnet werden? Was werden wir antworten, wenn man uns zeigt, dass deutsche Verwundete in den Strassen unserer Städte grausam umgebracht wurden? Dass Gefangene nach ihrer Waffenniederlegung planmässig abgeschlachtet wurden? Dass unglückliche Landwehrmänner mit Zweirädern, die eine fragliche Einheit zu erreichen suchten, ohne Grund gelyncht, ausgeweidet, gehängt, enthauptet wurden? Dass harmlose Fünfziger, einer Bahnhof- oder Brückenwache zugeteilt, während Stunden umher irren mussten, um sich als Gefangene bei Gruppen zu stellen, die sie von Kaserne zu Kaserne schickten, bis zu den Mannschaften, die beauftragt waren, sie niederzumetzeln? Dass einzelne von ihnen in ihren mit Benzin übergossenen Kamions lebendig verbrannt wurden? Was werden wir antworten, wenn man uns die wirkliche Geschichte dessen zeigen will, was wir die « Befreiung » unserer Städte nennen? Der Staatsanwalt kann wohl in Nürnberg sagen: « In Saint-Donat, im Vercors sind vierundfünfzig Frauen und Mädchen im Alter zwischen 13 und 50 Jahren durch zügellose Soldaten vergewaltigt worden »: aber die englischen und amerikanischen Richter müssen eigentümliche Ueberlegungen anstellen, wenn sie an die durch ihre Besetzungsbehörden eröffnete Untersuchung denken, an die Frage des deutschen Bischofs über die zweihundert Mädchen von Stuttgart, die in der Weihnachtsnacht beim Ausgang der Messe zusammengetrieben und in den Behördengebäuden und Kasernen, wohin man sie geschleppt hatte, vergewaltigt wurden. Es ist eine schöne Sache, uns zu erklären, dass in den deutschen Gefängnissen die Inhaftierten « wild geschlagen » wurden. Dass « Kinder von 18 bis 19 Jahren » hingerichtet wurden. Dass Frauen hingerichtet wurden. Dass Juden gezwungen wurden, ihre Gräber zu schaufeln. Dass die zum Tode Verurteilten Ketten an den Füssen trugen. Aber welcher Zuhörer weiss nicht, dass sich all das Wort für Wort auf das anwenden lässt, was in unseren Gefängnissen während des gaullistischen Jahres geschehen ist? Wir lehnen im Namen der Gerechtigkeit und der Aufrichtigkeit diese Anklage gegen ein geknebeltes Land ab. Wir verweigern den Mördern von 1944 das Recht, von Menschlichkeit zu sprechen. Es liegt uns daran, der deutschen Jugend zu sagen: dieses Maskenspiel ekelt uns an und demütigt uns. Und wir lehnen es ab, uns mit ihm gleichzusetzen. Das war nicht Frankreich. Wir werden eine Verurteilung der Kriegführung Deutschlands nur anerkennen, wenn ein internationaler Ausschuss in allen Ländern und in unserem im besonderen, eine Untersuchung über die Verbrechen und Erpressungen, die im Gefolge des Krieges begangen worden sind, durchgeführt haben wird. Die Wahrheit ist unteilbar. Die Gerechtigkeit ebenfalls.

Was die Konzentrationslager anbetrifft, besteht die Aufrichtigkeit für uns darin, Gerechtigkeit und Wiedergutmachung für die unschuldigen Franzosen zu fordern, die verschickt und gefoltert worden sind. Aber nicht für die anderen. Es scheint uns unmöglich, die Verwirrung auf diesem Gebiet anzunehmen, von der oben die Rede war und die von der Propaganda absichtlich angerichtet worden ist. Es scheint uns besonders unmöglich, jene Unterscheidung nicht zu machen, die die Deutschen zwischen Juden und Nichtjuden gemacht haben. Wenn man diese Unterscheidung ablehnt, sieht man nur Juden, viele Juden, und offensichtlich viele Tote. Aber man kann daraus auch nichts schliessen.— Was haben die Deutschen Euch getan? Euch, in Frankreich? — Sie haben die Juden weggeführt. — Euch, in Belgien? — Sie haben die Juden weggeführt. — Euch, in Holland? — Sie haben die Juden weggeführt. Wenn man diese Verwirrung aufrechterhält, hat man nur noch das Recht zu sagen, dass die Deutschen in Holland, in Belgien, in Frankreich eine Politik der Ausrottung der Juden verfolgt haben. Aber dann ist diese Anklage keine Anklage des französischen Volkes oder des belgischen Volkes oder des holländischen Volkes gegen Deutschland mehr. Es ist eine Anklage, die vom jüdischen Volk vorgebracht und von jüdischen Vertretern oder durch Vertreter, die im Namen des jüdischen Volkes sprechen und nicht durch irgend eine nationale Abordnung aufrecht erhalten werden müsste. Doch haben die verschiedenen nationalen Abordnungen, und besonders die französische Abordnung, sorgfältig diese Verwirrung beibehalten.

Es wurde in Nürnberg nicht gesagt, welches der Hundertsatz der verschickten Juden im Gesamtbetrag der von jeder Nation Verschickten ist. Ein einziges Land hat diese Zahl mitgeteilt. Es ist Holland, das anzeigt, dass auf 126.000 Verschickte, 110.000 israelitischen Glaubens waren, was einem Verhältnis von 87 auf 100 entspricht. Der französische Vertreter in Nürnberg glaubte nicht, diese Statistik für Frankreich bekannt geben zu sollen. Immerhin hat der Minister der « Anciens combattants », als Antwort auf eine schriftliche Anfrage, die kürzlich von Paul Thetten über die Kriegsopfer gestellt wurde, mit einer Zahl herausrücken müssen: man kann im *Officiel* vom 26. Mai 1948 lesen, dass er das Bestehen von 100.000 politischen Verschickten und von 120.000 rassischen Verschickten zugegeben hat, was ein Verhältnis von 54 v. H. ergibt. Kann dieses Verhältnis, das so verschieden ist von demjenigen, das von der holländischen Regierung veröffentlicht wurde, angenommen werden? Es stimmt auf alle Fälle kaum mit den Beweisstücken überein, die ausserdem in Nürnberg beigebracht worden sind. Man kann tatsächlich im Stenogramm des Prozesses lesen, dass eine in Berlin am 11. Juni 1942 abgehaltene Konferenz die Ueberführung von 100.000 in Frankreich wohnenden Juden für das Jahr 1942 vorsah, dass die für diese Ueberführung getroffenen Massnahmen nur teilweise zum Ziele führten, und dass die Zahl der verschickten Juden sich am 6. März 1943 nur auf 49.000 belief. Anderseits gibt eine Liste der «Verschickungen von Personen aus politischen und rassischen Gründen», die der französische Staatsanwalt veröffentlichte, die folgende Statistik für die Geleite an: 1940 3; 1941 14; 1942 107; 1943 257; 1944 326. Wenn diese Statistik genau ist und sich wirklich auf die Geleite von politisch Verschickten bezieht, müsste man annehmen, dass im März 1943 erst ein Viertel der Gesamtzahl der Verschickten erreicht war. Und wir wissen wohl, dass tatsächlich das Zeitmass der Verschickungen 1943 und 1944 viel rascher wurde. Unter diesen Bedingungen ist es wenig wahrscheinlich, dass es nur 120.000 in die Lager verschickte Juden gegeben hat. Wenn die Aemter des Ministeriums der «Anciens combattants» nicht die Erklärung gemacht hätten, die wir eben wiedergaben, wäre man im Recht, aus den Beweisstücken von Nürnberg zu schliessen, dass die Zahl der verschickten Juden auf eine Gesamtsumme von 220.000 Verschickten, ungefähr 200.000 ausmachte, was ein Verhältnis ergäbe, das ähnlich demjenigen wäre, das von der holländischen Regierung veröffentlicht worden ist. Es besteht da also ein Widerspruch, über den eine Entscheidung schwierig ist. Für meinen Teil würde ich dazu neigen, die vom Ministerium der «Anciens combattants» gegebene Zahl zu bestreiten, da diese amtliche Behörde sagt, was sie will, ohne jemanden zu ermächtigen, ihre Archive zu Rate zu ziehen. In der Erwartung, dass man uns die Zahl bekannt geben werde, die sicherlich irgendwo in den Archiven der deutschen Aemter vorhanden ist, halten wir es für unerlässlich, der für den März 1943 festgestellten Zahl und der Beschleunigung der Verschickung Rechnung zu tragen.

Wenn man über diese Zahlen nachdenkt, ist es klar, dass der Prozess gegen die Konzentrationslager unter einer anderen Beleuchtung geführt werden muss, als derjenigen, die bisher veranstaltet worden war: im Gedanken der Deutschen gab es keinen Willen, die Franzosen auszurotten (und daher findet man keinerlei Beweis dafür). Sondern es gab einen Willen, die Juden zu vernichten (für den zahlreiche Beweise bestehen). Und es gab keine Verschickung der Franzosen. Es gab eine Verschickung der Juden. Und wenn einzelne Franzosen gleichzeitig mit ihnen verschickt wurden, dann war es, weil sie die Verteidigung der jüdischen Sache übernommen hatten oder übernommen zu haben schienen.

Die ganze Frage besteht darin, zu wissen, ob wir die deutsche Unterscheidung in dieser Auseinandersetzung zulassen können. Kein Franzose kommt darum herum, sich das zu fragen. Die Juden sind ursprünglich Fremde, die zuerst in unserem Land mit Vorsicht, dann in immer grösserer Zahl im Masse des Einflusses, den einige von ihnen gewannen, zugelassen wurden. Trotz dieser Gastfreundschaft, die ihnen zuteil wurde, haben sie sich nicht abhalten lassen, an den politischen Auseinandersetzungen unseres Landes teilzunehmen: und als es sich darum handelte, zu wissen, ob wir den Einfall in die Tschechoslovakei oder den Polnischen Krieg in einen europäischen Krieg verwandeln sollten, haben sie nicht gezögert. Sie sind es, die uns augenblicklich bestärken, jeden Geist der Versöhnlichkeit zu bekämpfen, d. h. unser Land in einen unglückseligen, aber wünschenswerten Krieg hineinzureissen, weil er sich gegen einen Feind ihrer Rasse richtete. Wir haben aufgehört, heute ein grosses Volk zu sein. Wir haben vielleicht sogar aufgehört, in Wirklichkeit ein unabhängiges Volk zu sein, weil ihr Reichtum und ihr Einfluss ihren Gesichtspunkt über denjenigen der Franzosen hat obsiegen lassen, die an die Erhaltung ihrer Erde gebunden sind und den Frieden aufrecht erhalten wollten. Wir haben sie darauf als Gegner aller vernünftigen Massnahmen gefunden, durch die unser Leben und unser Gut, und zugleich ihr eigenes Leben und ihre eigenen Güter, erhalten werden konnten. Und noch später haben wir sie an der Spitze der Verfolgung und der Verleumdung derjenigen unserer Kameraden gesehen, die dieses Land gegen die Härten der Besetzung beschützen wollten, in dem wir seit viel längerer Zeit leben als sie. In dem unsere Eltern lebten und aus dem die Menschen unserer Rasse ein grosses Land gemacht hatten. Und sie sagen heute, dass sie die wahren Gatten dieser Erde sind, die ihre Eltern nicht kannten. Und dass sie besser als wir die Weisheit und Berufung dieses Landes kennen, dessen Sprache manche von ihnen kaum sprechen können: sie haben uns entzweit. Sie haben das Blut der Besten und Reinsten gefordert. Und sie haben sich unserer Toten gefreut und freuen sich ihrer noch. Sie haben uns das Recht gegeben, diesen Krieg, den sie gewollt haben, als ihren Krieg zu bezeichnen und nicht als den unsern. Sie haben ihn mit dem Preis bezahlt, mit dem man alle Kriege bezahlt. Wir haben das Recht, ihre Toten nicht mit unsern Toten zu zählen.

Trotz des Stillschweigens, das unseren Intellektuellen auferlegt ist, kann die Anstrengung, die jüdische Frage mit gegenständlichen Worten zu stellen, nicht umgangen werden. Sie braucht keineswegs von Antisemitismus begleitet zu sein und ich meinerseits bin kein Antisemit: ich wünsche im Gegenteil, dass das jüdische Volk irgendwo das Vaterland findet, das ihm erlaubt, sich wieder zu sammeln. Aber es scheint mir offensichtlich, dass wenn ich nach Argentinien geflohen wäre, ich mich nicht mit den inneren Angelegenheiten Argentiniens befassen würde. Selbst wenn ich die Nationalität dieses Landes erhalten hätte. Ich würde von den Argentiniern nicht verlangen, dass sie sich als die Rächer der verfolgten Franzosen einsetzen. Ich forderte vor allem nicht, dass Argentinier zum Tode verurteilt oder gefangengesetzt würden, weil sie sich gleichgültig gezeigt haben gegenüber dem Los der zu ihnen geflüchteten Franzosen. Warum sollten wir eine Pflicht zur Rache und zum Klagegeschrei im Namen eines Patriotismus haben, den zu bekennen das Gesetz uns zwingt, aber an dem unser Herz nicht teilhat? Die Brüderlichkeit lässt sich nicht machen. Ein Jude ist für mich ein Mensch wie ein anderer. Aber er ist nur ein Mensch wie ein anderer. Ich finde es traurig, dass man ihn niedermetzelt und dass man ihn verfolgt. Aber mein Gefühl wechselt nicht auf einen Schlag, mein Blut gerinnt nicht auf einen Schlag, wenn man hinzufügt, dass er in Bordeaux wohnt. Ich fühle mich nicht gehalten, die Verteidigung der Juden *besonders*, mehr als die der Slawen oder der Japaner zu übernehmen: ich würde es gleicherweise begrüssen, wenn man aufhörte, die Juden, die Slawen, die Japaner, und auch die Malgaschen, die Indochinesen und die Sudetendeutschen ohne Grund niederzumetzeln. Das ist alles. Ich fühle mich nicht besonders auserwählt hinsichtlich der Juden, die in Frankreich wohnen. Und ich sehe nicht ein, warum ich das sein sollte. Im übrigen hat die vom Grossteil der Juden in Bezug auf die Säuberung eingenommene Haltung diese Verschiedenheiten der Empfindungsweise angezeigt, die keine Naturalisationsurkunde zum Verschwinden bringt. Viele Franzosen waren 1944 bereit, die unmenschliche Behandlung der Juden ohne Parteigeist lebhaft mitzufühlen. Aber heute haben andere Leiden, andere Ungerechtigkeiten, sehr viel gebieterischere, unserer Entrüstung und selbst unserm Mitleid die Richtung gewiesen. Die Juden selbst haben eine Ablösung der Opfer, eine Ablösung der Ungerechtigkeit geschaffen. Sie sollen uns nicht anklagen, dass wir kein Herz hätten: wir denken zuerst an die Unseren. Sie haben es so gewollt. Die Säuberung hat in unserem Land blutende Wunden hinterlassen, die wir nie vergessen werden. Ich würde es wieder tun, wenn ich es wiederzutun hätte, was ich während der Besetzung für Widerstandsangehörige und selbst für Juden tat. Aber ich würde es heute tun, wie Don Juan dem Armen gibt, « um Gottes willen », und mit einer gewaltigen Verachtung. Denn wir können heute wirklich nur um Gottes willen und weil sie wie wir durch Christus gerettet worden sind, an den Leiden der Juden teilnehmen. Ihr Verhältnis zur Freiheit, zur Ehre und zur Verteidigung des Bodens ist nicht das gleiche gewesen wie das unsrige. Diese gegenseitige Verbundenheit, die zu erwarten wir ein Recht hatten, selbst in der Zeit des ideologischen Krieges, von Mitbeteiligten an unserer Nationalität, haben wir von ihnen nicht erhalten. Wir können heute ihnen gegenüber nur mehr den Eindruck einer Scheidung haben. Einer Unfähigkeit, einstimmig zu denken. Eines Misslingens der Angleichung.

Es ist daher unvermeidlich, dass die Ausrottung der Juden uns jetzt nur noch als eine der neuen Verfahrensweisen dieses Krieges erscheint, die wir zu beurteilen haben wie wir die anderen zu beurteilen haben: die Ausrottung der Slawen, die Bombardierungen der grossen deutschen Städte. Es ist natürlich unnötig, hervorzuheben, dass wir, wie jedermann, die planmässige Ausrottung der Juden verurteilen. Aber es ist nicht unnötig, daran zu erinnern, dass die Deutschen selbst, soweit wir es aus den Beweisstücken ersehen können, sie ebenfalls verurteilten. Und dass die Mehrheit von ihnen, selbst unter den zu oberst Stehenden, nichts davon wussten. Es geht klar aus den Aktenstücken des Prozesses hervor, dass die *Lösung der Judenfrage*, die die Billigung der nationalsozialistischen Leiter hatte, einzig in einer Ansammlung von

Juden in einer Gebietszone bestand, die man *Juden-Reservat* nannte: es war eine Art europäisches Ghetto, ein im Osten wieder errichtetes jüdisches Vaterland. Das sahen die bekannten Anweisungen der Minister und hohen Beamten vor. Und nur das. Die Angeklagten von Nürnberg haben sich verteidigen können, dass sie während des ganzen Krieges von den Massenhinrichtungen in Auschwitz, Treblinka und andernorts nichts gewusst hatten. Dass sie beim Anhören ihrer Ankläger zum ersten Mal davon erfuhren. Und kein Beweisstück des Prozesses erlaubt uns, zu behaupten, dass Goering, Ribbentrop oder Keitel gelogen haben, als sie das sagten: es ist tatsächlich sehr wohl möglich, dass die Politik Himmlers eine rein persönliche Politik war. Heimlich ausgeführt. Und für die er allein die Verantwortung trägt. Die Verurteilung, der uns in diesem Punkt anzuschliessen man von uns verlangt und der wir uns tatsächlich anschliessen, bezieht sich also nicht auf ein Volk, sondern auf einen Mann, dem eine übermässige Machtbefugnis einzuräumen das Regime Unrecht hatte. Wir haben nicht das Recht, daraus zu schliessen, dass die Deutschen, die von all dem nichts wussten, Ungeheuer sind. Und wir haben nicht das Recht, daraus weiter zu schliessen, dass der Nationalsozialismus notwendigerweise in die Ausrottung der Juden ausmündete: er schlug nur vor, sie sich nicht mehr in das politische und wirtschaftliche Leben des Landes einmischen zu lassen. Und dieses Ergebnis konnte erreicht werden durch vernünftige und gemässigte Massnahmen. Sind wir, wenn wir uns zu Verteidigern des jüdischen Volkes aufwerfen, wenn wir uns an die Spitze eines Kreuzzuges des Hasses stellen wegen der Konzentrationslager, und diesen Hass auf Alle ausdehnen und ihn ohne Berufung und unsühnbar machen, nicht die Opfer einer Propaganda, deren Auswirkungen eines Tages dem französischen Volk furchtbar nachteilig sein können? Was antworten wir, wenn man Willens ist, uns eines Tages die Last dieser Rache tragen zu lassen, für die wir freiwillig eingetreten sind? Wenn man uns sagt, dass unsere Beschwerde, unsere Anklage nur die beschränkte Zahl von Franzosen zum Gegenstand hätte haben sollen, die im Widerspruch zu den Kriegsgesetzen verschickt worden sind? Wenn man uns verantwortlich macht für diesen Sturm von Hass und Leid, den wir auf das deutsche Volk herabgerufen haben, das uns zu schonen geglaubt hatte? Wir werden antworten, indem wir von der *grossen Stimme Frankreichs* sprechen. Dann möge sie nicht schweigen, wenn andere Tote sie vor Gericht laden: wenn wir durch Bestimmung des Himmels die Verteidiger von jedermann sind, die Verteidiger der Juden und der Slawen, dann haben wir nicht das Recht, irgendjemanden auszuschliessen. Und wir müssen auch die Verteidiger der Japaner und der Deutschen sein, wenn die Leichen japanisch oder deutsch sind.

Ich kann mir nicht versagen, noch etwas beizufügen. Diese Sendung, die wir für Frankreich verlangen, ist eigentümlich blossgestellt. Nicht nur durch das, was seit vier Jahren in unserem Land geschehen ist. Sondern auch durch unser Stillschweigen, und in anderen Punkten durch unsere Leichtfertigkeit, jede Art Propaganda aufzunehmen. Unsere Entrüstung ist im Verschwinden. Unser Gewissen wacht auf, wenn unser Interesse spricht. Wir stellen die Verderbtheit unserer Gegner bloss, ihr kaltes Blut gegenüber Folterung und Ausrottung. Wir tun so, als ob wir entsetzt die Augen vor dem menschlichen Tier öffneten, und vergessen im gleichen Augenblick. Wir vergessen und lassen die Verderbtheit der Unseren zu. Wir lassen die Folterungen und die Ausrottung unserer Feinde zu. Und wir begrüssen behelmte Wesen, die nicht weniger ungeheuerlich sind als die Ungeheuer unserer Erfindung, als Engel der Befreiung. Wir sind sehr entrüstet über die Hitlerschen Konzentrationslager, aber zu gleicher Zeit geben wir vor, nichts von den sowjetischen Konzentrationslagern zu wissen, die wir übrigens in dem Augenblick mit Abscheu entdecken, wo unsere Propaganda ein Interesse daran hat. Welche Stimme hat sich erhoben, der französischen Oeffentlichkeit das niederschmetternde Aktenbündel über die Besetzung in Deutschland bekannt zu geben, das gegen die schändliche und in der Wirkung im Sinne der Genfer Konvention « verbrecherische » Behandlung Verwahrung eingelegt hat, die den deutschen Kriegsgefangenen zuteil geworden ist? Unsere Zeitungen sichern der antisowjetischen Propaganda amerikanischer Herkunft, die in unserem Land verbreitet wird, eine grosse Ausbreitung: wer hat versucht, diese Tatsachen nachzuprüfen? Sie wenigstens mit den Beweisstücken russischer Herkunft zu vergleichen, um von Sowjetrussland ehrlich zu reden, ohne weder ein Knecht der Berufsstalinisten, noch ein Werkzeug der amerikanischen Bankiers zu sein? Wo ist *die grosse Stimme Frankreichs?* Welcher Wahrheit hat es seit vier Jahren ins Auge zu blicken gewagt?

Wir finden, dass der Krieg grauenhaft ist und wir sprechen von deutschen *Greueltaten:* aber es kommt uns nicht einen Augenblick zu

Bewusstsein, dass es vielleicht eine ebensoschwere « Greueltat » ist, ganze Städte mit Phosphorbomben zu überschütten. Und wir vergessen die Tausende von Frauen und Kindern, die in ihren Kellern eingeschrumpft sind. Die 80,000 Toten von Hamburg in vier Tagen. Die 60,000 Toten von Dresden in achtundvierzig Stunden. Ich weiss nicht, was man von all dem in einem halben Jahrhundert denken wird. Was mich anbetrifft, scheint mir der amerikanische Neger, der über den Häusern einer Stadt ruhig den Hebel seines Bombenmagazins niederdrückt, noch unmenschlicher, noch ungeheuerlicher als der Gefängniswärter, der in unserer Bildersammlung die unheilvollen Geleite von Treblinka unter die Todesdusche führt. Ich gestehe, dass wenn ich eine Wertung zwischen Himmler, der die Konzentrationslager einführte, und dem Marschall der britischen Luftwaffe vornehmen müsste, der eines Tages im Januar 1944 beschloss, zur künftigen Neutralisierung *des Personals*, die Taktik des *Bombenteppichs* zu befehlen: ich glaube nicht, dass ich Himmler in den ersten Rang stellen würde. Aber wir haben die *Neger* in den Strassen umarmt und sie unsere *Befreier* genannt. Und der Luftmarschall ist inmitten unserer Hochrufe vorbeimarschiert. Wir sind die Verteidiger der Zivilisation. Aber wir vertragen den Gedanken sehr gut, dass die sowjetischen Städte in einer Sekunde von zwei oder drei Atombomben zerstört werden. Und wir wünschen es sogar im Interesse der Zivilisation und des Rechts. Und hernach führen wir mit Abscheu die *Zahl* der Opfer der Nazi an.

Aber es gibt die Verderbtheit, fügt man bei, es gibt den Befehl, es gibt diesen Mechanismus der Erniedrigung, diesen Sadismus, diese bei Musikbegleitung Gehängten, diesen Maschinenbetrieb der Entwürdigung. Ein grossartiges Verfahren, das darin besteht, eine Bildersammlung der Erniedrigung zu erfinden. Dann sich im Namen des ganzen Menschengeschlechts an die Brust zu schlagen, zu Ehren der Filme, die wir herstellen! Prüfen wir zuerst diese sensationellen, der fruchtbaren Hirne von Hollywood würdigen Super-Produktionen nach. Und wir sehen dann, was diese schönen Verwahrungen wert sind, die vor allem beweisen, dass uns die Gabe der Ueberlegung, der *Reflexion* fehlt. Denn wir haben es zugelassen und gebilligt, dass man bei uns einen Mechanismus von Entwürdigung und Verfolgung errichtet. Wir haben Verfahrensweisen zugelassen und gebilligt, die dem gleichen Geist des Befehls, der Methode, der Heuchelei in der Ausrottung entspringen. Und die mindestens ebensoviel Sadismus verraten, wie den, den wir bei den Andern blossstellen. Offensichtlich ist es weniger aufsehenerregend, als Fingernägel auszureissen (was übrigens nicht hindert, Fingernägel auszureissen). Aber schliesslich muss man alle Verdienste anerkennen. Man muss den Begriff der *seelischen Folter* wieder in sein Recht einsetzen. Die Erfinder der niedrigen Gaunerei des Artikels 75, die politischen Männer, die sie gedeckt haben, haben versucht, durch rein seelische Mittel die gleichen Ergebnisse zu erzielen, die andere nach ihnen von physischen Mitteln erwarteten. Sie haben sich der Lüge bedient, der Heuchelei, der Falschheit, um Männer und Frauen in die Verzweiflung zu treiben, in die Entwürdigung, in das wirtschaftliche Elend und oft in das seelische Elend. Gut geleistete Arbeit: man sieht kein Blut und der Leichendienst besorgt die Beerdigungen, im Leichenwagen der Armen allerdings. Aber die Zehntausende von Franzosen, von denen die zu den Besten gehören, die Uninteressiertesten, die Zuverlässigsten, die Treuesten, sind heute lebende Tote. Aus ihren Wohnungen vertrieben durch Beschlagnahmungen, ihrer wirtschaftlichen Mittel beraubt durch Einziehungen, ihrer bürgerlichen Rechte beraubt, aus ihren Anstellungen gejagt, von unterwürfigen Richtern gerichtlich belangt, durch Kummer und Bitternis niedergedrückt, in Demütigungen und Lügen untergetaucht, von Ablehnung zu Ablehnung irrend, ohne Unterstützung, ohne Verteidiger, bemerken sie heute, dass die Gemeinschaft der Lüge unsichtbare Mauern um sie errichtet hat, ähnlich denjenigen der Lager, und dass auch sie zu Elend und Tod, wenn auch in der Stille, verurteilt sind. Ihre Söhne sind eines Tages beim Morgengrauen erschossen worden. Sie haben nichts mehr. Sie betrachten, ohne zu verstehen, ihre Brust, von der man ihr Kreuz gerissen hat; ihren leeren Verstümmelten-Aermel: sie tragen nicht das Baumwollkleid der Verschickten. Aber sie sterben eines Abends wie sie, im Innern des unsichtbaren Gefängnisses, das die Ungerechtigkeit um sie herum erbaut hat. Manchmal sterben sie ganz bescheiden vor Elend. Ein andermal begehen sie Selbstmord mit Gas. Und fast immer erklärt man, dass es die Krankheit, die Niedergeschlagenheit, das Alter war. All das ist nicht theatralisch: es gibt keine Peitschenhiebe, aber Vorladungen. Keine Fronarbeiten, aber eine möblierte Wohnung mit einer Weingeist-Lampe. Es gibt keinen Verbrennungsofen, aber Kinder, die sterben und Töchter, die davon gehen. Ja, Juden! Ja, Angehörige der Christlich-Sozialen, Gaullisten, Widerstandsangehörige! Ihr könnt stolz sein (aber die

Rechnungen vergessen sich nicht!), wenn man die Rechnung von diesen verschwiegenen Toten der Verfolgung aufstellt. Man wird bemerken, dass die Zahl der 50,000 oder 80,000 Franzosen, die in der Verschickung gestorben sind, weitgehend ausgeglichen wird durch die Zahl der Franzosen, die im Gefolge der Befreiung vor Elend und Kummer gestorben sind. Da wir keine Bomber hatten, haben wir eine Tötungsart, die unsern Mitteln entsprach, erfunden: sie ist nicht besser als die andern. Sie ist bloss versteckt und feige. Und ich gestehe, dass ich unendlich mehr Achtung habe für den moralischen Mut Otto Ohlendorfs, General der SS, der vor dem Gericht anerkannte, dass er auf den Befehl seines Führers 90,000 Juden und Ukrainer umbrachte, als für den französischen General, der verantwortlich ist für ebensoviele französische Tote, aber nicht die Kraft in sich fand, es zuzugeben.

Wo hat *die grosse Stimme Frankreichs* das gesagt? Wo habt Ihr das in der grossen Presse und in den Sendungen gesehen, die beauftragt sind, uns im Ausland zu vertreten? Welche « autorisierte » Stimme hat seit vier Jahren gewagt, die Wahrheit zu sagen? Welche grosse französische Zeitung, welcher grosse französische Schriftsteller hat es gewagt, sich diesem jahrhundertealten Kampf des französischen Gedankens zu widmen? Wir widmeten uns viel leichteren Aufgaben. Wir halten uns für die Doktoren der Welt. Und wir haben nicht den Mut, uns einen Spiegel vor die Augen zu halten. Wir halten der Welt Vorlesungen über Moral. Und Vorlesungen über Gerechtigkeit und Vorlesungen über Freiheit. Wir sind beredt wie eine Kupplerin in der Predigt. Unser grosser Gedanke ist, dass die Moral und die Gerechtigkeit immer auf unserer Seite sind. Daher haben wir, wir und unsere Freunde, Anrecht auf eine gewisse Handlungsfreiheit. Wegen der guten Absicht. Was wir ausführen, was unsere Verbündeten ausführen, sind niemals Greueltaten. Aber sobald ein Regime unser Gegner ist, spriesst die Greueltat bei ihm auf wie Brennesseln in einem Garten.

Ich werde an das rechtliche Bestehen der *Kriegsverbrechen* glauben, wenn ich General Eisenhauer und Marschall Rossokowsky im Gericht von Nürnberg auf der Bank der Angeklagten Platz nehmen gesehen habe. Und an ihrer Seite kleinere Herren wie unser General de Gaulle, viel unmittelbarer verantwortlich für eine grosse Anzahl von Greueltaten als Keitel und Jodl. Inzwischen ist es nicht meine Sorge, die

Verfluchungsmühle in der Richtung der verschiedenen Feinde der City und der Wall Street laufen zu lassen, oder Bannflüche auszutauschen, wie die Frauen Hüte austauschen. Ich fordere das Recht, nicht an den Bericht der Kriegsberichterstatter zu glauben. Und ich fordere das Recht, zu überlegen, bevor ich mich entrüste.

* * *

Man könnte hier glauben, dass die in diesem dritten Teil aufgestellten Grundsätze unangreifbar und durchsichtig sind, und dass es nichts einfacheres gibt, als Handlungen, die gegen die Kriegsgesetze verstossen, zu verurteilen. Das wäre tatsächlich geschehen, wenn der Gerichtshof sich mit der Feststellung zufrieden gegeben hätte, dass die deutsche Armee Handlungen begangen hat, die durch die Haager Abkommen ausdrücklich verboten sind. Und wir haben nichts einzuwenden, wenn er sich begnügt, das beispielsweise in Bezug auf die Kriegführung zur See zu tun, oder in Bezug auf die gesetzwidrigen Hinrichtungen von Kriegsgefangenen, oder in Bezug auf die missbräuchlichen Beschlagnahmungen. Aber ausser diesem letzteren Kapitel, das übrigens eine sehr verwickelte Frage ist, sind diese Anschuldigungen wenig zahlreich. Und vor allem sind sie nicht das Wesentliche des Prozesses. Dieser letzte Teil der Anklageakte ruft allen Arten von Schwierigkeiten und den allerschwierigsten, gerade weil das Gericht Neues schaffen wollte.

Es anerkennt diese Neuerung. Der rückwirkende Charakter des vom Gericht aus dem Stegreif geschaffenen zwischenstaatlichen Gesetzes ist so offensichtlich, dass er von den Führern der englischen und amerikanischen Abordnung gar nicht geleugnet wurde. Sie entschuldigen sich deswegen bloss mit dem Hinweis, dass die Weltmeinung es nicht verstehen würde, wenn man bestimmte, kaltblütig begangene Greueltaten unbestraft liesse. Was bedeutet aber diese Versicherung, wenn die Weltmeinung absichtlich überhitzt worden ist, und solange man nicht eine vollständige und aufrichtige Untersuchung gegen *alle* Kriegführenden eröffnet hat? Mangels solcher Gewährleistungen drückt sich der rückwirkende Charakter des zwischenstaatlichen Gesetzes so aus: alliierte Diplomaten versammeln sich *nach der Unterzeichnung der Uebergabe* in London und erklären, dass die und die Handlungen, die sie ihren Feinden vorwerfen, als Verbrechen betrachtet und mit dem Tode bestraft werden. Sie stellen eine Liste davon auf, die sie Satzung vom 8. August 1945 nennen. Und sie beauftragen Richter mit der Herstellung einer Anklageakte, in der jeder Paragraph mit dem alle Grenzen überschreitenden Satz schliesst: « und diese 1943 oder 1944 begangenen Handlungen sind, da sie dem Artikel 6 oder Artikel 8 unserer Satzungen widersprechen, gesetzwidrig und verbrecherisch ». Die Kinder sagen wenigstens « Daumen », wenn sie die Spielregeln ändern wollen. Aber unsere internationalen Rechtsgelehrten haben vor dieser Zusammenhanglosigkeit nicht zurückgescheut: sie scheinen nicht einmal deren Folgen bemerkt zu haben.

Denn erschütternd ist nicht nur das ungerechte Wesen dieser rückwirkenden Kraft, die von allen Gesetzgebern verworfen wird, sondern ihre Gefährlichkeit für die Zukunft. Es ist ganz offensichtlich, dass nach jedem internationalen Krieg der Sieger sich fortan berechtigt glauben wird, ebenso zu handeln. Er wird sich ebenfalls auf die Entrüstung der Weltöffentlichkeit berufen. Er wird keinerlei Mühe haben, die Anerkennung zu erreichen, dass die für Atombombardierungen Verantwortlichen verfolgt werden müssen. Er wird ebenso die Anerkennung erreichen, dass die Verantwortlichen *aller* Bombardierungen von Zivilbevölkerungen unter der gleichen Beschuldigung verfolgt werden müssen. Und er wird in wirrem Durcheinander die Flieger, die Generäle, die Minister, die Fabrikanten, unter Berufung auf das Vorangehende, bestrafen. Er wird noch weiter gehen können. Es genügt, der Stärkere zu sein. Man kann mit sehr guten Gründen vertreten, dass jede Blockademassnahme im Wesen unmenschlich ist, und sie als im Widerspruch mit den Kriegsgesetzen stehend erklären. Der Stärkere kann erklären, was er will: seine Photographen werden Leichen veröffentlichen, seine Zeitungsschreiber werden Berichte machen. Und die Weltmeinung wird erzittern, wenn sie seinen Rundfunk hört. Und seine Feinde werden gehängt werden bis zum Grade des Obersten einschliesslich, oder noch weiter hinab, wenn es ihm Vergnügen macht. « Ich will den nächsten Krieg gewinnen, sagte bei einer kürzlichen Befragung Marschall Montgomery, da ich kein Gefallen daran habe, gehängt zu werden ». Dieser britische Kriegsmann hat die Tragweite des neuen Rechts durchaus verstanden.

Die französische Abordnung, ein Kapitel von Logik und Ernsthaftigkeit, hörte dieses Wort *rückwirkende Kraft* ungern. Sie wollte zeigen, dass man all diese Bedenken nicht zu haben brauchte und dass Goering rechtlich nur ein grossspuriger Bandit war. Und sie verfolgte bei diesem Nachweis den folgenden Weg: er ist für uns darin aufschlussreich, dass er einen umfassenderen Grundsatz als den vorangehenden aufstellt. Da die Deutschen *die Angreifer waren*, ist der Krieg, den sie führen, *gesetzwidrig*. Und sie stellen sich dadurch ausserhalb des internationalen Gesetzes. « Was kann man anderes sagen, als dass alle Verbrechen, die infolge dieses Angriffes bei der Weiterführung des so begonnenen Kampfes begangen werden, aufhören, die rechtliche Eigenschaft von Kriegshandlungen zu haben ». Von da an wird alles sehr einfach: « Die in Weiterführung eines Krieges begangenen Handlungen sind Anschläge auf Personen und Güter, die selbst in allen Gesetzgebungen verboten und bestraft werden. Der Kriegszustand könnte sie nur dann zu gesetzlichen machen, wenn der Krieg selbst gesetzlich wäre. Da er das aber nach dem Briand-Kellog Pakt nicht mehr ist, werden diese Handlungen bloss und einfach zu gemeinrechtlichen Verbrechen ». Punkt fertig! Nichts ist leichter als das. Und es genügte, daran zu denken: *wir*, alles was wir machen, ist *erlaubt*. Es sind *Kriegshandlungen*, die durch eine « Sonderregel des internationalen Rechtes gedeckt werden... die den sog. Kriegshandlungen jede strafbare Eigenschaft nimmt. » Sie, alles was sie « in Weiterführung des so begonnenen Krieges », ein sehr dehnbarer Ausdruck, tun, ist *unerlaubt* und wird dadurch von selbst ein gemeinrechtliches Verbrechen. Auf der einen Seite Gesetz, Ernst, Gewissen: die Heere des Rechts bombardieren Dresden mit einem Gefühl unendlichen Bedauerns. Und wenn unsere Senegalneger die Mädchen von Stuttgart vergewaltigen, ist das eine Kriegshandlung, die sich jeglicher Strafbarkeit entzieht. Auf der anderen Seite das gemeinrechtliche Verbrechen in Uniform und Helm: eine Truppe von Räubern, die verschiedene Verkleidungen trägt, richtet sich in einer Höhle, genannt Kommandatur ein. Und alles, was sie tun, heisst Raub, Beschlagnahme, Mord. Nicht ich sage das. Es ist wieder die französische Abordnung. « Die Tötung der Kriegsgefangenen, der Geisseln und der Bewohner der besetzten Gebiete, fällt nach französischem Recht unter die Strafe der Art. 295 u. ff. des Strafgesetzbuches, die den Mord und den Meuchelmord umschreiben. Die schlechte Behandlung, auf die sich die Anklageakte bezieht, fällt in den Rahmen der gewollten Verletzungen und Schläge, die durch die Art. 309 u. ff. umschrieben werden. Die Verschickung zerlegt sich, unabhängig von den Morden, deren Begleiterin sie ist, in eine gewaltsame Beschlagnahme, deren Umschreibung die Art. 341 und 344 geben. Der Raub des öffentlichen und persönlichen Besitzes und die Auferlegung von Kollektivstrafen werden durch die Art. 221 u. ff. unseres Militärstrafgesetzbuches bestraft. Der Art. 434 des Strafgesetzbuches bestraft die absichtlichen Zerstörungen. Und die Verschikkung der Zivilarbeiter wird mit der gewaltsamen Einziehung gleichgesetzt, die in Art. 92 vorgesehen ist ». Und so ist das üble Wort der *rückwirkenden Kraft* durch unsere Gesetzbücher ausgelöscht worden. All das dank dieses guten kleinen Briand-Kellog Paktes, einer im Speicher unserer Pakte losgehakten, staubigen Armbrust, die uns indessen dazu gedient hat, dieses schöne Feuerwerk abzubrennen.

Der niedrige und ungeheuerliche Charakter dieser rechtlichen Prellerei verdient unterstrichen zu werden. Man muss dazu wissen, dass die durch unsere Abordnung so gekennzeichneten Handlungen anderseits ausdrücklich von den Haager Abkommen als Recht anerkannt worden sind. Die im Kriege befindlichen Armeen haben das Recht, Geiseln zu nehmen. Und wir waren nicht verlegen, es zu tun. Sie haben die Gerichtsbarkeit über die Kriegsgefangenen unter gewissen formlichen Bedingungen. Sie haben das Recht, auf ihren rückwärtigen Verbindungen die Ordnung sicherzustellen und Verhaftungen vorzunehmen. Sie haben das Recht, die Spitzel des Feindes im besetzten Gebiet zu verurteilen und hinzurichten, besonders die Freischärler. Sie haben das Recht, « normale » Besetzungskosten zu erheben und unter Einhaltung gewisser Bestimmungen Beschlagnahmungen vorzunehmen. So ist das Kriegsrecht, das geschriebene und vereinbarte Völkerrecht. Und dieses Kriegsrecht, dieses Völkerrecht verweigert unsere Abordnung unseren Feinden. Das zwischenstaatliche Recht besteht: aber es besteht nicht für sie. Wir, mit dem Recht bewaffnet, haben an all dem teil: nicht aber sie! Und das ist umso schöner, als wir uns während der ganzen Dauer des Krieges, d. h. während die Deutschen da waren, *während sie die Stärkeren waren*, ihnen gegenüber auf das zwischenstaatliche Recht berufen haben. Als sie die Stärkeren waren, waren sie Soldaten. Und sie *mussten* das Völkerrecht anwenden. Und wir waren in vielen Fällen bereit, Nutzen daraus zu ziehen. Jetzt, wo sie besiegt sind, sind sie keine Soldaten mehr. Sie haben kein Recht mehr, sich ihrerseits auf das

Völkerrecht zu berufen. Sie sind gemeinrechtliche Verbrecher geworden. Es ist schwer, gemeiner und niedriger zu sein. Aber da unsere « Widerstandskämpfer » gewissenlos sind, wundern sie sich noch, wenn wir ihnen sagen, dass die französische Politik seit 1944 für uns nichts wie Niedrigkeit und Unanständigkeit und ein Bild der Unehre ist.

Man wird übrigens im « Denken » des Herrn de Menthon eine gewisse Einheitlichkeit erkennen. Sein System besteht darin, die Wirklichkeit zu leugnen. Uns Franzosen sagt er: es gab keinen Waffenstillstand. Es gab keine französische Regierung in Vichy. Der Krieg ging weiter. Die französische Regierung hatte ihren Sitz in London. Und jeder Franzose des Mutterlandes, der das Wort an den Feind richtete, versetzte sich in den Fall des Einverständnisses mit dem Feind. Er beging nicht eine politische Handlung. Er beging ein gemeinrechtliches Verbrechen, wie es in Artikel 75 u. ff. des Strafgesetzbuches vorgesehen ist. Den Deutschen erklärt er ebenso: es gab keinen Krieg. Es gab keine deutsche Armee, sondern einen Auflauf von Räubern, die sich zur Verübung von gemeinrechtlichen Verbrechen verbanden. Und jeder Deutsche, der einen Befehl zeichnete, war ein Verbrecher, der seinen Mitschuldigen etwas zurief. Er beging keine Kriegshandlung, die mehr oder weniger mit den zwischenstaatlichen Abkommen übereinstimmten. Er verübte ein gemeinrechtliches Verbrechen. Oder er machte sich zum Mitschuldigen an gemeinrechtlichen Verbrechen, wie sie in dem und dem Artikel des Strafgesetzbuches vorgesehen sind. Wunderbar, derart mit so viel Leichtigkeit in einer auf dem Kopf stehenden Welt zu leben! Die geistige Unaufrichtigkeit kann nicht weiter gehen. Eine grundlegende Lüge, ein Wahnsinnsschrei, durch tausendfachen Widerhall zurückgeworfen, bildet das Vorspiel zu dieser Gesetzgebung. Man sagt von ihr: « Und trotzdem bewegt sie sich ». Aber sie hört es nicht. Sie schreitet blind daher, von ihrem schlechten Glauben und ihrem Hass getragen. Sie schwankt inmitten der Ungeheuerlichkeiten. Und sie lädt uns ein, ihre missgestalteten Puppen zu betrachten, ihre Sinnbilder, die auf dem Kopf gehen, die Wahrheit, die in ihrem Zirkus den Hanswurst spielt, und die Gerechtigkeit, die wie die Fliegen, an der Decke läuft.

Man begreift leicht, dass dieser Grundsatz fruchtbarer ist als der vorhergehende. Fortan wird jeder internationale Krieg *selbsttätig* ein Krieg für das Recht. Der Sieger wird keinerlei Mühe haben, zur

Anerkennung zu bringen, dass der Besiegte immer der Angreifer ist. Wir haben gute Beispiele dafür. Nichts ist verworrener als der Beginn der Feindseligkeiten in Polen. Wir haben die polnischen Herausforderungen *vergessen*, die zahlreich genug waren, um der deutschen Regierung zu ermöglichen, sie in einem *Weissbuch* zusammenzufassen. Und nichts ist verworrener als die Angelegenheit Berlins. Die Sowjetregierung zieht logisch und regelrecht die Folgerungen aus dem unsinnigen Abkommen, das ihr eingeräumt wurde. Das hindert nicht, dass wenn der Krieg ausbricht, man sie als Angreifer bezeichnen wird. Sehen wir die Dinge wie sie sind. Der Briand-Kellog Pakt ist in Wirklichkeit ein Zauberstab in den Händen des Siegers. Und jeder Nachfolger von Herrn de Menthon wird fortan das Recht haben, die Ueberlegung des Herrn de Menthon zu machen und den Besiegten zu erklären, dass sie keine Soldaten waren, wie sie zu sein glaubten, sondern eine Bande von Uebeltätern, die jenachdem zu einem Anschlag auf die Freiheit oder zu einem Unternehmen kapitalistischer Räuberei zusammengezogen worden waren. Die Gerechtigkeit ist fortan aus unserer Welt verschwunden. Das zwischenstaatliche Recht ist nicht nur ein zweideutiges Recht. Es ist schliesslich, so wie es heute angewandt wird, die Verneinung und Zerstörung jeglichen Rechts.

Diese Zerstörung des Rechtes hat unabsehbare Folgen. Das Recht das schützt, ist das geschriebene Recht. Es ist nicht nicht-bestehend im zwischenstaatlichen Recht, da es die Haager Abkommen gegeben hat. Das Recht ist der Erlass. Der Erlass ist eine sichere Sache: man sieht an die Mauer geschrieben, was erlaubt und was verboten ist. Aber heute kann niemand, im Lauf eines Krieges oder selbst vielleicht nicht einmal im vollen Frieden sagen, was ihm vorgeworfen oder nicht vorgeworfen werden kann. Das *internationale Gewissen* wird urteilen. Und was wird man das *internationale Gewissen* sagen lassen? Wie haben unsere Rechtsgelehrten nicht gesehen, dass diese neue Grundlage des zwischenstaatlichen Rechtes nichts anderes war als dieses *Volksempfinden*, das sie dem Nationalsozialismus so sehr vorgeworfen haben? So ist diese gummiartige Welt, die wir im Anfang dieses Buches beschrieben haben, das noch viel mehr, als wir es uns vorstellen konnten. Alles ist gemeines Recht, wenn man will. Es gibt keine Armeen mehr. Es wird niemals mehr Armeen geben. In den Augen des Siegers gibt es nur noch eine Bande von Uebeltätern, die Verbrechen gegen ihn verübt: es ist verboten, das Wort an diese Uebeltäter zu richten. Verboten, sie als Menschen zu betrachten. Verboten zu denken, dass sie gelegentlich vielleicht die Wahrheit sagen. Es ist vor allem verboten, mit ihnen zu verhandeln: man befindet sich in dauerndem Kriegszustand mit dem Verbrechen. Aber auf welcher Seite steht das Verbrechen? Die Frontlinie läuft Gefahr in diesen Dingen die höchste gesetzgebende Gewalt zu werden: die amerikanische Uniform ist das Kleid des Verbrechers, wenn Moskau gewinnt. Und der Kommunismus ist der höchste Grad der Barbarei, wenn Magnitogorsk sich übergibt. Dieses neue Recht ist nicht so neu, wie es den Anschein hat. Zwischen Mohammedanern und Christen entschied man annähernd ähnlich. Und um dem Blutbad zu entgehen, blieb wie in unsern Tagen, die Zuflucht des Sichbekehrens. Aber es ist einigermassen spassig, das einen Fortschritt zu nennen.

Dieser Geist unserer neuen Gesetzgebung wird noch unheilvoller durch die neuzeitliche Auffassung der Verantwortlichkeit. Wenn wir vernünftig gewesen wären, hätte es nicht schwierig gehalten, die Verantwortlichkeiten zu entwirren. Es ist klar und wird von allen Gerichtshöfen der Welt zugegeben, dass wenn ein Untergeordneter einen Befehl ausführt, er durch diesen Befehl selbst gedeckt wird. Seine persönliche Verantwortlichkeit beginnt erst von dem Augenblick an, wo er von sich aus irgendeine erschwerende Anordnung *hinzufügt*. Wenn ein Polizeimann den Befehl erhält, einen Verdächtigen zu verhören, kann er nicht belangt werden, weil er ihn verhört und verhaftet hat. Aber wenn er ihm ein Auge ausschlägt, ist es gerecht, ihm den Prozess zu machen, weil er einem Gefangenen ein Auge ausgeschlagen hat. Diese vernünftige und überlieferte Art, die Gesetze auszulegen, erlaubte uns, die Urheber von Misshandlungen und Foltereien zu ermitteln. Und wir legen hier keineswegs Verwahrung gegen die einzelnen Prozesse ein, die gegen Folterknechte anhängig gemacht worden sind, wenn diese Prozesse gesetzmässig waren und wenn das Urteil in Uebereinstimmung mit den Artikeln des Strafgesetzbuches gefällt wurde, die die Misshandlung und die Folter bestrafen. Es war sogar möglich, unter diesen Bedingungen die Offiziere zu ermitteln, die für überstürzte oder übertriebene Vergeltungsmassnahmen unmittelbar verantwortlich waren, und sie anzuklagen, ihre Befehle überschritten oder allgemeine Anweisungen mit einer solchen Willkür ausgelegt zu haben, dass es einem Ueberschreiten der gegebenen Befehle gleichkam. Diese persönlichen

Prozesse waren umso rechtmässiger, als man in den meisten Fällen Verletzungen der Haager Abkommen fand, und infolgedessen nichts Neues schuf, als man sich zufriedengab, Missbräuche von Machtbefugnissen zur Tötung zu verfolgen. Diese vernünftige Art, Recht zu sprechen, hätte alle Gewissen vereinigt. Sie legte keinen Abgrund zwischen das deutsche Volk und uns. Der Sieger sagte bloss: « Es gibt Kriegsgesetze und Ihr kanntet sie. Wir strafen gleicherweise in Euren wie in unseren Reihen diejenigen, die sie nicht beobachtet haben. Und jetzt bitten wir Euch, Eure Leiden zu vergessen, wie wir versuchen, die unsrigen zu vergessen. Bauen wir unsere Städte wieder auf und leben wir in Frieden ». So hätten gerechte Männer gesprochen.

Aber damit war uns nicht gedient. Wir hielten nicht darauf, vereinzelte verbrecherische Handlungen zu bestrafen: es musste bestätigt werden, dass die *ganze* deutsche Politik verbrecherisch war. Dass dieser ganze Krieg ein langer Strom von Verbrechen war. Und dass infolgedessen jeder Deutsche verbrecherisch war, da er, selbst ohne eigenen Entschluss, selbst als einfaches Werkzeug an dieser verbrecherischen Politik mitgearbeitet hatte. Man musste daher dahin kommen, als wahr zu behaupten, dass in dem bestdisziplinierten Land, das es gibt, und unter der unbeschränktesten Herrschaftordnung, wobei diese Herrschaftsordnung seit zehn Jahren gesetzmässig und von der ganzen Welt anerkannt war, trotzdem die Gesetze, die Verordnungen, die Regelungen, die Befehle, die von der Regierung ausgingen, *keinerlei Wert hatten* und die Ausführenden keineswegs beschützten. Damit haben wir alles verkannt, haben wir die einfachsten Augenscheinlichkeiten unter die Füsse getreten. Wohin wir mit unseren Behauptungen gelangt sind, übersteigt jede Vorstellungskraft. Wir haben vergessen, haben uns geweigert zu sehen, dass das *Führer-Prinzip*, das die Grundlage der gesetzmässigen deutschen Herrschaftsordnung bildete, aus jedem Einzelnen einen Soldaten machte, aus jedem Ausführenden einen Menschen, der kein Recht hatte, die Befehle zu erörtern, gleichgültig, welches sein Rang war. Was sollte man machen, wenn man das Unglück hatte, ein deutscher General zu sein? Es war ihnen bedingungslos verboten, während des Krieges zurückzutreten. Also? Unsere « Gerechtigkeit » lässt ihnen die Wahl zwischen dem Galgen wegen Gehorsamsverweigerung und dem Galgen von Nürnberg wegen Ausführung der Befehle. Sie sollten Verwahrung einlegen? Aber *Sie haben Verwahrung eingelegt.* Der Aktenstoss der Alliierten in Nürnberg wird zur Hauptsache von den Berichten und Verwahrungen gebildet, die die Ausführenden höchsten Grades an das Führerhauptquartier richteten, um die Ausschreitungen zu schildern, zu denen die Kriegführung Anlass gab, und um zu verlangen, dass man auf die zu strengen Befehle zurückkomme, die ihnen übergeben worden waren. Es wurde ihnen regelmässig geantwortet, dass Hitler oder sein Vertreter, der Reichsführer SS Heinrich Himmler, die Anweisungen aufrechterhielten und dass sie die volle Verantwortung dafür übernähmen.

Es gab einen Verantwortlichen in Deutschland. Und es gab nur einen: Adolf Hitler. Einen Befehl von Adolf Hitler besprach man nicht. Die Grössten haben es alle gesagt, selbst Goering: wir waren nicht immer einverstanden, und sogar über die Hauptpunkte. Aber nachdem der Befehl einmal gegeben war, hiess unsere Pflicht nur noch: gehorchen! Diese unbedingte Mannszucht, die im Treue-Eid enthalten war, wurde den Deutschen als Grundlage ihrer Herrschaftsordnung dargestellt und auch als eine *Gewähr* gegenüber ihrem Gewissen. Das wissen wir sehr wohl. Und auch unsere « Richter » wissen es sehr wohl. Aber dann haben sie folgendes erfunden. Im Gegensatz zu der Gesetzgebung des deutschen Staates und im Gegensatz ebenfalls zu allen nationalen Gesetzgebungen, sind sie nicht davor zurückgeschreckt, vom ersten Augenblick an zu erklären, dass sich niemand durch höhere Befehle als gedeckt betrachten könne. Es war ihre im August 1945 verfasste Satzung, die diesen neuen Grundsatz festlegte: « Die Satzung legt fest, dass wer verbrecherische Handlungen begangen hat, in höheren Befehlen keine Entschuldigung finden kann ». Herr Hartley Shawcross, britischer Staatsanwalt, zog die Folgerung aus dieser Erklärung: « Die politische Verfassungsmässigkeit, der militärische Gehorsam sind vorzügliche Dinge. Aber sie verlangen weder die Ausführung offensichtlich schlechter Handlungen, noch rechtfertigen sie solche. Es kommt ein Augenblick, wo ein Mensch sich weigern muss, seinem Vorgesetzten zu gehorchen, wenn er seinem Gewissen gehorchen will. Selbst der einfache Soldat, der im Glied dient, ist nicht verpflichtet, gesetzwidrigen Befehlen zu gehorchen ». Diese Bekräftigung, die so schwerwiegend ist, weil sie den Einspruch des Gewissens zur Pflicht macht, genügte trotzdem dem Gerichtshof nicht, der Mittel fand, im Urteil selbst auf diesen Punkt zurückzukommen. « Wer die Kriegsgesetze verletzt hat, schliesst der

Gerichtshof, kann sich in seiner Rechtfertigung von dem Augenblick an nicht auf den Auftragberufen, den er vom Staat erhalten hat, wo der Staat diesen Auftrag erteilend, die Machtbefugnisse überschreitet, die ihm das internationale Recht zuerkennt. Es ist ein grundlegender Gedanke der Satzung, dass die internationalen Verpflichtungen, die den Einzelnen auferlegt sind, den Vorrang haben vor ihrer Gehorsamspflicht gegenüber dem Staat, dessen Angehörige sie sind ».

Man könnte keine deutlichere Bestätigung wünschen. Und diese politische Philosophie hat wenigstens das Verdienst, klar zu sein. Sie macht die Einsprache des Gewissens zur Pflicht. Sie gebietet die Gehorsamsverweigerung. Ihr Hass gegen die Militärstaaten geht so weit, dass sie den Staat überhaupt zerstört. Was Ehre und Erlebnis des Soldaten ist, wird durch sie in einem einzigen Satz verleugnet. Die Grösse der Mannszucht wird mit einem Federstrich durchgetan. Die Ehre des Menschen, die eine Ehre des Dienens und der Treue ist, die Ehre, so wie sie unserm Gewissen vom ersten Schwur an, der einem Herrscher geleistet wurde, eingeprägt ist, besteht nicht mehr. Sie ist nicht eingetragen in das Handbuch des bürgerlichen Unterrichts. Nur unsere weisen Richter haben nicht gesehen, dass wenn sie die königliche Form der Treue zerstören, sie alle Vaterländer zerstören: denn es gibt keine Herrschaftsordnung, die nicht auf dem Vertrag des Dienens beruht. Es gibt keine andere Herrschaft als die königliche. Und selber die Republiken haben den Ausdruck vom König Volk erfunden.

Dieses klare Bewusstsein der Pflicht, der Befehl des Herrschers haben fortan ihre Macht verloren. Das Unaussprechbare, das Gewissen ist überall abgeschafft. Der Erlass an der Mauer hat keine Kraft mehr. Der Gehorsam gegenüber der Behörde wird zu einer Sache des Zufalls. Niemand hat mehr das Recht zu sagen: das Gesetz ist das Gesetz, der König ist der König. Alles, was klar war, alles was uns erlaubte, ruhig zu sterben, wird durch diese sinnlosen Sätze getroffen. Der Staat hat keine Gestalt mehr. Die Gemeinschaft hat keine Mauern mehr. Ein neuer Herrscher, ohne Hauptstadt und ohne Gesicht, herrscht fortan an ihrer Stelle. Sein Heiligenschrein ist ein Rundfunkapparat. Hier hört man jeden Abend die Stimme, der wir Gehorsam schulden: diejenige des Ueberstaates, der den Vorrang hat vor dem Vaterland. Denn der von den Richtern in ihrem Urteil geschriebene Satz ist klar. Es lässt für keine

Zweideutigkeit Platz: wenn das *Gewissen der Menschheit* ein Volk verurteilt hat, sind die Bürger dieses Volkes ihrer Gehorsamspflicht entbunden. Und sie sind nicht nur davon entbunden, sondern sie *müssen* gegen ihr eigenes Land handeln: « Die internationalen Verpflichtungen, die den Einzelnen auferlegt sind, gehen ihrer Gehorsamspflicht gegenüber dem Staat, dessen Angehörige sie sind, voraus ».

So entdeckt man an diesem Punkt der Untersuchung, dass alles zusammenhängt und-hält. Wir sind fortan nicht mehr die Soldaten eines Vaterlandes. Wir sind die Soldaten des moralischen Gesetzes. Wir sind nicht mehr die Bürger eines Volkes. Wir sind Gewissen im Dienste der Menschheit. Alles erklärt sich dann. Es geht nicht darum zu wissen, ob Marschall Pétain das gesetzmässige Haupt der Regierung von Frankreich ist. Frankreich, das gibt es nicht. Die Gesetzmässigkeit, das gibt es nicht. Es handelt sich darum zu wissen, ob General de Gaulle die internationale Moral genauer verkörpert als Marschall Pétain: zwischen der *Demokratie*, die von einem aus dem Stegreif geschaffenen Komitee in London verkörpert wird, und dem *Frankreich*, das durch eine Regierung vertreten wird, die keine Generalräte einberuft, dürfen wir nicht zögern: man muss die Demokratie vorziehen, weil die Moral notwendigerweise auf Seite der Demokratie steht, während Frankreich in Bezug auf die Moral nichts bedeutet. Wir stehen hier also der vollständigen geistigen Landschaft des Gehirns von Herrn de Menthon gegenüber. Fortan ist die *Demokratie* das Vaterland. Und das Vaterland ist nichts mehr, wenn es nicht demokratisch ist. Das Vaterland der Demokratie vorziehen, heisst Verrat üben. Wenn die Demokratie bedroht ist, ist die Vaterlandsliebe *immer* auf Seite der Demokratie. Wenn das Vaterland im gegenteiligen Lager steht, macht das nichts: dann ist der *Widerstand* das höchste Gesetz, der Verrat Pflicht und die Treue Verrat, und der Freischärler der wahre Soldat!

Auch da noch dürfte die neue Lage, wie der Gerichtshof sie gekennzeichnet hat, uns nicht allzu sehr überraschen. Denn sie hat einen Vorläufer, der ihren Sinn gut festhält: es ist ganz einfach eine Ausstossung, eine *Exkommunikation!* Und die Ergebnisse, die man davon erwartet, die Ergebnisse, die man von ihr fordert, sind tatsächlich die Ergebnisse, die die Kirche von der Exkommunikationsbulle erwartete und forderte. Der so verurteilte Staat muss unmittelbar seiner Entschlusskraft und seines Wesens entleert werden. Er muss von heute auf morgen Schrecken und Entsetzen verbreiten. Man muss ihm Brot und Salz verweigern, d. h. die Steuer, den Dienst, den Gehorsam, und seine Generäle müssen sich empören. Die französische Abordnung machte uns sogar darauf aufmerksam, dass diese Exkommunikation die Macht hat, den Namen und das Wesen aller Dinge zu verändern. Wer Widerstand leistet, wird wie durch den Zauberstab einer Fee verwandelt. Die exkommunizierte Armee ist keine Armee mehr. Sie wird eine Verbindung von Uebeltätern. Die Kriegshandlungen sind keine Kriegshandlungen mehr. Sie werden gemeine Verbrechen. Die rechtliche Verdammung verwandelt das Land in eine Wüste. Und sie verwandelt gleichzeitig alle seine Einwohner in Untertanen des Reiches des Bösen. Sie beraubt sie der Rechte des Menschseins. Wenn sie nicht die Partei des Engels ergreifen, wenn sie auf ihre Gemeinwesen nicht den Blitz der Vertilgung herabrufen, werden sie mit in die Verdammnis und Verurteilung ihres Landes hineinverwickelt. Wenn sie ihr Vaterland nicht Sodom nennen und es nicht verfluchen, gibt es keine Gnade für sie. Die UNO schleudert den Bannstrahl und das Vaterland löst sich auf. Es gibt keine zeitliche Gewalt mehr.

Und tatsächlich führen die Bestrebungen, die wir bei der Untersuchung des ersten und zweiten Teiles der Anklageakte schilderten und deren volle Erklärung wir hier finden, zu einer solchen Auflösung der zeitlichen Gewalt. Wir hatten oben geschlossen, dass das nationale Dasein und mit ihm seine Art, sich auszudrücken und zu verteidigen, sich durch den Geist von Nürnberg getroffen fand. Das neue Recht mündete in eine Enteignung aus. Wir sehen jetzt, dass es nicht nur das nationale Dasein ist, das unter Anklage gestellt wird, sondern das Vaterland überhaupt. Die nationalen Rechte werden durch das Heraufkommen eines höheren Rechtes entthront. Die selbständigen Staaten werden abgesetzt, wenn sie nicht zustimmen, die Diener eines Ueberstaates und seiner Religion zu werden. Aber nicht nur das. Der messianische Geist nimmt schliesslich die Maske ab: er spricht seine Heilsbotschaft klar aus. Alle Gemeinwesen sind verdächtig. Sie sind in Wirklichkeit nur die Verwahrer der Gewalt. Ihre zeitliche Gewalt ist nur noch eine Verwaltungsgewalt. Die Vaterländer sind nur noch die Geschäftsführer einer unermesslichen Aktiengesellschaft. Man lässt ihnen eine gewisse Reglementierungsgewalt: so wird ihr Bereich umschrieben und festgelegt. Aber im Wesentlichen sind sie enteignet. Die geistige Gewalt, die Gewalt, die Gewissen zu bestimmen; gesetzmässig zu machen, was dem Gesetze entspricht, gehört ihnen nicht mehr. Geschäftsführer des Zeitlichen, müssen sie sich unterziehen und schweigen, sobald es sich um Staatsentscheidungen handelt. Und man fordert sie nicht nur zum Stillschweigen auf, sondern man fordert die Bürger auch auf, ihren Gemeinwesen zu misstrauen. Diese Vaterländer können nur Ketzerei gebären. Sie sind alle einer ursprünglichen Verdammnis verdächtig. Man erklärt sie für unfähig, die Lehre zu gestalten und sogar für verdächtig, wenn sie sie auslegen. Man entzieht ihnen jede Gewalt über die Gewissen. Das Geistige wird eingezogen zugunsten einer höheren internationalen Instanz. Diese sagt, was recht ist. Sie stellt das Gewissen der Menschen dar. Die Vaterländer werden abgesetzt. Sie werden abgesetzt zugunsten eines angeblichen geistigen Reiches der Welt, das, wie sie sagen, den Vorrang vor allen Vaterländern hat. Sie haben Rom wiedererfunden. Es gibt fortan, es gibt amtlich seit dem Schuldspruch von Nürnberg eine weltliche Menschheitsreligion. Es gibt auch eine Allumfassendheit, einen *Katholizismus* der Menschheit. Wir sind der hochheiligen Kirche der Menschheit, die Bomber zu Missionaren hat, die Unterwerfung schuldig. Der Schuldspruch von Nürnberg ist die Bulle vom Einen Geschlecht, *Unigenitus*. Fortan verkündet das Konklave und die Szepter fallen. Wir treten in die Geschichte des « Heiligen Reiches » ein.

Dieser Begriff eines Weltstaates, der die Herrschaft über die Gewissen inne hat, ist also nur die Krönung der Grundsätze, deren Aufstellung wir bisher gesehen hatten. Ohne dieses Ende haben sie nicht ihren vollen Sinn: aber mit ihm wird alles klar. Diese Kuppel gibt dem Gebäude seine Gestalt. Es wurde uns zuerst gesagt, dass wir uns nicht vereinigen dürften zur Kraft und Grösse unserer Gemeinwesen und dass diese Vereinigungen jederzeit als Verbindungen von Uebeltätern bezeichnet werden könnten. Und zweitens, dass wir uns daran gewöhnen müssen, einen Teil unserer Selbständigkeit abzutreten, denjenigen, der wesentlich ist, kraft der Verfassungsurkunde des Ueberstaates, die uns in der Welt *aufgezwungen worden* ist, ohne dass man uns um unsere Meinung fragte. Diese Verfügungen fesselten uns zwiefach: sie fesselten uns in unsern Gemeinwesen und in unsern Beziehungen zum Ausland. In dem, was man in den Zeitungen die innere und die äussere Politik nennt. Das Weltgewissen, das von seinem Gericht herab das Urteil fällt, untersagte uns die Verteidigung und untersagte uns das Fürsichbleiben. Aber damit nicht genug. Es muss seinen Beruf als Gewissen bis zum Ende ausüben: es muss, wie das Auge in der Geschichte Kains, im Grabe eingerichtet werden. Es vertritt den Blick Gottes. Es verbietet und lässt erzittern. Es ist aufgehängt wie ein Schwert. Der Magistrat geht mit eingezogenen Schultern umher. Der Polizist hustet stark, um auf seine Anwesenheit aufmerksam zu machen. Und der General fühlt das Seil um seinen Hals. Denn das Gewissen verschreibt nichts. Es zeigt nur die zu befolgende Linie an, *die Linie*. Es ist kein Zwang. Es hat keine Gendarmen. Es ist nur ein Gift im Staat. Ein einfaches Einsickern, das alles verdirbt. Man bedroht Euch nicht einmal. Es ist Eure eigene Stimme, die Euch bedroht. Denn das Weltgewissen, das ist jedermann, und das seid sogar Ihr. Seid Ihr ganz sicher, der Moral entsprechend gehandelt zu haben? Dieser Weltmoral, von der es heisst, dass wir alle sie in uns tragen und die am Tage des Gerichts aufwachen und *von sich aus* Züchtigungen verlangen wird? Seid Ihr ganz gewiss, in *der Linie* gewesen zu sein? Welche Linie? spricht der General: sie sprechen alle die gleichen Worte. Aber diese Worte wollen nicht die gleiche Sache sagen. Das macht nichts. Beschäftigt Euch nicht damit: habt Ihr ein Gewissen, ja oder nein? Jedermann, selbst ein General hat ein Gewissen. Dann verhaltet Euch den unwandelbaren Gesetzen des « Gewissens » entsprechend. Und allein ihnen entsprechend. Oder aber Ihr werdet gehängt. Erinnert Euch, dass es keine Infanteriereglemente gibt, dass es keine Felddienstreglemente gibt. Dass es keine höheren Befehle gibt. Dass nichts, was geschrieben ist, etwas bedeutet. Dass alle unsere Gesetze niedrigere Gesetze sind, die auf jeden Fall durch die grosse Stimme des Weltgewissens zugedeckt werden, die meistens durch den Rundfunk übermittelt wird. Dass die Einheit des Staates und der Bestand des Staates jeden Augenblick durch eine einfache Bulle als aufgelöst erklärt werden können. Und dass nichts besteht, reineweg nichts, ausser der Stimme, die von oben kommt. Das ist die Welt, die für uns gemacht worden ist. Ganz einfach, weil es notwendig war, dass die Deutschen Ungeheuer seien. Und weil denjenigen recht gegeben werden musste, die ihre Städte zermalmt hatten. Um die Zerstörung zu rechtfertigen, erfindet man die Dauerzerstörung. Um den Rundfunk zu rechtfertigen, erfindet man den Rundfunk für immer. Um die Alliierten zu rechtfertigen, schwört man, dass alle Kriege fortan wie der letzte geführt werden müssen. Unter dem Vorwand, eine aus eigener Machtvollkommenheit bestehende Herrschaftsordnung zu treffen, hat man jede Machtvollkommenheit zerstört. Und unter dem Vorwand

Deutschland zu verurteilen, hat man die ganze Welt gefesselt. Wir lassen es uns im Namen der Tugend und der besseren Welt gefallen ohne zu sehen, dass dieser Ueberstaat, der aus Grundsatz gewisse Staatsformen verbietet, der die Verträge diktiert und die Politik lenkt, nichts anderes ist als ein namenloser Herrscher, der das Verhalten seiner Vasallen regelt. Die internationale Moral ist nur das Werkzeug einer Herrschaft. Sie ist unfähig, die Einzelwesen zu schützen, aber sehr bequem, um die Staaten zu beherrschen.

Es ist kaum von Nutzen, hier zu unterstreichen, wie viel diese schön vorbereitende Arbeit schliesslich der Weltherrschaft des Marxismus nützlich sein kann, dessen Gorgonisches Gesicht wahrzunehmen man heute vorgibt. Denn was anderes verficht der Marxismus - wenn auch mit anderen Worten? Für die Marxisten geht dem öffentlichen Recht in jedem Land tatsächlich die den Einzelnen obliegende Pflicht voraus, am Befreiungskampf des Proletariats teilzunehmen. Für sie gibt es tatsächlich über ihren Bürgerpflichten immer ein Weltgewissen, das nichts anderes ist als das Klassengewissen. Und dieses marxistische Gewissen rügt mit denselben Worten. Es ist ebenso unbestimmt. Es handelt sich ebenfalls darum, *in der Linie* zu sein. Die Theoretiker des *Welt*gewissens haben nicht erkannt, dass diese Waffe, der sie so viel Sorge widmen, dem Bumerang der Australier ähnlich sieht, der stets auf den Werfenden zurückfallen kann. Alles, was sie machen, kann wieder gegen sie gewendet werden. Alles, was sie bejahen, kann ihrem Feinde dienen. Und wir dürfen uns heute nicht wundern, wenn die kommunistische Partei uns darauf aufmerksam macht, dass « das französische Volk » am Krieg gegen Russland nicht teilnehmen wird: das ist eine Anwendung der Grundsätze von Nürnberg. Denn schliesslich zerstörte Nürnberg das Vaterland: wer zerstört es besser als der Kommunismus? Nürnberg errichtet eine internationale Instanz: ist Moskau nicht ebenfalls eine? Nürnberg schafft eine Kirche: es gibt eine weitere, die III. Internationale heisst. Nürnberg verordnet die Herrschaft des Weltgewissens: für den Bolschewismus genügt es, sich in diesen Balg zu stecken, um eine ebenso gute Gestalt zu machen wie sie. Unsere Theoretiker haben alle kommenden Kriege in Bürgerkriege verwandelt. Und in diesen Bürgerkriegen haben sie alles vorbereitet, was ihrem Gegner dienen wird. Mars ist nicht mehr der Gott des Krieges, sondern *Janus bifrons*, Janus mit den zwei Ohren, der nicht weiss, welchem Rundfunk er sich zuneigen soll. Sie haben uns gegenüber dem Ausland entwaffnet. Aber gegenüber welchem?

Ein anderes erzieltes Ergebnis ist die tatsächliche Absetzung der *menschlichen Persönlichkeit*, die untrennbar ist von der Absetzung der Vaterländer. Dieses zweite Ergebnis scheint vorerst erstaunlicher als das erste, weil das Gericht von Nürnberg die *Verteidigung der menschlichen Persönlichkeit* zum Gegenstand gewählt hat. Aber es ist leider trotzdem nicht weniger gewiss.

Verständigen wir uns über den Punkt. Es ist nicht die Rede davon, zu verneinen, dass die genauen Vorschriften und Verbote betreffend das Völkerrecht und die Kriegführung, die man im Urteilsspruch von Nürnberg findet und die fortan Rechtsprechung auf diesem Gebiet bedeuten, nicht für den Schutz der Einzelwesen grosse Dienste zu leisten vermöchten. Die Haager-Abkommen sind so durch zahlreiche Texte, die der neuzeitliche Krieg notwendig gemacht hatte, vervollständigt worden. Es hätte indessen im Interesse aller Welt gelegen, dass dieses neue Kriegsgesetzbuch unter anderen Umständen zustande gekommen wäre, im Gefolge einer aufrichtigen und vollständigen Zusammenarbeit zwischen allen Völkern. Und vor allem, dass es nicht als an eine politische Auffassung der Welt gebunden erschiene. Es wäre besser gewesen, sich dabei an praktische und klare Texte zu halten, anstatt eine ehrgeizige Philosophie des Völkerrechts zu verfassen, die Gefahr läuft, auf die seltsamste Weise ausgelegt zu werden. Es wäre auch nützlicher gewesen, sich eine vollständige Untersuchung der Verfahrensweisen des neuzeitlichen Krieges vorzunehmen, statt in unserer Rechtssammlung so schwere Lücken offen zu lassen wie die der Blockade und der Bombardierung von Zivilbevölkerungen, bloss weil diese Untersuchungsgegenstände ungelegen waren. Doch handelt es sich hier nicht darum. Wir verstehen den Ausdruck *Verteidigung der menschlichen Persönlichkeit* in dem allgemeineren Sinn, wie er im Laufe der kürzlichen Auseinandersetzungen gegeben worden ist. Um die Rechte, um die Freiheit des Menschen, darum sorgen sich jene, die diese Worte brauchen. Auch wir geben ihnen diesen Sinn.

Wir halten den Vertretern des Weltgewissens nicht ihr Unvermögen vor, die Achtung der menschlichen Persönlichkeit zu sichern, selbst nicht in den von ihnen überwachten Gebieten. Das wäre ein zu leichtes Spiel. Es gibt offensichtlich alle Arten von Einzelwesen, die gegenwärtig nicht behaupten können, als *menschliche Wesen* zu gelten: z. B. die Indochinesen, die wir in Indochina niedermetzeln. Die Malgaschen, die wir in Madagaskar gefangensetzen. Die Balten, die Sudetendeutschen, die Wolgadeutschen, die in den Hauptstellen der *Displaced Persons* grosse Reisen machen. Die Kleinen Nazis, die mittleren Nazis und die anderen Ungeheuer, die man in Dachau und Mauthausen einzusperren genötigt ist. Die Polen und Tschechen, die die sowjetische Herrschaft nicht lieben. Die Neger von Luisiana und Karolina. Die Franzosen, die « Es lebe der Marschall » gerufen haben. Die Araber, die « Es lebe der Sultan » gerufen haben. Die Griechen, die « Es lebe Griechenland » gerufen haben. Und die überlebenden Ukrainer, die man nach Sibirien verschickt, weil sie das Unglück haben, überlebende Ukrainer zu sein........ Ich gebe zu, dass das alles nichts beweist, obwohl ich diese Liste etwas lang finde. Ich bin bloss etwas in Verlegenheit, dass wenn man die Summe zieht, man schliesslich mehr Leichen, mehr Foltereien und Verschickungen auf der Rechnung der berufsmässigen Verteidiger der menschlichen Persönlichkeit findet als auf der Rechnung derjenigen, die sie Folterknechte und Mörder nennen.

Aber nehmen wir schliesslich an, dass das nichts beweist. Ich verstehe zwar nicht recht, warum das nichts beweist. Aber glauben wir es, da sehr ernste Leute es uns sagen. Im übrigen ist es nicht wichtig, zu zeigen, dass die Verteidigung der menschlichen Persönlichkeit sich jetzt in die Morde, die Foltereien und die Verschickungen schickt. Sondern wichtig ist zu zeigen, dass sie in Wirklichkeit nur mit der Absetzung der menschlichen Persönlichkeit enden kann.

Dieses Verhängnis ist immerhin in sehr deutlichen Worten niedergeschrieben, die wir alle mehr als einmal haben lesen können. Die Verteidigung der menschlichen Persönlichkeit ist nicht eine neue Religion. Man hat uns schon früher vorgeschlagen, diesen Gott anzubeten. Seine Erhebung findet immer inmitten der gleichen Feste statt: die Guillotine ist sein Oberpriester und man schneidet zur Ehre des Gottes einer grossen Anzahl von Unterdrückern den Hals ab. Worauf die heilige Handlung regelmässig mit einer schönen Herrschaftsordnung aus eigener Machtvollkommenheit abschliesst, die von Helmen, Stiefeln,

Achselklappen glänzt und in Fülle mit Sklavenaufsehern verziert ist. Dieser geheimnisvolle Widerspruch ist oft angeführt worden: und schon vor diesem Krieg waren sich die ernsthaftesten Beobachter in der Feststellung einig (eine Meinung, von der man uns kaum mehr spricht), dass das Wort Freiheit dasjenige ist, das am liebsten die Spitzbuben nachsprechen. Und die Geschichte führt uns so zu einem ersten Widerspruch, der sich regelmässig den Handlungen aufprägt: die Verteidigung der menschlichen Persönlichkeit kann nur mit der Unterdrückung im Namen der Freiheit endigen oder mit heuchlerischen Herrschaftsordnungen, die die Freiheit nur retten, indem sie die Augen vor der Entwürdigung der Einzelwesen schliessen. Auch die Geographie ist nicht tröstlicher. Die Achtung vor der menschlichen Persönlichkeit besteht darin, eine gleiche menschliche Art und infolgedessen für den Neger von Duala und den Erzbischof von Paris gleiche Rechte anzuerkennen. Man streitet über die gleichen Rechte: man muss sie wohl eines Tages anerkennen oder dann hat unser Wahlspruch keinen Sinn mehr. Von diesem Tag an verteilt sich der freie Ausdruck der gleichen Rechte von zwei Milliarden menschlichen Wesen wie folgt: 600 Millionen Weisse, der Rest Neger, Asiaten oder Semiten. Durch was für einen Schluss werdet Ihr den Negern, Asiaten oder Semiten klar machen, dass ihre gleichen Rechte sich nur durch eine gleiche Vertretung ausdrücken lassen, und dass, wenn es sich um ernste Sachen handelt, die Meinung eines Weissen mehr wert ist als die von zehn Schwarzen? Es gibt nur einen Beweis, der eine so wenig offenbare Wahrheit eindringlich macht: die Anwesenheit der Flotte Ihrer Majestät, zu der man tatsächlich jedes Mal Zuflucht nimmt, wenn die Aussprache sich in Allgemeinheiten zu verlieren droht. So endet die Verteidigung der menschlichen Persönlichkeit auf diesem Gebiet abermals mit dem selben Widerspruch: sie führt sich mit Kanonenschüssen ein. Oder sie besteht darin, mit Unterwürfigkeit anzuhören, was den farbigen Ehrenmännern, den *colored gentlemen* beliebt, uns zu befehlen.

Dennoch ist hier der Grund, warum wir so viel Wesens machen von einer Freiheit, der wir nicht zur Herrschaft zu verhelfen vermögen, und von einer Gleichheit, die zu verwirklichen wir ablehnen. *Verba et voces.* Wir sind Anhänger der Verteidigung der menschlichen Persönlichkeit unter der Bedingung, dass sie nichts bedeutet. Wir sind Anhänger der Verteidigung der menschlichen Persönlichkeit. Aber wir wollen den

Negern antun, was wir den Nazis vorwerfen, dass sie es den Juden angetan haben. Und nicht nur den Negern, sondern auch den Indochinesen, den Malgaschen, den Balten, den Wolgadeutschen usw. Und nicht nur all diesen Leuten, sondern auch dem Proletariat aller Völker, dem wir diesen amtlichen Begriff der menschlichen Persönlichkeit aufzudrängen willens sind. Und worauf uns das Proletariat antwortet, dass es darin nichts sieht, das die Achtung des Proletariats betrifft. So verteidigen und achten wir die menschliche Persönlichkeit. Aber eine ideelle menschliche Persönlichkeit. Eine menschliche Persönlichkeit *in abstracto*. Eine menschliche Persönlichkeit *im Sinne, wie ihn der Gerichtshof versteht*.

Ich weiss wohl, dass man hier bittet, sich nicht bei solchen Einzelheiten aufzuhalten. Das Inordnungbringen wird später kommen. Das Weltgewissen befindet sich jetzt gerade bei der Einrichtung seiner Büros. Aber gerade die an die Mauern gehefteten Zeichnungen, die Zeichnungen der künftigen Entwicklung beunruhigen mich noch mehr als die erhaltenen Ergebnisse. Diese menschliche Persönlichkeit ist völlig nackt. Sie hat kein Vaterland und sie ist gleichgültig gegenüber jedem Vaterland. Sie kennt die Gesetze des Gemeinwesens und den Geruch des Gemeinwesens nicht. Aber sie erfasst mit einem ganz persönlichem Instinkt die internationale Stimme des Weltgewissens. Dieser neue Mensch, dieser entwässerte Mensch ist es, den ich nicht anerkenne. Euer Weltgewissen beschützt eine Treibhauspflanze: dieses theoretische Erzeugnis, dieses Industrie-Erzeugnis hat nicht mehr Beziehung mit dem Menschen als eine Kalifornische Orange, die in ihr Celophanpapier eingewickelt und durch die Kontinente verschickt wird, Beziehung hat mit einer Orange auf dem Baum. Beides sind Orangen: aber die eine hat den Geschmack der Erde. Und sie wächst und besteht auf ihrem Baum der Natur der Dinge gemäss. Und die andere ist nur noch ein Verbrauchs-Erzeugnis. Ihr habt aus der menschlichen Persönlichkeit ein Erzeugnis für den Verbrauch gemacht. Es findet sich auf (übrigens falschen) Statistiken aufgeführt. Es wird gezählt. Es wird ausgeführt. Es wird transportiert. Es wird versichert. Und wenn es zerbricht, wird es bezahlt. Ich kann nichts dafür, aber das ist für mich keine *menschliche Persönlichkeit*.

Wenn wir an eine *menschliche Persönlichkeit* denken, wir, sehen wir einen Vater mit seinen Kindern um sich. Mit seinen Kindern um den Tisch, im grossen Zimmer des Hofes. Er teilt die Suppe und das Brot aus. Oder in seinem Vorstadthaus, und er fühlt sich nicht so wohl wie auf seinem Hof. Oder in seiner Wohnung im dritten Stock, und er fühlt sich nicht so wohl wie in einem Vorstadthaus. Und er kommt von seiner Arbeit zurück und fragt, wie der Tag vorbeigegangen ist. Oder in seiner Werkstatt, und er zeigt seinem kleinen Jungen, wie man ein Brett passend herstellt, wie man mit der Hand über das Brett fährt, um festzustellen, ob die Arbeit gut ist. Diese *menschliche Persönlichkeit* ist es, die wir verteidigen und achten. Allein diese menschliche Persönlichkeit und keine andere. Und alles was zu ihr gehört, ihre Kinder, ihr Haus, ihre Arbeit, ihren Acker. Und wir sagen, dass diese menschliche Persönlichkeit das Recht hat, dass das Brot ihrer Kinder gesichert sei. Dass ihr Haus unverletzlich, ihre Arbeit geehrt sei. Dass ihr Acker ihr gehört. Dass das Brot ihrer Kinder gesichert sei, will heissen, dass kein Neger, kein Asiate und kein Semite ihr den Platz streitig machen wird, auf den sie im Innern der Stadt Anrecht hat. Und dass sie nicht eines Tages genötigt sein wird, um leben zu können, der Handarbeiter oder Sklave des Fremden zu werden. Dass ihr Haus unverletzlich sei, will heissen, dass sie denken kann, was sie will und sagen, was sie will, dass sie Meister an ihrem Tisch und Meister in ihrem Haus sein wird. Dass sie beschützt werden wird, wenn sie den Erlassen des Herrschers folgt. Und dass der Neger, Asiate oder Semite nicht vor ihrer Tür erscheinen werden, um ihr zu erklären, was man denken müsse und sie aufzufordern, ihnen ins Gefängnis zu folgen. Dass ihre Arbeit geehrt werde, will heissen, dass sie sich mit den Männern ihres Berufes versammeln wird, mit denen, die sie ihre Amtsbrüder oder ihre Kollegen nennt, wie man will. Und dass sie das Recht haben wird zu sagen, dass ihre Arbeit hart ist. Dass der Stuhl, den sie macht, so und so viele Pfund Brot wert ist. Dass jede Stunde ihrer Arbeit so und so viel Pfund Brot wert ist. Dass auch sie das Recht hat zu *leben*, d. h. nicht schief getretene Schuhe und Kleider in Fetzen zu tragen. Ihren Rundfunk zu haben, wenn es sie gelüstet. Ihr Haus, wenn sie Geld dafür beiseite getan hat. Ihren Wagen, wenn sie in ihrer Arbeit Erfolg hatte. Und den Anteil an der *Bequemlichkeit*, die unsere Maschinen ihr schulden. Und dass der Neger, der Asiate und der Semite nicht in Winnipeg oder in Pretoria den Preis ihres Tagewerkes und die Speisenfolge ihres Tisches bestimmen. Und dass ihr Acker ihr gehört, will heissen, dass sie das Recht hat, sich Herr dieses Hauses zu nennen, das ihr Grossvater gebaut hat, Herr dieser Stadt, die ihr Grossvater und die Grossväter der anderen Männer der Stadt gebaut haben. Dass niemand das Recht hat, sie aus ihrer Wohnung noch aus dem Rathaus zu jagen. Und dass die fremden Arbeiter, deren Grossväter nicht dabei waren, als man den Glockenturm baute, die Neger, die Asiaten und die Semiten, die im Bergwerk arbeiten oder an den Strassenkreuzungen Ware feilhalten, nicht über das Schicksal ihres kleinen Jungen zu entscheiden haben. Das ist, was wir die Rechte der menschlichen Persönlichkeit nennen. Und wir sagen, dass die Pflicht des Herrschers tatsächlich nichts anderes ist, als die Achtung dieser Wesensrechte zu sichern und sein Volk gut zu lenken, als guter Familienvater, wie die Pächter sagen, wie der Vater seine Familie führt. Dass die Gesetze nichts anderes sind, als vernünftige Richtlinien, die alle kennen. Die niedergeschrieben wurden auf den Rat zuständiger Männer und die an die Mauern angeschlagen worden und unabhängig sind. Und dass diese Gesetze, ohne die es keine Gemeinwesen gibt, wenn nötig, mit Gewalt und auf jeden Fall durch einen wirksamen Schutz verteidigt werden müssen. Wie man sehen kann, sind auch wir Anhänger der Verteidigung der menschlichen Persönlichkeit. Aber mit diesen Worten. Und nicht in dem *Sinne, wie ihn der Gerichtshof versteht*. Es geht nur darum, sich zu begreifen.

Diesen Menschen der Erde und der Gemeinwesen, diesen Menschen, der *der Mensch* ist, seitdem es Völker und Gemeinwesen gibt, gerade diesen verurteilt und verstösst Nürnberg. Denn das neue Gesetz sagt: « Du wirst *Bürger der Welt* sein. Auch Du wirst verpackt und entwässert werden. Du wirst nicht mehr das Rauschen Deiner Bäume und die Stimme Deiner Glocken hören. Aber Du wirst lernen, die Stimme des Weltgewissens zu hören. Klopfe die Erde von Deinen Schuhen, Bauer. Diese Erde ist nichts mehr. Sie beschmutzt. Sie verwirrt. Sie hindert, hübsche Verpackungen zu machen. Die modernen Zeiten sind angebrochen. Höre die Stimme der modernen Zeiten. Der polnische Taglöhner, der im Jahr zwölfmal den Arbeitsplatz wechselt, ist der gleiche Mensch wie Du. Der jüdische Trödler, der soeben von Korotscha oder Shitomir angekommen ist, ist der gleiche Mensch wie Du. Sie haben die gleichen Rechte auf Deine Erde und auf Deine Stadt wie Du. Achte den Neger, o Bauer! Sie haben die gleichen Rechte wie Du und Du wirst ihnen Platz machen an Deinem Tisch. Und sie werden in den Rat einziehen, wo sie Dich lehren werden, was das Weltgewissen sagt, auf das Du noch nicht so gut hörst wie Du solltest. Und ihre Söhne werden Herren sein. Und sie werden zu Richtern eingesetzt werden über Deine Söhne. Sie werden Deine Stadt regieren und Deinen Acker kaufen, da das Weltgewissen ihnen ausdrücklich alle diese Rechte gibt. Was Dich anbetrifft, Bauer, wenn Du geheime Zusammenkünfte mit Deinen Kameraden abhältst, und wenn Du der Zeit nachtrauerst, wo man nur junge Leute aus der nächsten Umgebung am städtischen Feste sah, dann wisse, dass Du gegen das Weltgewissen sprichst und dass das Gesetz Dich dagegen nicht schützt ».

Denn das ist in Wahrheit der Zustand des Menschen nach der Absetzung der Vaterländer. Man unterstützt durch Druck jene Herrschaftsordnungen, die das Gemeinwesen dem Fremden weit öffnen. Man fordert, dass diese Fremden die gleichen Rechte erhalten, wie die Einwohner des Landes und verdammt feierlich jeden Versuch ihrer Verächtlichmachung. Dann anerkennt man nur eine rein zahlenmässige Abstimmungsart als richtig an. Welches Gemeinwesen wird nicht mit dieser Ordnung zu gegebener Zeit durch eine friedliche Eroberung unterworfen, von einer Besetzung ohne Uniform überschwemmt und schliesslich der Herrschaft des Fremden ausgeliefert werden?

Hier wird der Schlusspunkt erreicht. Die nationalen Verschiedenheiten werden nach und nach ausgeplättet. Das internationale Gesetz wird sich umso leichter einrichten, als das eingeborene Gesetz keine Verteidiger mehr hat. Die nationale Lebensführung, die wir soeben beschrieben, nimmt in dieser Aussicht ihre wahrhafte Bedeutung an: die Staaten werden nur noch Verwaltungskreise eines einzigen Reiches sein. Und von einem Ende der Welt zum andern, wird in völlig gleichartigen Städten, da man sie nach einigen Bombardierungen wieder aufgebaut haben wird, und unter gleichen Gesetzen eine Mischbevölkerung leben, eine unbestimmbare, trübsinnige Sklavenrasse ohne Schöpfergabe, ohne Instinkt und ohne Meinung. Der von Ansteckungsstoffen gereinigte Mensch wird sich über eine nach gesundheitlichen Gesichtspunkten eingerichtete Welt ausdehnen. Unermessliche Kaufläden, die von Pick-up widerhallen, werden diese Einheitspreisrasse sinnbildlich verkörpern. Rollsteige werden die Strassen durchlaufen. Sie werden jeden Morgen die lange Reihe von Menschen ohne Gesicht zu ihrer Sklavenarbeit bringen und sie am Abend wieder zurückführen. Und das wird das gelobte Land sein. Die Benutzer des Rollsteiges werden nicht mehr wissen, dass es früher einen menschlichen Stand gab. Sie werden nicht mehr wissen, was unsere Gemeinwesen waren als sie unsere Gemeinwesen waren: nicht mehr als wir uns noch vorstellen können, was Gent und Brügge zur Zeit der Schöffen waren. Sie werden staunen, dass die Erde einmal schön war und dass wir sie leidenschaftlich geliebt haben. Das saubere, theoretische, in runden Stücken ausgeschnittene Weltgewissen wird ihren Himmel erleuchten. Aber es wird das gelobte Land sein.

Und darüber wird sich tatsächlich die menschliche Persönlichkeit erstrecken. Diejenige, für die man diesen Krieg geführt hat. Diejenige, die dieses Gesetz erfunden hat. Denn schliesslich kann man lange sagen, es gibt eine *Menschliche Persönlichkeit*. Das sind wohlverstanden nicht die Wolgadeutschen, nicht die Balten, nicht die Chinesen, nicht die Malgaschen, nicht die Annamiten, nicht die Tschechen, nicht die Proletarier. Wir wissen sehr gut, was das ist: die *Menschliche Persönlichkeit*. Dieses Wort bekommt seine ganze Bedeutung, man kann sogar sagen, dass es *in dem Sinne, wie ihn der Gerichtshof versteht*, keine Bedeutung hat, erst wenn es auf ein vaterlandsloses Wesen angewandt wird, das in einer Vorstadt von Krakau geboren wurde. Das unter Hitler litt, verschickt wurde, nicht gestorben ist. Sogar wiederauferstanden ist in der Gestalt eines französischen, belgischen oder luxemburgischen Patrioten, auf den unsere ganze Hochachtung und Bewunderung zu übertragen wir aufgefordert werden. Die *Menschliche Persönlichkeit* ist übrigens gewöhnlich mit einem internationalen Pass, mit einer Ausfuhrerlaubnis, einer Steuerbefreiung und dem Recht der Wohnungsbeschlagnahme versehen. Fügen wir hinzu, dass die so bestimmte *Menschliche Persönlichkeit* ganz besonders ein Sachwalter des Weltgewissens ist: sie ist sozusagen seine Wahlurne. Sie besitzt dazu die Organe eines ausserordentlichen Empfindungsvermögens, das den anderen Menschen fehlt: so bezeichnet sie in dem Land, wo sie soeben angekommen ist, mit Sicherheit die wirklichen Patrioten und stellt auf grosse Entfernung die Körper fest, die für die Schwingungen des Weltgewissens unempfänglich sind. Auch werden diese kostbaren Gaben, wie es sich gehört, auf die öffentliche Meinung angewandt. Alle ihre Schwingungsausschläge werden sorgfältig aufgezeichnet und die Summe dieser Schwingungen bildet das, was man in einem gegebenen Augenblick die Empörung oder die Billigung des Weltgewissens nennt. Sie verfassen schliesslich die Zwangslehre, die wir schon erwähnt haben und die die Ueberschrift trägt: *Verteidigung der menschlichen Persönlichkeit.*

Es ergibt sich daraus, dass die Verteidigung der menschlichen Persönlichkeit *in dem Sinne, wie der Gerichtshof sie versteht*, eine Art mathematische Wahrheit ungefähr gleich dem Dreisatz ist. Man kann das so ausdrücken: « Wer vaterlandslos und in Krakau geboren ist, hat seinen Wohnsitz in der Brust der Weltgemeinschaft. Und jede Handlung, die ihn verwundet oder verletzt, hallt tief in der Brust des Weltgewissens wieder. In dem Masse, in dem Eure artliche Bestimmung Euch dem vaterlandslosen, aus Krakau gebürtigen Wesen entfremdet, entfremdet Ihr Euch ebensosehr der Weltgemeinschaft. Und was Euch verletzt, hat keinen entsprechenden Widerhall im menschlichen Gewissen mehr. Wenn Ihr dem vaterlandslosen, aus Krakau gebürtigen Wesen entschlossen feindlich seid, bildet Ihr keineswegs mehr einen Bestandteil der Weltgemeinschaft. Und man kann alles gegen Euch unternehmen, was man will, ohne dass das menschliche Gewissen sich im geringsten verletzt fühlt ».

Diese Konfirmanden der neuen Menschheit haben ihre heiligen Gebräuche. Sie bebauen die Erde nicht. Sie erzeugen nichts. Die Sklaverei ist ihnen zuwider. Sie mischen sich nicht unter die Menschen des Rollsteiges. Sie zählen sie und lenken sie auf die Aufgaben hin, die ihnen bestimmt sind. Sie machen keineswegs Krieg. Aber sie lieben es, sich in Läden einzurichten, die von Licht glänzen, wo sie abends dem Rollsteigmenschen sehr teuer verkaufen, was er am Tage hergestellt hat und das sie ihm sehr billig abgekauft haben. Niemand hat das Recht, sie Sklavenhändler zu nennen. Und trotzdem arbeiten die Völker, in deren Mitte sie sich eingerichtet haben, nur für sie. Sie bilden einen Orden. Das haben sie mit unserem alten Rittertum gemein. Und ist es nicht gerecht, dass sie von den andern Menschen unterschieden werden, da sie die für die Stimme des Weltgewissens am meisten Empfänglichen sind und für uns das Vorbild abgeben, nach dem wir uns richten sollen? Sie haben auch ihre Oberpriester in fernen Hauptstädten. Sie verehren in ihnen die Vertreter jener berühmten Familien, die sich dadurch bekannt gemacht haben, dass sie viel Geld verdienten, indem sie grosse Reklame machten. Und sie freuen sich, auf den Wappen dieser Helden die Zeichensprache ihrer Dividenden zu lesen. Aber diese Grossen haben grosse Sorgen. Sie brüten über der Weltkarte und beschliessen, dass dieses Land fortan Apfelsinen, jenes Kanonen hervorbringen soll. Ueber Zeichnungen gebeugt, lenken sie Millionen von Rollsteigsklaven und setzen in ihrer Weisheit die Zahl der Hemden fest, die im Jahre zu kaufen ihnen erlaubt sein wird, und die Zahl der Kalorien, die ihnen, damit sie leben können, zugeteilt werden. Und die Arbeit der andern Menschen kreist und zeichnet sich auf den Mauern ihres Arbeitszimmers auf, wie auf jenen Bildern mit durchscheinenden Oeffnungen, auf denen ununterbrochen verschieden gefärbte Säfte fliessen. Sie sind die Maschinenmeister der Welt. Wer sich gegen sie empört, redet gegen die Götter. Sie verteilen und beschliessen. Und ihre Diener an den Kreuzwegen nehmen ihre Befehle mit Dankbarkeit entgegen. Und sie weisen dem Rollsteigmenschen seine Richtung. So arbeitet die Welt ohne Grenzen. Die Welt, in der jedermann zuhause ist. Und die sie das gelobte Land genannt haben.

* * *

Das ist es, was im Wahrspruch von Nürnberg geschrieben steht.

Und heute wenden sich selbst jene, die diesen Wahrspruch verfasst haben, an die deutsche Jugend: « Deutsche, gute Deutsche, sagen sie zu ihnen, liebt Ihr nicht sehr die Sache der Freiheit? Seid Ihr nicht bereit, die Welt mit uns gegen die bolschewistische Barbarei zu verteidigen? Deutsche, junge Deutsche, wärt Ihr nicht schön auf langen Shermantanks, finsteren Kampfgöttern ähnlich? » Und die Augen mit Entzücken auf ein zugleich Weimarisches und unbesiegliches, friedliebendes und trotzdem bis an die Zähne bewaffnetes Deutschland gerichtet, hätscheln sie den Traum eines Stosstrupps der Demokratie, einer Sturmgarde der Freiheit. Gefühlvoll und unerschrocken, blond und muskelstark, vernünftig wie junge Mädchen, ewig der Demokratie des Rechts verbunden und bereit, für den Kongress, für das Abendland, für die Y. M. C. A. zu sterben. Eine riesige Armee von Eunuchen, die durch ein Wunder im Kampf die Kraft der Germanen wiederfände.

Man muss wissen, was man will. Wir werden uns nicht für Wolken schlagen. Die Deutschen offensichtlich auch nicht. Das Gegengift gegen den Bolschewismus hat in der Geschichte einen Namen getragen. Hören wir auf, diesen Namen mit Entsetzen auszusprechen und diese Fahne mit Schrecken zu betrachten. Alle Ideen enthalten etwas Richtiges. Fragen wir uns, auf was diese ihre Macht gründete. Anstatt zu ächten, versuchen wir zu verstehen. Wenn Millionen Menschen sich unter dieser Fahne haben töten lassen, die wir so niedrig mit Füssen treten, brachte diese ihnen dann nicht ein Geheimnis des Lebens und der Grösse, das nicht wissen zu wollen unsinnig ist?

Unsere Weigerung, die Worte von vorne zu betrachten, ist nicht nur unsinnig. Sie ist auch unendlich gefährlich. Die ideologischen Ruinen sind nicht wie die Ruinen der Städte: man sieht sie nicht und die Reisenden schütteln nicht ernst die Köpfe, wenn sie an diesem Schutt vorbeifahren. Und doch sind sie schwerwiegender. Sie sind tödlich. Die Lehren, die unsinnigerweise mit Fluch belegt worden sind, sind die einzigen, die der kommunistischen Ueberschwemmung ein Wehr entgegensetzen können. Wir haben dieses Wehr in die Luft springen lassen und wundern uns jetzt, dass die Flut die Mäuerchen davon trägt, mit denen wir sie einzudämmen versuchten. Und doch genügt es, die Karte zu betrachten. Es ist unvernünftig, zu hoffen, dass die gewaltige Fläche, die sich von Asien bis zur Elbe erstreckt, den zerbrechlichen Kahn des Abendlandes lange verschonen wird. Wir werden mit Sicherheit überschwemmt werden, wenn nicht ein mächtiges Bauwerk aus der Halbinsel Europa eine uneinnehmbare Festung, eine Art Gibraltar der weissen Rasse des Abendlandes macht.

Aber man muss an solche Aufgaben mit einem gerechten und vernünftigen Geist herangehen. Man muss hier ohne Leidenschaft und auch ohne Heuchelei handeln. Wir müssen diesen Krieg und die Leiden, die er uns gebracht hat, vergessen. Wir müssen unsere Ansprüche, uns Sieger zu nennen, vergessen. Die Zukunft baut sich nicht aus Hass und Furcht, noch auf der Erniedrigung der Andern auf. Wir müssen uns an das neue Deutschland mit Aufrichtigkeit und als ehrliche Leute wenden. Unsere erste Aufgabe ist der Verzicht auf die Fälschung der Geschichte, die wir der Welt aufbinden möchten. Es ist nicht wahr, dass Deutschland für diesen Krieg verantwortlich ist: die Verantwortlichkeit der Kriegstreiber in England und in Frankreich ist zum mindesten ebenso schwer wie die Verantwortlichkeit Hitlers. Es ist nicht wahr, dass die nationalsozialistische Partei eine Vereinigung von Uebeltätern gewesen sei: sie war eine Partei von Kämpfern wie die andern Parteien von an der Macht befindlichen Kämpfern. Sie sah sich genötigt, zur Gewalt Zuflucht zu nehmen, um ihr Werk und ihre Wirksamkeit zu verteidigen, wie es in bewegten Verhältnissen alle Parteien machen, die sich für die Zukunft mit einer grossen Aufgabe betraut glauben. Es ist nicht wahr, dass die Deutschen « Ungeheuer » waren. Die Völker, die nicht gezögert haben, ihren Sieg mit dem Leben von 2.650.000 deutschen Zivilpersonen zu bezahlen, d. h. mit dem Leben von 2.650.000 deutschen Arbeitern, Greisen, Frauen und Kindern, haben nicht das Recht, ihnen diesen Vorwurf zu machen. Eine unehrliche Untersuchung und eine riesige Propaganda haben einige Zeit lang die Gewissen täuschen können. Aber der Tag wird kommen, wo selbst die Feinde Deutschlands ein Interesse haben, die Tatsachen wiederherzustellen. Das blinde Schicksal wird die Wahrheit bei der Hand nehmen und sie an den Tisch des Abendmahles setzen. Dann werden wir eingestehen, dass es uns nicht erlaubt war, aus gelegentlichen und meist persönlichen Fehlern eine Verurteilung des ganzen Regimes abzuleiten. Dass die Feinde Deutschlands in der Kriegführung ebenfalls Handlungen begangen haben, die man aus dem gleichen Grund verfolgen müsste wie die, die wir verurteilt haben. Und dass wir einer schändlichen Geschichtsfälschung die gemeinste und gefährlichste ideologische Lüge beigefügt haben.

Wir beginnen heute die Grösse unseres Fehlers einzusehen. Die ganze Welt wird verrückt vor dieser Leere, vor diesem klaffenden Loch in der Mitte Europas. Und wir sehen mit Schrecken, was wir selbst angerichtet haben, jetzt wo Europa schwankt wie der blinde Cyklop. Die ganze Welt kann diese ungeheuerliche Verstümmelung sehen: eine zweite Leere ist aber nicht weniger schwerwiegend. Ein zweiter Abgrund besteht, den wir dadurch geschaffen haben, dass wir die einzige revolutionäre Ordnung gewaltsam von der Erdoberfläche austilgten, die man dem Marxismus gegenüberstellen konnte. Die Welt der Ideen ist eine Welt, die ihre Gesetze und ihre Geographie hat. Es ist ebenso gefährlich, ein ganzes ideologisches Gebiet gewaltsam dem Erdboden gleichzumachen, wie ein Volk auszurotten. Wir haben plötzlich ein ideologisches Gleichgewicht umgestürzt, das die Zeit hergestellt hatte und das für die politische Gesundheit Europas nicht weniger notwendig war als das Bestehen Deutschlands für seine strategische Verteidigung notwendig ist.

Was wir zerstört und verurteilt haben, war, und das dürfen wir nicht vergessen, nicht nur für die Deutschen, sondern für Millionen Menschen im Abendland die einzige dauerhafte Lösung im Drama der neuzeitlichen Welt. Die einzige Art und Weise, der kapitalistischen Sklaverei zu entrinnen ohne die sowjetische Sklaverei anzunehmen. Was wir im Denken dieser Menschen zerstört haben, war nicht die rückschrittliche und militärische Gewaltherrschaft, um deren Blosstellung wir uns so eifrig bemühten. Sondern ein unermessliches Meisterstück von Befreiung der Arbeiter. Ihre rote Fahne, mit dem Zeichen ihres Vaterlandes versehen, war das Wahrzeichen der Revolution des Abendlandes. Wir sagen, dass sie Sklaven waren. Und sie hatten den Blick derjenigen, die mit Freude arbeiten. Der Blick der Arbeiter ist ein Zeugnis: wenn sie Stalingrad unter Gesang wieder aufbauen, lügen unsere antibolschewistischen Blätter. Ihr wisst genau, dass die deutschen Arbeiter vom Baltikum bis zum Brenner glücklich waren. Und nicht nur die deutschen Arbeiter: nein im ganzen Abendland war diese Revolution ein Signal und eine unermessliche Hoffnung. Sie war nicht überall verwirklicht. Sie war nicht überall *gelungen*. Aber in allen Ländern stellte sie eine Möglichkeit für die Zukunft dar, die die Möglichkeit des Abendlandes selbst war, die Verkündigung an die Arbeiter von einem frohen und starken Leben. Sie täuschten sich, haben wir gesagt, sie wurden getäuscht. Was wissen wir davon? Gewiss ist, dass sie heute im verödeten Abendland nirgendwo anders den revolutionären Inhalt finden, den die neuen nationalen Gedanken ihnen brachten. Dieser Kampf war für sie die Grösse, die Brüderlichkeit, das vergossene Blut, die Gerechtigkeit: ja, die Gerechtigkeit war in ihren Herzen, was unsere Gerichte darüber auch sagen mögen. Das dürfen wir nicht vergessen, wir, die wir zu ihnen sprechen. Diese Worte, die uns erbittern, diese riesenhaften Blöcke von Wille und Hoffnung, die wir wie ein Stück Kontinent in die Luft gesprengt haben, waren gestern noch für Millionen Menschen der ununterdrückbare Aufruf zum Adel, zum Opfer. Sie stellten diese endlich gefundene Gerechtigkeit dar, für die zu sterben sich lohnt. Wir haben für die Herzen eine Wüste geschaffen. Unserer Politik in Europa ist es gelungen, aus der revolutionären Begeisterung eine sowjetische Ausschliesslichkeit zu machen. Nach zehn Jahren unserer Tränke wird die ganze Jugend der Welt unter der roten Fahne eingereiht sein: um gegen die Ungerechtigkeit zu protestieren, haben wir ihr nur diese gelassen.

Kommen wir also auf die Gerechtigkeit und Aufrichtigkeit zurück. Wie viele Erfahrungen werden wir machen müssen, um zu erkennen, dass die gerechten Verträge allein die dauerhaften Verträge sind. Dass der gerechte und aufrichtige Friede der alleinige Friede ist. 1918 haben unsere Staatsmänner gelehrtenhaft die Geographie umgestürzt. Und sie waren erstaunt, daraus einen Krieg entstehen zu sehen. Heute geben sich dieselben Schulfüchse alle schlechte Mühe, um das ideologische Gleichgewicht Europas zu zerstören: werden sie verstehen, dass dieser Anschlag nicht weniger schwerwiegend ist und dass der Krieg ebenso sicher daraus entstehen wird? Es ist unerlässlich, dass es in Europa eine dynamische Zone sozialer Gerechtigkeit gibt, die die Willen bindet, die der marxistischen Einverleibung widerstehen. Einzelne Männer haben heute verstanden, was für einen unermesslichen Fehler sie mit der Zerstörung der deutschen Armee und Industrie begangen hatten: sie sagen sich, dass die Halbinsel Europa eines Bollwerkes bedarf. Aber sie bedarf auch einer Seele. Das Abendland muss dem Zornschrei, den die Menschen unserer Zeit gegen die gesellschaftliche Ungerechtigkeit, gegen die Fäulnis, gegen die Lüge ausstossen, einen Widerhall geben. Dieser revolutionäre Wille, diese Freude an der auf dem Marsch befindlichen Revolution müssen von neuem in uns sein. Die gesellschaftliche Gerechtigkeit ist für das Abendland nicht weniger notwendig als Eisen und Stahl. Wenn wir den Arbeitern unserer Aecker und unserer Städte nichts anderes zu bieten haben als die gewöhnlichen demokratischen Lügen, wird kein Vernunftschluss der Welt sie hindern, mit Hoffnung nach dem Land zu blicken, das ihnen von der Befreiung und der Macht des Proletariats redet. Wir haben nicht das Recht, zu vergessen. Und es wäre verrückt zu vergessen, dass der Traum eines von der Nation stolz bejahten Sozialismus der Traum von Millionen von Menschen in Europa war. Die Wahrheiten sind wie die Vaterländer: man zermalmt sie nicht mit einem Stiefeltritt. Ob wir es wollen oder nicht, dieser Gedanke, der die grosse Hoffnung von gestern war, diese ganz nahe Kampfgemeinschaft ist heute die natürliche Grundlage einer abendländischen Gemeinschaft.

Zur Rettung des neuen Europa, zu unserer Rettung müssen sich daher unsere Willen gegen dieses ideologische Diktat von Nürnberg einigen, das für den Weltfrieden nicht weniger tödlich ist als das politische Diktat von Versailles. Wir müssen den Vaterländern ihre Krone und ihr Schwert wiedergeben. Wir müssen die einfachen und natürlichen Grundsätze der politischen Vernunft wiederherstellen und verkünden. Wir müssen den Fährleuten der Wolken in Erinnerung rufen, dass die Selbständigkeit der Gemeinwesen, und dass alles was damit unzertrennlich ist, das Versammlungsrecht und das Verbannungsrecht, das Vorrecht der Mannszucht im Staat, die unbeschränkte Pflicht des Gehorsams bei denen, die im Dienste des Herrschers stehen, die Balken sind, die tragen und die immer die Völker getragen haben. Wir müssen die feierliche Anerkennung dieser ersten Wahrheit verlangen, die die erste Steinschicht jeder Gewalt ist, dass wer dem Herrscher und den Erlassen des Herrschers gehorcht, nicht verfolgt werden darf, da es ohne das keinen Staat, keine Regierung gibt. Wir dürfen nicht Angst haben vor den starken Staaten. Und wir haben nicht das Recht, zu verlangen, dass der Bau dieser Staaten demokratisch sei in dem Sinne, wie man es in London oder in Washington versteht, wenn diese Staaten es vorziehen, unter anderen Gesetzen zu leben. Wenn die Einheit des Abendlandes nicht anders errichtet werden kann als um einen Block sozialistisch-autoritärer Staaten herum: ist diese Lösung nicht besser als der Krieg oder die Besetzung?

Denn darum handelt es sich endgültig. Im gegenwärtigen Europa sind solche Staaten die einzige Gewähr des Friedens. Sicherlich hängen in diesem Augenblick Friede und Krieg nicht von den europäischen Staaten ab: aber sie können *der Anlass* zum Krieg werden. Und was man von ihnen verlangen kann, ist, diesen Anlass nicht zu geben. Nun ist aber nur einem Westblock gegenüber die kommunistische Aufwiegelung unmöglich, wie es die demokratische Aufwiegelung in der USSR ist, und wäre der Kommunismus unmöglich, weil der Nationalsozialismus verwirklicht sein würde. Nur vor einem solchen Block kann der Krieg zum Stillstand kommen. Wir bedürfen eines eisernen Vorhanges um das Abendland. Denn die Kriegsgefahr liegt nicht im Vorhandensein von mächtigen und verschiedenpoligen Staaten, wie den Vereinigten Staaten und Russland. Sie besteht im Gegenteil im Vorhandensein von schwachen Zonen, die dem Wettstreit dieser beiden Grossmächte offen stehen. Oder, mit anderen Worten, die Kriegsgefahr wächst mit den Möglichkeiten zur Einmischung. Der Krieg wird von den Vertretern des Auslandes, die unter uns arbeiten, hervorgerufen. Wenn umgekehrt ein Westblock sich bilden könnte, der aus sich selbst lebt und dem amerikanischen Einfluss ebenso streng verschlossen ist, wie dem kommunistischen, dann würde dieser neutrale Block, diese undurchdringliche Festung eine Kraft des Friedens und vielleicht der Verbindung sein. Wenn Westeuropa eine abschüssige Insel werden könnte, die unter ihren eigenen Gesetzen leben würde und wo weder der demokratische Geist amerikanischer Einfuhr noch der Kommunismus sowjetischer Einfuhr landen könnten. Wenn diese Insel den Ruf hätte, unersteiglich und tödlich zu sein. Wenn sie stark würde: wer hätte ein Interesse, sie anzugreifen? Schliesslich hat Westeuropa kein grundlegendes strategisches Interesse (andere Zonen haben viel mehr ein solches). Es ist vor allem von politischem Interesse für die Kriegführenden. Es ist für den Augenblick ein *Niemandsland*, das dem Schlaueren oder dem Schnelleren gehören wird. Wenn wir diesen Wettstreit zum Verschwinden bringen. Wenn wir dazu gelangen, uns dieser oft interessierten Begriffe zu entledigen, die die Bomben anziehen wie der Magnet das Eisen: sind das für uns und für die ganze Welt nicht die besten Bedingungen für den Frieden?

Wenn Amerika morgen Krieg machen will, bedeuten diese Ueberlegungen nichts: aber dann hat sich Amerika eigentümliche Kriegsbedingungen geschaffen. Wenn es uns aber erlaubt ist, mit der Zeit zu rechnen, in was sind diese Aussichten ungereimter als andere? Diese Insellage des Abendlandes beruht gesamthaft auf einer grundlegenden Voraussetzung. Die Amerikaner müssten einsichtig genug sein, um zu verstehen, dass es in ihrem Interesse ist, Westeuropa zu bewaffnen, ohne von ihm im Austausch irgendeine demokratische Untertänigkeit zu verlangen. Es ist viel, ihnen zu sagen: gebt uns Flugzeuge und Tanks, doch regt Euch nicht auf, wenn wir die Vertreter Amerikas ebensogut wie die Vertreter Moskaus vor die Türe stellen. Werden sie verstehen, dass sie aus dem gleichen Grund wie die Russen ein Interesse haben an der Bildung eines Westeuropa, das zugleich antidemokratisch und antibolschewistisch, stark und eifersüchtig auf seine Unabhängigkeit ist? Werden sie verstehen, dass es ein grosses Sinnbild von Klugheit und der Beginn einer grossen Friedenshoffnung wäre, wenn man gleicherweise diejenigen ausschliessen würde, die, nachdem sie die Agenten Englands gewesen sind, heute die amerikanischen Unterstützungen erbetteln, und diejenigen, die ihre Befehle und ihre Unterstützungen von der Kominform erhalten?

Wenn die Amerikaner das Uebel auslöschen wollen, das sie geschaffen haben, dann mögen sie es in den Seelen auslöschen, wie sie es heute in den Städten wiedergutzumachen suchen. Wenn sie wollen, dass das Abendland stark sei, dann muss es das Abendland sein und nicht die Verlängerung Amerikas. Nur unter dieser Bedingung wird es eine politische Wirklichkeit werden. Denn das amerikanische Vorwerk in Europa kann nur ein schlecht verteidigter und im Kriegsfall rasch geräumter Boden sein. Aber das Reich des Abendlandes kann bestehen und sich verteidigen oder wenigstens seine Neutralität durchsetzen.

Man beginnt diese Dinge zu verstehen. Aber man versteht sie schlecht. Frau Roosevelt wendet sich mit Beredsamkeit an die deutschen Frauen, um sie wissen zu lassen, dass sie ihren Mut bewundert. Das sind gute Mitleidsbezeugungen, wenn man an die von ihrem verstorbenen Gemahl befohlenen Bombardierungen denkt. Diese späte Ehrerweisung unterrichtet uns indessen genügend über den Irrtum der amerikanischen Politik: « Ich schlage tot, dann bewaffne ich. Ich verurteile, dann richte ich auf ». Blonde Deutsche, liebt Ihr nicht heiss die Bank Lazard? Beisst in die Erde mit Euren blutenden Mündern, indem Ihr die beiden Namen von Oppenheim und Kohn ausspricht. Aber glaubt Ihr, dass die Freiwilligen zahlreich sein werden, um hinter General de Gaulle eine neue antibolschewistische Legion, oder hinter Marschall Montgomery die letzte SS-Brigade zu bilden?

Die Russen sind weniger einfältig. Sie haben sich ihrer gefährlichen Konkurrenten entledigt. Sie drängen uns durch die Vermittlung der kommunistischen Parteien eine unerbittliche Verdammung der verfluchten Lehren auf. Gleichzeitig rufen sie die deutschen Generäle zu sich, um sich von ihnen eine nationale Armee aufbauen zu lassen. Und sie stellen Herrn Wilhelm Pieck auf eine Rednertribüne und lassen ihn dem deutschen Volk die Entstehung einer « zugleich nationalen und sozialistischen » neuen Partei verkünden. Nicht ich habe die Worte in diese Ordnung gestellt: die kommunistische Propaganda hat diese Fassung gefunden.

An uns ist es zu wissen ob wir den Kommunismus mit seinen eigenen Waffen schlagen werden oder ob wir immer einen Krieg und eine Idee im Rückstand sein werden. Ich habe keine Meinung über den dritten

Weltkrieg: er hängt übrigens nicht von uns ab. Aber ich glaube an einen kalten Krieg um die Ueberwachung des Abendlandes. Der Sieger dieser Schlacht wird wie früher derjenige sein, den die Franken aus Germanien auf ihre Schilder erheben.

Was uns anbetrifft, ist auch unsere Vorstellungskraft immer glänzend. Unsere Wochenschriften stellen Untersuchungen an, um uns zu fragen, was wir tun werden, wenn wir von den Russen besetzt werden. Wir sind schöne Optimisten. Wir haben noch nicht gesehen, dass wir im Gang der Dinge ebenso ernsthafte Aussichten haben, von Truppen besetzt zu werden, die wir schon kennen. Blicken wir der Zukunft, die unser wartet, ins Auge. Wir können alles retten, wenn wir das Abendland schaffen. Wir sind nichts mehr, wenn sich gegen uns eine kommunistische Führung des Abendlandes bildet. Unser Geschick spielt sich zur Zeit in Deutschland ab. Wir müssen wählen, die SS mit uns oder bei uns zu haben!

* * *

Für diese elektronische Auflage wurden die folgenden Korrekturen vorgenommen :

(Seite, Zeile)

4, 18 : hasserfülten - hasserfüllten

5, 10 : Superieur - Supérieure

80, 7 : Urkraine - Ukraine

127, 14 : Geisseln - Geiseln

142, 14 : Displeaced - Displaced 1

46, 29 : ihre Tisches - ihres

148, 6 : abhälst – abhältst

NÜRNBERG ODER DIE FALSCHMÜNZER

Maurice Bardèche

VORWORT

> *Alle, die den Degen oder die Feder für ihr Land führen, dürfen, so wie unsere Väter sagten, nur an eines denken, nämlich ihren Mann zu stehen und alles Andere, auch den Ruhm, nur als glücklichen Zufall ansehen.*
>
> *Honoré de Balzac*

Dieses Buch haben die Umstände veranlaßt.

Besässe ich literarische Eitelkeit, so würde ich mich weigern, dies zuzugeben. Es ist mir aufgenötigt worden. Ich war weder Herr seines Stoffes, noch der Zusammensetzung; ja nicht einmal des Stils. Es sollte gediegen, gut abgewogen und ungefärbt sein, sowie gewisse Stoffgebiete gegenüber anderen vorzugsweise behandeln. Auch in Bezug auf seine Länge war ich nicht frei. Es durfte gewisse Grenzen nicht überschreiten. Ich hatte nicht einmal die Freiheit, es nicht erscheinen zu lassen. Und warum?

Ich hatte vor einigen Jahren ein Buch unter dem Titel „Nürnberg oder das Gelobte Land" geschrieben, das verboten wurde, weil es unangenehme Wahrheiten enthielt. Ich wurde beschuldigt, den Mord verteidigt zu haben.

Ich bin wie ein Geisteskranker behandelt worden, der sich vom Verbrechen angezogen fühlt und wurde nach einem Gesetz verurteilt, das in das französische Strafrecht aufgenommen worden war, um die Anarchisten des Jahres 1890 unter Strafverfolgung zu stellen, die den Attentaten, den Meuchelmorden und den Bomben gegen Bierstuben Beifall zollten. Also schrieb ich dieses zweite Buch, nicht etwa zur Verteidigung meiner eigenen Sache, sondern der von mir vorgetragenen Gedanken. Ich schrieb es, um darzutun, daß es weder ungeheuerlich noch verbrecherisch ist, die Grundlagen anzugreifen, in deren Namen das Nürnberger Gericht geurteilt hat und die gleich mir von Juristen,

Staatsmännern, hohen Beamten und Priestern angegriffen wurden. Ich habe es auch geschrieben, um zu zeigen, daß jeder Satz, den ich in meiner Studie über den Nürnberger Prozeß niedergeschrieben hatte, mit Beweisen belegt werden konnte, d. h. mit noch nicht bekannten Tatsachen, Aufschlüssen und ergänzenden Zeugenaussagen, die man uns aber, so gut man konnte, bisher vorenthalten hatte. Und das konnte man sehr leicht bei den guten Menschen unseres Landes.

Für die Herren in den hohen Stellungen wäre es nach alledem doch zu schön, wenn die Prozesse nicht eine Kehrseite hätten. Sie zwingen den Angeklagten nämlich, sich zu verteidigen. Sie zwingen ihn auch, sich Beweise zu verschaffen. Und so eröffnet man schließlich doch wieder die Debatte, die man totschweigen wollte. „Nürnberg oder das gelobte Land" war nichts anderes, als ein Kommentar des Prozesses, so wie er von seiten der alliierten Militärbehörden nebst dem dazu gehörenden Dokumentenmaterial veröffentlicht wurde. Dieses Material hatte ich mir vorgenommen und bei seiner Prüfung darauf hingewiesen, daß es von zweifelhaftem Werte war. Ich habe dabei aber keinem Dokument widersprochen: abgesehen von einigen Ausnahmen, in denen es Beweise gab, daß noch andere Dokumente vorlagen, denen logischerweise ebenfalls hätte Rechnung getragen werden müssen. Ich habe geforscht, ich habe analysiert, ich habe das mir Berichtete mit dem verglichen, was ich sah. Kurz gesagt, das von mir geschriebene Buch gab nichts anderes wieder, als die Reaktion eines rechtschaffenen Menschen auf den Nürnberger Prozeß. Da man mich aber der Unehrlichkeit zieh, mußte ich wohl oder übel beweisen, daß ich weder ein Ungeheuer noch ein Verrückter bin. Ich mußte beweisen, daß auch Andere ähnliche Zweifel wie ich hatten und sie genau so eindringlich vorbrachten wie ich; und schließlich, daß die Dokumente, die wir in immer größerer Zahl kennenlernten, der von mir aufgestellten Behauptung eine größere Zuverlässigkeit verliehen.

Diese Arbeit nahm ich vor. Sie gab mir eine Übersicht über den Umfang der Proteste, die seit Jahren gegen diese zynische Verfälschung aller Rechtsbegriffe erhoben werden. Das war schon ein Ergebnis, aber es war noch lange nicht alles. Bei der Weiterführung meiner Untersuchung bemerkte ich, daß das Aktenmaterial viel reichhaltiger war, als ich gedacht hatte, ja daß es weit über das hinausging, was ich erhofft hatte, und daß für jede von mir geschriebene Seite, die sich nur auf die Analyse stützte, nun allerlei Beweise zu finden waren, aus denen hervorging, daß sie auch in der Wirklichkeit eine Stütze fand. Heute prangert die Weltmeinung den Nürnberger Prozeß nicht nur als juristische Ungeheuerlichkeit an, sondern auch als Geschichtsklitterung. Heute wird uns die eine Welthälfte als ein Theater von Scheußlichkeiten dargestellt, die genau jenen gleichen, die den Deutschen vorgeworfen werden. Die Richter von gestern sind zu Angeklagten geworden, aber man ist noch nicht einmal sicher, ob diese tugendhafte Entrüstung nicht wie bei dem früheren Plan die Einleitung zu irgend etwas Anderem ist.

Nun beginnen alle, ihr wahres Gesicht zu zeigen. Die Zungen lösen sich; die Richter werfen sich ihre eigenen Verbrechen an die Köpfe. Von Menschlichkeit und Tugend redeten sie, aber zur gleichen Zeit wurde unter ihren Augen, ja auf ihre Befehle hin, fünfzig Millionen entwaffneten Europäern das angetan, was sie den Angeklagten vorwarfen, unter den dramatischsten Umständen im Kriege getan zu haben. Die Konzentrationslager hatten nur die Herren gewechselt. In allen Städten Deutschlands gingen Menschenleben zu Tausenden zu Grunde, herausgerissen aus den Dörfern, in denen sie seit Jahrhunderten seßhaft gewesen waren, Greise, schwangere Frauen, Kinder, in Todeszügen bunt durcheinandergewürfelt, viel schlimmer als jene Züge, von denen man soviel redete. In den Torfmooren Deutschlands krepierten Gefangene und Verwundete, die ehrlich für ihr Land gekämpft hatten, zu Zehntausenden, schutzlos, ohne Decken und ohne Nahrung zusammengepfercht und mit dem Heulen Verrücktgewordener gegen die Maschinenpistolen ihrer Wachen anstürmend, nur um ein rascheres Ende zu finden. Die Richter sprachen von Recht und Gerechtigkeit, aber zur gleichen Zeit starben unter ihrer Botmäßigkeit Hunderttausende von Kindern in feuchten Kellern von Fieber und Hunger geschüttelt, sie starben an Hunger und Kälte, im wahrsten Sinne des Wortes hingemordet durch die Dekrete des Siegers. Und die Korrespondenten unserer Presse, unserer so guten, so menschlichen, so christlichen Presse lachten, wenn sie Generalswitwen stumm und abgezehrt wie Bettler umherirren sahen, weil man zum erstenmal, seitdem es Kriegsheere gibt, den Besiegten verbot, Pensionen für im Kriege gefallene Offiziere zu zahlen.

Man plünderte auf jede Art; man stahl, was gestohlen werden konnte. Wenn ein Deutscher noch eine Pfanne besaß, so nahm man sie ihm weg; hatte ein Bauer nur noch ein Pferd, so nahm man ihm sein Pferd. In völlig zerstörten Städten quartierte man die Familien von Gendarmen usw. in Villen mit zwanzig Räumen ein und beschlagnahmte ganze Hotels zur Einrichtung von Klubs, die keine Besucher fanden. Die Generale fuhren über die Grenze in Kraftwagen, die bis zum Bersten mit Pelzmänteln, Leikas, Stoffen und Schuhwerk gefüllt waren. Dieses Gut setzten sie dann auf dem schwarzen Markte ab. Jeder, der Lust hatte, Geld auf unredliche Weise zu verdienen, kam nach Deutschland. Man nahm alles. Man erpreßte nicht nur, man betrug sich wie die Teppichhändler: Offiziere mit frechen Schnauzen wie Levantiner handelten Beurteilungen und Ausweise gegen Familiensilber ein. Die Industriellen sahen weiter. Sie tauften Fabriken für Spielzeuge, Uhren oder ärztliche Instrumente einfach in Kriegswerkstätten um und verwandelten sie so zu Alteisen. Alle Maschinen, die in diesem Lande beim Wiederaufbau von Nutzen hätten sein können, wurden mit Absicht und nutzlos zerstört. Unter dem Vorwand, daß alles, was zur Betonherstellung diene, eines Tages auch zur Herstellung von Panzern dienen könne, wurden sie an den Ufern der Kanäle aufgestapelt. Kalter Haß, Dummheit und Lust am Zerstören vernichteten, was die Bomben noch übriggelassen hatten. Man riß Deutschland aus Europa heraus, wie man einem gefangenen Sklaven ein Auge ausreißen würde. Der Sieger machte sich noch ein Vergnügen daraus, seine Finger in die Augenhöhle zu drücken, um sicher zu sein, daß die Wunde auch nie mehr heile. Die Akten über die alliierte Besatzung in Deutschland sind im wahrsten Sinne des Wortes gemein. Das war kein Haß mehr — denn der wahre Haß hat seine Größe — es war etwas im höchsten Grade Gemeines und Tückisches, in das sich Plünderung, Diebstahl, Schacher mit Einfluß, sexuelle Verdorbenheit, Niedertracht, Heuchelei und Angst mischten. Ein levantinischer Moderduft erhob sich über diesem Beinhaus. So etwas hatte nicht mehr die Größe der Wut oder der Plünderung. Es vermischte mit dem Schrecken etwas Verdächtiges und zugleich Merkantiles: überall bemerkte man das Profil des Wucherers und Schiebers.

Nach und nach wurden aber die Gewissen wach. In allen Ländern der Erde leben noch Menschen, welche die Herrschaft der Lüge und das Auftreten der Freigelassenen nicht hinnehmen. Man hat mich dazu gebracht, sie aufzufinden. Ihnen will ich Ehre angedeihen lassen.

Ich danke meinen Richtern, daß sie mir Gelegenheit gaben, an der Spezies Mensch nicht zu verzweifeln.

Wollte ich alle zitieren, die sich schon lange vor mir gegen die Ungerechtigkeit des Nürnberger Prozesses aufgelehnt haben, so würde das Buch zu lang. Vom Ende des Prozesses an protestierten angelsächsische Intellektuelle und Journalisten. Die Angriffe der „Chicago Tribune", die von englischen Schriftstellern und Universitätsprofessoren unterzeichneten offenen Briefe an die „Times", das Vorgehen der kanadischen Zeitung „Le Devoir", ein sehr edler Protest eines großen portugiesischen Gelehrten, Dr. Pimienta, Artikel der spanischen Presse, fast die gesamte südafrikanische Presse, eine große Zahl argentinischer Monatsschriften ließen die ersten freien stimmen verlauten. Sie waren so stark, daß eine offizielle Persönlichkeit der Vereinigten Staaten, Senator Taft, einer der Kandidaten der republikanischen Partei für den Präsidentenposten, öffentlich gegen das Nürnberger Urteil Stellung nahm in einer Rede, die mit starkem Nachhall vor Studenten und Professoren des Kenyon Colleges gehalten wurde. Eine südafrikanische Zeitung jedoch, „Die Nuwe Orde", trug keine Bedenken, auf ihrer Titelseite in einem Trauerrand eine Liste derer zu veröffentlichen, die sie die „Märtyrer von Nürnberg" nannte.

Bald darauf erschienen die ersten umfassenden Studien über die Tätigkeit des Internationalen Militärgerichtshofes. Fast zu gleicher Zeit ließen der Herzog von Bedford in England und P. O. Tittmann in den Vereinigten Staaten zwei außerordentlich heftige, aber zuverlässig dokumentierte Broschüren erscheinen. Ein Professor der Rechte an der Universität London, Dr. H. A. Smith, lieh ihnen in einer Serie bedeutungsvoller Artikel die Stütze seiner Autorität.

Dann folgten längere, aber ebenso unnachsichtige Studien: die Heuchelei der Sieger, die fundamentale Lüge der Anklage, die Unhaltbarkeit ihrer juristischen Stellung, die Niedrigkeit gewisser Verfahrensarten und bestimmter Argumente wurden scharf in Arbeiten beleuchtet, die im Ton vielleicht etwas gemäßigter waren als die ersten Ausbrüche von 1946, aber auf einem aufmerksamen und unbeirrten

Studium beruhten. In England fand der „Kommentar über Nürnberg" von Montgomery Belgion, der ein Jahr später mit wichtigen Zusätzen unter dem Titel „Die Justiz der Sieger" neu herausgegeben wurde, in der Öffentlichkeit eine sehr günstige Aufnahme. In Portugal ließ Professor Joâo das Regras eine bemerkenswerte Studie unter dem Titel „Ein neues Völkerrecht" erscheinen, an deren Schluß der berühmte Brief von Dr. Pimienta abgedruckt ist. In Italien gelangte ein Jesuitenpater, P. Lener, in seinem Buche „Crimini di Guerra" zu denselben Folgerungen. In Frankreich nahm Manuel de Dieguez in seinem Essai „Die Barbarei beginnt erst", das den Prix de la Liberté erhielt, Stellung. In der Schweiz gab Pastor Jacques Ellul denselben Gedanken in einer wichtigen Studie in der Revue „Verbum Caro" Ausdruck. Und nun breitete sich die Bewegung immer weiter aus. Der Brigadegeneral I. H. Morgan veröffentlichte „The Great Assise", („Das große Gericht"). Generalmajor Füller konnte in seinem „Arnement and History" („Bewaffnung und Geschichte"), einige der verheerendsten Verurteilungen gegen die Alliierten schreiben. Der britische Journalist F. A. Voigt war in seinen Artikeln im „Nineteenth Century and after" nicht weniger deutlich. Professor H. A. Smith vereinigte seine verschiedenen Studien zu einem Essai über „Die Krise des Völkerrechts", F. J. P. Veale ließ in England „Advance to Barbarism", („Schritt in die Barbarei") erscheinen und noch später sprach sich eine in den Vereinigten Staaten weit bekannte Schriftstellerin, Frau Freda Utley, fast in den gleichen Worten wie ich über den Nürnberger Prozeß aus.

Es tut mir leid, daß ich nicht alle anführen kann: es würde diese Liste ins Unendliche ausdehnen. Vermutlich aber genügen diese Namen zum Nachweis, wie abwegig die Einstellung der französischen Regierung ist, wenn sie zu verhindern sucht, daß man in Paris sagt, was in den noch freiheitlichen Ländern jedermann auf den Lippen trägt.

Indessen, man nahm sich noch andere Zweifel vor. Nicht nur die Grundsätze, auf denen das Nürnberger Urteil beruht, erschienen unzulässig, sondern man fragte sich auch, ob die Alliierten eigentlich das Recht hätten, einen solchen Prozeß zu führen und ob sie sich nicht ebenfalls Kriegsverbrechen hätten zuschulden kommen lassen. Je genauer man diesen Krieg kennenlernte, umso mehr klagte man ihre Kriegführung an. Angelsächsische Militärkritiker wie Liddell Hart oder

Voigt, britische Generale wie General Morgan oder General Füller, kirchliche Persönlichkeiten, sprachen sich rückhaltlos über die alliierten Luftangriffe genau so scharf aus, wie über Hitlers Konzentrationslager. Nun fand man heraus, daß sich der Krieg im Osten unter Bedingungen abgespielt hatte, die grundverschieden von jenen vergangener Kriege waren. Man erkannte, daß Menschenleben und Menschenbesitz dort bei weitem nicht den Wert besassen, den man ihnen im Westen beilegt, daß es sich auf beiden Seiten um eine Art barbarischen Krieges handelte, in dem jede Seite bisher unbekannte Zerstörungsmaßnahmen anwendete, ja, daß dies alles in einer ganz anderen Welt vor sich gegangen war, in der es vielleicht unrichtig, sicher aber vergebens gewesen wäre, hätte man die Regeln und Lebensgesetze des Westens anwenden wollen.

Dieser neuen Ansicht über die Dinge fügte man Dokumente von zumindest beunruhigendem Inhalt bei. Ein ehemaliger Kriegsberichterstatter von der Malayafront berichtet in der Revue „Atlantic", daß amerikanische Soldaten japanischen Verwundeten den Garaus machten und ihren Bräuten aus Schienbeinen geschnitzte Brieföffner und aus Schädelknochen ausgeschnittene Armbänder mitbrachten. Solche Einzelheiten erinnerten unliebsam an die Lampenschirme aus Menschenhaut, um die man so viel Aufhebens gemacht hatte. Andererseits brandmarkte die polnische Regierung in London in einer unmöglich zu übergehenden Reihe von Veröffentlichungen die von den Russen an polnischen Staatsangehörigen begangenen Greuel. Wenig später ertappte General Anders in einer scharfen und schwer belastenden Studie über die Angelegenheit „Katyn" den Internationalen Gerichtshof bei der Fälschung. Gewisse französische Schriftsteller beschrieben demgegenüber die Greuel der Résistance — der Widerstandsbewegung — und die Morde bei der Säuberung. Die italienische Presse sprach von eigenen Dingen: sie berichtete die zwecklose Zerstörung des Klosters Monte Cassino durch einen kopflos gewordenen amerikanischen General, der sein Metier nicht verstand und beschrieb, wie die Bäuerinnen von Esperia, die sich zur Begrüßung der französischen Truppen längs des Straßengrabens aufgestellt hatten, drei Tage lang von losgelassenen Marokkanern geschändet wurden.

Meist bewegte sich die Untersuchung um zwei Hauptthemen: einmal die sowjetischen Konzentrationslager und zum anderen die alliierte

Besatzung in Deutschland. Der Entwicklungsgang der ersten dieser Pestbeulen ist bekannt. Drei Jahre übersah man geflissentlich das kleine in Rom (anscheinend auf Veranlassung des Vatikans) herausgegebene Buch, das drei bis vierhundert Aussagen von Heimkehrern enthält, die beweisen, daß die russische Polizei die sagenhafte Gestapo in nichts zu beneiden braucht. Seitdem aber die amerikanische Regierung ein Interesse daran hat, die Russen als Barbaren hinzustellen, konnte man sehen, wie die Untersuchungen über die Verschicktenlager in der U.d.S.S.R. blühen. Auch das Foreign Office hat sich mit ihnen befaßt und die Dokumentation ist heute in allen Ländern der Welt so umfangreich geworden, daß es unmöglich ist, sie nur gedrängt wiederzugeben. Leider muß ich auch sagen, daß ich in Bezug auf diese ganzen Enthüllungen etwas skeptisch bin; sie erscheinen mir, wie gewisse andere, doch etwas zu „opportun".

Im zweiten Punkt ist man bedeutend zurückhaltender. Da es aber schwer ist, Zeugen am Sehen zu hindern und Reisende am Sprechen, so beginnen auch wir, etwas klarer zu blicken. Ein amerikanischer Professor hat eine eindrucksvolle Zahl von Dokumenten in einer Broschüre unter dem Titel „Der Frauenraub im besiegten Europa" vereinigt. Es ist bekannt, daß diese Dokumente durch den Protest des Stuttgarter Bischofs über die Vorgänge zu Weihnachten 1945 bestätigt werden. Zwei erschütternde Dokumentensammlungen sind über das Benehmen der tschechischen und jugoslawischen „Befreier" gegenüber der Bevölkerung deutschen Blutes veröffentlicht worden. Ich lasse sie im Augenblick unbeachtet, über die alliierte Besatzung in Deutschland sind ernst zu nehmende Studien noch nicht sehr zahlreich. Einige Reportagen wurden 1945 und 1946 veröffentlicht, aber sie bringen mehr Eindrücke, als Tatsachen. Zwei ausgezeichnete Broschüren erschienen von P. O. Tittmann unter den Titeln „The Planned Famine", („die geplante Hungersnot") und „Incredible Infamy" („unglaubliche Gemeinheit")." Sie enthalten ein eingehendes und genaues Dokumentenmaterial und werden vornehmlich zu einer Anklageschrift gegen die Maßnahmen und Ergebnisse des Morgenthauplans. Zwei kleine, sehr bewegende Bücher wurden *von* einem britischen Reisenden über Deutschland geschrieben und freudig erwähnen wir hier, daß es sich um den jüdischen Verleger Gollancz handelt, dem man wegen seiner Menschlichkeit und seines Mitgefühls gerechterweise Ehrerbietung schuldet, denn die Feststellung ist rührend daß er einer jener seltenen Menschen ist, der — wie es auch jeder andere tun sollte — von den Leiden der Unschuldigen in einem besiegten Volke spricht. In seinen Büchern ist ein sehr genaues Bild der Lebensverhältnisse in Deutschland von 1946 zu finden. Eine bedeutsame Studie von Freda Utley „The High Cost of Vengeance" („kostspielige Rache"), enthält eine besonders aufschlußreiche Beschreibung der Ausplünderung des deutschen Besitzes und der deutschen Industrien durch die Alliierten, hauptsächlich durch den Stab Morgenthau. Das Buch ist zwar mehr technisch gehalten, vermittelt aber durch eine fast rein ökonomische Darstellung einen starken Begriff von der Niedrigkeit und Heuchelei der alliierten Politik in Deutschland bis 1948.

Den Auskünften, die ich diesen Werken entnommen habe, kann Ich eine Reihe, gegenwärtig noch nicht oder nur teilweise veröffentlichter Dokumente hinzufügen. Ich beabsichtigte, sie dem Gericht vorzulegen und fügte deshalb die Bestätigung der Unterschrift des Ausstellenden bei, so, wie es bei den „Affidavits" gehandhabt wurde. Man sagte mir, sie seien auf Initiative des deutschen Klerus gesammelt worden. In ihnen findet man die ersten Anfänge zu der leider sehr notwendigen Untersuchung, die eines Tages wohl über die Behandlung der deutschen Kriegsgefangenen durch die Alliierten, über die ohne Urteil erfolgte Ermordung ganzer Gruppen Kriegsgefangener durch irreguläre Truppen und über die in gewissen Lagern an den Kriegsgefangenen vorgenommene Ausrottungspolitik eröffnet werden muß. Aus dieser Sammlung von Veröffentlichungen, die nun ihren Weg zu machen beginnen, ist zu ersehen, daß das, was beim Nürnberger Gerichtshof als Kriegsverbrechen oder Verbrechen gegen die Menschlichkeit qualifiziert wurde, ebenso gut auch den Alliierten wie den Deutschen vorgeworfen werden kann und zwar sowohl nach der Beendigung der Feindseligkeiten, wie während derselben. Dazu noch in weit ausgedehnterem Maße und in viel zahlreicheren Fällen, als ich bei der Niederschrift meines Buches dachte.

Schließlich besteht noch ein anderes Gebiet, auf dem die Wahrheit — eine nach Art eines weit entfernten Leuchtturms aufleuchtende Wahrheit — von Zeit zu Zeit einige Lichtstrahlen aussendet und damit in Zwischenräumen Fragmente von Landschaften, Gegenden und Geschichtsabschnitten flüchtig erkennen läßt, die von jenen, die man zu kennen glaubte, gänzlich verschieden sind. Von diesem wahren, nur in Bruchstücken erscheinenden Geschichtsverlauf sind wir ebenso überrascht, wie ein Reisender, der in der Ebene einschläft und nachts dann beim Abwischen der Fensterscheiben Bergspitzen und beschneite Hänge, zwischen denen der Zug dahinfährt, dunkel erkennt.

In dieser Form enthüllen sich uns nach und nach die Entstellungen, die die Propaganda an den Tatsachen vorgenommen hat. Jede Zeugenaussage entfernt uns etwas weiter von der ursprünglichen Vorstellung und plötzlich erraten und erahnen wir ein Bild des Krieges, das die Geschichte festhalten wird und das von dem Bilde, das man uns zuerst zeigte, wesentlich verschieden ist. Die Dokumente, welche so die Vorstellung berichtigen, die man sich vom letzten Krieg machen konnte, sind seltener, als die vorhin erwähnten. Aber ist es nicht 'schon ein einzigartiger Umschwung, daß solche Dokumente überhaupt vorhanden sind und nach und nach veröffentlicht werden?

An die Spitze dieser Dokumente stellen wir ihres kennzeichnenden Charakters wegen die Enthüllungen der amerikanischen Presse über den Malmédyprozeß, die wiederzugeben sich die französischen Zeitungen wohlweislich gehütet haben, obwohl sie in der ganzen Welt eine wahrhafte Betäubung hervorriefen. Worum ging es im Malmédyprozeß? Eine Gruppe von SS-Männern war der Ermordung von Kriegsgefangenen sowie der Folterung, Mißhandlung und der Vergeltungsmaßnahmen gegen die Zivilbevölkerung beschuldigt worden. Das Ganze spielte sich auf Grund von Verhaltungsbefehlen ab und diese Verhaltungsbefehle sind stets schwierig, denn man ist schon nicht immer der Geschehnisse, fast niemals aber der Identifizierung sicher. Die Amerikaner stellten sich vor, von den SS-Männern — sie hatten fast nur junge Leute in der Hand — Aussagen unter Druck erhalten zu können. Zunächst folterten sie die Männer und die später geführte Untersuchung mußte berichten, daß bei achtundsechzig von siebzig verhörten Angeklagten die Geschlechtsteile zerquetscht waren und diese Männer auf immer sich waren, abgesehen von zahllosen zerbrochenen Kinnbacken, Schädelbrüchen, gebrochenen Schlüsselbeinen, abgerissenen Fingernägeln und kleineren Einzelheiten. Dieses Verhör blieb erfolglos. Nun verfuhr man auf folgende Weise: die Polizeibeamten bildeten um einen schwarz drapierten und mit Kerzen beleuchteten Tisch ein nachgeahmtes Gericht, vor welchem die

Angeklagten mit einer aufgestülpten Kapuze und gefesselt erscheinen mußten. Dieses Gericht sprach siebzig Todesurteile aus und eröffnete den Verurteilten, daß sie innerhalb von vierundzwanzig Stunden hingerichtet würden. Mehrere von ihnen waren erst achtzehn Jahre alt oder gar noch jünger. In der nun folgenden Nacht erhielten die Verurteilten den Besuch der Polizeibeamten, die sich als Richter oder Staatsanwälte bezeichneten; andere hatten sich als Priester verkleidet. Man tröstete sie und bereitete sie zum Tode vor. Dann aber eröffnete man ihnen, man sei geneigt, für die Umwandlung ihrer Strafe zu bürgen, wenn sie eine Aussage unterzeichneten, die man ihnen diktieren würde und in der sie gewisse ihrer Kameraden beschuldigten. Mehrere unterschrieben. So kam man zu Dokumenten. Man brachte sie wenige Wochen später im richtigen Prozeß bei und auf diese Weise erzielte die Anklage in glänzender Form fünfzig Todesurteile, die durch deutlichste Angaben und vollständigste Schilderungen belegt waren. Unglücklicherweise aber hatte einer dieser jungen SS-Männer, ein Junge von siebzehn Jahren, wenige Stunden, nachdem man ihm die „Geständnisse", die seine Kameraden ins Unglück stürzten, entlockt hatte, in seiner Zelle Selbstmord begangen. Man schritt zu einer Untersuchung; ein amerikanischer Rechtsanwalt mischte sich ein und da er sich bekannt machen wollte, schlug er Lärm und ging bis zum obersten Gerichtshof der Vereinigten Staaten. In diesem Lande besteht noch eine Rechtschaffenheitsgrundlage, wenn man ihm geradeheraus die Meinung sagt. Washington ordnete eine Untersuchung an und schickte einen hohen Beamten, der sich als unbestechlich erwies. Der Bericht dieses Beamten, des Richters van Roden, dessen Veröffentlichung von den Zeitungen der ganzen Welt übernommen und kommentiert wurde, brachte die ganze Angelegenheit an das Tageslicht. Die „Kriegsverbrecher" aber waren inzwischen gehängt worden. Das erschütterte ein wenig die Menschen, die zu glauben begannen, daß es nicht genügt, aufgehängt worden zu sein, um schuldig gewesen zu sein.

Allein schon diese Angelegenheit wirft ein neues Licht auf die Untersuchungsmethoden des amerikanischen Gerichts. Das Beunruhigende an ihr ist aber, daß sie nicht alleinsteht, sondern neben ihr noch andere Beispiele von Irrtümern oder Zwang bekannt sind. Nur wenig später gelang es einem amerikanischen Journalisten, der einer über das Lager Dachau geführten Untersuchung beigewohnt hatte, in

"Europa-Amerika" eine kurze Analyse jener Dokumente abzugeben, auf Grund deren oder vielmehr trotz denen man den Lagerkommandanten, Major Weiß, zum Tode verurteilt hatte. Aus dieser Veröffentlichung geht hervor, daß Major Weiß sich ständig bemüht hatte, die Lagerführung menschlicher zu gestalten, die Rationen der Gefangenen zu erhöhen, ihnen Medikamente zu verschaffen und sie von gewissen Strafen zu befreien. Innerhalb seines ganzen Bereiches hatte er Schritte getan, zu denen ihn das Reglement gar nicht verpflichtete und so erschien dieser Major Weiß, der natürlich gehängt worden war, nach allen Beweisstücken seines Prozesses als ein Mann, der versucht hatte, das Mindestmaß an Bösem in einer Stellung zu tun, die ihn unglücklicherweise verpflichtete, viel Böses zu tun. Das hat aber damit nichts zu tun, daß nach seinem Weggange das Lager Dachau zum Schauplatz einer entsetzlichen Typhusepidemie wurde, die 15000 Tote unter Leiden und Dramen kostete, die man sich unschwer vorstellen kann. Zumindest aber ist es von Bedeutung, daß das Lager Dachau nicht immer so gewesen war.

Der öffentlichen Meinung konnte nicht ganz verborgen werden, daß dieselben Versuche der Zwangsausübung, wie sie schon im Malmédyprozeß stattgefunden hatten, wenn schon weniger sensationell, auch bei den verschiedenen anderen Nürnberger Prozessen stattfanden, die auf den großen Prozeß gegen die Führerschaft des Reiches folgten und der Öffentlichkeit ziemlich wenig bekannt sind. Man muß sich vergegenwärtigen, daß die Amerikaner gemeinhin über eine Unzahl von Druckmitteln deutschen Zeugen gegenüber verfügten: sie hatten sie fast alle in Gefängnishaft, in ihrem Ermessen lag es, ob sie ihren Besitz beschlagnahmten oder nicht; sie konnten sie einer Spruchkammer zuweisen; schließlich verfügten sie über eine schwerste Drohung, nämlich die Auslieferung an die U.d.S.S.R. oder einen ihrer Satellitenstaaten. Das war mehr, als man brauchte, um Aussagen zu erhalten, über drei Fälle von Aussagefälschungen berichtete die deutsche Presse, weil es unmöglich war, sie beim Verlauf der Verhandlungen zu verheimlichen. Es handelte sich um die Aussagen der Zeugen Gauß, Gerstoffer und Milch, die im großen Prozeß gegen die Führer des Reiches beigebracht wurden. Diese drei Vorfälle bewiesen, daß die Anklage mittels Drohungen von den Zeugen unzutreffende Erklärungen erlangt oder zu erlangen versucht hat und diese dann zur Belastung der Angeklagten verwendete.

Liest man andererseits die zuletzt veröffentlichten Bände der Stenogramme des Nürnberger Prozesses durch, die ich bei der Niederschrift meines Buches[1] noch nicht zur Verfügung hatte, sowie gewisse Eingaben der Verteidiger, die in dieser Veröffentlichung nicht enthalten sind, dann erkennt man, daß die Verteidigung über Hindernisse aufgebracht ist, die man dem Erscheinen der für sie wichtigen Zeugen in den Weg legte. Die Gerichtsverwaltung antwortete gleichbleibend, es sei unmöglich, die gemeldeten Personen unter den Tausenden politischer Internierter des Reiches herauszufinden, oder aber sie forderte die Verteidigung auf, selbst, auf eigene Kosten und mit eigenen Mitteln die im Ausland wohnenden Zeugen kommen zu lassen, obwohl doch jedermann wußte, daß die Verteidiger weder Devisen noch die zu ihrer Reise erforderliche Genehmigung erhalten konnten.

Andere Beispiele, wo Druck zum Erhalt von Aussagen ausgeübt wurde, sind in den als Affidavits[2] gesammelten Dokumenten verzeichnet. Sie betreffen weniger wichtige Prozesse und wurden, soweit mir bekannt, noch nicht veröffentlicht.

Aus alledem ist zu schließen, daß für den Historiker gewichtige Gründe bestehen, die amerikanische Dokumentierung des Nürnberger Prozesses nicht ohne eingehende Prüfung anzuerkennen. Erstrecken sich die festgestellten Abänderungen nur auf Einzelheiten, haben sie nur den Zweck, die Verurteilung des einen oder anderen Angeklagten zu erreichen, oder aber müssen sie einen ehrlichen Kopf dahin bringen, daß er die ganze alliierte Anklage geschlossen ablehnt? Das wird sich später herausstellen. Für den Augenblick ergibt sich aus diesen Betrugsversuchen der Untersuchung nur, daß Mißtrauen erweckt wird. Und dieses Ergebnis ist schon einigermaßen bedenklich.

Man hat kein ruhigeres Gefühl, wenn man einer Dokumentierung sowjetischer Herkunft gegenübersteht. Auch hier wird unsere Erfahrung täglich reicher. Das Buch des Generals Anders über Katyn hat einen der Anklagepunkte des Militärgerichts ein für allemal zerschlagen. Über

---

[1] Gemeint ist „Nürnberg oder das Gelobte Land."
[2] Eidesstattliche schriftliche Versicherungen.

diese symbolische Situation möchte man einen Nachruf schreiben. Aber das ist hier nicht unsere Absicht. Das Bemerkenswerteste am Buche des Generals Anders ist die Wahrscheinlichkeit der sowjetischen Fälschung, ihre Mäßigung, ihre Vorsicht, ihre gemachte Objektivität. Alles im sowjetischen Bericht ist vollkommen: beim ersten Durchlesen wirkt er überzeugend. Und dennoch hat man nach einigen Seiten schon die materiellen Beweise für die Fälschung vor Augen. Wir konnten feststellen, daß dasselbe auch für den Prozeß Rajk und den Prozeß Mindzensky gilt. Damit wird aber diese Fertigkeit im Zurechtzimmern der Propaganda überaus beunruhigend. Wieviel wahres ist an der ganzen von der U.d.S.S.R. und ihren Satelliten beigebrachten Dokumentation? Da die Dokumente über Katyn eine Fälschung sind, was ist das Übrige noch wert? Der Prozeß des Generalfeldmarschalls von Manstein, über den man uns wohlweislich nichts berichtete, führte schon zu außerordentlich bedeutungsvollen Stellungnahmen. Glaubt man denn, einer der größten englischen Rechtsanwälte, ein hochangesehenes Unterhausmitglied, wäre mit solcher Schärfe aufgetreten, wenn sein Klient für die Verbrechen, die man den deutschen Armeen an der Ostfront vorgeworfen hat, eindeutig verantwortlich gewesen wäre? Das Schweigen um den Prozeß war von der Anklage organisiert. Welche Lesart ist nun genau, jene, die man 1945 im Nürnberger Prozeß vorbrachte, oder die andere, die sich heute aus dem Prozeß v. Manstein ergibt? „Systematischer Zweifel" ist ein Vorwurf, den man am meisten gegen mein Buch erhoben hat; in ihm wollte man die „Verteidigung von Verbrechen" sehen. Aber ist die vor unseren Augen abrollende Geschichte nicht dabei, meine Auffassung hieb- und stichfest zu machen?

In der Frage der Konzentrationslager muß ich mich sehr reserviert verhalten. Bei diesem Stoff wird man sehen, daß ich die meiste Zeit den Deportierten selbst widme. Das erste Buch von David Rousset erschien vor zwei Jahren. Das zweite aber erst jetzt und ich habe es nur in meinen Notizen verwenden können. Ich kannte weder die Angaben Eugen Kogons noch die von Anthelme. Das Buch von Rassinier „Passage de la Ligne", („Weg über die Grenze"), war gleichfalls noch nicht herausgekommen. Dennoch regte sich schon der Gedanke, daß die Verwaltung der Lager nicht ganz so einfach gewesen sei, wie es dem Nürnberger Gericht dargestellt wurde. Unsere Dokumentierung ist jetzt viel umfangreicher. Ich benutze vor allem das neueste Buch von Rassinier

„Le Mensonge d'Ulysse" („Die Lüge des Odysseus") sowie die vom obersten amerikanischen Kläger verfaßte Analyse des Prozesses gegen die für das Lager Dachau Verantwortlichen. Meine Einstellung zu diesem Punkt ist folgende: ich bestreite nicht die materielle Genauigkeit der Angaben von Kogon, Rousset und Rassinier, im Gegenteil, ich berufe mich auf sie. Was ich der Untersuchung im Nürnberger Prozeß vorwerfe, ist, daß sie sich bei der Anklageerhebung auf die Verwaltung der Konzentrationslager stützte, ohne die Mühe aufzuwenden, sich über diese Verwaltung genau zu unterrichten. Es ist nicht Aufgabe von David Rousset, Eugen Kogon oder Paul Rassinier, uns über den Betrieb der Konzentrationslager zu unterrichten, sondern des Richters, der den deutschen Angeklagten vorwarf, Konzentrationslager verwaltet oder auch nur geduldet zu haben. Darin sehe ich einen Widerspruch zwischen dem Nürnberger Prozeß und dem der Anklage sogar günstigen Aktenmaterial, das erst nach dem Urteilsspruch aufgetaucht ist. Man muß vor dem Aufhängen wissen, was sich getan hat.

Ich habe nun genug gesagt, um begreiflich zu machen, daß die Untersuchungen, die ich anzustellen genötigt war, mich nicht zu der Auffassung brachten, ich sei ein schlechter Charakter, ein Trugbildern nachjagender alleinstehender Stänkerer mit übertriebener Einstellung. Viele Leser haben mir auf mein Buch hin Briefe geschrieben, die mich bewegten. Andere, die von der gegen mich eingeleiteten Verfolgung hörten, haben mir spontan ihre Hilfe angetragen und mir das ihnen bekannte Dokumentenmaterial zur Verfügung gestellt. Ich wurde gefangengesetzt, aber von allen Seiten sind mir unendlich rührende Sympathiebeweise zugegangen, aus allen Gegenden des Erdballs erhielt ich Pakete, die meine Wohnung in ein Kolonialwarenlager verwandelten; und während die französische Presse mich mit Beleidigungen überschüttete die durch Herkunft und Übertreibung jede Bedeutung verlieren, erschienen in der ausländischen Presse sehr schöne und in ihrer Begeisterung erhabene Artikel. Ich danke allen diesen so zahlreichen Menschen, die erkannten, daß ich ohne Mittel, ohne Vermögen versucht hatte, ehrlich für das zu kämpfen, was mir Gerechtigkeit zu sein schien, was mir Wahrheit zu sein schien, und die es für angebracht hielten, dies zu sagen. Besonders danke ich den französischen und ausländischen Schriftstellern, die im Namen der Presse- und Meinungsfreiheit gegen meine Verhaftung protestierten. Ich weiß, daß viele weit davon entfernt sind, meine Meinung zu teilen und ich bin ihnen noch dankbarer für ihre Einsicht, daß meine Ansichten wenig bedeuten, daß meine Person wenig bedeutet, daß es dafür aber wichtig war, zu hören, ob ein freier Geist in unserem Lande noch das Recht hat, einen Gedanken hören zu lassen, der nicht mit dem Denken der Mehrheit übereinstimmt. Man hat mich der Starrsinnigkeit und des Stolzes bezichtigt. Ich bin weit davon entfernt, diese schönen und hohen Eigenschaften zu besitzen. Ich bin nur ein rechtschaffener Mann, der versucht, klar zu sehen und kein Tor zu sein. Ich habe mich irren können, das wird die Zukunft lehren. Ich wollte nur eine Diskussion eröffnen: dann ist es keine Antwort, daß man mich einsperrt. Diese Diskussion werden die Zeit oder die Notwendigkeiten der europäischen Politik, denen wir nicht entgehen können, doch eröffnen. Ich wünsche, daß sie ehrlich sein wird; ich wünsche, daß sie aufrichtig sein wird. Der Wahrheit werde ich midi beugen, aber nur ihr allein.

ERSTER TEIL

DER NÜRNBERGER PROZESS UND DIE WELTMEINUNG

KAPITEL I

DIE PRESSE

Wir erfahren garnichts. Nationen, die vergreisen, leben auch wie Greise. Um sie herum ändern sich weder Mobiliar noch Tapeten und sie glauben, daß das verschwommen von der Straße herauftönende Geräusch immer noch das Rollen von Fiakern sei. So leben Nationen jahrelang in der Vortäuschung ihres Glanzes. Wir Franzosen haben 1945 den Zeitverlauf angehalten. Wir ahnen wohl, daß die Zeiten sich etwas geändert haben, weigern uns aber, dem Rechnung zu tragen. Eigensinnig leben wir in einer moralischen Vorstellung, die schon der Vergangenheit angehört. In alledem liegen Hintergedanken. Geflissentlich schließen wir uns in ein Dornröschenschloß ein. Das ist das einzige Mittel, um Verurteilungen aufrechtzuerhalten, die aufrechterhalten werden müssen und Stellungen zu behalten, die man behalten möchte. Welch schöner Traum für einen Majordomus, die Anderen in die Rolle des Küchenjungen einlullen zu können! Dennoch müssen die Fenster aufgemacht werden. Dieses Buch berichtet über das, was vorgeht, während wir schlafen.

Unsere heutige Presse, die sich ganz zu Unrecht in Weltverachtung ergeht, hat immerhin ein Ergebnis zuwege gebracht: ihr ist zu danken, daß ein kultivierter französischer Leser über die Vorgänge im Ausland genau so gut unterrichtet ist, wie ein Leser der „Prawda" oder „Iswestija". Nachsichtig Denkende glauben, unsere Journalisten seien faul und unwissend. Ich widerspreche ihnen nicht. Umso nötiger ist es, daß man mir erlaubt, die Meinungen einiger hervorragender Persönlichkeiten, die allen Ländern und Parteien angehören, über die für uns so bedeutungsvolle Frage der „deutschen Schuld" darzulegen.

Beginnen wir bei den Journalisten, denn in einigen Ländern sind die Meinungen noch frei eine erstaunliche Erscheinung.

Zu Beginn wurde der Nürnberger Prozeß von einer bestimmten Zahl von Zeitungen natürlich gebilligt: nämlich von den kommunistischen, die meinten, man hätte noch mehr aufhängen können, von den insgeheim kommunistischen, von den sozialistischen, denen es lieber ist, wenn Gefängnis verhängt wird und schließlich von jenem interessanten Teil der Presse, der in allen Ländern der Welt die Aufgabe hat, die Leser davon zu überzeugen, daß die Institutionen, deren sie sich erfreuen, die bestmöglichsten und die Männer in den hohen Stellungen die unbescholtensten, scharfsinnigsten und edelmütigsten der Bevölkerung sind. Dennoch ließen vom Anbeginn an einige weniger optimistische Bürger eine abweichende Stimme hören.

Ich übergehe diese Vorläufer, wenn auch mit Bedauern: denn man würde wahrscheinlich an der Gattung Mensch weniger verzweifeln, wenn man die Gewißheit hätte, daß es noch einige vernünftige Leute gibt, die inmitten des Streites noch die Sorge um Gerechtigkeit und Objektivität bewahrt haben. Solche Leute gab es. Aber ich führe hier keine Untersuchung über die Ansprüche auf Adel des menschlichen Geistes. Das Vergnügen dieser Entdeckung überlasse ich den Geschichtsschreibern. Ich habe keinen anderen Ehrgeiz, als hier zu zeigen, daß das Nürnberger Urteil sofort nach seinem Bekanntwerden in allen Sprachen der Welt und oft in sehr heftigen Worten von Männern kritisiert wurde, die ihr Name und Beruf unangreifbar machten.

Das Aktenmaterial, das ich sammeln konnte, weist Lücken auf, dafür bitte ich um Entschuldigung: es ist eben das Material, wie man es persönlich zusammenbringt, wenn man weder ein Sekretariat, noch eine Organisation, noch finanzielle Mittel zur Verfügung hat. Aber gerade wegen seiner Beschaffenheit und weil es sozusagen nur dem Zufall zu verdanken ist, wirkt es nur noch beunruhigender. Außerdem habe ich eine Auslese vorgenommen, um dieses Buch nicht unnötig schwerfällig zu machen. Ich will nur beweisen, daß in allen Ländern der Welt von Anbeginn an sehr angesehene Männer über den Nürnberger Prozeß Dinge sagen, die man im vergangenen Jahre in unserem Lande noch nicht äußern durfte.

Zunächst einige offene Briefe, die während des Prozeßverlaufes an die „Times" eingesandt wurden. Sie stammen von Universitätspersonen,

Literaten und Politikern. Unter ihnen befinden sich zwei Briefe des Professors Gilbert Murray von der Universität Oxford, dem bekanntesten der englischen Hellenisten; ein Brief von Dr. C. K. Allen, dem Doyen des Rhodes House, ebenfalls von der Universität Oxford; ein weiterer des Militärkritikers Liddell Hart; einer des Verlegers Victor Gollancz; einer des Unterhausmitgliedes R. R. Stokes.

Der erste Brief von Professor Gilbert Murray vom 26. April 1946 lautet:

„Bei aller gebührenden Hochachtung vor Professor Goodhart (einer der vorher Beteiligten an dieser Korrespondenz) bleibt es dennoch fraglich, ob man sagen kann, die Nürnberger Angeklagten haben einen loyalen und ehrlichen Prozeß (a fair trial), nur weil ihnen erlaubt wurde, Naziproklamationen abzugeben oder sich mit einigen Gegnern über denselben Stoff in geräuschvolle Dispute einzulassen. Die ernsteste und weittragendste Frage ist, ob ein Prozeß vor einem Militärgericht — das hinsichtlich seiner Zusammensetzung, seiner Verfahrensart und seiner Rechtsprechung improvisiert ist — über Anklagen, unter denen sich solche befinden, die bisher niemals in irgend einem nationalen oder internationalen Gesetz erwähnt wurden — ein echter Prozeß ganz in jenem Sinne ist, den die Engländer bisher stets, außer in Zeiten politischer Verratsprozesse, diesem Worte beigelegt haben. Nürnberg ist nur einer von vielen „ehrlichen" Prozessen (fair trials), die gegenwärtig in ganz Europa unter Berufung auf die „natürliche Gerechtigkeit" geführt werden. Es werden noch andere geführt — zum Beispiel wird der „ehrliche" Prozeß des Generals Mihailowitsch dieser Liste bald hinzugefügt werden. In Wahrheit riskiert man nichts mit der Voraussage, daß jeder künftige Krieg eine lange und blutige Reihe „ehrlicher" Prozesse der besiegten Feinde im Gefolge haben wird."

Acht Tage später schreibt Professor Gilbert Murray unter dem 2. Mai 1946, indem er auf denselben Gegenstand zurückkommt:

„Wie kann es gerecht sein oder für kommende Generationen auch nur gerecht erscheinen, wenn nach einem Kriege die Sieger, nur weil sie Sieger sind, sich das Recht anmaßen, über die Verbrechen der Besiegten zu urteilen und einfach, weil sie Sieger sind, sich selbst jedem Rechtsspruch entziehen? Können wir mit Recht bejahen, daß von keinem Angehörigen der englischen, amerikanischen oder russischen Armeen irgend ein Verbrechen begangen wurde?"

Zahlreiche Antworten wurden an Professor Murray eingesandt und mehrere Wochen war die so wichtige Briefspalte der „Times" fast allein dieser Debatte gewidmet. Der bereits erwähnte Professor C. K. Allen stellte seinerseits fest:

„Ich habe eine große Zahl Briefe von Leuten aller Art erhalten, die mich überzeugen, daß in der öffentlichen Meinung über dieses ganze Verfahren ein großes Unbehagen besteht und ein sehr tiefes Gefühl dafür, daß dies ein sehr gefährlicher Präzedenzfall ist."

Eine religiöse, von Pastor Ferrie geleitete Revue „The Monthly Paper of the Presbyterian Church" (Monatszeitung der Presbyterianerkirche), die schon 1944 gegen das Verfahren der „Bombenteppiche" Stellung genommen hatte, faßt zu derselben Zeit und zum gleichen Thema die Meinung zahlreicher Engländer in folgender Form kurz zusammen:

„Schon vor langer Zeit sagten wir in dieser Zeitung, wir könnten unmöglich glauben, daß die Legalität beachtet worden sei; zumindest hätte

1. das mit der Aburteilung der für den Krieg verantwortlichen Männer beauftragte Gericht aus Neutralen zusammengesetzt werden müssen und

2. hätte dieses Gericht ermächtigt werden müssen, ebenso wie gegen die Deutschen auch die zu denselben Punkten gegen die Amerikaner, Engländer und Russen gerichteten Anklagen entgegenzunehmen.

Keine dieser Bedingungen ist erfüllt worden. Selbst wenn man den Fall setzt, das Komplott zur Anzettelung des Krieges und die Kriegserklärung seien Verbrechen, für die es keine anderen Schuldigen als die Deutschen gäbe, so ist doch noch viel schwerer zuzugeben, allein die Deutschen hätten sich Verletzungen der Kriegsgesetze und -brauche sowie Verbrechen gegen die Menschlichkeit zuschulden kommen lassen."

Wie wir schon sagten, zog sich diese Diskussion einige Monate hin. Je nachdem sich die Auseinandersetzungen entwickelten, führte mitunter ein Zwischenfall, ein Anklagepunkt zu besonderen Protesten. Der bereits genannte Pastor Ferrie stellt Keitel und Churchill gegenüber:

„Wir glauben zwar nicht, daß die Gerechtigkeit nur für ein Lager besteht, machen uns aber doch die Mühe, folgende zwei Auszüge aus unserer Presse einander gegenüberzustellen:

1. „Der Generalfeldmarschall Keitel ist auf die Anklagebank gekommen, weil er einen Befehl herausgab, wonach alle Angehörigen alliierter Kommandos, selbst in Uniform, mit oder ohne Waffen, bis zum letzten Manne niedergemacht werden sollen, auch wenn sie sich ergeben"; und

2. „Mr. Churchill (im Unterhaus): Dieses Unternehmen war das bedeutendste Gefecht mit japanischen Streitkräften zu Lande und wurde mit der Niedermetzelung von 50000 bis 60000 Japanern beendet, denen man noch die Einbringung von einigen hundert Kriegsgefangenen hinzufügen muß." (Lachen im Parlament)."

Wiederum in der „Times" erschien einige Monate später ein Sammelprotest zu dem Anklagepunkt gegen v. Rundstedt, er habe die außerhalb regulärer Kampfhandlungen gefangen genommenen Fallschirmjäger der nächsten Gestapodienststelle zuführen lassen.

„Versetzen Sie sich doch in die umgekehrte Lage, stellen Sie sich vor, der Krieg hätte auf unserer Insel stattgefunden. Stellen Sie sich weiter vor, deutsche Saboteure seien im Fallschirm über englischen Dörfern abgesprungen. Es war Aufgabe unserer eigenen Sicherheitspolizei, sich mit den feindlichen Spionage-, Sabotage- und Propagandaversuchen zu befassen. Wenn der englische Oberbefehlshaber den Befehl gegeben hätte, solche Fallschirmspringer sofort nach ihrem Auffinden dem nächsten Spezialdienst, d. h. dem M.I.5[1] oder einem sonstigen Sonderkorps, das zu unserer Sicherheit hätte geschaffen werden können, auszuliefern, hätte ihm ein solcher Befehl als Verbrechen ausgelegt

---

[1] Engl. Secret Service

werden können?"

Dieser Brief ist von Liddell Hart, Victor Gollancz, Gilbert Murray und R. R. Stokes unterschrieben. Er steht nicht allein; es ist noch eine ganze Reihe anderer vorhanden. Aber dies ist nicht der häufigste Brieftyp. Meist ist es die Grundlage des Nürnberger Gerichts, die fast immer mit denselben Worten erörtert wird. Ich beschränke mich hier auf zwei Wiedergaben, denn sie gleichen einander alle. Im Zeitabschnitt von zwei Jahren sagen hier zwei Pastoren nahezu dasselbe. Anderthalb Jahre vor Beendigung der Feindseligkeiten, als man sich 1944 noch damit begnügte, den Gedanken eines Gerichts in Nürnberg vorzuschlagen, schrieb unser Pastor Ferrie:

„Wir besitzen außer unseren Kriegsgerichten kein Tribunal, das mit Vollmachten versehen wäre, um Männer vor die Schranken zu ziehen, die der Verbrechen gegen die Menschlichkeit in Kriegszeiten schuldig sind ... Bei unseren eigenen Gerichten aber wird ein Geschworener ausgeschlossen, wenn die Vermutung besteht, daß er einen persönlichen Vorwurf gegen den Angeklagten haben könnte. Demzufolge scheint es nötig zu sein, daß dieses Gericht aus Richtern gebildet wird, die unter den Neutralen ausgewählt werden... Eine andere, nicht weniger leicht zu nehmende Erwägung ist, daß ein solches Gericht auch das Recht haben müßte, sich jede Belastung vorzubehalten, die gegen die Russen, Amerikaner oder Engländer gerichtet sein könnte..."

Und als später einer seiner Kollegen unter die Diskussion in der „Times" einen Schlußstrich setzte, dankte er der Leitung der Zeitung mit folgenden Worten:

„Mein Herr, darf ich Ihnen meinen Dank und meine Befriedigung darüber aussprechen, daß Sie heute morgen den von Professor Gilbert Murray und Anderen unterzeichneten Brief veröffentlicht haben? Der Brief spricht aus, was viele von uns denken: „Es ist unanständig von den Siegern, die Besiegten — was sie auch getan haben mögen — mehrere Jahre nach Beendigung der Feindseligkeiten und nach jahrelanger Einkerkerung ohne Prozeß, nun vor Gericht zu stellen." Allen, die so denken wie ich, erscheint dies mitten im XX. Jahrhundert als brüske Rückkehr zu den alten barbarischen Zeiten. Die von Moral und

Menschlichkeit diktierten Regeln der Kriegführung werden von allen, die an einem Krieg teilnehmen, mit Füßen getreten. Keine der kriegführenden Mächte kann auf „nichtschuldig" plädieren, aber jeden Sonntag Morgen wiederholen wir in unseren Gebeten: „Und vergib uns unsere Schuld, wie auch wir vergeben unseren Schuldigem'."

So lauten die Reaktionen von Lesern, die Reaktionen kultivierter Menschen in England; Reaktionen nicht ohne Bedeutung, denn der Name ihrer Unterzeichner erweckt Zutrauen; Reaktionen, die nicht alleinstehen, denn eine Zeitung wie die „Times" eröffnet keine Diskussion in ihrer Leserkorrespondenz, wenn sie nicht das Gefühl hat, daß diese Korrespondenz dem entspricht, womit sich die Öffentlichkeit beschäftigt.

In den Vereinigten Staaten erfolgte die Reaktion nicht minder rasch Dort ist sie sogar noch offizieller, noch gewichtiger und lautstärker als in England. Keine geringere Person als der verstorbene Senator Taft gab hierzu den Anstoß. Senator Taft war der Sohn eines früheren Präsidenten der Vereinigten Staaten, der später Richter am obersten Gerichtshof wurde. Er war auch einer der Präsidentschaftskandidaten der republikanischen Partei. Sein Einfluß war bedeutend und sein Auftreten wurde wie das jedes einflußreichen Mitgliedes der Opposition bewertet. Er richtete sich nach einer Gepflogenheit, die seit einigen Jahren zur Tradition in den Vereinigten Staaten geworden zu sein scheint und gab anläßlich einer von der Universität von Ohio veranstalteten Feier nachfolgende Erklärung ab, deren Widerhall beträchtlich war:

„Ich glaube, die Mehrheit der Amerikaner wird durch die eben in Deutschland zu Ende gehenden und in Japan nun beginnenden Kriegsprozesse stark beunruhigt. Sie verletzen das fundamentale Prinzip der amerikanischen Gesetzgebung, welches fordert, daß ein Individuum nicht nach einem Gesetz verurteilt werden kann, das erst nach Begehen der als strafbar bezeichneten Handlung in Kraft getreten ist. Der Prozeß der Besiegten durch die Sieger kann nicht unparteiisch sein, wie auch die Formen seiner Rechtsprechung getarnt sein mögen. Ober diesen Urteilen schwebt der Rachegeist und Rache ist selten Gerechtigkeit. Das Aufhängen der elf deutschen Verurteilten wird in den amerikanischen Annalen eine Tat sein, die wir lange bedauern werden. In diesen Prozessen haben wir die russische Auffassung dieser Art von Prozessen —

nämlich Interesse der Politik und nicht der Gerechtigkeit — zur unseren gemacht und dabei wenig Rücksicht auf unser angelsächsisches Erbe genommen. Dadurch, daß wir teresse der Politik in den Mantel eines legalen Verfahrens einhüllen, laufen wir Gefahr, auf Jahre hinaus jeglichen Begriff von Gerechtigkeit in Europa in Mißkredit zu bringen. Wenn ich es mir recht überlege, so könnten wir selbst am Ende eines so schrecklichen Krieges mit Recht der Zukunft mit größerem Vertrauen entgegensehen, wenn unsere Feinde wüßten, daß wir sie nach den den Völkern englischer Sprache eigenen Rechtsbegriffen, ihren Methoden gegenseitigen Beistandes und nach ihrer Art, die Gebietsgrenzen zu bestimmen, behandelt hätten. Ich fordere nachdrücklichst, daß dieses Verfahren in Japan nicht wiederholt werde; auf dem Gebiet der Rache wäre es noch weniger gerechtfertigt, als es in Deutschland war.

Mir erscheint unsere Haltung überall in der Welt während des ganzen Jahres nach dem Siegestag, einschließlich der Anwendung der Atombombe auf Hiroshima und Nagasaki, als ein Aufgeben der Prinzipien der Gerechtigkeit und Menschlichkeit, die Amerika zu Lande und auf dem Meer vor diesem zweiten Weltkriege stets Achtung verschafft haben. Aber jenseits der Meere wie zu Hause haben wir einen weiten Weg zurückzulegen, ehe wir dem amerikanischen Volke sein angeborenes Glaubenserbe an die Rechtschaffenheit und Unparteilichkeit seiner Justiz völlig wiedergeben können... Nach meiner Meinung haben die Völker englischer Sprache eine große Verantwortung: sie müssen, namentlich im menschlichen Gewissen, den Kult einer Justiz wiederherstellen, die auf dem Recht beruht und für alle gleich ist."

Natürlich ist ein Mann wie Senator Taft kein Einzelgänger. In zahlreichen republikanischen Zeitungen klang die Rede von Kenyon College nach, Zumindest eine von ihnen ist der französischen Öffentlichkeit bekannt; es ist die „Chicago Tribune" des Senators Mac Carthy. Die Werturteile des Senators Mac Carthy anläßlich seiner jüngsten Reise nach Europa über unser Land und die Mentalität seiner Politiker haben „Le Monde" derart in Erstaunen versetzt, daß sie ihn bedenkenlos als einen Leichtfuß und ein Original ohne Haltung bezeichnete. Immerhin wendet sich Senator Mac Carthy täglich an mehrere Millionen Amerikaner. Die zahlreichen Leitartikel, die er dem

Nürnberger Prozeß widmete, lassen uns vermuten, daß das Vorgehen der Siegerregierungen einen Teil der amerikanischen Öffentlichkeit zutiefst beunruhigte. Aus guten Gründen ist es nicht möglich, eine Analyse oder umfangreiche Auszüge aus allen seinen Artikeln zu bringen. Man würde übrigens darin meist nur Urteile finden, die wir in der Folge aus vollständigeren und geordneteren Werken vortragen werden. Einige Zitate gestatten aber ein Urteil über den Ton, mit dem dieser Stoff in der republikanischen Presse behandelt wird. Nicht allein von den Grundlagen ist die Rede, sondern von der Legitimität des Gerichtshofes selbst, von seinem Vorsitzenden und von der Führung der Verhandlungen.

Aus der „Chicago Tribune":

„Das Statut, in dessen Namen die Angeklagten abgeurteilt werden, ist eine eigenste Erfindung Jacksons und widerspricht dem Völkerrecht, so wie es in der zweiten Haager Übereinkunft definiert ist. Durch die Erfindung eines solchen Status verleiht Jackson der Lynchjustiz die Legalität." (Leitartikel vom 10. Juni 1946).

'Einige Monate später dieselbe klare Feststellung:

„Das internationale Gesetz, auf das sich das Gericht stützte, ist nichts anderes, als eine Schöpfung des Richters Jackson aus jener Zeit, da er als oberster öffentlicher Ankläger im ersten Nürnberger Prozeß auftrat. Daß man Männer aufhängt, weil sie dieses angebliche „Gesetz" verletzt haben, ist in Wirklichkeit eine Handlung, die man unmöglich von einem Meuchelmord unterscheiden kann." (Leitartikel aus 1947).

Im Grunde ist es Richter Jackson — die „Chicago Tribune" verleiht ihm allerdings eine andere Qualifikation als die eines Richters — der für alles verantwortlich ist, sowohl für die Unanständigkeit der Verhandlungen, wie für die Unanständigkeit des Statuts:

„Jackson, so sagt die „Chicago Tribune", hat erklärt, daß soweit als möglich alle sich auf die Tatsachen beziehenden Schriftstücke bei den Sitzungen vorgelesen werden sollten. Leider hat der öffentliche Kläger sein Versprechen nicht gehalten, sondern seine Tätigkeit auf ein vorher sorgfältig ausgewähltes Dokumentenmaterial gestützt. Bewies das Dokumentenmaterial die deutsche Schuld, so war es zulässig, bewies es aber russische oder englische Schuld oder die sehr anrüchige Tätigkeit Roosevelts, sein Land in einen Krieg zu führen, den es gar nicht wollte, so wurde es abgelehnt." (14. Juni 1946.)

So könnte man unendlich weiter zitieren. Der Ton ist stets so scharf, die Polemik immer unversöhnlich. Für einen Teil der amerikanischen Meinung ist Roosevelt ein Kriegsverbrecher und man findet nichts dabei, das ganz laut zu behaupten. Daraus wollen wir vor allen Dingen feststellen, daß das Entsetzen, mit welchem derartige Dinge in unserem Lande erörtert werden, die Unterwürfigkeit und Schüchternheit unserer politischen Presse ganz besonders illustrieren.

In Kanada verurteilt die größte, in französischer Sprache erscheinende Zeitung „Le Devoir" in Montreal den Nürnberger Prozeß mit vielleicht weniger scharfen, im Grunde aber ebenso schwerwiegenden Worten wie die „Chicago Tribune". In den Leitartikeln ihres Chefredakteurs, Paul Sauriol, vom Oktober 1946 sind folgende kategorische Ansichten zu finden:

„Die Historiker beurteilen diesen großen Prozeß, der so furchtbare Präzedenzfälle für das Völkerrecht schafft, mit Erstaunen. Vermöge des Nürnberger Urteils ist es selbstverständlich, daß die Sieger das Recht haben, die Besiegten zu richten und sie kraft rückwirkender „Gesetze", die erst nach ihrer Niederlage verkündet werden, zu verurteilen; die Sieger können sich zugleich als Ankläger und Richter einsetzen; sie allein können auch die Handlungen der Besiegten richten, ohne überhaupt auf analoge, von den Siegern begangene Handlungen einzugehen; schließlich wird also die Tatsache, einen Angriffskrieg vorbereitet zu haben, ein Verbrechen sein... für die Besiegten, denn die Sieger werden bestimmen, von welcher Seite der Angriff ausgegangen ist." (Leitartikel vom 12. April 1948 zur Veröffentlichung des Nürnberger Prozesses.)"

„Das Urteil sagt, daß die Beweisführung hinsichtlich der Kriegsverbrechen und der Verbrechen gegen die Menschlichkeit erdrückend sei und eine systematische Herrschaft der Gewalt, der Brutalität und des Terrors enthüllt. Aber dies hätte zu Einzelanklagen wegen Verbrechen gegen das gemeine Recht führen müssen. Dennoch hätte eine große Schwierigkeit weiterbestanden, weil diese Angeklagten von den Siegern abgeurteilt und so allein die Besiegten für ihre Verbrechen zur Rechenschaft gezogen worden wären, obwohl auch von den Alliierten Verbrechen gleicher Art begangen wurden. Es scheint sogar, daß in Greueln die Sowjettruppen die Deutschen noch übertroffen haben. Allein auf dem Einzelgebiet der Verbrechen gegen das gemeine Recht bedeutet eine solche Handlungsweise, daß die Justiz zur Dienerin des Sieges gemacht und ihr eine einseitige Rolle zugewiesen wird".

„Die in Nürnberg erhobene vierfache Anklage wirft Dinge durcheinander, die vom Standpunkt der Straffälligkeit aus gar nicht zusammengehören. So erstreckt sich der erste Anklagepunkt wohl auf die Errichtung der Nazipartei und deren Diktatur, die als strafbare Handlungen bezeichnet werden, nicht aber auf die kommunistische Diktatur der Sowjets und ihrer Satelliten ..."

.... Dieser Anklagepunkt wirft das ganze Problem der Kriegsursachen auf, aber einem von den Siegern gebildeten Militärgericht steht es nicht zu, diese Debatte anzuschneiden ...*

„... Während zum ersten Punkt alle zweiundzwanzig Angeklagten angeklagt wurden, waren nur sechzehn nach dem zweiten wegen Verbrechen gegen den Frieden angeklagt. Es handelte sich hierbei um die Vorbereitung des Angriffskrieges und den Bruch der internationalen Verträge und Übereinkommen. Zwölf der Angeklagten wurden schuldig befunden. Der neuzeitliche totale Krieg macht aber ausgedehnte Vorbereitungen nötig und nach dem in Nürnberg geschaffenen Präzedenzfall wird es künftigen Siegern leicht fallen, die besiegten Führer zu verurteilen, wenn sie sich zum Beispiel auf die Bewaffnungsprogramme, die Pläne, welche alle Generalstäbe der Welt von Amts wegen vorbereiten, die Forschungen und die Erfahrungen über Atomwaffen und andere Geheimwaffen berufen."

„... Die dritten und vierten Anklagepunkte beziehen sich auf Greuel aller Art, wie sie unter dem Vorwand militärischer Notwendigkeiten oder in Ausführung von Ausrottungsprogrammen, wie im Falle der Juden, oder als Repressalien begangen wurden... Auch hier sind wieder stark voneinander abweichende Handlungen eingruppiert. Neben klaren und unentschuldbaren Greueltaten wirft man den Angeklagten auch summarische Erschießungen vor, welche wahrscheinlich nicht alle Kriegsbräuche verletzen; und unter Fällen unbestreitbarer Folterungen auch Handlungen, die unvermeidlich werden konnten, wie die Verhaftung von Zivilpersonen ohne Prozeßverfahren. Diese Unterscheidungen können von Bedeutung sein, denn das Gericht sagt von Keitel und Jodl, daß ihre Verteidigung auf der Doktrin der „Ausführung höherer Befehle" beruhe, die nach Artikel 8 der Charta des Gerichts als Verteidigungsmittel verboten sei.

Das Gericht setzte hinzu, daß diese Entschuldigung „so empörende und umfangreiche Verbrechen, die wissentlich, brutal und ohne Entschuldigung oder militärische Rechtfertigung begangen wurden*, nicht abschwächen könne. Aber die Anklageschrift hätte mehr Überzeugungskraft gehabt, wenn sie sich nur auf unstreitig strafbare Handlungen erstreckt hätte.

... Dafür hätte aber das Gericht noch zuständig sein müssen. Doch wie konnte es das? Dieselbe Schwierigkeit taucht beim Verbot des Krieges auf. Genau so, wie es ohne wahren internationalen Schiedsspruch unmöglich ist, den Krieg rechtskräftig zu verbieten, ist es ohne das Vorhandensein einer international anerkannten richterlichen Behörde unmöglich, auf internationalem Gebiet begangene Verbrechen abzuurteilen.

Neutrale Juristen würden sich wahrscheinlich weigern, um nicht die Gefahr künftiger Repressalien gegen ihr Land heraufzubeschwören. Oder müßten mindestens verlangen, daß die Rechtsprechung jeden trifft, alle Verbrecher, sowohl bei den Siegern, als auch bei den Besiegten, was beim Fehlen einer richtigen übernationalen Behörde offenbar unmöglich ist.

Ein von den Siegern eingesetztes Gericht ist aber völlig unzulässig. Denn es muß wohl zugegeben werden, daß diese Richter

Staatsoberhäupter und Völker repräsentieren, denen man einige der gleichen Verbrechen vorwerfen kann.

Damit erweitert sich das Problem der beiden ersten Anklagepunkte, denn die Sieger machen sich zu Richtern über die Besiegten und nehmen sogar das Recht in Anspruch, auch die innerdeutsche Politik, die den Krieg vorbereitet hat, zu verurteilen. Nun haben aber die Besiegten behauptet, daß sie nur eine Verteidigung gegen eine politische und wirtschaftliche Einkreisung beabsichtigten, die für sie eine andere Form der Aggression sei. Die Sieger sehen sich also in die Lage versetzt, zu Richtern in eigener Sache zu werden und haben Interesse daran, die Besiegten zu verurteilen, um ihre eigenen Länder zu entlasten.

Das Kapitel der Verbrechen gegen den Frieden weist genau so viele Schwierigkeiten auf, wie das der Verschwörung zur Entfesselung eines Angriffskrieges, über den Bruch von Verträgen und die Methoden des totalen Krieges könnten deutsche oder japanische Juristen ein für die alliierten Führer vernichtendes Aktenstück vorbereiten.

Wägt man die Methoden der Kriegführung gegeneinander ab, so bleiben der Blitzkrieg und die V-Geschosse weit hinter den alliierten Luftangriffen auf Dresden, Berlin und Hamburg zurück. In Dresden wurden in einer einzigen Nacht 300000 Personen durch die alliierten Bombenangriffe umgebracht und zwar Zivilpersonen, die zum größten Teil Flüchtlinge waren, die vor der roten Armee flohen. Obendrein wurde dieser planmäßige Bombenabwurf auf eine Zivilbevölkerung noch vorgenommen, als die Alliierten schon sicher waren, den Krieg zu gewinnen, als die deutsche Armee fast fluchtartig zurückging und das Reich nur deshalb noch Widerstand leistete, weil man ihm den Waffenstillstand verweigerte. Und könnte man — immer noch zum zweiten Anklagepunkt — den Führern der Achse etwas vorwerfen, das verbrecherischer wäre und klarer im Gegensatz zu den Verträgen und dem Kriegsrecht stünde, als die Atombombenabwürfe auf Hiroschima und Nagasaki?

Die Nürnberger Verurteilten sind wenig sympathisch und ihr Schicksal ist gegenüber den Grundsätzen, die in diesem Prozeß auf dem Spiel stehen, von geringer Bedeutung. Denn das heute ausgesprochene Urteil stellt einen sehr ernsten Präzedenzfall dar. Unter dem Vorwand der Gerechtigkeit haben die Alliierten die internationalen Gepflogenheiten auf den Stand zurückverwiesen, den sie vor der christlichen Zivilisation hatten. Sollte ein dritter Weltkrieg kommen, so haben die Führer der am Kriege Beteiligten im Falle der Niederlage das Schicksal der Besiegten der Antike zu gewärtigen." (Leitartikel vom 1.Oktober 1946, anläßlich der Veröffentlichung der Anklageakte)."

Einige Tage später antwortete derselbe Chefredakteur auf die Rede des Senators Taft, aber nur, um noch genauer und schlagkräftiger aufzutreten:

„Senator Robert A. Taft von Ohio, ein Anwärter auf die republikanische Präsidentschaftskandidatur für das Jahr 1948, hat am Samstag die in Nürnberg gefällten Urteile angegriffen und dabei gesagt, daß diese Verurteilungen „das fundamentale Prinzip des amerikanischen Rechts" verletzen, wonach ein Mensch nicht Kraft eines Gesetzes verurteilt werden kann, das erst angenommen wurde, als die unter Strafe gestellte Handlung schon begangen worden war. Mr. Taft hat sich darauf beschränkt, den augenfälligsten Vorwurf, den man an die Adresse des Nürnberger Gerichts richten kann, auszusprechen, nämlich die rückwirkende Kraft des von den Siegern erlassenen „Gesetzes", daß der Krieg ein Verbrechen sei.

Er hätte auch noch andere, ebenso nachdrückliche Grundregeln anführen können: daß ein Ankläger nicht obendrein noch die Funktionen eines Richters übernehmen darf, daß politische Führer für ihre politischen Amtshandlungen eine persönliche Immunität und militärische Führer eine analoge persönliche Immunität für die Ausführung der militärischen Anordnungen ihrer Regierungen genießen. Wären diese Grundsätze beachtet worden, dann blieben nur die Verbrechen nach dem Strafrecht übrig und dann erforderte noch der einfachste Anstand, daß Ankläger wie Richter nicht ähnlicher Verbrechen verdächtig sind. Mr. Taft hat seinen mutigen Protest dadurch abgeschwächt, daß er ziemlich unlogisch zulassen wollte, das alliierte Gericht hätte sich damit begnügen sollen, die „Schuldigen" zu lebenslänglicher Haft zu verurteilen ...

... Auch andere Stimmen besprechen das Nürnberger Urteil, jedoch in abfälligem Sinne. In den Vereinigten Staaten kommentieren Zeitungen die Worte des Senators Taft in zustimmender Form. Die „Chicago Tribune" schreibt, dieser Prozeß sei von Beginn an ein Possenspiel gewesen, es sei widersinnig, Richter zu sehen, die als Repräsentanten Stalins die Deutschen wegen eines Angriffskrieges verurteilten, obwohl Stalin doch selbst mit Hitler zusammengearbeitet hätte, um einen Angriffskrieg gegen Polen zu führen. Die Zeitung folgerte hieraus, daß die Welt „das Urteil des Nürnberger Gerichts nicht achten kann, weil das Gericht nicht besser als ein Gerichtshof Hitlers gewesen sei, sein Recht kein besseres, als das Recht Hitlers und seine Methoden jene von Hitler, Stalin und Tito gewesen seien..." (Leitartikel vom 8. Oktober 1946.)

Seine Schlußzeilen erscheinen uns heute als prophetische Warnung: „Mr. Dewey Short, ein Republikaner aus Missouri, ein Mitglied des Ausschusses für Militärangelegenheiten, hat die Meinung ausgesprochen, die Kriegsverbrecherprozesse sollten auf Personen beschränkt werden, die Grausamkeiten begangen oder angeordnet haben. Er befürchtet, daß der Nürnberger Prozeß einen gefährlichen Präzedenzfall darstellt. Er hat hinzugefügt, wenn die Vereinigten Staaten jemals einen Krieg verlieren sollten, könnte der Feind sich dieses Präzedenzfalles bedienen, um dem Präsidenten, seinem Kabinett und allen führenden Offizieren der Armee, Marine und Luftwaffe den Prozeß zu machen. Diese Männer, so sagte er, seien in den Augen ihrer Mitbürger wohl große Helden, von einem siegreichen Lande könnten sie aber als Kriegsverbrecher angeklagt werden..."

Alle Männer, deren Meinung wir bisher zitierten, waren Feinde Deutschlands. Ihre Länder hatten gerade an einem erbarmungslosen Kriege teilgenommen. Dieser Krieg hat sie mehr Verluste, größere Anstrengungen gekostet als unser Land. Und nun ist merkwürdigerweise festzustellen, daß im Gegensatz zu uns, die wir zumindest in unserer Presse einen unauslöschlichen und hysterischen Haß an den Tag legen, jene Anderen, die diesen Krieg führten, nichts dabei finden, die angeblich in ihrem Namen ergriffenen Maßnahmen ganz energisch zu tadeln.

Die durch den Nürnberger Prozeß verursachten Proteste sind noch viel heftiger und zeugen von einer noch größeren Entrüstung oder dem Ekel einer unparteiischen und großmütigen Seele, wenn sie aus Ländern kommen, die sich aus dem Kriege heraushielten. Wir haben ein einfaches Mittel, uns diese Proteste vom Halse zu schaffen: wir bezeichnen diese Länder als faschistische Länder und von diesem Augenblick an bedeutet ihre Stimme nichts mehr. Wir haben immer noch nicht eingesehen, daß wir durch die Übernahme dieser Diskriminierung innerhalb der antikommunistischen Front nur der kommunistischen Propaganda in die Hände arbeiten. Für mich ist diese Diskriminierung nicht annehmbar: aber die Proteste gegen das Nürnberger Urteil sind so zahlreich und verschiedenartig, daß ich darauf verzichten kann, diese so zu Unrecht verdächtigten Zeugen auftreten zu lassen. Ich beschränke mich auf zwei Wiedergaben, die hier vornehmlich als Proben, als Muster des in verschiedenen Ländern angeschlagenen Tones über die uns beschäftigende Frage vorgetragen werden. Der eine Protest ist mit einem sehr bekannten portugiesischen Namen, dem des Dr. Alfredo Pimienta, eines Mitgliedes der portugiesischen Akademie und Konservator des Nationalarchivs unter dem Datum vom 6. Oktober 1946 unterzeichnet. Ich bedaure, aus dieser Veröffentlichung nur Auszüge wiedergeben zu können. Einem Gericht könnte sie vollinhaltlich vorgelesen werden, wollte ich sie aber für die Allgemeinheit ganz wiedergeben, so würde man mich sicher beschuldigen, diesem Buche einen provozierenden Ton zu geben, was ich vermeiden möchte. Ich denke jedoch, daß die jetzt folgenden Auszüge ein genügend klares Bild von dem geben, was in anderen Ländern ein freier Mann noch schreiben darf.

„In mir streiten sich die verschiedenartigsten Gefühle: Entrüstung, Zorn, Empörung, Verzweiflung, Ekel, Mitleid, Bestürzung, Liebe, Bewunderung, Haß!

Die schwärzeste Seite der Weltgeschichte ist soeben umgewendet worden. Bis zum letzten Augenblick hatte ich noch Hoffnung, ein Funke von Gewissen werde in jener gefühllosen Wüste aufleuchten, welche die Seele dieser Henkersknechte darstellt. Bis zum letzten Augenblick hoffte ich, daß die erhabene Stimme der einzigartig geistigen Macht dieser Welt in der herrlichen Größe ihrer überirdischen Natur sich erheben würde, um das richtige, logische und notwendige Wort zu sprechen.

Nichts! Die Henker haben die Ärmel aufgeschürzt, haben Ihre

Muskeln spielen lassen, haben die teuflische Haltbarkeit ihrer Stricke erprobt und die zehn Opfer stiegen die Stufen zum Schaffot hinan, wo sie der unbarmherzigen Rachsucht des Sieges der Demokratien zum Opfer gebracht wurden.

Und in der ganzen Welt schwiegen jene, die reden sollten; wurden zu Mittätern alle, die von ihrer Person jeden Verdacht einer Mittäterschaft fernhalten sollten; in der ganzen Welt fügten sich jene, die aus moralischem Pflichtgefühl hätten protestieren müssen. In der ganzen Welt hört man nur das Ächzen der sich dehnenden Stricke und den schnellen Todeskampf der Märtyrer ...

So wurde die schwärzeste aller schwarzen Seiten der Menschheitsgeschichte umgewendet ...

Alle Urheber oder Mittäter der düsteren Taten, die seit den römischen Zirkussen bis zu den Säuberungsliquidationen während der schrecklichen Jahre 1945 - 1946 in Frankreich und Italien verübt wurden, sind in himmlische Durchsichtigkeit gehüllte Engel im Vergleich zu den für die Nürnberger Schrecken Verantwortlichen.

Sie alle, die Organisatoren der römischen Spiele, die fanatischen und aufrührerischen Plebejer, die Terroristentribunale, die Verfolger und Menschenjäger in Frankreich und Italien, sie alle, die ihren Platz und ihren Namen unheilvoll in die Weltgeschichte einschrieben, von denen, wie von Macbeth Händen ohne Unterlaß Blut trieft, sie alle handelten unter dem Einfluß verbitternder Leidenschaft, gepeinigt von blindwütiger Kraft, ja viele von ihnen unter eigener Lebensgefahr.

Diese berüchtigten Richter von Nürnberg aber, unversöhnlich kalt, haben nicht den Schatten einer Entschuldigung. Sie sind Monat um Monat stets die gleichen geblieben. Tag um Tag saßen sie stundenlang zwanzig bewegungslosen, im Stich gelassenen besiegten Männern gegenüber, die kaum sprechen konnten, weil man ihnen den Mund verschloß, die sich kaum verteidigen konnten, weil man ihre Verteidigung einschränkte und die von Minute zu Minute das drohende Gefühl hatten, den falschen Beschuldigungen und Gemeinheiten zu erliegen, mit denen die Sieger sie überschütteten.

Und diese Nürnberger Richter, die schon vor ihrem Urteil jenen Unglücklichen den Namen „Verbrecher" gaben; diese Nürnberger Richter, die im Namen eines Rechts sprachen, das sie selbst formuliert hatten; diese Richter, die die Welt, die Geschichte, den christlichen Glauben, die Ehre, ja selbst das Mitleid mit wilden Tieren zum Erstarren bringen, haben eines Tages auf gut Glück zehn von diesen zwanzig Männern ausgewählt und an die Stricke ihrer Galgen hängen lassen, im Namen eines Rechts, das nicht bestand, im Namen von Grundsätzen, von denen niemand etwas weiß, die zu Recht und Grundsätzen nur deshalb erhoben wurden, weil es dem Sieger so gefiel ...

Tod bleibt immer Tod; aber trotzdem gibt es verschiedene Todesarten. Nach Menschenbrauch gibt es einen entehrenden Tod, der erniedrigt, und einen Tod, der trotz allem adelt. So hält man den Tod durch den Strang für entehrend und als Todesart, welche alle, die eine Soldatenuniform getragen haben, nicht herabwürdigt, den Tod durch Erschießen ... Die Nürnberger Richter haben den entehrenden Tod gewählt ... Glauben sie denn, die elf Toten, die das Werk ihrer Hände sind, blieben stumm und trügen keine Frucht, nur weil kein Blut vergossen wurde?

Arme Kreaturen! Ebenso armselig im Geist, wie arm an Gefühl! Daß jenseits der Rachsucht, von der jene Sekten getrieben werden, deren passive aber verantwortliche Werkzeuge sie waren, ein höchstes Gericht vorhanden ist, das in Wesensart wie Erscheinung höher ist als sie, das zu begreifen, waren die Nürnberger Richter nicht fähig; darum ist ihnen auch nicht zum Bewußtsein gekommen, daß das Martyrium, das sie ihren Opfern auferlegten, diese gereinigt hat ...

Unter den so verschiedenartigen Gefühlen, die sich in mir streiten, wenn ich über die entsetzliche Seite nachdenke, die soeben geschrieben wurde, die zugleich auch die niederschmetternste Verneinung des christlichen Geistes ist, gibt es nur eines, das stärker ist als die anderen: der Ekel, den ich vor meinem Zeitalter empfinde und die unauslöschliche Scham, ein Kind dieses Zeitalters zu sein."

Der andere Protest ist ebenso beredt, obwohl er kürzer ist. Er besteht in einer ganz einfachen Liste, der Liste jener Männer, die an diesem Tage verurteilt und hingerichtet wurden! Sie wird alljährlich „in memoriam" an der Spitze der Südafrikanischen Zeitung „Die Nuwe Orde" zum Jahrestag der Vollstreckung des Nürnberger Urteils abgedruckt. Auf ihrer ersten Seite läßt diese Zeitung einfach die Liste der Hingerichteten in Trauerumrandung in großen Buchstaben mit einem ehrenden Nachruf erscheinen.

Ähnliche Beispiele könnte ich zu Dutzenden zitieren. Der französische Leser würde zweifellos mit Erstaunen vernehmen, daß es in allen Ländern der Welt Menschen gibt, die mit derselben Heftigkeit gegen eine juristische Handlungsweise protestieren, die wir schlechthin als mit ziemlicher Einstimmigkeit angenommen ansehen. Aber ich will hier keine Ausstellung von Dokumenten veranstalten. Deshalb begrenze ich diese Wiedergabe auf das Wesentliche, das heißt, auf das, was man unmöglich übergehen kann, wenn man einen ausreichenden Begriff von dem erhalten will, was in allen Ländern der Welt über den Nürnberger Prozeß gesagt und gedruckt wird.

KAPITEL II

DIE OFFIZIELLEN

Man darf nun nicht mehr erstaunt sein, wenn Männer, die durch ihren Beruf in den Komplex der Nürnberger Prozesse gezogen wurden, oder sich in ihren Heimatländern einer gewissen moralischen Autorität erfreuen, nach und nach versuchten, sich vom Nürnberger Geist zu distanzieren. Natürlich erfolgte dieses Abrücken mit Zurückhaltung und häufig ziemlich spät. Aber es geschah und darauf kommt es an. Erwähnen wir der Erinnerung halber nur den berühmtesten von allen, Winston Churchill: dieser scheint übrigens allzusehr von Nützlichkeitserwägungen getrieben zu sein; wir sind nicht so naiv, ihn unter jene einzureihen, die von Gewissenskrisen bedrängt sind. In Wirklichkeit ist es bei ihm auch nichts anderes, als die Umsicht einer Persönlichkeit, die bereits wieder nach einer Infanterie sucht. Andere, weniger interessierte gleichgerichtete Gesten verdienen jedoch, genannt zu werden.

Zuerst das Verhalten eines hohen amerikanischen Richters, des Richters Wennerstrum vom obersten Gerichtshof des Staates Iowa, der zum Richter am Internationalen Gerichtshof in Nürnberg ernannt worden war und seinen Posten nach einigen Monaten mit folgender Erklärung verließ:

„Wenn ich vor sieben Monaten gewußt hätte, was ich heute weiß, wäre ich nie hierher gekommen. Es ist klar, daß in keinem Kriege der Sieger der bessere Richter über Kriegsverbrechen sein kann. Allen ihren Anstrengungen zum Trotz ist es unmöglich, die Angeklagten, ihre Verteidiger und ihre Mitbürger zu überzeugen, daß das Gericht mehr die gesamte Menschheit zu verkörpern sucht, als das Land, von dem seine Mitglieder ernannt wurden."

Eine andere Erklärung derselben Art, nur noch viel lebendiger; die eines hohen indischen Richters, des Richters Radhabinode Pal vom obersten Gerichtshof in Kalkutta, der Indien beim Gerichtshof in Tokio vertrat und ebenfalls auf die Ausübung seines Amtes verzichtete, wobei er sein Rücktrittsschreiben mit einer wahren Anklagerede gegen die „Kriegsverbrecherprozesse" begleitete, folgt hier. Er schreibt:

„Ein sogenannter Prozeß, der auf Anklagepunkten beruht, die von den Siegern heute als rechtskräftig bestimmt werden, löscht Jahrhunderte der Kultur aus, die uns von der summarischen Hinrichtung der Unterlegenen trennen. Ein Prozeß, der auf einer solchen Rechtsauslegung basiert, ist nichts weiter, als der entehrende Gebrauch gesetzlicher Formen zur Befriedigung eines Rachedurstes. Er entspricht keinerlei Vorstellung von Gerechtigkeit... Würde man zugeben, daß es dem Sieger zusteht, zu bestimmen, was ein Verbrechen ist und es nach seinem Belieben zu bestrafen, so hieße dies, in jene Zeiten zurückzukehren, in denen es ihm erlaubt war, das von ihm besiegte Land mit Feuer und Blut zu überziehen, alles in ihm Vorhandene zu rauben und alle seine Einwohner zu töten oder in die Sklaverei zu führen."

Nun den Protest des Lord-Bischofs von Chichester bei seiner Intervention am 23. Juni 1948 im Oberhaus, über die im „Hansard", Band 156 Nr. 91, der das Stenogramm der Debatten enthält, in nachstehender Form berichtet wird:

„Zwei fundamentale Grundlagen des Völkerrechts, so wie man es bis in die letzten Jahre auffaßte, sind durch die improvisierte gesetzliche Struktur der Kriegsverbrecherprozesse in Nürnberg verletzt worden.

Erstens ist es unbestritten, daß das Gesetz, das die Angeklagten beschuldigt, ein Gesetz ist, das erst lange nach Begehen vieler in der Anklageakte aufgeführten Handlungen in Kraft gesetzt wurde. In dieser Hinsicht ist „nulla poena sine lege" — keine Strafe ohne vorherige Strafandrohung — die Gesetzesgrundlage. Die ganze Charta ist eine ins einzelne gehende Liste begangener Verbrechen, aber die Verbrechen, so wie sie in der Charta aufgeführt sind — manche von ihnen zum erstenmal — sind Verbrechen, die erst nach dem Ende des zweiten Weltkrieges aufgezählt und veröffentlicht wurden. Ein schlagendes Beispiel an rückwirkender Gesetzgebung wurde schon im April 1942 durch die Aufhebung des Artikels 443 im XIV. Kapitel des englischen Handbuches der Militärgesetzgebung gegeben, dessen Inhalt besagte, daß höhere Befehle eine gute Verteidigung gegen eine Anklage wegen Kriegsverbrechen seien...

Es gibt fundamentale Grundlagen des Völkerrechts, die bisher ständig bejaht wurden und es gibt einen anderen Grundsatz im Völkerrecht, von dem ich nicht denke, daß wir darüber verschiedener Meinung sind, nämlich den Grundsatz der Unparteilichkeit. Ich bin sicher, daß der edle und gelehrte Vicomte, der auf dem Wollsack sitzt (der Lordkanzler), diesmal nicht gegenteiliger Meinung ist. Man war nicht bestrebt, Kriegsverbrechen zu erfassen, die von gewissen totalitären Mächten begangen worden sind. Ferner befanden sich unter den Richtern in Nürnberg keine Angehörigen neutraler Länder."

Der Bischof von Chichester schloß mit der Forderung nach sofortiger Einstellung der Prozesse, einer Generalamnestie und Revision der gefällten Urteile.

Ich hätte noch andere, heftigere Interpellationen wiedergeben können, z. B. ausgewählte Stellen aus Reden des Unterhausmitgliedes R. R. Stokes, aber ich ziehe vor, nur Äußerungen offizieller Persönlichkeiten zu erwähnen. Hier noch ein Brief des Bischofs von Berlin und Brandenburg, Dr. Dibelius, wie er in der Schweizer Zeitung „Der Bund" in Bern in der Nummer vom 16. Mai 1949 wiedergegeben ist:

„Als Christen weigern wir uns rundweg, die Nürnberger Urteile als gerecht anzuerkennen. Diese Urteile sind nichts anderes als eine Vergeltungsmaßnahme, die ein besiegtes Volk gegen seinen Willen über sich ergehen lassen muß, und das Völkerrecht wird in ihnen durch den brutalen Egoismus der modernen Staaten mit Füßen getreten. Ein neues, barbarisches Zeitalter hat begonnen. Es ist möglich, daß viele der Nürnberger Verurteilungen verdiente Vergeltungsmaßnahmen waren. Andere dagegen können nur als Grausamkeitshandlungen angesehen werden, die einen Mangel an Intelligenz beweisen. Zu dieser Zahl rechne ich in erster Linie das über Ihren Gatten (der Brief ist an die Gräfin Schwerin von Krosigk gerichtet) sowie das über v. Weizsäcker ausgesprochene Urteil."

Zuletzt die formgerechteste und vielleicht schwerwiegendste dieser Äußerungen: die des Lord Hankey, die in seinem Buche „Politics, Trials and Errors" (Politik, Gerichte und Irrtümer) zu finden ist. Lord Hankey ist einer der bedeutendsten britischen Politiker, wenn auch sein Name in Frankreich wenig bekannt ist. Vor allem gehört er zu den mit den Geheimnissen des englischen Kabinetts vertrautesten Personen. Von 1912 bis 1938 war er Sekretär des berühmten Verteidigungsausschusses des Empire und außerdem von 1920 bis 1941 ständiger Kabinettssekretär. Dieses Amt, dem wir in Frankreich kein vergleichbares gegenüberstellen können, machte ihn zu einem der bestinformiertesten Männer der europäischen Politik. Dazu kommt, daß Lord Hankey während der beiden ersten Kriegsjahre Minister der Krone im Kabinett Churchill war, in einer Stellung, die er sofort aufgab, als er mit der Politik der „bedingungslosen Kapitulation" Deutschlands, in welcher er einen kapitalen Irrtum mit unübersehbaren Folgen sah, nicht einverstanden war. Sein 1949 erschienenes Buch „Politics, Trials and Errors" wiederholt und rollt eine große Zahl seiner Interventionen im Oberhaus seit 1926 auf. Die von diesem Mitarbeiter Churchills und der Admiralität von der Tribüne des Oberhauses vorgetragenen Auffassungen über das Nürnberger Urteil lauten:

„In Nürnberg wie in Tokio sind es die Sieger, welche die Besiegten vor Gericht erscheinen ließen und sie verurteilt haben. Die beiden Gerichte wurden von den siegreichen Mächten gebildet, sie erhielten ihre Vollmachten allein von ihnen und das Verfahren erstreckte sich auf die Besiegten und nur auf sie allein. Einzig und allein von den Siegern wurden die Charta und der Wortlaut des internationalen Gesetzes erdacht. Es liegt etwas Zynisches in dem Schauspiel dieser englischen, französischen und amerikanischen Richter, neben denen auf der Bank Kollegen saßen, die — so unbescholten sie persönlich auch sein mochten — trotzdem eine Nation repräsentierten, die vor, während und nach dem Prozeß sich der gleichen Verbrechen schuldig gemacht hat, wie diejenigen, die man abzuurteilen vorgab. Trotz der besonderen Argumente, die man zugunsten des Nürnberger Urteilsspruches äußern mag, sehe ich nicht, wie man sich noch verhehlen kann, daß es unter einem schwachen Schein von Gerechtigkeit immer das uralte Drama ist, das man uns vorspielt, das zwischen dem Recht der Sieger und dem Recht der Besiegten unterscheidet — das vae victis der Antike ... Die Charta spricht nur von Verbrechen, die von den Besiegten begangen wurden; aber wie wollen Sie, daß der geschlagene Feind daneben den Eindruck haben soll, daß man Verbrechen wie Deportationen der Zivilbevölkerung, Plünderungen, Meuchelmorde an Kriegsgefangenen, Zerstörungen ohne militärische Notwendigkeit gerecht bestraft, wenn er sehr gut weiß, daß Anklagen derselben Art auch gegen einen oder mehrere der Alliierten erhoben werden konnten, aber nie ausgesprochen wurden?"

„Um die politische Gefahr eines solchen Präzedenzfalles zu begreifen, nehmen Sie einen Augenblick einmal an, die Länder Osteuropas würden den größten Teil der westlichen Länder besetzen. Ist es Ihnen klar, daß diese alsdann dem in Nürnberg geschaffenen Präzedenzfall folgen, ihre eigene Charta verfassen und ihr eigenes internationales Gesetz erklären und erlassen und ihre eigenen Gerichte bilden würden? Die Anwendung der Atombombe würde als Verletzung der Menschenrechte erklärt — ein durchaus haltbarer Vergleich — und alle, auf die man die Hand legen könnte, und die irgendwie bei dem Einsatz der Atombombe beteiligt gewesen wären, würden abgeurteilt und aufgehängt. So ist der Atlantikpakt von Rußland und seinen Satelliten bereits als Verletzung des Völkerrechts bezeichnet worden: folglich werden alle, die ihn abgeschlossen und unterstützt haben, die mit strategischen Planungen betraut wurden, die mit seiner Anwendung zu tun haben, gut tun, nicht in die Hände der Russen zu fallen... Ein anderer gefährlicher Präzedenzfall betrifft unsere Verteidigungsorganisation... Die Sicherheit unserer Nation oder der Nationengruppe, die auf unserer Seite kämpft, beruht auf der Disziplin und der Loyalität, der militärischen und zivilen Vollstrecker der Befehle ihrer Regierungen. Aber diesen primitiven Tugenden der Sauberkeit und Disziplin wurden von den Pedanten, die den Artikel 8 des Statuts redigierten, vollkommen vergessen. Sie erhoben zum Grundsatz: „die Tatsache, daß ein Angeklagter auf Befehl seiner Regierung oder seiner Führung handelte, hindert nicht, daß er verantwortlich ist." Das stürzt jeden, der einem Befehl nachkommt, in ein unlösbares Dilemma zwischen seinem Gewissen und seiner Pflicht. Muß er den Befehlen gehorchen oder soll er sich in den Schutz ich weiß nicht welchen internationalen Gesetzes flüchten, das schließlich nicht von seinen Landsleuten erlassen wird, auch nicht unbedingt nach der Nürnberger Charta, sondern vom Sieger, der möglicherweise der Feind sein kann und dazu noch ein Feind, der nach einer gänzlich anderen, uns fremden Moral verfährt? Dieser Artikel ist nichts anderes, als eine erstklassige Aufforderung zur Feigheit und Drückebergerei, wenn es sich um die korrekte Ausführung von Befehlen handelt..."

Aber Lord Hankey geht noch weiter. Er greift nicht nur die Grundlage des Nürnberger Gerichts an, sondern, was wir bisher noch nicht hatten tun können, er bestreitet dessen Dokumentierung und historische Ehrlichkeit. Dieser Vorwurf ist um so schwerer, als er von einem Manne ausgeht, der alle politischen Handlungen seines Landes und alle Aspekte der internationalen Politik vollkommen kennenlernte. Hier, was er in dieser Hinsicht, immer in seinen Interventionen im Oberhaus, sagte:

> „Im Gegensatz zu dem, was man allgemein glaubt, ist die geschichtliche Darstellung der Tatsachen, auf welcher der Urteilsspruch und die Erwägungen des Nürnberger Gerichts beruhen, nicht der Wahrheit entsprechend (is no accurate).
>
> Man hat uns alles herausgegeben, was Hitler, Dönitz, Keitel, Jodl, Raeder, Rosenberg usw. belastete, aber es wurde kein Schimmer von dem durchgelassen, was zu derselben Zeit das britische Kriegskabinett, Mr. Churchill und die Admiralität zusammenbrauten."

Hier stellt Lord Hankey, unter Heranziehung der vom Gericht als „Aggression" bezeichneten deutschen Landung in Norwegen als Beispiel, eine schriftliche Anfrage. Er fragt die Regierung Seiner Majestät, ob nachfolgende, in dem Werk Winston Churchills. Der zweite Weltkrieg", Band I, aufgeführten Dokumente dem Nürnberger Gericht mitgeteilt worden seien:

1. der am 19. September 1939 vom ersten Lord der Admiralität an den ersten Seelord geschriebene Brief, zitiert von Churchill Seite 421;
2. Das Memorandum vom 29. September 1939, das vom ersten Lord der Admiralität über Norwegen und Schweden an das Kriegskabinett gerichtet war, zitiert von Churchill auf Seite 422;
3. Der am gleichen Tage vom ersten Lord der Admiralität an den

Chefadjutanten des Generalstabes der Marine geschriebene Brief, von Churchill zitiert Seite 423 u.f.;

4. Die Note vom 16. Dezember 1939 des ersten Lords der Admiralität über die Eisenstraße, zitiert von Churchill Seite 430 u. f...

Auf diese schriftliche Anfrage gab das Unterstaatssekretariat für auswärtige Angelegenheiten nachstehenden bezeichnenden Bescheid: „Es deutet nichts darauf hin, daß die vier genannten Dokumente dem Nürnberger Gericht mitgeteilt worden sind."

Nach seinem Beweis, daß in diesem Punkte das Nürnberger Gericht bei einer Fälschung ertappt wurde, fährt Lord Hankey fort:

„Die Angelegenheit Norwegen ist eine der unzähligen Hauptfragen, die Mr. Churchill in seinem Werk behandelt... Wenn die Erwägungen des Gerichts über den Feldzug in Norwegen eine Geschichtsfälschung (is wrong history) darstellen, dann trifft dieselbe Bemerkung leider auch zu, wenn es sich um die viel wichtigere Darstellung handelt, die das Gericht von der Machtübernahme Hitlers und seiner Partei gab, mit welcher der Urteilsspruch beginnt, um die Einleitung des Angriffskrieges und der Kriegsverbrechen, wie sie in der Anklageakte dargestellt sind, zu erklären... Dies ist eine Feststellung von gewisser Bedenklichkeit.

Man hat mir stets geantwortet, dies habe keinerlei Bedeutung, da alle Angeklagten ja ebenso gut der Kriegsverbrechen wie auch politischer Verbrechen überführt worden seien und demzufolge der Urteilsspruch doch derselbe geblieben wäre, selbst wenn sie nicht der Verbrechen gegen den Frieden schuldig gesprochen worden wären. Diese Antwort befriedigt mich keineswegs, denn nach meiner Meinung ist es klar, daß in Bezug auf die Geschichte ein gewaltiger Irrtum begangen wurde, als man eine ganze Nation wegen politischer Verbrechen anklagte, ohne einen der mildernden Umstände zu erwähnen, die ich aufgezeigt habe ... Infolgedessen teile ich die Meinung des sehr erhabenen Bischofs. (Hier handelt es sich um den Bischof von Chichester, dessen Intervention wir bereits oben erwähnten). Die dringendste Entscheidung, die zu treffen ist, wäre, einen Schlußstrich unter alle Prozesse zu ziehen und, wenn wir über diesen Punkt mit anderen Nationen nicht einig werden, uns mindestens zu weigern, bei diesem Unterfangen weiterhin noch britische Mitarbeit zu leisten. Wie ich es seit dem 18. Februar von dieser Tribüne aus verlangt habe, muß es unser Erstes sein, die Prozesse und die Verfolgungen wegen Kriegsverbrechen einzustellen, und als Zweites, eine allgemeine Amnestie zu erlassen."

KAPITEL III

DIE SCHRIFTSTELLER

Den sporadischen Protesten, die plötzlich mit dem Ereignis auftauchten und instinktive Meinungs- oder Gewissensregungen im Gefolge der Zeitumstände waren und somit den Charakter der Improvisation erhielten, die Überraschungs- oder Entrüstungsempfindungen darstellten und notwendigerweise unzusammenhängend und wenig konstruktiv sein mußten, folgten kurze Zeit später einheitliche Studien, Bücher oder Broschüren, ausgedehnte zusammenhängendere und systematischere Artikel, die man unbedingt ebenfalls zur Kenntnis bringen muß, wenn man einen hinreichend klaren Begriff der durch das Nürnberger Urteil hervorgerufenen Reaktionen geben will.

Zuerst ist eine Erscheinung festzustellen, die man je nach Wunsch natürlich oder seltsam finden kann: in jedem Lande der Erde und in jeder Weltsprache ist nun ein Buch gegen den Nürnberger Prozeß vorhanden. Mag es leidenschaftlich oder objektiv, zaghaft oder unversöhnlich sein, dieses Buch endet stets mit der gleichen Verurteilung. In jedem Lande fand sich ein Mann, diesmal ohne Auftrag, der sich der Pflicht zum Protestieren unterzog, ja sich eine Verpflichtung daraus machte. Nur die französischen Schriftsteller haben geschwiegen. In jedem dieser Länder enthielt die Gesetzgebung einen Artikel, der die Verteidigung von Verbrechen unter Strafe stellt. Einzig und allein die französische Regierung hat sich seiner bedient. Man mag über diese Feststellungen denken wie man will. Sie erklären vielleicht beiläufig, weshalb unsere Bücher im Ausland nicht gekauft werden.

Ehren wir also alle Pastoren, Priester, Juristen und Schriftsteller, die den Anstand besaßen, öffentlich gegen das zu protestieren, was sie für ein Unrecht hielten. Dieses Buch ist keine Prämierungsliste. Ich vergesse sicher viele Namen. Dafür entschuldige ich mich bei allen, die ungerechterweise ausgelassen wurden, mit den Schwierigkeiten, auf die ein Einzelner stößt, wenn er eine vollständige Dokumentierung sammeln will. Ich bringe hier nur Werke oder Broschüren, die mir bekannt waren und die wohl die charakteristischsten sind. Vielleicht wird man dieses Kapitel ein wenig lang finden. Eines Tages aber wird dies ein Trost sein.

Wir beginnen hier abermals mit den angelsächsischen Ländern. Der protestantische Geist hat ein Großes: er kann keinen Makel auf seinem Gewissen ertragen; er verfügt über öffentlichen Bekennermut, welcher für das Nichtwiedergutzumachende tatsächlich die einzige Form der Wiedergutmachung gegenüber sich selbst und gegenüber Anderen ist. Nicht ohne innere Bewegung vermag ich mich jenes Pastors erinnern, von welchem ich schon eingangs dieses Buches sprach, der Mitte 1944 schon in seinem Pfarrblatt die Blutbäder unter deutschen Frauen und Kindern offen verurteilte. Wie er wandten sich auch andere Menschen überall gegen die Ungerechtigkeit. Zuerst standen sie fast allein, dann faßten sich auch andere ein Herz. Ich glaube nicht, daß der Unheilssturm eines Tages, durch diese fernen Stimmen wie durch Orpheus Flöte beruhigt, sich legen wird. Aber ich glaube, daß solche Bücher unsere Ehre sind, mag kommen, was da wolle.

Nun folgt, was ein englischer Intellektueller namens Montgomery Belgion 1947 in einem Buche schrieb, dem er den Titel gab „Epitaph on Nuremberg", was man, wie ich annehme, auch mit »Brief über Nürnberg" übersetzen kann. Der Brief ist so gehalten, als wäre er an einen befreundeten Pastor gerichtet.

Er wiederholt zunächst die häufigsten Einwendungen gegen die Zusammensetzung und Zuständigkeit des Gerichts und faßt sie so zusammen:

„Das Gericht war das juristische Instrument einer der beteiligten Parteien. Der Gerichtshof war nur ein erweiterter Staatsanwalt. Darum sah man so einen Staatsanwalt am Richtertisch neben dem Staatsanwalt unten im Parkett[1]. Diesen bedenklichen Umstand vermochten weder die

---

[1] Parkett ist der französische Ausdruck für den Platz des Staatsanwalts im Gerichtssaal und die Staatsanwaltschaft überhaupt

Sitzungen noch das Urteil, noch irgend ein Artikel des Statuts zu beseitigen. Die Schwierigkeit, auf die man stieß, war die Frage: welche Garantie haben wir für die Unparteilichkeit der Richter? Auf diese Frage ist nur eine Antwort möglich, daß wir dafür gar keine Sicherheit haben ... Sie wurden ernannt, um die große politische Linie der siegreichen Großmächte zu bekräftigen ... Selbst wenn wir annehmen, daß der Besiegte die Verantwortung für diesen Krieg zu Recht trägt, so liegt es doch so sichtbar im Interesse des Siegers, die volle Verantwortung für den Krieg auf den Besiegten abzuwälzen, daß der Sieger unmöglich ernst genommen werden kann, wenn er dem Anderen diese Verantwortung aufbürdet... Daß die Sieger versucht haben, dem Besiegten die volle Verantwortung für den Krieg mittels einer sichtbarlichen juristischen Förmlichkeit aufzubürden, in der sie aber zugleich Ankläger und Richter waren, zeigt eine wahrhaft verblüffende Geringschätzung der Justiz und der Wahrheit, zugleich aber auch ein geradezu verrücktes Zutrauen zu allem Verfälschten.'

„Nach meiner Meinung hatte der Nürnberger Prozeß die Aufgabe, der Behauptung Nachdruck zu verleihen, die Feldmarschall Montgomery an dieser Stelle seiner Botschaft aussprach (der Verfasser hat gerade die Rede zitiert, in welcher Montgomery sagt: „Wir werden Euch nicht vergessen lassen, daß Ihr schuldig seid, die Initiative zu diesem Kriege ergriffen zu haben)." Ich möchte auf den Ausspruch des Richters Jackson zurückkommen, den ich vorhin erwähnte: er hat die Aufgabe, „den Deutschen praktisch zu beweisen, daß das Verbrechen, für das ihre besiegten Führer vor Gericht gezogen wurden, nicht darin bestand, daß sie diesen Krieg verloren, sondern daß sie ihn begonnen haben." Ich glaube nicht, wie der Richter Jackson zu glauben scheint, daß der Prozeß die Aufgabe hatte, diesen oder jenen überlebenden des deutschen Kabinetts oder diesen oder jenen deutschen General oder Admiral oder Andere einer technischen Angriffshandlung für schuldig zu erklären. Aber trotz der Erklärung des Richters Jackson, daß „wir uns nicht in einen Prozeß über die Ursachen des Krieges verwickeln lassen dürfen", stelle ich fest, daß der Nürnberger Prozeß dennoch den Zweck hatte, die Illusion zu erwecken, man würde auf legalem Wege das entdecken, was wir beweisen wollten, daß nämlich Deutschland für den Krieg verantwortlich war. Ich glaube, daß die Tatsache, diese unserer Beweisführung günstige Illusion herbeizuführen, genau der Plan der großen Politik war, den man dem Gericht anvertraute, als man es beauftragte, die meisten Angeklagten zu verurteilen ..."

Zum ersten Male sieht man aber in diesem Buche, daß ein Autor weit über die gewohnten Einwände hinausgeht. Da er das Nürnberger Urteil als ein politisches Unternehmen hinstellt, das dazu bestimmt ist, die Sieger zu rechtfertigen, deckt er auch den Charakter der Propagandatätigkeit auf, der wie in allen anderen Fällen von Propagandatätigkeit im zweiten Weltkriege, genau vorbereitet und vorbedacht war.

„Während 1918 der Versailler Friedensvertrag dem Besiegten feierlich die ganze Verantwortung für den Krieg aufbürdete, haben wir diesmal, anstatt den Friedensvertrag abzuwarten, um Deutschland für den zweiten Weltkrieg als verantwortlich zu bezeichnen, uns zu Prozessen entschlossen, die, wie man glaubte, seine Schuld in schlüssiger Form vor den Augen der ganzen Welt und der Deutschen selbst enthüllen sollten. Das war, so behaupte ich, der wahre Sinn des Nürnberger Prozesses. Das ist, so behaupte ich, seine wahre und vollständige Erklärung. Außerdem konnte man den Deutschen durch schöne, gut detaillierte Rundfunksendungen die Prozeßverhandlungen veranschaulichen. Der Nürnberger Prozeß war eine riesenhafte Theatervorstellung. Er war ein gigantisches Propagandaunternehmen."

„Die Absicht der Propaganda kann schon dem Ton der vorbereitenden Artikel entnommen werden. Für viele Menschen in England und den Vereinigten Staaten und in dieser Hinsicht wohl auch in Frankreich wurde der Höhepunkt der deutschen Ungeheuerlichkeit durch die Beschreibungen der Verhältnisse in den Konzentrationslagern gefunden. Angesichts von Einzelheiten, die plötzlich im April 1945 über unsagbare Schrecken in Belsen, Buchenwald und anderen Orten veröffentlicht wurden, brandete eine Woge der Entrüstung und des Zorns über die ganze angelsächsische Welt. Es war ehrliche Entrüstung und edler Zorn. Wenn wir trotzdem einen Augenblick innehalten, um die ungeheure Reklame festzustellen, die mit den Nachrichten über die Verhältnisse in den Konzentrationslagern ausgerechnet in diesem Augenblick, getrieben wurde und sie mit dem Stillschweigen vergleichen, das über einige andere Dinge gewahrt wurde, so drängt sich uns der unvermeidliche Verdacht auf, daß diese Entdeckungen am Vorabend des Sieges nicht ganz von ungefähr kamen. Sie scheinen eine bestimmte Absicht verfolgt zu haben. Sie scheinen wohl aufgespart worden zu sein, um die Anstandsgefühle im Denken der Öffentlichkeit auszunutzen und den Haß gegen den Besiegten zu steigern... Wie die Stimme der Propaganda in dieser Frage verdächtig sein kann, so verdächtige ich sie auch in Bezug auf den Ablauf der gegen die Deutschen anhängig gemachten Prozesse, besonders des Nürnberger Prozesses. Es mag sein, daß die Hände der Justiz zugehörten, die Stimme aber war die Stimme der Propaganda."

„... Das Charakteristische des Zeitabschnittes, in dem wir leben, ist, daß die Niederlage des Feindes in einem Kriege von nun an nicht mehr genügt. Wie der Krieg durch die Macht und Zahl der eingesetzten Waffen, durch die erweiterten Zerstörungen und die den Menschen eingejagte Angst, durch die Heftigkeit der entfesselten Leidenschaften immer schreckensvoller geworden ist, so verhält es sich auch mit der Nachkriegszeit. Es genügt nicht mehr, daß der Feind auf dem Schlachtfeld besiegt wurde. Einmal besiegt, muß er außerdem noch als der für den Krieg Verantwortliche erklärt und gezwungen werden, diese Verantwortlichkeit selbst zu bestätigen. Nicht genug, daß er den Krieg verloren hat: er muß noch die ganze Last des durch den Krieg hervorgerufenen Leides tragen."

„ ... Ich habe nicht die Absicht, zu behaupten, daß die deutschen Führer von jeglicher Verantwortung für diesen Krieg frei seien. Aber ich bin nicht naiv genug, anzunehmen, daß ein Angriff jemals aus heiterem Himmel kommt. Ich bin nicht naiv genug, zu glauben, die Großmächte seien alle nur Lämmlein mit schneeweißen Fellchen gewesen, die friedlich und fröhlich schäkerten und nur eine einzige von ihnen ein großer, böser Wolf..."

„... Ich will keine Toleranz verteidigen, die alle Meinungen als gleich wertvoll ansieht und dann schließlich jede Meinung als gleich bedeutungslos bezeichnet. Aber ich nehme meine vorhergehenden Ausführungen wieder auf. Das Vertrauen auf den schließlichen Sieg einer einwandfreien Meinung erfordert, daß diese einwandfreie Meinung der falschen Meinung gegenübergestellt wird und daß a priori die eine wie die andere gleichmäßig einer Widerlegung unterzogen werden. Nur durch den Austrag gegenteiliger Meinungen kann die Liebe zur Wahrheit am Leben erhalten werden. Das unüberwindliche Gewissen ist nur dann unüberwindlich, wenn der Feind stets vor den Toren steht. Hebt man die Belagerung auf, so verfällt das Gewissen der Entkräftung und schwindet. Wir Engländer dürfen behaupten, daß wir Recht haben, wenn auch die Deutschen behaupten dürfen, daß wir Unrecht haben. Ob die Wahrheit aus der Gegenüberstellung von These, Antithese und Synthese hervorgeht, ist eine Frage, über die sich streiten läßt. Eines aber ist sicher, daß die Wahrheit eine Frage des Findens ist: sie darf nicht zum Handelsobjekt werden."

In diesem Buch erlebt man auch zum erstenmal, daß ein Schriftsteller die alliierten Armeen und Regierungen anklagt, dieselben Greuel begangen zu haben, derentwegen sie die deutschen militärischen und politischen Führer verurteilt haben. Indem er Punkt für Punkt die Vorwürfe der Anklageschrift vornimmt, vervollständigt Montgomery Belgion so auf seine Art das Aktenmaterial des öffentlichen Anklägers der Alliierten:

„Die öffentliche Weltmeinung weiß nicht ein Zehntel von alledem, das von der britischen, amerikanischen, französischen und russischen Regierung oder ihren Militärbefehlshabern nach der deutschen Kapitulation angeordnet worden ist. Die Weltmeinung weiß nicht ein Zehntel von dem, was britische, amerikanische, französische und russische Soldaten oder mit ihrem Einverständnis russische, französische, polnische, jugoslawische und andere Zivilisten auf direkte Befehle hin in derselben Zeit angerichtet haben. Die Weltmeinung ist niemals unterrichtet worden."

„Diese Weltmeinung wurde kurz vor der deutschen Kapitulation von der abscheulichen Niederträchtigkeit der deutschen Konzentrationslager unterrichtet. Weder vorher noch nachher wurde von den nichtdeutschen Konzentrationslagern gesprochen. In Nürnberg gab man im Juli 1946 folgende Bekanntmachung heraus, die zwar voll sichtlich ungewollten Humors, aber doch recht sardonisch war: Die amerikanische Delegation für die Friedenskonferenz, die sich damals in Paris aufhielt, hätte vorgeschlagen, für ein Verbrechen, das man merkwürdigerweise „Rassismus" nannte — Versuch der Ausrottung einer Rassengruppe —

Klauseln in alle Friedensverträge aufzunehmen. Jede Regierung, die einen Vertrag unterzeichne, solle verpflichtet werden, in ihr Strafrecht eine Strafandrohung aufzunehmen, wonach jeder, der Leben, Freiheit und Eigentum einer rassischen, nationalen oder religiösen Gruppe angreife, des Rassismus schuldig sei. Der in dieser Absicht enthaltene sardonische Humor liegt in der Tatsache, daß in Bezug auf dieses „Verbrechen gegen die Menschlichkeit", das auch „Genocide" — Rassenverfolgung — genannt wird, jedermann weiß, daß es Konzentrationslager (oder ihnen gleichartige Einrichtungen) gibt und zwar für die Polen in Polen, für Tschechen und Slowaken in der Tschechoslowakei, für Kroaten, Slowenen und Serben in Jugoslawien, für Rumänen in Rumänien, für Bulgaren in Bulgarien, für Ungarn in Ungarn, für Franzosen in Frankreich, um nicht noch weitere Länder in Europa zu nennen."

„Das Vergehen der in diesen Lagern eingesperrten Männer und Frauen ist genau dasselbe, für das die Deutschen von 1933 bis 1945 in den Konzentrationslagern Deutschlands eingesperrt waren. Sie bekannten sich zu politischen Auffassungen, die der Meinung ihrer Regierung zuwiderliefen. Wer in England oder den Vereinigten Staaten kann behaupten, nicht gewußt zu haben, daß diese Männer und Frauen mit einer gewissen Grausamkeit behandelt wurden? Und selbst wenn ihre Behandlung ganz so wäre, wie man wünschen könnte, so blieben sie doch immer noch Männer und Frauen, die der Freiheit und des Genusses ihres Besitzes beraubt sind. Sind diejenigen unter ihnen, die zu rassischen oder politischen Minderheiten gehören, nicht auch Opfer des Rassismus? ..."

„... Auf der Liste der „Kriegsverbrechen" erscheinen auch die Massenverschleppungen arbeitsfähiger Bewohner der „besetzten Gebiete" unter diesen oder jenen Transport- und Lagebedingungen. Es wird berichtet, daß Handlungen gleicher Natur von der russischen Regierung, ihren Soldaten, Polizisten und Beamten zu einer Zeit begangen wurden, als Rußland und Polen im September 1939 noch in Frieden lebten und die Osthälfte Polens „besetztes Gebiet" wurde, das heißt, polnisches Gebiet unter russischer militärischer Besetzung. Es wird berichtet, daß Handlungen gleicher Natur durch die russische Regierung und ihre ruchlosen Menschen nach dem Einfall der russischen Armeen ohne vorherige Kriegserklärung in die baltischen Staaten Estland und

Litauen begangen wurden."

„Die Massendeportationen polnischer Menschen nach Rußland ereigneten sich im Februar, April und Juni 1940 und im Juni 1941. Ein letztes Einsammeln fand 1943 statt, nachdem alle Bewohner des annektierten Polens zu Sowjetbürgern erklärt worden waren. Die Massenverschleppungen von Balten gingen nach dem russischen Einfall in die baltischen Länder im Juni 1940 vor sich. Aus recht naheliegenden Gründen wurden genaue Zahlen über diese Verschleppungen nicht bekannt. Miss Keren erklärte jedoch 1944, daß sie gewisse schätzungsweise Zahlen vom amerikanischen Roten Kreuz und vom Internationalen Roten Kreuz erhalten hätte. Sie stellte fest, daß in Estland 60940 Unverheiratete beider Geschlechter aller Schichten und Lebensalter weggeführt wurden und in Lettland ebenfalls mehr als 60 000 Personen verschwanden. Nach dem polnischen Buch „The Dark Side of the Moon" wurden in Litauen 700 000 von im ganzen 300 0000 Einwohnern auf die Verschleppungslisten gesetzt. Die erste polnische Regierung in London schätzte, daß die Zahl der verschleppten Polen eine Million bis 1 600 000 Personen erreicht hätte. Die polnischen Kreise in London fügen hinzu, daß etwa 400 000 polnische Verschleppte während ihrer Fahrt im Inneren Rußlands umkamen. Von 144 000 verschleppten polnischen Kindern wurden 77 834 fehlend gemeldet, als 1941 die Befreiungsstunde schlug."

„Die Verschleppung von Millionen Menschen durch die russische Regierung gehört bestimmt zu den „Verbrechen gegen die Menschlichkeit", wie sie in der Anklageschrift von Nürnberg bezeichnet sind. Man möchte glauben, daß hierüber kein Irrtum möglich sei. Man möchte glauben, die Forderungen der Gerechtigkeit wären recht einfach. Wenn die siegreichen Großmächte, die sich mit der Bestrafung der angeblichen Kriegsverbrecher befaßten, wünschten, nach ihrem Siege einen Gerechtigkeitsakt vorzunehmen und den Grundsatz zu ehren, daß vor dem Gesetz alle gleich sind, könnte man denken, daß es nicht ausreiche, einen Prozeß gegen die Führer der deutschen Regierung und Tausende von deutschen Soldaten und Beamten anzustrengen, sondern daß es auch notwendig sei, den russischen Regierungsmitgliedern und Tausenden von russischen Soldaten und Beamten den Prozeß zu machen. Statt dessen nimmt die russische Regierung an dem Prozeß gegen die angeblichen „Kriegsverbrecher" teil und zwei der Richter des internationalen Gerichts, das beauftragt ist, die „großen Kriegsverbrecher" abzuurteilen, sind Personen, die von der russischen Regierung ernannt wurden. Was mögen also die Befürworter der Aburteilung der „Kriegsverbrecher" sagen wollen, wenn sie in England und den Vereinigten Staaten die Gerechtigkeit anrufen? Wie kann der amerikanische Staatsanwalt erklärt haben, man begehe keine Ungerechtigkeit? Wie kann der britische Staatsanwalt das Ergebnis des Nürnberger Prozesses als so ermutigend hinstellen, daß es eines Tages zur Herrschaft des Rechts und der Gerechtigkeit führen werde? Unter diesen Umständen klingen solche Urteile wie eine Beleidigung der Gerechtigkeit ..."

„Nach den Zahlen, die am 26. Oktober 1945 von Außenminister E. Bevin dem Unterhaus vorgetragen wurden, schätzt man die Zahl der aus den von Polen annektierten Gebieten jenseits Stettins verdrängten Deutschen auf ungefähr 4 Millionen und die Zahl der aus der Tschechoslowakei, Ungarn und anderen Ländern ausgewiesenen Deutschen auf vier und eine halbe Million, zusammen also ungefähr 9 Millionen. Diese Verschleppungen oder Ausweisungen sind von Großbritannien und den USA gebilligt worden. Nach dem Protokoll der Berliner Konferenz sollten sie „in geordneter und menschlicher Weise" durchgeführt werden. Wie dieser Beschluß ausgeführt wurde, können Sie nach folgender Beschreibung einiger Verschlepptergruppen beurteilen, die in Berlin beobachtet wurden:

„Heute habe ich Tausende von deutschen Zivilisten gesehen, Greise, Männer, Frauen, Kinder jeden Alters, die zu einem schrecklichen Elend herabgewürdigt und zu schlimmeren Leiden verurteilt waren, als die Nazis während ihrer Herrschaft anderen angetan hatten ... Am Stettiner Bahnhof sah ich elende Menschheitsreste, der Tod zeichnete sich in ihren Augen mit schrecklich inhaltsleerem Blick ab: vier waren bereits tot, ein fünfter und sechster waren, als hoffnungslos vom Arzt aufgegeben, neben sie gelegt worden und hatten nur noch die Erlaubnis zu sterben. Die anderen saßen oder hatten sich hingelegt, weinten oder warteten abgestumpft".

„Im Februar 1946 schätzte man, daß im Gefolge eines Krieges, von dem verkündet worden war, er solle der Menschheit Frieden und Glück bringen und sich auf die vier Freiheiten der Atlantikcharta stützen, einschließlich der Freiheit des Schutzes vor Sorge und Furcht, 17 Millionen Menschen aus ihrer Heimat vertrieben sowie ihres Besitzes beraubt und auf dem Kontinent zwischen 25 und 40 Millionen ohne Obdach waren ..."

„Es waren nicht allein die Russen, die den angeblichen deutschen „Kriegsverbrechern" erklärten: „Wenn ihr das getan habt, was ich tat, dann war es ein Verbrechen. Wenn ich es aber tue, so ist es sehr gut. „Nicht nur im Osten Deutschlands plünderte man und behandelte die wehrlose Zivilbevölkerung schlecht. Dasselbe ging auch im Westen während der Wochen des Einmarsches vor sich. Es setzte sich nach dem Einmarsch fort. Die alliierten Armeen betrugen sich mit der ganzen Ausgelassenheit und Wildheit irgendwelcher primitiver Barbarenhorden. Nach dem britischen Militärrecht ist Plünderung unter schwere Strafe gestellt. Bei dieser Gelegenheit wurde sie jedoch seitens aller Rangstufen aktiv ermutigt. Mr. Leonhard O. Mosley, ein Kriegsberichterstatter bei den Armeen, fand, wie er sagte, überraschend, daß das Plünderungsfieber selbst die höchsten Angehörigen der britischen Armee befallen habe. Dann waren noch die Flüchtlinge da, sagt er. Die Tausende von Ausländern, die rasch unter dem Namen „verschleppte Personen" bekannt wurden, erhielten Erlaubnis zu plündern und zu zerstören und wurden dabei noch gegen die von ihnen beraubten Deutschen geschützt. Soldaten der Rheinarmee kehrten beutebeladen zurück. Dann wurden immer mehr Deutsche binnen weniger Stunden auf Grund von Requisitionsbefehlen aus ihren Wohnungen gewiesen. Die Zusammenpferchung der Deutschen setzte den ohnehin schlechten Gesundheitszustand auf ein unglaubliches Niveau herab. Die Rheinarmee aber ergab sich dem Trunk und der Ausschweifung."

„Nach der Nürnberger Definition fielen unter die Kriegsverbrechen auch die Zurückführung aller Rohstoffe, ganzer Industrieausstattungen, die Beschlagnahme oder der Zwangsverkauf von Unternehmen, Fabriken usw. der besetzten Gebiete. Sie haben schon festgestellt, daß die Russen diese Art von Kriegsverbrechen ganz besonders anziehend fanden. Sie waren nicht die Einzigen. Das von den Alliierten besetzte deutsche Gebiet wurde 1945 seiner bedeutendsten Werke weitgehendst beraubt. Gegen Ende September desselben Jahres gab General

Eisenhower bekannt, daß fünf der größten deutschen Unternehmen demontiert und an Orte versandt werden sollten, die er nicht näher bezeichnete. Einen Monat später gab man bekannt, daß die drei großen Betriebe der I. G. Farben in der amerikanischen Zone und fünf weitere industrielle Unternehmen zerstört werden sollten. In der britischen Zone war die Wegschaffung oder Zerstörung der Fabrikeinrichtungen und Bergwerke noch im Juli 1946 im Gange, obwohl sie in der amerikanischen Zone zu dieser Zeit schon abgeschlossen war. Eines der größten Hamburger Docks wurde zu dieser Zeit zerstört und zwölftausend Tonnen Stahl vernichtet. Im November 1946 gab man bekannt, daß durch die beabsichtigte Schließung von Firmen in den Industriestädten des Ruhrgebietes 18000 Einwohner der Arbeitslosigkeit anheimfallen würden. Mehr noch, nicht nur Industrieanlagen oder Fabriken oder zumindest deren Ausrüstung machte man allgemein zu Alteisen. Am 12. September 1945 gab man bekannt, daß die Wälder Nordwestdeutschlands bis zum Äußersten ausgebeutet werden sollten. In demselben Monat September forderten die Siegermächte, daß die deutschen Familien und ebenso alle Behörden, Gesellschaften und Vereinigungen alles Gold und Silber, das sie in Form von Geld besaßen, alles Platin und Kupfer in jeder Form, die in ihrem Besitz befindlichen ausländischen Devisen und fremden Gelder den Vertretern der Alliierten abzuliefern hätten. Die Ausplünderung ging in allen Formen vor sich und reichte von den höchsten Kreisen — welche die chemischen Formeln und Industriegeheimnisse entwendeten — bis zu einfachen Soldaten oder Verschleppten, die eine Flasche Alkohol oder ein Paar Schuhe stahlen ... Was die Plünderungen durch die leitenden Kreise betrifft, so erklärte Mr. R. R. Stokes am 26. Juli 1946 im Unterhaus: „Als Industrieller habe ich die Reaktionen gewisser offizieller Persönlichkeiten auf die betrügerischen Unterschlagungen industrieller Geheimnisse außerordentlich und gänzlich widerwärtig gefunden ... Ich finde es unsauber, daß die Industriellen unseres Landes, nachdem der Feind völlig ohnmächtig ist, sein Gebiet wie die Aasgeier überfallen und Fleischstücke aus seinem Leichnam reißen."

„Von den Franzosen habe ich noch nichts gesagt, über die französische Besatzungszone sind wenig Nachrichten nach England gekommen. Man hat nicht nur vor die russische Zone und die Länder unter russischem Protektorat einen eisernen Vorhang gezogen. Jedoch konnte im Sommer

1946 ein Amerikaner, Mr. James P. Warburg, die vier Besatzungszonen besuchen und hat dann in einer in England veröffentlichten Reportage erklärt: „In der ganzen französischen Zone stößt man auf Beispiele des Gebotes „Auge um Auge, Zahn um Zahn!"... Es ist beleidigend, festzustellen, daß die Franzosen eines 'der beiden Bahngeleise der Strecke Freiburg-Müllheim-Offenburg abgebaut haben, damit die französischen Eisenbahnlinien auf der anderen Rheinseite aus dem wichtigen Nord-Südverkehr Nutzen ziehen können, oder daß sie eine Fabrik für chirurgisches Material von Grund auf vernichtet haben, einschließlich der Kassenschränke, der Bestände und der Kassen..."

„Wenn ich von den Franzosen spreche, gelange ich zur Frage der Kriegsgefangenen. Ermordung und schlechte Behandlung von Kriegsgefangenen erscheinen, wie Sie sich erinnern, unter den in der Nürnberger Anklageschrift aufgezählten Kriegsverbrechen. In England und den Vereinigten Staaten weiß man nichts von den nach Rußland weggeführten Gefangenen. Man weiß nur, daß viele von ihnen verschwunden sind. Mr. F. A. Voigt hat z. B. festgestellt, daß von 300 000 in Rußland internierten rumänischen Kriegsgefangenen 164 000 spurlos verschwunden sind. Auf die Frage, wie es kommt, daß so viele von den Russen gefangengenommene Offiziere und Soldaten verschwunden sein können, hat das angelsächsische Publikum keinerlei Bescheid erhalten. Ich will nicht behaupten, daß Kriegsgefangene auch in Frankreich verschwunden seien. Aber wie haben die Franzosen sie behandelt? Kurz nach der deutschen Kapitulation begann die amerikanische Armee, der französischen Regierung jeden Monat eine bestimmte Zahl Kriegsgefangener zur Verfügung zu stellen, um Frankreich zusätzliche Abeitskräfte zu liefern. Im Juli 1945 wurden in Ausführung dieses Übereinkommens 320 000 Kriegsgefangene überstellt. Dann wurden im darauffolgenden September diese Überstellungen unterbrochen. Die amerikanischen Militärbehörden hatten sie eingestellt, weil, wie sie erklärten, sowohl das internationale Rote Kreuz wie das amerikanische Rote Kreuz die Verwaltung der Gefangenenlager in Frankreich in jammervollem Zustand vorgefunden und die Behörden davon unterrichtet hatten, daß die deutschen Gefangenen nicht anständig behandelt würden. Besonders waren die Kranken ohne Betreuung geblieben. Das ist zwar noch recht weit davon entfernt, Mord oder Folterung von Kriegsgefangenen darzustellen, wie man es den Deutschen in der Nürnberger Anklageschrift vorwirft, aber es fällt unter den Anklagepunkt schlechte Behandlung ..."

„Am 26. April 1946 erklärte Julius Streicher, einer der Angeklagten, daß er nach seiner Verhaftung vier Tage lang in seiner Zelle ohne jegliche Bekleidung gelassen worden sei. „Man hat mich gezwungen, Negern die Füße zu küssen. Man hat mich gepeitscht. Man gab mir Speichel zu trinken. Man öffnete mir den Mund gewaltsam mit einem Stück Holz und spuckte mir in den Mund. Als ich ein Glas Wasser zu trinken begehrte, führte man mich zur Latrine und sagte: „Trinke!". (Anschließend gibt der Verfasser ein Beispiel von schlechter Behandlung, die Mr. Ezra Pound, der als amerikanischer Staatsangehöriger deutscher Rundfunkkommentator gewesen war, erleiden mußte.) Mr. Leonhard O. Mosley, ein Kriegsberichterstatter, war im April 1945 gerade in Belsen, als dieses Lager unter britisches Kommando gestellt wurde. „Die englischen Soldaten, sagt er, schlugen die SS-Wachen und Wächterinnen und zwangen sie, die Leichen der Toten zusammenzutragen, wobei sie immer zwei auf einmal tragen mußten ... Wenn einer von ihnen vor Erschöpfung niederfiel, wurde er mit Stöcken geschlagen. Wenn eine Wächterin einen Augenblick innehielt, wurde sie solange geschlagen, bis sie wieder zu laufen begann oder unter Geheul und unanständigem Gelächter mit Bajonetten gestochen. Versuchte einer von ihnen, einen Befehl zu umgehen oder nicht zu gehorchen, so wurde er mit einem Schuß zu Boden gestreckt"."

„Eines der in der Nürnberger Anklageschrift besonders aufgeführten Kriegsverbechen war die Zerstörung ganzer Städte, Dörfer und Weiler. Ein anderes war die Verwüstung von Dörfern, Häfen, Deichen und Brücken. Die Anklageschrift unterstellte, daß diese Zerstörungen und Verwüstungen ohne militärische Notwendigkeit stattgefunden hätten. Das war dabei natürlich der wunde Punkt. Bisher war es dem Ermessen der militärischen Führer überlassen gewesen, ob eine von ihnen befohlene Zerstörung der militärischen Notwendigkeit entsprach oder nicht. Dennoch hätte ein in seinem Urteil völlig freies Gericht nicht darüber befinden können, ob die von der amerikanischen und englischen Luftwaffe angerichteten Zerstörungen ständig einer militärischen Notwendigkeit entsprochen hätten ... Der von England und den Vereinigten Staaten geltend gemachte Grund war, daß das

Massenbombardement ohne Rücksicht auf die Objekte mit dazu beigetragen hätte, den Krieg abzukürzen. Wenn die Deutschen gekonnt hätten, so hätten sie sich für die Zerstörungen, die man ihnen zur Last legte, bestimmt ohne Bedenken auf das gleiche Argument mit der gleichen Durchschlagskraft berufen. Denn die von England und den Vereinigten Staaten für die Abkürzung des Krieges mit Deutschland vorgebrachten Argumente über ihre wahllosen Bombenangriffe können strittig sein. Dr. Thomas Balogh ist der Meinung: „Die Folgen der Bombenangriffe ohne Ziel sind durch den Bericht über die amerikanischen strategischen Luftangriffe glänzend dargelegt worden". Dieses Dokument liefert den Beweis, daß Bombenangriffe auf Städte vor 1943 ein Wahnsinn waren (denn wir setzten uns schweren Repressalien ohne praktischen Wert aus), und daß sie nach 1943 ein Verbrechen waren (denn wir verminderten die deutsche Kriegsproduktion doch nicht, obwohl die Besetzung von Frankreich und die Vervollkommnung des Radar Luftangriffe auf bestimmte Ziele erlaubten). Wie dem auch sei, die große englische Presse hat nie auf die Schrecken hingewiesen, die durch Massenbombardements ohne feste Ziele in den Städten entstanden. Die Luftangriffe auf Wohngebiete wurden als technische Leistungen hingestellt."

„Es gibt unter den in der Nürnberger Anklageschrift einzeln aufgeführten und als Kriegsverbrechen bezeichneten Handlungen keine, die man nicht auch der einen oder anderen der siegreichen Großmächte vorwerfen könnte, die sich das Recht anmaßen, die sogenannten Kriegsverbrecher der besiegten Nationen zu bestrafen. Diese Handlungen sind vielleicht nicht alle mit kaltem Blut begangen worden. Es war vielleicht nicht möglich, sie zu vermeiden. Schließlich aber wurden sie doch begangen."

„So verhielt es sich auch beispielsweise mit dem in Frankreich unter dem Namen Résistance oder Maquis geführten Guerillakrieg von Banden. Diese Banden waren sicherlich von einem edlen Ideal beseelt. Sie wollten das Land vom Eindringling befreien. Für den Wert dieses Ideals bedeutet es wenig, daß die Résistance von sich aus nicht in der Lage war — auch nicht mit Unterstützung an Menschen, Geld und Waffen, die von England geliefert wurden — dieses Ergebnis zu erzielen. Nur die geglückte Landung im Juli 1944 hat den Erfolg der Résistance gesichert. Auf jeden Fall kann sich die französische Résistance jedoch nicht rühmen, sich bei ihren Operationen gegen den Eindringling ständig an die Gesetze und Gewohnheiten des Krieges gehalten zu haben. In Wahrheit kann sie sogar nur sehr schwer behaupten, sie überhaupt beachtet zu haben. In erster Linie standen die Operationen, die sie sicherte, in schlagendem Widerspruch zu den Bestimmungen eines Waffenstillstandes, den eine französische Regierung, die nicht nur von Deutschland, sondern auch von Rußland und den Vereinigten Staaten anerkannt worden war, aus eigenem Antrieb mit der deutschen Regierung unterzeichnet hatte. Zweitens begingen die Angehörigen der französischen Résistance häufig Erpressungen gegenüber ihren eigenen Landsleuten und diese Erpressungen wurden nicht immer im alleinigen Interesse ihrer Sache begangen. An manchen Orten Frankreichs nannte man Ende 1945 bestimmte Personen, die im Verdacht standen, sich zum Schaden der französischen Allgemeinheit bereichert zu haben. Wenn die Resistanten, um sich Geldmittel zu verschaffen, eine Bank oder ein Postamt plünderten, dann steckten sie häufig einen Teil der Beute in die eigenen Taschen. Drittens, wenn die Mitglieder der französischen Résistance auch stets bemerkenswerten Mut und Kühnheit an den Tag legten, so waren sie doch gezwungen, mit List und auf heimlichen Wegen vorzugehen. Sie haben einen Krieg der Dolchstöße in den Rücken geführt. Und dieser Eindruck drängt sich auch bei den materiellen Schäden auf, die sie verursachten und den Morden, die sie begingen. Bestimmt ist der Krieg abscheulich. Seit langem bestehen jedoch bestimmte Regeln für die Kriegführung, um ihm den Schreckenscharakter zu nehmen und den Weg für die ehrlichen Waffen frei zu machen. Die Franktireurs, die Maquisarden und die Partisanen sind aber durch die Bedingungen, unter welchen sie den Feind beunruhigen müssen, genötigt, der Kampfführung jeden ehrlichen Charakter zu nehmen."

„Es ist sehr gut, daß man die Geiselerschießungen und die Verhängung kollektiver Strafmaßnahmen als Kriegsverbrechen bezeichnet hat. Aber Geiselfestnahmen und - erschießungen sowie Strafmaßnahmen wurden genau unter denselben Bedingungen schon in den früheren Kriegen durchgeführt und wären von unseren siegreichen Armeen auch in Deutschland vorgenommen worden, wenn sie eine Widerstandsbewegung zu bekämpfen gehabt hätten."

„Wenn gewisse, während des Krieges begangene Handlungen als Kriegsverbrechen bezeichnet werden müssen, dann müssen wir unsererseits zumindest fragen, ob die Taktik der Widerstandsbewegungen, der Versuch, die Zivilbevölkerung durch das Blockadesystem der Nahrungsmittel zu berauben, ebenso wie die über den Besiegten nach seiner Kapitulation verhängte Unterernährung, Entbehrungen und schlechte Behandlung nicht auch zu den strafbaren Handlungen gerechnet werden sollten. Wir stellen fest, daß die Regierungen und Armeen der siegreichen Großmächte an zahlreichen Handlungen nicht unschuldig befunden werden können, die jenen gleichen, für die sie gewisse Besiegte als Kriegsverbrecher anklagen und bestrafen. Und endlich stellen wir fest, daß die Regierungen, die Armeen und die Staatsangehörigen der siegreichen Großmächte während des Krieges wie auch nach dem Kriege ebenfalls weitere Handlungen begangen haben, die in derselben Weise geeignet sind, bedauert und verhindert zu werden. Es ist klar, daß bei der Bestrafung der sogenannten Kriegsverbrechen sowie bei dem Prozeß und der Strafe, welche die Sieger gewissen Besiegten nach ihrer Kapitulation auferlegt haben, der Grundsatz, wonach jeder vor dem Gesetz gleich ist, offen verhöhnt wurde. Es mag ein juristisches Verfahren stattgefunden haben. Gerechtigkeit hat nicht gewaltet."

In dieser Form bildet das Buch von Montgomery Belgion eine recht vollständige Anklage gegen den Nürnberger Prozeß. Es sagt, was gesagt werden muß und was man überall wiederfindet. Und es spricht das mit Entschiedenheit, Mäßigung und schon frühzeitig aus. Aber man könnte behaupten, Montgomery Belgion sei ein Einzelgänger, ein Sonderling, den die britische Justiz aus Schwäche nicht verfolge, ein Präzedenzfall, mit dem ich mich widerrechtlich decken wollte. Durch rasche Untersuchungen will ich daher zeigen, daß Montgomery Belgions Buch in allen Sprachen vorkommt. Die Argumente sind vorgetragen. Sie haben sie gehört, Sie kennen sie. Sie werden sie auch leicht wiedererkennen. Von nun an wird unsere Aufzählung rascher vorangehen und man wird einen einheitlichen Begriff von jedem Werk bekommen, das ich jetzt zitiere, da ich es einfach in Beziehung zu dem bringe, was ich gerade untersuche.

Wir nehmen zuerst aus den Vereinigten Staaten das 1947 in New York erschienene kleine Buch von A. O. Tittmann, „The Nuremberg Trial" (das

Nürnberger Gericht) vor. Dort heißt es über die Grundsätze des Gerichts:

„Man kann mit Bestimmtheit sagen, daß mit dem Ende dieses Krieges gleichzeitig auch das Ende des christlichen Zeitalters herangekommen ist. Alle Lehren über gutes Benehmen, die bis heute Geltung hatten, wurden beseitigt und an ihre Stelle trat der Rachegeist des mosaischen Gesetzes... Das Völkerrecht muß, wenn es als solches hingenommen werden soll, von allen Nationen anerkannt werden.

Es kann nicht einseitig ausgedacht oder modifiziert werden; und das Statut des Anklägers Jackson ist einzig und allein von den Siegern dieses Krieges angenommen worden; von manchen wurde es sogar nur unter Bedenken und erst auf vieles Drängen angenommen. Dieses Statut wurde den anderen Nationen nicht unterbreitet. Das Völkerrecht ist das Ergebnis eines langsamen Wachstumsprozesses und kann nicht geringschätzig abgetan oder je nach Belieben umgearbeitet werden, damit es den Umständen entspricht. Das Erzeugnis der Herren Rosenman, Jackson und Glück hat mit dem Völkerrecht nichts zu tun!"

Dann über die Verantwortung für den Krieg:

„Der Hauptanklagepunkt gegen die Verbrecher lautet, eine Verschwörung zur Entfesselung eines Angriffskrieges gebildet zu haben. Wieviele Kriege waren eine Verschwörung derselben Art, ohne dabei die Kriege auszunehmen, die wir geführt haben... Wenn es in Deutschland eine Verschwörung zur Entfesselung eines Agriffskrieges gab, dann bestanden analoge Verschwörungen auch in den Vereinigten Staaten, England, Frankreich und Rußland, also von Nationen, die sich sämtlich zu Rich-tern über jene aufwarfen, welche sie beschuldigen, die einzigen Verantwortlichen für den Angriffskrieg zu sein... England hat Deutschland den Krieg erklärt, weil es ihm unmöglich gewesen wäre, seine elementarsten Rechte zu verteidigen, falls sich die deutsche Herrschaft durch neue Aggressionen ausgebreitet hätte. Dieselben Gründe bestimmten Frankreich (Äußerung von Sir Norman Angell in der „New York Times" vom 21. Oktober 1945). Diese beiden Nationen haben demnach gegen Deutschland einen Präventivkrieg entfesselt, der gar nichts anderes sein konnte, als ein Angriffskrieg..."

„ ... Weder England noch Frankreich noch die Vereinigten Staaten haben sich auf den Kellogpakt berufen oder dessen Bestimmungen bei der Kriegserklärung beachtet. Die von Chamberlain und Daladier vorgebrachten Gründe zur Kriegserklärung an Deutschland stützten sich nicht auf diesen Vertrag, der auch bei den zahllosen illegalen Kriegsmaßnahmen, mittels deren Roosevelt uns schließlich in den Krieg hineinzog, nicht weiter beachtet wurde."

Schließlich über die Kriegsverbrechen der Alliierten:

„Was sich in Böhmen und Mähren abspielte, solange v. Neurath an der Spitze dieses Landes stand, ist nahezu nichts im Vergleich zu der Behandlung, der die Deutschen des Sudetengebiets unter der Regierung Benesch ausgesetzt waren, deren unglaublicher Grad von Terror und Grausamkeit von unserer geknebelten Presse mit Stillschweigen übergangen wurde, obwohl sie über diesen Punkt vollständig unterrichtet war. Aber es ist nicht ratsam, so etwas zu drucken, weil es den Dunstschleier, den diese Presse vor unser Land gezogen hat, zerreißen würde. Die Allgemeinhaltung unserer geknebelten Presse zeigt, was man von diesem „Prozeß" und seinem Possenspielcharakter zu erwarten hat. Trotzdem seine Antreiber genau wissen, daß er keine gesetzliche Grundlage hat, versuchen sie, ihn dem amerikanischen Volke mittels wohlerprobter Propagandamethoden „einzutrichtern."

„ ... Die Aufzählung der deutschen Verbrechen, Deportation von Arbeitern, Ermordung und Mißhandlung von Kriegsgefangenen, Plünderung des öffentlichen und privaten. Eigentums, blindwütige Zerstörung von Städten und Dörfern, Verwüstungen, die durch militärische Erfordernisse nicht gerechtfertigt waren, kann ebenso gut auch gegen Deutschlands Feinde gerichtet werden, - sie setzt sich heute im Friedenszustand, der zwar nicht rechtlich, aber doch tatsächlich besteht, mehr als ein Jahr nach Beendigung der Feindseligkeiten noch fort."

„Jackson akzeptiert bedenkenlos und unbeanstandet alle von den Russen gelieferten Zahlen, obwohl sie offensichtlich falsch sind, was dadurch bewiesen wird, daß die deutsche Armee mehrmals nacheinander hätte vernichtet werden müssen, wenn die von den Russen ihre angeblich zugefügten Verlustzahlen richtig wären. Er sah sogar die Behauptung aus russischer Quelle als glaubwürdig an, daß 11600 polnische Offiziere im September 1941 von den Deutschen im Walde von Katyn ermordet worden seien, obwohl in Wirklichkeit die Winterkleidung der Leichen bewies, daß die Ermordung stattgefunden hatte, als dieses Gebiet unter der Kontrolle der Sowjets stand. Nimmt man die Juden aus, so kommt die Zahl der von den Deutschen bewußt getöteten Zivilpersonen bestimmt nicht der von ihren Feinden getöteten Deutschen gleich. Die Bombenabwürfe auf deutsche Städte haben diese allein zwei Millionen Menschenleben gekostet, während eine viel größere Zahl von Opfern verwundet oder ihrer Häuser beraubt wurden, was ihren Tod durch Kälte oder Hunger nach sich zog."

„Die Worte massive Zerstörung genügen, um die üblichen Lügen über militärische Anlagen zu widerlegen, durch deren Vorhandensein man behauptet, gewisse der entsetzlichsten Verbrechen gegen Nichtkriegführende, welche die Welt je gesehen hat, rechtfertigen zu können. Es ist tröstlich, zu sehen, daß die Großmächte indirekt das verleugnen, was sie unter Vorspiegelung militärischer Notwendigkeit in einem Kriege taten, der nach Meinung zahlreicher Sachverständiger sehr wohl auch hätte gewonnen werden können, wenn man die Regeln der zivilisierten Welt respektiert hätte, die stets die Nichtkriegführenden, Männer, Frauen und Kinder, die sich nicht selbst schützen können, unter Schutz stellten. Wo ist das Tribunal, das über diese Verbrecher zu Gericht sitzt?... Die Schuldigen, so sagt ihr, könnten nicht mit der alten Entschuldigung durchkommen, daß die verübten Handlungen für den Staat und seine Verteidigung geschehen seien, ohne daß ein Einzelner dafür die Schuld oder die Verantwortung tragen könnte? Sehr gut I dann stellt Eisenhower, Spaatz, Montgomery und Harris unter Anklage: denn diese Regel bezieht sich auf sie."

In Portugal veröffentlichte Professor Joao das Regras im Februar 1947 in Lissabon unter dem Titel „Um Nuovo Direito International, Nuremberg" (Nürnberg, ein neues Völkerrecht) eine Studie des Nürnberger Prozesses. In ihr sind folgende Werturteile zu lesen:

„Weil es den Anklägern nicht möglich war, das historische Phänomen Hitler „in Person" zu verurteilen, haben sie den Versuch unternommen, das wundervolle Bauwerk seines politischen und geistigen Werkes mittels einer Formel von fünf Anklagepunkten einzureißen ... Der Prozeß gegen die Kriegsverbrecher ist nicht ein Beispiel des Rechts der freien demokratischen Verteidigung, sondern ganz im Gegenteil eine Kette von Rechtsbrüchen und der Verteidigung auferlegten systematischen Behinderungen, die in der Rechtsgeschichte ohne Beispiel dastehen."

Und hinsichtlich der Verantwortung für den Krieg: „Es lohnt sich nicht, den juristischen Inhalt des lächerlichen Geschwätzes im Nürnberger Urteilsspruch zu prüfen, soweit es die Angriffskriege der Deutschen gegen Österreich, die Tschechoslowakei, Dänemark, Norwegen, Holland, Belgien oder die Balkanländer betrifft, da man den deutschen Anwälten untersagte, dem die geheimen Aktenstücke der Alliierten während des Krieges und die Pläne der französischen und englischen Generalstäbe gegenüberzustellen.

Der Inhalt des Beweismaterials, auf dem der Urteilsspruch beruht, stellt eine Fälschung der wirklichen Geschichte dar, die schwerlich überboten werden kann."

Über die deutschen und alliierten Kriegsverbrechen:

„Die Phosphorbrandbomben, die Terrorangriffe gegen die Zivilbevölkerung, die Ermordung hunderttausender unschuldiger Frauen und Kinder, die barbarischen Akte aberwitziger Zerstörungswut, z. B. der Luftangriff auf Dresden, gegen den der alte Gerhard Hauptmann als Augenzeuge heftig protestierte, die Attentate auf die Neutralität, die durch die Schiffskontrolle mittels Zollzeugnissen und Navy-Certs begangen wurden, ein Bruch des Völkerrechts, der sich bis zum Kriegsende hinzog, alles das und noch vieles andere mehr (wir wollen noch gar nicht von den bolschewistischen Verbrechen und den Atombomben reden), erklärt man, seien keine Kriegsverbrechen, sondern Handlungen, die mit einer humanen und demokratischen Kriegführung übereinstimmten."

„... Folgerung eines neutralen Juristen: wenn es sich um Deutsche handelt, wird die schlechte Behandlung von Gefangenen als Kriegsverbrechen angesehen; handelt es sich aber um Alliierte, so werden die gleichen Verbrechen als „unerheblich" betrachtet und gehören demzufolge in die Kategorie der Mittel, die von der demokratischen Justiz normalerweise angewendet werden."

Dies sind die schon gewohnten Themen. Der Verfasser geht hier aber weiter. Er beschuldigt den öffentlichen Kläger, daß das Wesentliche seiner Beweisführung auf Dokumenten von zweifelhafter Echtheit und auf Geständnissen beruhe, die durch schlechte Behandlung und zuweilen gewaltsam erpreßt worden seien. Diese sehr wichtige Seite der Nürnberger Urteile werden wir später im einzelnen behandeln. Beschränken wir uns zunächst darauf, unseren portugiesischen Autor zu zitieren:

„Eine Folgerung, die sich jedem unparteiischen Juristen aufdrängt: es klingt da etwas falsch in den „Schlüsseldokumenten" des Militärgerichts (es handelt sich um den Schmundt- Bericht und das Hoßbachprotokoll), obwohl Richter Lawrence den Nachweis der Echtheit dieser Dokumente anerkannt hat ... Um ein Urteil über gewisse Behauptungen (der Anklage) abzugeben, sind aber die von den Alliierten an den wehrlosen Gefangenen begangenen Gewaltakte, die in schlechter Behandlung und Folterungen bestanden, mittels deren die angeblichen „Geständnisse" erpreßt wurden, viel wichtiger."

Zum Schluß nimmt der Verfasser auch keinen Anstoß, mit den üblichen Vorurteilen zu brechen und seine Einstellung zum Nationalsozialismus folgendermaßen darzulegen:

„In Wirklichkeit haben sich in Nürnberg zwei Welten gegenübergestanden, die sich nicht verstehen konnten. Die materialistische Welt des Mammons und der demokratischen Heuchelei gegen die idealistische und heroische Konzeption eines Volkes, das sein Lebensrecht verteidigte ... Wie könnte diese gesättigte und materialistische Welt den unerschütterlichen und heroischen Lebenswillen eines Volkes verstehen, das trotz seines Unmutes über seinen eingeschränkten Lebensraum, den es innehatte, unserer Kultur seit Jahrhunderten unsterbliche Werke geschenkt hat und das vor dem zweiten Weltkrieg an der Spitze aller entscheidenden Fortschritte der Technik unseres Jahrhunderts gestanden hat? ... Es ist der

Kanaillenmentalität der internationalen Presse würdig, über die Führer des deutschen Volkes trotz ihrer würdigen Haltung, als man eine unanständige Behandlung und ein ungerechtes Todesurteil über sie verhängte, noch herzufallen ... Mit einer wahrhaft heroischen und der höchsten Bewunderung würdigen Haltung sind die Verurteilten von Nürnberg als Vorboten einer auf nationaler Grundlage aufgebauten sozialen Gerechtigkeit mit einem glühenden Bekenntnis der Liebe zu ihrem Volk und Ideal gestorben."

In England kam noch ein weiteres kleines politisches Buch in Umlauf. Es ist mehr eine Broschüre als ein Buch, aber Ton und Inhalt machen auch dieses Buch zum Echo der vorhergenannten Werke. Es erschien unter dem Titel „Failure at Nuremberg", was man nach meiner Meinung mit „Der Nürnberger Bankrott" übersetzen kann und wurde von einer Gruppe herausgegeben, an deren Spitze der Herzog von Bedford steht. Ich übergehe die in der Broschüre enthaltenen bereits bekannten Argumente über die Parteilichkeit des Gerichts, über die ex post facto lege gefällten Urteile, die alliierten Kriegsverbrechen, die fundamentale Unanständigkeit des Prozesses an sich. Ich gebe nur Stellen wieder, die den Nationalsozialismus sowie die Fälschung von Zeugenaussagen und Beweismitteln betreffen. Hier zunächst, was der Verfasser über den Nationalsozialismus äußert:

„Es ist von geringer Bedeutung, ob der Nationalsozialismus eine edle oder zu verurteilende Bewegung war — und wahrscheinlich war er. wie die meisten vergänglichen menschlichen Einrichtungen, eine Mischung von Gut und Böse. Jedenfalls kann aber niemand, der im Bilde und unparteiisch ist, leugnen, daß er eine politische Bewegung von vollkommener Aufrichtigkeit war. Außerdem wurzelte diese große, ja prachtvolle Aufrichtigkeit (mit Ausnahme von einem oder zwei Opportunisten, denen es bei ihrem Doppelspiel um das Leben ging) tief in den Herzen der Nürnberger Angeklagten, den Herzen dieser Männer, die zum Tode oder zu Gefängnis verurteilt wurden. Daß diese Bewegung eine bestimmte Zahl von Lumpen angelockt hatte, ist eine ganz natürliche Sache (bei welcher großen Partei wäre das übrigens nicht vorgekommen?), aber daß man alle Naziorganisationen dadurch hinwegfegen könnte, daß man sie als verbrecherisch anprangert, ist eine Einstellung, die jeder anständige Historiker, sobald er die zeitgenössischen

Beweise prüft, bestimmt verwerfen und ohne weiteres verurteilen wird ... Der Nazionalsozialismus ist tot. Die Menschheit bleibt jedoch nicht ohne Zufluchtsstätte und vielleicht wird der Tag kommen, an welchem Menschen die Mittel finden werden, das in ihm enthaltene Gute zu verwirklichen, ohne in seine brutale Selbstherrlichkeit, seinen erbarmungslosen Fanatismus und seine Unduldsamkeit zurückzuverfallen. Eines ist jedenfalls gewiß: dieser Tag wurde uns durch den Justizmord an diesen Besiegten, die ihrem Lande in Liebe gedient hatten, nicht näher gebracht. Der Nürnberger Prozeß ist nicht das Morgenrot einer neuen Zeit, er ist ein Rückfall in die Zeiten der Barbarei und der Nacht."

Und nun die Folgerungen aus verschiedenen Stellen, die der Prüfung der Zeugenaussagen und der Beweismittel gewidmet sind. Es sind Zeugenaussagen unter Druck auf die Zeugen zustande gekommen:

„Vielleicht ist es zweckmäßig, sich hier auf den Belsen-Prozeß zu beziehen, in welchem die sogenannten Geständnisse einer Angeklagten, Irma Grese, beigebracht wurden. Vor diesem Gericht wurde behauptet, diese Geständnisse seien gewaltsam erpreßt worden und anschließend sei kein zufriedenstellender Widerruf erfolgt... Dasselbe Mißgeschick scheint bei Sauckel vorgekommen zu sein ... Sein Verteidiger hat erklärt, daß die Geständnisse ihm bei der Untersuchung gewaltsam abgepreßt wurden und die Anklage (in diesem Zeitpunkt) keine Zeit gehabt hätte, eine eingehende Untersuchung über diese Vorgänge durchzuführen ... Diese Geständnisse wurden jedoch (sechs Monate später) von neuem seitens der französischen Delegation benutzt. Sauckel bestritt den ganzen Inhalt des Dokuments und erklärte, man hätte ihm gedroht, ihn im Falle der Unterschriftsverweigerung nebst seinen zehn Kindern an die Sowjetbehörden auszuliefern. Trotzdem wurden diese „Geständnisse" vom Gerichtshof anerkannt."

Als Beweise wurden wenig überzeugende Dokumente, besonders schlecht nachprüfbare Polizeiberichte vorgelegt:

„Der Bericht der französischen Delegation enthielt eine große Zahl von Polizeiberichten. Die Verteidigung erhob Einwendungen, die auf dem Grundsatz fußten, diese Berichte seien unzureichend nachgeprüft worden. Aber das Gericht erklärte sie als annehmbar, weil sie von einer Regierung vorgelegt worden seien. Der zweifelhafte Charakter von Dokumenten dieser Art kann von niemand übersehen werden."

Andere Dokumente werden als offenbar unglaubwürdig kommentiert:

„Die amerikanische Delegation stellte etwas her, das sie einen Nazikatechismus nannte. Er war aus Rosenberg zusammengestellt und enthielt eine Anzahl neuer Gebote, etwa wie: Sei mutig — Handle niemals gemein — Glaube an Gottes Gegenwart in der ganzen lebenden Schöpfung, in den Tieren und in den Pflanzen — Bewahre Deine Blutsreinheit. Daß solche Arten von Geboten wirklich ein Kriegsverbrechen darstellten, wäre nach unserer Meinung ein Standpunkt, der vor einer mit gesundem Menschenverstand begabten Körperschaft nur sehr schwer aufrecht zu erhalten sein würde."

Schließlich war die Parteilichkeit der Zeugen klar zu erkennen; ihre Aussagen beruhten oft auf der Einbildung:

„Sowohl bei den Dokumenten wie auch bei bestimmten Zeugen muß ein unparteiischer Leser des Prozesses von der unglücklichen Auswahl des öffentlichen Klägers unangenehm berührt sein. Diese Kritik bezieht sich auf Zeugen, deren Aussagen auf Einbildung beruhte, auf einige, die nicht vor Verrat in Kriegszeiten zurückschreckten, auf andere, die schriftlich aussagten, augenscheinlich aber wenig Lust verspürten, oder sich unter ausgezeichneten Vorwänden verbieten ließen, ihre Aussagen in Anwesenheit des Angeklagten zu machen."

Und nun die Folgerung, zu der der Verfasser gelangt:

„So hat man einem Feldzug von Übertreibungen den Weg geöffnet, der von unserer Presse tatkräftig unterstützt wurde und vielleicht aus freien Stücken dazu diente, die Politik der Lebensmittelverknappung, der Deportation usw., die wir gleichzeitig den Deutschen gegenüber anwendeten, zu verdecken und weitgehendst zu entschuldigen .. Wenn unter den Opfern des Krieges die Wahrheit die erste Stelle einnimmt, so können alle, die unsere Presse während des Krieges gelesen haben, die

Behauptung vertreten, daß das Ehrgefühl sofort hinterher geopfert wurde... Es ist unanständig, daß nach einem Kriege, der einen Kontinent verwüstete und schließlich die ganze Welt in eine Hungersnot stürzte, eine so tragische Posse gespielt werden konnte. Es gehört nicht zur Tradition Englands, sich so zu benehmen. Und, es war nicht klug: vielleicht ist dies das Schlimmste von allem."

Nach diesen, dem Nürnberger Prozeß gewidmeten Monographien, darf es nicht Wunder nehmen, wenn die Arbeiten der Essayisten oder die angelsächsischen politischen Reportagen, die den Nürnberger Prozeß nur nebenbei behandeln, in ihren Beurteilungen oft sehr hart sind. Hier muß man sich auf einige Fälle beschränken. Wir lernen zunächst einige Stellen kennen, aus einem in den Vereinigten Staaten, England und Deutschland sehr berühmten, in Frankreich aber vollkommen unbekannten Buche von Freda Utley über das heutige Deutschland, das in Chicago unter dem Titel „The High Cost of Vengeance" (Kostspielige Rache) erschien. Frau Freda Utley ist große Spezialistin in Untersuchungen über internationale Politik. Sie schrieb angesehene Bücher über den fernen Osten, China und den Pazifik. Ihr Name ist in den Vereinigten Staaten weitaus angesehener, als der Name der Gebrüder Alsop, die Wortführer von Roosevelts Gehirntrust waren und denen unsere Zeitungen so gottergeben ihre Spalten öffneten. Nach zwei Jahren einer sehr aufmerksamen Untersuchung in Deutschland schrieb Frau Freda Utley:

„In Nürnberg haben wir nicht nur ein post facto geschaffenes Recht angewendet, sondern überdies noch erklärt, daß es allein auf die Deutschen angewendet würde. Wie aus den Urteilen der amerikanischen Gerichte in Nürnberg hervorgeht, ist der Wille der Sieger unumschränkt; der Besiegte hat nicht das Recht, hiergegen an das Völkerrecht, das amerikanische Recht oder ein sonstiges Recht zu appellieren ... Wenig Amerikaner haben davon Kenntnis, aber ihre Repräsentanten in Nürnberg wiesen ausdrücklich darauf hin, daß die Sieger nicht unter demselben Recht standen, wie die Besiegten. Auf den Einwand der Verteidigung, wenn es schon ein Verbrechen gegen das Völkerrecht sei, daß die Deutschen in den besetzten Gebieten Polens und Rußland das Privateigentum beschlagnahmt, daß sie Zivilpersonen und Kriegsgefangene als Zwangsarbeiter verwendet oder die

Verpflegungssätze in den von ihnen besetzten Gebieten herabgesetzt hätten, dann sei es nicht zu verstehen, warum die amerikanische, englische, französische oder russische Militärregierung für dieselben Verbrechen, die in Deutschland alltäglich begangen würden, nicht auch zur Rechenschaft gezogen würden, antwortete man: „Die alliierten Mächte sind nicht den Regeln der Haager Konferenz und den Regeln über die Führung der Feindseligkeiten unterworfen." Warum? „Weil, so sagen die Amerikanischen Richter und Ankläger in Nürnberg, die Regeln über die Führung der Feindseligkeiten sich auf Handlungen der Kriegführenden im besetzten Gebiet nur auf die Zeit beziehen, in der eine Armee gegen sie kämpft und versucht, das Land seinem rechtmäßigen Besitzer wiederzugeben, weil aber die Anwendung dieser Regeln endet, wenn die Kriegführung beendet ist, wenn also keine feindliche Armee mehr im Felde steht und, wie dies bei Deutschland der Fall ist, das Land durch militärischen Sieg niedergeworfen wurde." (Urteil im Prozeß Nr. 3, Seite 10) ... Dieses Argument, daß alles, was während des Krieges ein Verbrechen ist, nach Beendigung der Feindseligkeiten aufhört, eins zu sein ist sicherlich der schönste juristische Trugschluß in der Sammlung des Richters Jackson... Wir weigern uns also, die Regeln des Völkerrechts zu beachten, weil wir eine souveräne Macht sind; zugleich weigern wir uns aber, die amerikanische oder deutsche Gesetzgebung anzuwenden, weil unsere Gerichtshöfe Ausdrucksform einer internationalen Autorität sind. Die Deutschen sind demnach rechtlos: jeglichen Rechtsschutzes beraubt und der Willkür der Siegerdekrete preisgegeben. Wir haben das deutsche Volk außerhalb des Gesetzes gestellt, wie es Hitler mit den Juden getan hatte."

Ferner berichtet Freda Utley über die Schwierigkeiten einer Kollektivbestrafung wie auch über die Schwierigkeiten, infolge des 1945 und 1946 in Deutschland herrschenden Terrors einwandfreie Zeugenaussagen zu bekommen:

„Die Nürnberger Urteile fußen auf dem totalitären Grundsatz der Kollektivschuld und der Kollektivstrafe. Wir dekretieren, daß jeder, der auf irgend einem militärischen oder zivilen Posten die deutsche Kriegsanstrengung unterstützte oder ihr half, schuldig ist, an einem Angriffskrieg teilgenommen zu haben. Dieser Begriff ist so weit gezogen, daß er zum Schluß wirkungslos wird. Die amerikanischen Richter, die nach Nürnberg geschickt wurden, um Kriegsverbrecher abzuurteilen, waren nicht fähig, zu erkennen, wo die Linie der Diskriminierung ein Ende haben mußte, um die Anschuldigung des ganzen deutschen Volkes zu vermeiden; sie schufen somit einen Präzedenzfall für die Anschuldigung des ganzen amerikanischen Volkes in einem künftigen Kriege, der von den Kommunisten Angriffskrieg getauft werden wird. Denn nach den Bestimmungen des Gesetzes Nr. 10 können der Bauer oder Gutsbesitzer, die Erzeugnisse produzierten und verkauften, der Industrielle, der seine Arbeiter weiterbeschäftigt sowie die Arbeiter, die ihre Arbeit fortsetzten, die Beamten und Soldaten, die ihrer Regierung gehorchten, allesamt als schuldig angesehen werden ..."

„... Die ernsteste aller Behinderungen der Verteidigung war die Schwierigkeit, Zeugen zu finden, Sprecherlaubnis mit ihnen zu bekommen und sie zu bereden, in Nürnberg auszusagen... Zur Zeit des Prozesses gegen die großen Kriegsverbrecher befanden sich fast alle Zeugen in Haft und konnten mit der Verteidigung nur dann in Verbindung treten, wenn die Anklage sie als Belastungszeugen anforderte... Oft war es möglich, von einem Zeugen die Aussage zu erhalten, die man wünschte, wenn man ihn einfach zwei oder drei Jahre lang in Haft behielt, ohne Nachricht von seiner Familie, ohne daß sich jemand mit ihm befaßte, oder wenn man ihm drohte, ihn selbst als Kriegsverbrecher anzuklagen, falls er sich weigern sollte, einen Angeklagten zu belasten."

Frau Freda Utley geht aber noch weiter. In deutlicheren Worten als Montgomery Belgion brandmarkt sie die fundamentale Heuchelei der Nürnberger Urteile; sie weist darauf hin, daß die Sowjetbehörden sich nicht scheuen, dem Gericht jene angeblichen Kriegsverbrecher zu entziehen, die bereit waren, in ihren Dienst zu treten; ebenso enthüllt sie die Hintergedanken der Alliierten bei dem Feldzug mit deutschen Greueln und die Rolle, welche die Propaganda dabei spielte:

„Man verfolgte Deutsche wegen Kriegsverbrechen, die in Rußland verübt wurden, während sich die Sowjetregierung weigerte, an diesen Prozessen teilzunehmen. Die Sowjets beschäftigten sich zur gleichen Zeit damit, die deutschen Kriegsverbrecher zu überreden, ihre Mitarbeiter zu werden. Sie taten dies mit so gutem Erfolg, daß die amerikanischen

Richter in Nürnberg häufig Personen verurteilten, die Befehle ihrer Vorgesetzten ausgeführt hatten, während diese Vorgesetzten selbst zur gleichen Zeit wichtige Funktionen in der Sowjetzone ausübten. So ist z. B. General Vinzenz Müller, der den Befehl zur Liquidierung der russischen Zivilbevölkerung, die sich auf der Marschstraße der deutschen Armee befand, unterschrieb, heute Stabschef beim Befehlshaber der deutsch-russischen Polizeikräfte in der Sowjetzone, v. Seidlitz, während General Hans v. Salmuth, sein Stabschef, der diesen Befehl nur weitergab, von den Amerikanern am Nürnberger Gericht zu zwanzig Jahren Gefängnis verurteilt wurde."

... „Die Nürnberger Prozesse sind nun beendet. Ihr einziges Ergebnis war, daß sie die amerikanische Justiz zum Spott machten und die Deutschen mit Haß und Verachtung gegenüber unserer Heuchelei erfüllten. Ein hochangesehener amerikanischer Hochschullehrer, den ich in Heidelberg traf, gab der Meinung Ausdruck, die amerikanischen Militärbehörden seien entsetzt gewesen, als sie in Deutschland bei ihrem Einrücken die schrecklichen, durch unser obliteration bombing — unsere vernichtende Zerbombung — angerichteten Zerstörungen sahen und bei dem Gedanken erschraken, daß deren Bekanntwerden in der öffentlichen Meinung der Vereinigten Staaten einen Umschwung hervorrufen und verhindern könnte, Deutschland die vorgesehene Behandlung zuteil werden zu lassen, weil alsdann für die Besiegten Sympathie erweckt und unsere Kriegsverbrechen aufgedeckt worden wären. Das war nach seiner Meinung der Grund, weshalb General Eisenhower den Journalisten, Kongreßmännern und Kirchenpersönlichkeiten sofort eine ganze Luftflotte zur Verfügung stellte, um ihnen die Konzentrationslager zu zeigen. Seine Absicht war, unser Schuldbewußtsein durch den Anblick von Hitlers Opfern zu verwischen. Es ist sicher, daß man mit dieser Maßnahme Erfolg hatte. Nicht eine einzige große amerikanische Zeitung hat bis heute die Schrecken der Bombenangriffe oder die entsetzlichen Bedingungen geschildert, unter denen die überlebenden in ihren leichenübersäten Ruinen lebten. Die amerikanischen Leser wurden im Gegenteil nur über die deutschen Greuel unterrichtet."

Über letzteren Punkt kann man ein gleichlautendes Urteil lesen, das von einem amerikanischen Psychologen in einer englischen Zeitschrift, der „World Review" abgegeben wurde. Mr. John Duffield, ein Spezialist für Soziologie und kollektive Psychologie schreibt in der Augustnummer 1946 dieser Revue unter dem Titel „War, Peace and Unconsciousness" (Krieg, Frieden und Ahnungslosigkeit) folgende Sätze:

„Die Behandlung unserer ehemaligen Feinde beruht ihrem Grundsatz nach nicht auf Gerechtigkeit, sondern auf einer Massenneurose. Tatsächlich hat man zu diesem Zwecke eine neue, einseitige „Justiz" erfunden. Ist es denn nicht sonderbar, daß es unter den etwa dreißig Millionen Männern, die für die Alliierten gekämpft haben, keinen einzigen gibt, der für ein Kriegsverbrechen oder wegen Greueln vor Gericht gezogen worden wäre? ..."

„Heute ist der Krieg nur die bis zur äußersten Grenze getriebene Gewalt. Er bringt unzählige, ebensogut vorbedachte, wie zufällige Grausamkeiten mit sich. Aber der Feind erscheint der öffentlichen Meinung noch grausamer, brutaler, und sadistischer, als er wirklich ist, denn außer den Verbrechen, die er wirklich begangen hat, scheint er für uns noch mit der ganzen Hölle unseres eigenen Unterbewußtseins beladen, denn alle schlechten Neigungen, die wir mit größter Schärfe verurteilen und die in unserem Unterbewußtsein zurückgedrängt sind, werfen wir nach außen auf ihn. Und so erscheint er uns als Ungeheuer in Menschengestalt, das nichts mit uns gemein hat... In Kriegszeiten wird dieses beliebte Zuschieben aller bösen Triebkräfte auf den Feind täglich von der Propaganda gefördert, das Thema „Greuel" wird zur hauptsächlich dafür angewendeten Methode."

Ich übergehe Auslassungen ähnlicher Art, die man, wenn man es wünscht, leicht wiedererkennen kann: die von Dorothy Thomson, deren Einsprüche über den Rundfunk so bekannt sind, daß sogar die französische Öffentlichkeit von ihnen hörte; die des Generalmajors Füller, jenes großen englischen Militärhistorikers, der in seinen beiden, dem zweiten Weltkrieg gewidmeten Werken „Armement and History" (Bewaffnung und Geschichte) und „World War II" (Der zweite Weltkrieg) ebenso kategorisch schrieb wie Freda Utley und Dorothy Thomson, ja noch weitergeht und sich nicht zu schreiben scheut, daß die Alliierten, nachdem sie einmal den totalen Krieg aufgenommen und mit den ihnen eigenen Mitteln geführt hatten, den Deutschen nicht mehr vorwerfen können, ihrerseits andersartige Formen des totalen Krieges — alle aber ebenso unvermeidlich — angewendet zu haben. Eigentlich sollte man hier zahlreiche Stellen zitieren, um einen genauen und getreuen Überblick über die Gedankengänge von Generalmajor Füller zu geben. Ich ziehe aber die zu-samenfassende Wiedergabe einer Abhandlung vor, die 1949 in London erschien und aus derselben Einstellung hervorgegangen ist. Es handelt sich um ein kleines Buch mit dem Titel „Advance to Barbarism" (Schritt in die Barbarei) das ich wegen der in ihm enthaltenen recht interessanten, aber sehr wenig bekannten Aufschlüsse später noch zitieren werde. Um die Wiedergabe allzuvieler Auszüge zu vermeiden, beschränke ich mich darauf, hier die Analyse zu bringen, die von diesem Werk in einer kanadischen Wochenschrift französischer Sprache „L'Oeil" (Das Auge) in Montreal erschienen ist:

„Der Krieg von 1939 bis 1945 bedeutete nach Ansicht des Verfassers eine ohne Einleitung oder ersichtlichen Grund erfolgte Rückkehr in die heuchlerische und verschleierte Barbarei, die schlimmer ist, als die offene. Er schreibt vornehmlich England die Verantwortung dafür zu, einen Krieg begonnen zu haben, in welchem der Nichtkriegführende genau so getroffen wird, wie der Kriegführende, zuweilen sogar noch mehr. Er führt die Bombenangriffe auf Dresden während der letzten Kriegswochen 1945 an, wo 800 Bomber diese Stadt, von der man wußte, daß sie ausschließlich Frauen und Kinder beherbergte, die von Sowjetrußland flohen, zerbombten und niederbrannten. Er beschreibt den Bombenangriff auf Hamburg, wo kleine Kinder in die Kanäle sprangen, um nicht verbrennen zu müssen und erwähnt auch den überflüssigen Gebrauch der Atombombe auf Hiroshima und Nagasaki. Alsdann prüft er die Verwandlung von Millionen Kriegsgefangener in wirkliche Sklaven, ein Zustand, der nun, fast vier Jahre nach dem Ende der Feindseligkeiten, noch andauert und ferner die einzig dastehende Beschlagnahme des Eigentums der Nichtkriegführenden usw.

Das alles, sagt er, ist nicht aus eigenem Antrieb geschehen. Er erwähnt das Geständnis des schreienden Churchill: „Es gibt keine Grenze der Gewalt, die wir in diesem Kriege nicht überschreiten werden." Er erwähnt den Sohn Roosevelts mit seinem Bericht über die Konferenz in Teheran, wo Stalin, nachdem er mehrere Flaschen Wodka geleert hatte, vorschlug, der Schönheit des Anblicks halber 50000 Feindführer ohne weiteres zu erschießen. Churchill, der sich viel Cognac einverleibt hatte, meinte, es müsse darüber wenigstens eine Art Prozeß stattfinden. Roosevelt, der einige Dutzend Coctails Martini getrunken hatte, redete Stalin zu, seine Zahl auf 49500 herabzusetzen, das ließe die Gesamtzahl weniger groß erscheinen. Genau so, sagt er, unterhielten sich die heidnischen Satrapen im Altertum.

Als Urbild aller anderen Prozesse zergliedert der Verfasser alsdann den bekanntesten von ihnen, den Nürnberger Prozeß, in welchem zum erstenmal in der Kulturgeschichte die militärischen und seemännischen Führer des Feindes deshalb zum Tode verurteilt wurden, weil sie in ihrem Lande gedient und das Verbrechen begangen hatten, Verlierer zu sein. Er beweist, wieso dieser Gerichtshof keinerlei Jurisdiktion, keine Gesetzesklausel zur Prozeßführung, keine vorher bestimmten Verbrechen abzuurteilen hatte und keine Garantie für Gerechtigkeit bot, weil die Sieger ja gleichzeitig Ankläger und Richter waren. Darüber hinaus konnten die Angeklagten ihre Rechtsanwalte nur unter ihren politischen Gegnern auswählen und erhielten für ihre Verteidigung keinen Zugang zu ihren eigenen Archiven.

Der Verfasser folgert daraus, daß dieser Scheinprozeß (mocktrial) solange eine Herabsetzung der Justiz, der Legalität und Moral bleiben wird, als er nicht durch ein wirklich internationales Gericht, das mit richterlicher Gewalt ausgestattet, neutral und unparteiisch ist, bestätigt wird. Es scheint den Beginn eines Bedauerns und Tadeins der Nürnberger Posse anzukündigen, sagt er, wenn knapp neun Monate später England und die Vereinigten Staaten gegen den Nikolaus Petrow in Bulgarien gemachten Prozeß offiziell protestierten, weil Petrow, ein Antikommunist, von kommunistischen Richtern und Anklägern abgeurteilt wurde. Dennoch hatte dieses Gericht vollkommene Jurisdiktion; die abgeurteilten Vergehen waren vorher kodefiziert; alles, was diesem Prozeß fehlte, war die Garantie der Unparteilichkeit, aber dies reichte schon aus, um das gegen Petrow ausgesprochene Urteil unmoralisch, ungerecht und ungesetzlich zu machen.

In Nürnberg aber fehlten alle wesentlichen Vorbedingungen für Gerechtigkeit, Gesetzmäßigkeit und Moral. Der Verfasser folgert, daß der nächste Krieg alle Länder in einen Abgrund an Wildheit stürzen wird, wie sie die Menschheit noch nicht gekannt hat, wenn nicht sofort ein rechtswirksames und dauerhaftes Einvernehmen über eine ernstgemeinte Rückkehr zu den Kriegs- und Nachkriegsbräuchen entsprechend den Errungenschaften der christlichen Kultur getroffen wird."

Alles bisher angeführte beweist zur Genüge, daß schon jetzt ein großer Teil der Weltmeinung zu dieser Frage mit einer Klarheit und Eindringlichkeit Stellung genommen hat, die im allgemeinen in unserem Lande aus den von mir bereits dargelegten Gründen verkannt oder mehr noch unbekannt ist. Ja, höchste Autoritäten haben es nicht verschmäht, ihre Meinung zu äußern oder zumindest durch offiziöse Ermächtigung bekannt werden zu lassen. In den Arbeiten, von denen ich jetzt sprechen werde, ist ein etwas anderer Ton zu finden. Sie sind weniger heftig, weniger kategorisch, als jene, von deren Existenz ich bisher sprach. Aber auch sie alle fallen durch ihre maßvolle Zurückhaltung und die Charaktereigenschaften derer, die sie schrieben, ins Gewicht. Es ist darum wichtig, diese Mahnungen, diese Warnungen, die mitunter zu rechten Verurteilungen wurden, ebenfalls in diesem Dokumentenmaterial Platz finden zu lassen.

In Italien veröffentlichte der Jesuitenpater S. Lener bei dem offiziösen Verlag Civilta Cattolica eine Studie, betitelt „Crimini di guerra e delitti contra l'umanita" (Kriegsverbrechen und Vergehen gegen die Menschlichkeit), die durch die Person ihres Verfassers und den Verlag eine Meinung wiederzugeben scheint, die von den vatikanischen Behörden zumindest als tragbar anerkannt wird, übrigens beginnt der Verfasser damit, die Worte der Rundfunkbotschaft S. H. des Papstes Pius XII. von Weihnachten 1945 in Erinnerung zu bringen:

„Sicherlich, so erklärt die Botschaft, denkt niemand daran, der Gerechtigkeit hinsichtlich jener Menschen in den Arm zu fallen, die den Kriegszustand dazu benutzten, glaubwürdige und nachgewiesene Verbrechen gegen das allgemeine Rech t zu verüben, für die angeblich militärische Notwendigkeiten höchstens ein Vorwand, keineswegs aber eine Rechtfertigung sein konnten. Wenn es aber um die Frage geht, nicht mehr einzelne Personen, sondern eine ganze Gemeinschaft zu richten und zu bestrafen, wer könnte sich dann weigern, in einem solchen

Vorgang eine Verletzung der Gesetze zu erblicken, die allen menschlichen Urteilen vorwalten?... Wer eine Sühne für begangene Fehltritte durch gerechte Bestrafung der Verbrecher für ihre Verbrechen verlangt, muß sehr vorsichtig sein, daß er nicht selbst tut, was er bei den Anderen unter der Bezeichnung Vergehen oder Verbrechen bestraft."

P. Lener kommentiert diese Stellungnahme des päpstlichen Oberhirten und wendet sich zuerst gegen den rückwirkenden Charakter der Nürnberger Urteile. Ich zitiere diese vom juristischen Standpunkt aus besonders klare und starke Stelle:

„Da kein von allen beteiligten Staaten wirklich anerkanntes internationales Strafgesetz vorhanden war und da das interne Strafrecht jedes einzelnen der beteiligten Staaten entweder den Handlungen nicht angepaßt war oder sich nicht als anwendbar herausstellte, steht es außer Zweifel, daß der Grundsatz nullum crimen sine proevia lege poenali — (kein Verbrechen ohne vorherige Strafandrohung) — verletzt wurde und zwar entweder durch die Verkündung hic et nunc von Gesetzen, welche die beabsichtigten Strafmaßnahmen kodefizierten (wie es bei dem in London veröffentlichten Statut der Fall ist), oder durch die ausnahmsweise Ausdehnung des Geltungsbereiches des innerstaatlichen Rechts oder schließlich durch Maßnahmen auf Grund von Strafblankovollmachten. Ist es unter solchen Bedingungen möglich, eine gerechte Strafmaßnahme zu verwirklichen, wenn sie im offenbaren Widerspruch zu einem Grundsatz steht, der als fundamentale Regel des Strafrechts gilt? ... Der Rechtsgrundsatz nullum crimen sine proevia lege poenali begrenzt in dem Sinne, der ihm heutzutage gemeinhin beigelegt wird, die Anwendung des Strafrechts nach drei Seiten: 1. Eine durch Gesetz nicht als strafbar bezeichnete Handlung kann nicht bestraft werden; 2. auf eine im Strafrecht nicht vorgesehene Handlung kann dieses analog nicht angewendet werden; 3. ein Strafgesetz kann nicht rückwirkend gelten ... Jede Abweichung von diesen Regeln, so stellte die Konferenz der Strafrechtler von Rio de Janeiro (1936) in feierlicher Form fest, würde eine starke Rechtsunsicherheit und eine außergewöhnlich schwere Gefahr herbeiführen'; daraus könnte sogar ein ebenso unheilvolles Verbrechen werden, wie es die Abschaffung aller Strafen und aller Delikte wäre'."

P. Lener betont alsdann den Wert, den die freisprechende Entschuldigung von Untergebenen und Befehlsvollstreckern, die von unseren Militärgerichten gegenwärtig praktisch anerkannt wird, ständig haben müsse. Ich zitiere sowohl wegen der Sicherheit des Urteils wie der Dokumentierung:

„Angenommen, das klassische Recht sei von klar erkennbarer Wirkung und demzufolge die ihm widersprechenden Nazigesetze null und nichtig, so hätten diese zumindest doch die Wirkung, daß sie die einschränkenden Vorschriften des allgemeinen Rechts unklar machten, wenn auch nicht für die oberen, so doch für die niederen Beamtenränge wie Soldaten, Polizisten usw. Die allgemeinen Prinzipien mögen schon ihren vollen Wert behalten, aber nur für Menschen, die ihr Vorhandensein und ihre unveränderliche Gültigkeit erkennen und übersehen können, wie sie sich auf die verschiedenen Teile einer Rechtseinheit auszuwirken vermögen, aber nicht für die Masse der kleinen Beamten, die nur jenen Teil des Rechts kennt, der ihren Pflichtenkreis berührt und wohl weiß, daß Sonder- oder Ausnahmegesetze vom allgemeinen Recht abweichen müssen. Wie kann man da behaupten, daß das formell abgeschaffte Recht in ihrem Gewissen seine herkömmliche Strenge unverrückbar behalten müsse?"

Endlich sind es alle Kriegführenden, die nach der Meinung von P. Lener unterschiedslos Rechenschaft ablegen müßten:

„Das Menschenrecht kann auf alle am Konflikt beteiligten Teile in der Tat nur in gleichem Maße angewendet werden. Sieger und Besiegte müssen in gleicher Weise für ihre nicht zu rechtfertigenden Übertretungen einstehen. Wenn die deutsche Niederlage als de factoZustand erscheint, der praktisch erlaubt, jene Forderung nach Gerechtigkeit zu befriedigen, die aus den zahllosen Verbrechen gegen die Menschlichkeit entstand, welche die Nazis daheim und im Ausland verübten, so hat dies nichts mit der reinen Definition der Verbrechen an sich zu tun. Im Falle eines Sieges hätte das deutsche Volk die Pflicht gehabt, die für diese Verbrechen Verantwortlichen zu bestrafen, - ebenso müßten auch die Russen, Engländer und Amerikaner heute noch zulassen, daß die Anklagen auf Verbrechen gegen die Menschlichkeit, die gegen ihre Vertreter und ihre Untergebenen erhoben werden (ich denke an die berüchtigten marokkanischen Truppen), öffentlich verhandelt und vor unparteiische Richter gebracht werden. Wer sich auf das klassische Recht beruft, um die Verbrechen Anderer in einer gesetzlichen Form zu bestrafen, kann dessen Anwendung zu seinem eigenen Nachteil nicht ablehnen."

Deshalb seine außerordentlich klare und strenge Folgerung, die für den Leser um so treffender ist, weil das ganze Werk mit soviel Ernst und Unparteilichkeit gehalten ist:

„Der illegale Charakter des Nürnberger Gerichts, so, wie er auf der Grundlage des Londoner Übereinkommens geschaffen wurde, kann mit voller Sicherheit bejaht werden ... Gerade nach dem Inhalt des Rechtsbegriffs kann dieses Gericht nicht als Richter anerkannt werden ... Wiederholen wir: wer in eigener Sache urteilt, ist nicht nur als Richter zweifelhaft und befangen (wie auch, wenn er durch Interessen oder Familienbande oder eine intime Freundschaft mit einer der Parteien verbunden ist), sondern kann einfach kein Richter sein, übt er tatsächlich die Funktionen eines Richters aus, dann ist der Prozeß illegal und das Urteil nach den allgemeinen Rechtsgrundsätzen nichtig und nicht wieder gut zu machen. Im zweiten Weltkrieg fanden überall Gefangenenmißhandlungen statt. Vornehmlich in Rußland und Algerien wirkte der Hunger verheerend; aber nicht nur der Hunger. In gewissen englischen Dominien wurde die Ehre der Gefangenen weit über alle menschlichen Vorstellungen hinaus besudelt. Und die Gräber von Katyn? Hier erfolgte die Beschuldigung einwandfrei und beruhte auf Urkunden. Und haben die anglo-amerikanischen Luftangriffe nicht klar erkennbar jede Grenze vertretbarer Strafmaßnahmen überschritten? Man denke an die zahllosen italienischen Städte, die unter dem Vorwand der Vergeltung für die zweihundert wirkungslosen Maschinen, die angeblich London angreifen sollten, fast gänzlich zerstört wurden. Man denke an das Maschinengewehrfeuer auf Zivilisten und kleine, mit unschuldigen Spielen beschäftigte Kinder aus niedriger Höhe, an die betrunkenen Flieger und die gemeinen Verbrechen farbiger Truppen (die Marokkaner), an die Plünderungen und die Vergewaltigungen Einzelner. Aber der Gipfel der Greuel und Unmenschlichkeit wurde in unserem Jahrhundert endgültig erst mit den Atombomben erreicht, die auf so übervölkerte Städte wie Hiroschima und Nagasaki abgeworfen wurden (und nach gewissen Zeitungen erst nach dem Angebot der bedingungslosen Übergabe und nicht aus militärischen Gründen). Ist das etwas anderes, als die verbrannte Erde, etwas anderes als die unterschiedslosen Zerstörungen (aus denen man einen Anklagepunkt gegen die Deutschen machte), etwas anderes als Angriffsmittel, die über alle Verhältnisse hinausgehen und unmöglich zu begrenzen und als solche durch Kriegs- wie durch Naturrecht verboten sind?"

Die Stellungnahme des protestantischen Klerus war nicht minder deutlich als des katholischen. Der Beweis dafür ist in einem Artikel des Pastors Jacques Ellul in der theologischen Kirchenrevue von Neuchatel „Verbum Caro" vom August 1947 zu finden. Der Autor beginnt mit unwiderlegbaren Erklärungen über den Wert des Prozesses selbst:

„Es muß wohl anerkannt werden, daß trotz dem Ideenreichtum und guten Willen von Richtern und Anklägern der Nürnberger Prozeß juristisch unhaltbar ist. Am deutlichsten kommt dies in allen Studien zum Ausdruck, die in Wochen- und Monatszeitungen erschienen und ihm rachsüchtige Entrüstung mit juristischer Begründung unterstellten."

Einige Seiten weiter fügt er hinzu:

„Wohin man sich auf juristischem Gebiet auch wendet, man stellt nur Nichtigkeit, Unsicherheit und fehlenden Zusammenhang fest. Diesem Prozeß kann man keinerlei Rechtsgrundlage und dem Urteil keinerlei Rechtswert zuerkennen."

Und etwas weiter:

„Warum wurde diese ganze Schau vorgespielt? Warum wünschte man das Verfahren und das Urteil gerade mit juristischen Argumenten zu rechtfertigen? Warum wollte man eine Theorie dieses Prozesses ausarbeiten? Warum wurde erklärt, daß dies alles nicht Willkür, sondern rechtens sei? Warum sammelte man alle diese Beweise, die unnütz waren, wenn kein Recht herrschte? Warum dieser falsche Schein und diese regelrechte Rechtsprechungskomödie von Plädoyers und Anklagereden? Hier gibt es nur eine einzige Antwort, die hart ist, sie sind ein Symbol der Heuchelei, in welcher die Demokratien versinken."

Herr Jaques Ellul geht noch viel weiter! Er findet zwischen dem Verhalten der Alliierten und dem der Deutschen keinen Unterschied. Alle Staaten gleichen einander. Die Gesetze der Macht und des Erhaltungstriebes sind bei allen dieselben. Jede politische Macht wird gegen den Menschen aufgerichtet. Die Heuchelei allein formt dabei die kleinen Unterschiede:

„Was die Vorbereitung des Krieges betrifft, so ist keine Nation von diesem Verbrechen ausgenommen. Ob es sich um Frankreich handelt mit seinem Offensivplan durch Belgien im Kriegsrat von 1936, ob es sich um die U. d. S. S. R. mit ihrem „Fünfjahresplan der Roten Armee" handelt... welcher Staat bereitet den Krieg nicht vor? Verbrechen gegen den Frieden ist ein Wort, welches das Verhalten aller Staaten, aller Regierungen kennzeichnet und es scheint absolut ungehörig, es den Vertretern eines einzigen von ihnen zur Last zu legen."

Und ferner:

„In den Augen von allen steht der Nationalstaat am höchsten. Sein Interesse steht bei der U.d.S.S.R. wie bei den U.S.A. im Vordergrund... Weder Nazismus noch Lebensraum noch Führerprinzip sind Ursachen: sie können höchstens die Auswirkungen in besonderem Lichte erscheinen lassen, während die Ursachen von den Demokratien den Sowjets und den Anderen längst hingenommen worden sind ... Mit einer anderen, eigenen Ideologie würde sich lediglich die Kategorie der Opfer ändern ... In Wirklichkeit haben die Nazis nur die von allen anerkannten Grundsätze bis zur letzten Konsequenz durchgeführt und zwar vor allen Anderen."

Dagegen wird man einwenden, diese Zeugen besäßen mehr Autorität als Zuständigkeit. Worauf ich zunächst antworte, daß mir gerade ihre Autorität wichtig erscheint. Ich suche das Urteil rechtschaffener Männer. Als deren Vertreter lasse ich sie auftreten. Aber ich möchte auch nicht ohne Juristen bleiben und obwohl meine Bibliographie — wie man in unseren Schulen sagt — in diesem Punkte nicht sehr lang und fachlich gut unterrichtet ist, muß ich hier eine Art schriftliches Gutachten beibringen, dessen Verfasser mir nicht parteigebunden erscheint, denn er ist Professor des internationalen Rechts an der Universität in London. Ich bringe nun, was ein so angesehener und belesener Fachgelehrter wie Professor H. A.

Smith, dessen Amtsstellung ich bereits nannte, in einem Artikel über den Nürnberger Prozeß schreibt, der im Juli 1946 in der Revue „Free Europe" erschienen ist. Ich bringe diesen Artikel wegen der Bedeutung seiner Unterlagen und seines technischen Charakters vollständig:

„Das Wesen dessen, das wir „Rechtsregel" nennen, beruht auf der Unterordnung der höchsten politischen Macht unter eine über ihr stehende Autorität. Für Dicey schien dies in den letzten Jahren des vergangenen Jahrhunderts das Grundprinzip unserer Verfassung zu sein, in den Vereinigten Staaten gilt dasselbe Prinzip als fundamental, wenngleich ihre Methoden von den unseren verschieden sind. Dies ist keine besondere Erfindung des angelsächsischen politischen Gedankengutes, denn seine Grundlage ist die Moraltheorie des Christentums und deshalb wird dieser Grundsatz von politischen Systemen verworfen, wie jene der Marxisten oder Nazis, die auf einer parteigebundenen nichtchristlichen Basis aufgebaut wurden."

„Diese entgegengesetzte Lehre spricht dem Recht eine ihm eigene, unabhängige Autorität ab und sieht in ihm einfach nur das Instrument der politischen Autorität. Die Gerichte werden also unter die nachgeordneten Instanzen eingereiht, deren Aufgabe darin besteht, den Willen einiger Männer auszuführen, denen ein totalitäres System die Ausübung der obersten Gewalt übertrug. Von diesem Augenblick an können solche Regierenden nichts Ungesetzliches mehr tun, weil der einfache Ausdruck dessen, was gerade in ihrem Belieben steht, eben „Recht" ist. Aus diesem Grunde verliert die Rechtsregel aller zivilisierten Systeme, wonach ein Mensch für eine Handlung nicht bestraft werden kann, wenn sie nicht ein Delikt im Zeitpunkt des Begehens bildete, jegliche Bedeutung, da alsdann eine Handlung, die der höchsten Autorität mißfällt, automatisch zum Delikt wird und gesetzlich bestraft werden kann. Deshalb handelte Hitler in vollkommener Übereinstimmung mit den Grundsätzen der Nazis und Marxisten, wenn er seinen Richtern die Anweisung erteilte, auf jeden Fall nur dann zu verurteilen, wenn „ein gesundes Volksempfinden" eine Bestrafung verlange, selbst wenn die Handlungen kein Delikt nach dem deutschen Strafgesetzbuch darstellten. Das sowjetische Rechtssystem bekennt sich zu derselben Doktrin."

„Bisher haben wir nur von dem inneren oder „zivilen" Recht gesprochen. In diesem Artikel haben wir uns aber vor allem mit dem Völkerrecht zu beschäftigen. Seitdem dieses Recht sowohl seinem geschichtlichen Werdegang wie seinem wesentlichen Inhalt nach christlich ist, muß ich es notwendigerweise zunächst als Grundsatz gelten lassen, daß es die höchste Aufgabe des Rechts ist, der Machtausübung Grenzen aufzuerlegen. Die Kanoniker, welche die Grundlagen des Völkerrechts niedergelegt haben, faßten es als eine Gesamtheit von Regeln auf, die durch ihr Ansehen die unabhängigen Fürsten verpflichtete, die auf Erden keinen Höheren anerkannten und dieser Grundsatz wurde von ihren Nachfolgern bis auf den heutigen Tag gutgeheißen. So gesehen bildete das Völkerrecht ein Normalmaß, das mit dem internationalen Verhalten übereinstimmte: die Regierenden in Streit geratener Staaten waren alle bereit, es anzurufen. Die Schwäche des Systems lag — und liegt noch — nicht in dem gemeinsamen Normalmaß selbst, sondern im Fehlen einer Autorität, die in der Lage ist, seine Anwendung in den einzelnen Fällen durchzusetzen. Der Grundsatz des Wertes an sich und der Autorität des Völkerrechts wurde erst abgelehnt, als die Bolschewisten in Rußland die Macht übernommen hatten."

„Hier liegt der wirklich streitige Punkt, den die Nürnberger Prozesse aufwerfen. Lassen wir nun den Grundsatz der unabhängigen Autorität des Völkerrechts gelten oder glauben wir, die Sieger eines Krieges dürften das Recht so neugestalten, daß sie ihren Willen der Person ihrer besiegten Feinde aufzwingen können?"

„Diese oder jene Kritiken, deren Erscheinen man in der Presse duldete (viele wurden zensiert), geben nur schwach die Furcht wieder, welche nachdenkliche Menschen bei dieser Frage erster Ordnung beschlich. Meist befaßten sich die Kommentatoren mit der Berichterstattung über die bei den Verhandlungen zutage getretene Unehrlichkeit und leider ist es wahr, daß die Presse die Tatsache weidlich ausnutzte, daß die Verhandlungen nicht unter dem Schutz jener Regel des englischen Rechts standen, die eine Beleidigung des Gerichts[1] bestraft. Aber das ist relativ

---

[1] Nach dieser Regel ist es in England verboten, der Entscheidung eines Gerichts vorzugreifen, also z. B. von einem „Mörder" oder „Brandstifter" zu reden; selbst wenn dieser eingesteht, daß er Mörder oder Brandstifter ist, bevor nicht das Gericht dementsprechend entschieden hat. (Notiz des frz. Herausgebers)

ein Gegenstand minderer Bedeutung. Die wirklich Frage geht dahin, ob der Prozeß in seiner Gesamtheit dem Völkerrecht entspricht."

„In der Konvention der S.D.N.(Völkerbund), in der Charta der U.N. und in vielen anderen feierlichen Dokumenten bekundete unsere Regierung zusammen mit den Regierungen anderer zivilisierter Staaten verschiedentlich ihre Treue zur Autorität des Völkerrechts. Als amtliches Expose der Grundlage dieses Rechts können wir uns auf das Statut des internationalen Gerichtshofes beziehen, das einen Anhang zur Charta der Vereinten Nationen bildet. Dort finden wir niedergeschrieben, daß der Gerichtshof seine Urteile auf Grund der internationalen Verträge, der internationalen Gepflogenheiten und „der hochherzigen Grundsätze des von allen zivilisierten Nationen anerkannten Rechtes" fällen soll (Art. 36). Die dabei gebrauchten Worte sind die nämlichen, wie die im Statut für den Ständigen Internationalen Gerichtshof angewendeten, dessen Nachfolger das neue Gericht ist, und haben notwendiger Weise auch dieselbe Bedeutung wie im Jahre 1920, als sie zum ersten Male redigiert wurden. Die Frage, die wir uns zu stellen haben ist, ob die Nürnberger Prozesse der Annahme dieser Regel entsprechen."

„Man kann wohl sagen, daß 1920 schon bei allen Kulturvölkern gemeinsam der Grundsatz galt, wonach kein Mensch für eine Handlung bestraft werden kann, die nicht schon zu dem Zeitpunkt ihres Begehens nach dem Gesetz ein Delikt darstellte. Das ist in allen europäischen Strafgesetzbüchern, einschließlich des deutschen, ausgesprochen. Um diesen Grundsatz formell festzulegen, können wir den Artikel 4 des französischen Strafgesetzbuches anführen:

„Keine Übertretung, kein Vergehen, kein Verbrechen können mit Strafen belegt werden, die nicht schon vom Gesetz angedroht waren, bevor sie begangen wurden."

„Wenn dieses Gesetz eine „der hochherzigen Grundlagen des von allen zivilisierten Nationen anerkannten Rechts" war, so folgt daraus, daß es ein Teil des Völkerrechts war und daß ein Prozeß, der dieses Recht verletzt, vom Standpunkt des Völkerrechts aus illegal ist. Wir brauchen keine Zeit damit zu verlieren, die Rechtfertigung jener zu widerlegen, die für Nürnberg Entschuldigungen suchen und sagen, man sei berechtigt, das Gesetz in dem Falle nicht zu beachten, in welchem die Angeklagten wußten, daß das, was sie taten, moralisch schlecht war: denn es ist doch klar, daß eine solche Ausnahme das Recht selbst völlig vernichten würde."

„Anschließend müssen wir uns mit der „Charta" des Gerichtshofes beschäftigen und mit der Anklageschrift, die bei ihrer Vorbereitung auf dieser „Charta" aufgebaut wurde. Der Platz erlaubt nicht, alles wiederzugeben, aber es genügt schon, wenn wir sagen, daß jedes dieser Dokumente in zwei Hauptteile zerfällt, die wechselseitig Kriegsvorbereitung und Kriegführung behandeln. Unter dem ersten Anklagepunkt werden die Angeklagten beschuldigt, sich verschworen zu haben, einen „Angriffskrieg" zu unternehmen. Unter dem zweiten werden sie der „Kriegsverbrechen" und „Verbrechen gegen die Menschlichkeit" angeklagt."

„Zum ersten Punkt kann ich mit voller Gewißheit sagen, kein Gesetzeskundiger hätte 1939 zu sagen gewagt, die Regierenden eines Staates könnten einzelnen als Verbrecher bestraft werden, weil sie einen Angriffskrieg vorbereitet hätten. Diese Frage war schon bei Napoleon erörtert worden und hatte genau zu denselben Folgerungen geführt; aber 1815 zog die damalige britische Regierung vor, mehr der Meinung der Juristen als dem Geschrei der Masse zu folgen. Nach dem Waffenstillstand von 1918 handelte die Regierung der Niederlande nach demselben Grundsatz, als sie sich weigerte, den deutschen Kaiser auszuliefern, der im Friedensvertrag von Versailles des „höchsten Vergehens gegen die internationale Moral und die Heiligkeit der Verträge" beschuldigt worden war. Da die Alliierten wußten, daß sie sich auf schwankendem Boden befanden, bestanden sie nicht auf ihrem Verlangen und ließen die Angelegenheit ruhen. Ein kurzes Nachdenken genügt, um zu zeigen, daß auf diesem Gebiet, wie auf vielen anderen, die Gesetzgebung weiser ist, als die flüchtigen Leidenschaften der Menschen, und die Staatsmänner der Zukunft werden mit vollem Recht gute Gründe haben, den Präzedenzfall, den Nürnberg geschaffen hat, zu bedauern."

„In seiner ganzen Einfachheit dargestellt, läuft der Präzedenzfall auf folgendes hinaus: die Mitglieder einer Regierung, die beschließt, in einen Krieg einzutreten, werden ihre Entschließung in dem Bewußtsein fassen, daß sie Gefahr laufen, ganz nach Belieben ihrer Feinde aufgehängt zu werden, wenn sie ihn nicht gewinnen. Da es vollkommen unmöglich ist, zu einer allgemein anerkannten Definition der „Aggression" zu kommen, ist es klar, daß zukünftig die Sieger — und sie allein — entscheiden können, ob der besiegte Staat hinreichend Grund hatte, den Krieg zu erklären."

„Das Recht hört auf, Recht zu sein, wenn der Erfolg rechtfertigen kann, daß man es bricht. Der einfachste Beweis, daß die „Aggression" nur für den Besiegten ein Verbrechen ist, liefert der Fall Rußland. Im Dezember 1939 wurde die Sowjetunion wegen eines nicht provozierten Angriffs auf Finnland während des vorhergehenden Monats feierlich aus dem Völkerbund ausgestoßen. Das war der einmütige Beschluß einer internationalen Körperschaft; unsere eigene Regierung hatte an diesem Beschluß teilgenommen und man wird sich erinnern, daß wir sogar bereit waren, Finnland in seinem Widerstand gegen Rußland zu helfen, wenn uns Schweden das Durchmarschrecht zugestanden hätte. Wenn wir genug Mut haben, jetzt zu fragen, wieso eine Handlung, die im September auf bestimmter Seite ein Kapitalverbrechen darstellt, als völlig unschuldig angesehen wird, wenn sie von Anderen im November begangen wird, so wird die Antwort nur allzu deutlich ausfallen. Ein von Erfolg gekrönter „Rechts"bruch führt den Delinquenten von der Anklagebank auf die Bank der Richter."

„Hinsichtlich der Anklage, die von „Kriegsverbrechen" und „Verbrechen gegen die Menschlichkeit" handelt, muß man etwas mehr ins Technische gehen. Alles, was man zu der zweiten Formel zu sagen hat, ist, daß sie früher im Recht unbekannt war und daß sie der Lehre Hitlers von Handlungen, „die dem gesunden Volksempfinden widersprechen" zum Verwechseln ähnlich ist. Hingegen hat aber der Ausdruck „Kriegsverbrechen" einen bestimmten Sinn, über den sich alle Autoritäten völlig einig sind."

„Im englischen Handbuch des Militärrechts (Kap. XIX § 441) wird gesagt, daß die Bezeichnung „Kriegsverbrechen" der technische Ausdruck für eine Handlung feindlicher Soldaten oder Zivilisten ist, die im Falle der Gefangennahme der Delinquenten bestraft zu werden verdient. Dieser Ausdruck wird laufend gebraucht, aber es muß nachdrücklichst bemerkt werden, daß er lediglich im militärischen und fachlichen Sinn, nicht aber in moralischem Sinne gebraucht wird."

„Der folgende Paragraph erklärt genauer, was darunter zu verstehen ist:

§ 442. Die Kriegsverbrechen können in vier verschiedene Klassen eingeteilt werden:

1. Bruch der anerkannten Regeln der Kriegführung durch Angehörige der bewaffneten Streitkräfte.

2. Illegale feindliche Handlungen, begangen in Waffen von Personen, die keine Angehörigen der bewaffneten Streitkräfte sind.

3. Spionage und Kriegsverrat.

4. Plünderung."

„Das ganze Gebiet der Kriegsverbrechen wird unter der allgemeinen Rubrik „Means of Securing Legitimate Warfare" (Mittel zur Garantie gesetzlicher Kriegführung) behandelt (§ 435-451), deren Hauptpunkt das Recht zur Bestrafung Einzelner in gewissen Fällen ist, als Mittel, den Feind zur Beachtung der Kriegsgesetze zu zwingen. Es werden zahlreiche Beispiele angeführt (§ 443), um die vierfache Klassifizierung zu erläutern: der gemeinsame Zug dieser Beispiele ist, daß sie dem Gebiet echter militärischer Operationen entnommen sind. Das einzige Ziel ist, Personen ausschließlich für Handlungen zu bestrafen, für die sie persönlich verantwortlich sind; aus diesem Grunde folgt der Aufzählung der Beispiele ein Grundsatz, der ungekürzt zitiert werden muß:

„Es ist jedoch wichtig, zu bemerken, daß diejenigen Angehörigen der bewaffneten Streitkräfte, die von ihren Regierungen oder ihrem Befehlshaber angeordnete Brüche des anerkannten Kriegsrechts begehen, keine Kriegsverbrecher sind und infolgedessen auch nicht durch den Feind bestraft werden können. Der Feind kann die für solche Befehle verantwortlichen Beamten oder Befehlshaber bestrafen, wenn sie in seine Hände fallen, andernfalls kann er nur auf die anderen Mittel zur

Erlangung einer Wiedergutmachung zurückgreifen, die in diesem Kapitel dargelegt sind." (Diese sind im § 438 angegeben: Klage beim Feind oder bei Neutralen, Repressalien und Geiselgestellung).

„Dieser Paragraph erläutert, was gemeinhin unter dem Namen „Verteidigungsmittel der Berufung auf höhere Befehle" zu verstehen ist. Dasselbe Gesetz steht auch im entsprechenden amerikanischen Handbuch und sein Grundsatz ist offenbar von größter Bedeutung. Im Völkerrecht, so wie es in Artikels der Vierten Haager Konvention von 1907 klar zum Ausdruck gebracht ist, wird der Staat insofern für die allgemeine Korrektheit des Verhaltens seiner bewaffneten Macht verantwortlich gemacht, als das Recht zur Bestrafung Einzelner genauestens auf die vier Kategorien der oben angeführten Fälle begrenzt wird. Ohne ein solches Gesetz könnte man die Disziplin der Armeen nur sehr schwer aufrechterhalten; es ist daher nicht überraschend, daß eine große Zahl höherer Offiziere durch den Ablauf der Nürnberger Prozesse ernstlich beunruhigt ist. Die gemeinsame Auffassung über diesen Stoff ist, daß ein Mensch mit gutem Recht nicht bestraft werden kann, wenn er einen Befehl (selbst einen ihm widerstrebenden) ausgeführt hat, dem zu widerstehen ihm praktisch unmöglich war."

„Der Paragraph, den wir eben erwähnten, genügte zum Freispruch der meisten im Leipziger Prozeß nach dem Kriege von 1914—1918 Angeklagten und könnte ebenso eine ausreichende Verteidigung gegen die meisten der in Nürnberg erhobenen Anschuldigungen sein. Dies führt uns zu einem sehr beunruhigenden Vorgang. Im April 1944, als man die Kriegsverbrecherprozesse in London schon aktiv vorbereitete, änderte das War Office (Kriegsministerium) die Bestimmungen des § 443 insofern ab, als das Verteidigungsmittel der Berufung auf höhere Befehle aufgehoben wurde. Die neuen Bestimmungen sind Auszüge aus einem Artikel von Professor Lauterpracht in Cambridge im Band 1944 des „British Yearbook of International Law" („britisches Jahrbuch des Völkerrechts"), in welchem der Autor sagt:

„Die deutlich illegale Natur eines Befehls — illegal, wenn man sich auf die allgemein anerkannten Grundsätze des Völkerrechts bezieht, die mit der entscheidenden Auffassung von der Menschlichkeit derart übereinstimmen, daß sie für jede Person mit durchschnittlicher Intelligenz erkennbar werden — macht das Verteidigungsmittel unzulässig."

„Demnach ist der Untergebene jetzt der Gefahr ausgesetzt, nach dem Kriege vom Feind aufgehängt zu werden, wenn er nicht während des Kriegsverlaufs wagt, einem Befehl, den er für moralisch bedenklich hält, den Gehorsam zu verweigern. Vielleicht ist der Zweifel nicht unangebracht, ob Professor Lauterpracht, der die angesehene Stellung eines Universitätslehrers unseres Landes verdient hat, in Übereinstimmung mit dem von ihm heute aufgestellten Lehrsatz zu jener Zeit zu handeln gewagt hätte, als er während des ersten Weltkrieges in der österreichischen Armee diente."

„Der wichtigste Punkt ist nicht die Frage, ob die neuen Anschauungen den alten vorzuziehen sind oder nicht. Jeder Kriminalist weiß, daß die Geltendmachung des Zwanges für die Verteidigung sehr schwere Probleme aufwirft, und daß dies Stoff zu großen Meinungsverschiedenheiten gibt. Von überragender Bedeutung ist jedoch, daß der Gesetzestext an einem Zeitpunkt geändert werden konnte, an dem man die Anklage vorbereitete und nachdem viele der als strafbar bezeichneten Handlungen bereits begangen worden waren. Ein Verteidigungsgebiet erster Ordnung in dieser Weise auszuschalten, ist mit unserer Rechtstradition unvereinbar."

„Man hat in der Presse viel von der „Rechtmäßigkeit" des Prozesses gesprochen und kann zugeben, daß der Vorsitzende Richter die Verhandlungen im besten Geiste unserer Rechtspflege geleitet hat. Die Unrechtmäßigkeit liegt nicht im Verhandlungssaal, sondern draußen. Die „Charta" hat das Gleichgewicht verfälscht, als sie vor dem Prozeß die eine Waagschale zum Nachteil der Angeklagten schwer belastete, denn das Gesetz, das diesen Prozeß beherrscht, ist in einem Dokument enthalten, das von der Anklage hergestellt wurde. In diesem Dokument wurden die wesentlichsten Verteidigungsmittel im voraus beseitigt und konnten darum von den Angeklagten nicht vorgebracht werden. Man hat den Angeklagten weder erlaubt, die Jurisdiktion des Gerichtshofes abzulehnen, noch zu behaupten, sie hätten nur höhere Befehle ausgeführt. Mehr noch, man hat ihnen nicht einmal den Einwand gestattet, Stalin hätte einen Angriffskrieg geführt und die russischen

Konzentrationslager würden mit großer Brutalität geleitet."

Die ist der Stand der Weltmeinung Jahre nach dem Nürnberger Prozeß. Man hat sich wohlweislich gehütet, uns das mitzuteilen. Wir in Frankreich glauben — und werden es auch ferner glauben — daß die ganze Welt mit unendlicher Achtung alles billigt, was sich seit 1944 in Frankreich zugetragen hat. Man würde viele Franzosen in Erstaunen versetzen, würde man ihnen die Tiefe der Verachtung aufdecken, in die unser unglückliches Land versunken ist. Die Heuchelei flößt Millionen Menschen nur eine besondere Art von Ekel ein. Man könnte jede Woche eine Zeitung nur mit Ausschnitten aus der internationalen Presse von dem füllen, was die offiziösen Zeitungen Europas sich wohlweislich zu bringen hüten. Wir leben in einem geistigen Wohlbefinden Schwerkranker. Anscheinend will man uns als wankelmütige Geister schonen, die der rauhe Anblick der Wirklichkeit ebenso erschrecken würde, wie das Lüpfen eines Schleierzipfels einen Untersuchungsrichter zum Erschrecken bringt. Von Zeit zu Zeit fällt es unseren offiziellen Denkern auf, daß man unsere Bücher nicht liest und sie nicht übersetzt. Sie sind so naiv, darüber erstaunt zu sein. Ein Wunder wäre es, wenn man das zu lesen versuchte, was in Paris gedruckt wird: gelehrte Forschungen, die so sehr den in guten Häusern stattfindenden hochanständigen Unterhaltungen gleichen, daß man schon etwas Unanständiges braucht, wenn man nicht einschlafen will. Wir glaubten, uns wie Griechenland eine Art geistigen Königreichs erhalten und den Sieger damit einfangen zu können. Aber das Ergebnis unserer Furcht vor der Wahrheit ist, daß die französische Literatur heute ebensoviel gilt, wie die französische Armee. Das Land Voltaires verdammt Calas[1] täglich beim ersten Frühstück. Es ist doch so bequem, mit Ungeheuern zu tun zu haben. Das ermöglicht eine ziemliche Gleichgültigkeit. Wir fröhnen dem Kult der Leichtfertigkeit in Politik, Strategie und in den Finanzen; auch im Denken. Gesetze aber sind leidenschaftslose Gottheiten und die von uns erlassenen Gesetze richten uns. Wir haben die Tafeln des Verfalls geschrieben. Aus diesem Verfall werden wir nur herauskommen, wenn wir den Mut haben, jenen steinernen und ernsten Gesichtern vor Augen zu treten, die uns unser

---

[1] Calas, Jean, Kaufmann in Toulouse, geb. 1698. Fälschlich beschuldigt, seinen Sohn ermordet zu haben, um ihn zu hindern, dem Protestantismus abzuschwören, endete er durch Parlamentsurteil 1762 auf dem Rad. Er wurde 1765 nach einem berühmt gewordenen Plädoyer von Voltaire rehabilitiert.

Stillschweigen vorwerfen.

ZWEITER TEIL

MOTIVE, DIE VORSICHT ANRATEN

KAPITEL I

ZEUGEN UNTER DRUCK

Im ganzen ersten Teil meiner Darlegung habe ich nur Auslassungen angeführt, welche die juristische Heuchelei dieses Prozesses aufzeigten. Es sprachen Gesetzeskundige oder Polemiker, die umständehalber zu Rechtskundigen wurden. Aber von Ausnahmen abgesehen, behandelt diese Dokumentation noch nicht die eigentlichen Vorgänge. Auf den nun folgenden Seiten beschäftigt sich die Kritik der von mir zugezogenen Kommentatoren mit den Tatsachen selbst, so wie sie im Prozeß in Erscheinung traten oder der Weltmeinung aufgedeckt wurden. Dann ist auch hier zu erkennen, daß unser Land über neue Tatsachen, die viele gewissenhafte Menschen beunruhigten, systematisch in Unwissenheit gelassen wird, und daß man diese Tatsachen kennen muß, um ein vollständiges und gerechtes Urteil über den Nürnberger Prozeß fällen zu können.

Zunächst muß hierzu zweierlei bemerkt werden. Einmal waren in der damaligen Lage Deutschlands Zeugenaussagen, die zur Entlastung hätten dienen können, noch sehr schwer zu beschaffen. Die Deutschen lebten noch unter einem Statut, das den Besatzungstruppen ermöglichte, willkürliche Festnahmen vorzunehmen und auf dem Verwaltungswege Haftstrafen oder Absetzungen aller Art auszusprechen, ohne sie anders als mit unklaren Sicherheitsmaßnahmen zu begründen. Das genügte, um die Lippen fest zu verschließen. Die Hälfte Deutschlands war und ist noch der sowjetischen Kontrolle unterstellt, die keinen Bericht durchgehen läßt. In dieser Hälfte Deutschlands wohnten Zeugen, aber sie konnten nicht zu Gehör kommen. Ferner lebten Zeugen in den Gefängnissen und Konzentrationslagern, auch diese konnten sich nicht äußern. Dazu kommt noch die beträchtliche Menge derer, die vor allem wünschten, daß nicht über sie gesprochen wurde, weil sie wieder eine Stellung oder zufällig eine Beschäftigung gefunden hatten. In dieser Lage befanden sich die Meisten, die einst im Dienste des nationalsozialistischen Regimes standen und einiges hätten sagen können. Ohne jede Übertreibung kann gesagt werden, die Zustände waren derart, daß ein dauernder Druck fast überall ausgeübt wurde und die Wirkung hatte, die Beibringung einer großen Zahl von Beweisen damals nahezu unmöglich zu machen. Davon können wir eine Vorstellung bekommen, wenn wir daran denken, daß in Frankreich — obwohl die Lage ganz verschieden war — viele Personen zögerten, das zu sagen, was sie über die Verbrechen und Erschießungen wissen, die den Bürgerkrieg von 1944 begleitet haben. Was man solchen stillen Wassern entlocken könnte, ist meist nicht viel wert. Denkt man an die Risiken, die jene eingegangen sind (denn auch das Elend ist ein Risiko), die den Mut zum Sprechen und Protestieren gehabt haben, so muß es als Wunder und Stoff zu ernstestem Nachdenken betrachtet werden, daß es uns ohne Untersuchungsmittel, ohne Auftrag und ohne Unterstützung gelungen ist, ein so reichhaltiges Dokumentenmaterial zu diesem Punkte sammeln zu können.

Der zweite Vorbehalt, den ich machen möchte, ist, daß ich hier die Frage nach der Verantwortlichkeit für den Krieg nicht anschneiden werde. Aus dem bisher Gesagten war zu ersehen, daß die Meinungen über diesen Punkt sehr auseinandergehen. Es ist noch nicht an der Zeit, hierüber einen Meinungsaustausch zu eröffnen. Aber ich glaube, daß, gleichviel, wer das Recht hat, mit seinem Urteil über diese Frage zurückzuhalten, mir kein französisches Gesetz verbietet, hinsichtlich der Angaben des Nürnberger Urteils skeptisch zu sein. Deshalb wird der befremdenden Auswahl, die das Internationale Gericht unter den Dokumenten traf, über die es verfügte oder die es heraussuchen lassen konnte, keine Erwähnung getan und ebensowenig seiner erstaunlichen Trägheit, mit der es Zeugenaussagen zusammensuchte. Wir schließen diese wichtige Materie freiwillig aus unserer Untersuchung aus.

In der Richtersprache gesagt, werden wir also unsere Prüfung einzig und allein auf die Führung der Untersuchung in Bezug auf die Kriegsverbrechen und ihre besondere Unterabteilung, die Verbrechen gegen die Menschlichkeit, richten. War die Untersuchung vollständig? War sie ehrlich? War sie unbehindert? Über diese verschiedenen Punkte wollen wir zunächst Beweise beibringen.

In einem Buche, das verboten und unter der Behauptung beschlagnahmt wurde, es verteidige den Mord, waren wir schon soweit gegangen, gewisse Schwächen der Untersuchung hervorzuheben. In Ermangelung jedes anderen Dokumentenmaterials hatten wir in diesem Buche hauptsächlich durch die Analyse der stenographischen Verhandlungsberichte gezeigt, daß gewisse Anklagen in der Verhandlung nach einer Untersuchung erhoben worden waren, die reichlich unvollständig erschien, und daß auf alle Fälle diese Anklagen niemals von einer wirklichkeitsnahen und methodischen Schilderung der Lage begleitet waren. Es waren also der Prozeß und die Anklage selbst, die mich zu ihren eigenen Schwächen hingeführt hatten. Ich werde jetzt eine Dokumentation ganz anderer Herkunft benutzen und zwar die von den Angeklagten und von ihren Verteidigern stammende.

Im Interesse der Klarheit der Darstellung müssen hier einige Tatsachen in die Erinnerung zurückgerufen werden. Der Prozeß, den wir den Nürnberger Prozeß nennen — das heißt, der von den Alliierten gegen die Führer des deutschen Reiches vor dem Internationalen Militärgericht anhängig gemachte Prozeß — war in Wirklichkeit nur der zeitlich erste einer langen Reihe von Nürnberger Prozessen. Zu ihm kam noch ein ganzer Schub weiterer Prozesse, welche die Amerikaner den zweiten, dritten, vierten, siebten, achten usw. Prozeß von Nürnberg nannten. Zwischen diesen zweitrangigen Prozessen und dem Einleitungsprozeß bestand ein ganz bedeutender Unterschied: die Prozesse zweiten Ranges fanden vor einem Gericht statt, das ausschließlich mit amerikanischen Richtern besetzt war und vor dem die Anklage gleichfalls von einem amerikanischen Ankläger vertreten wurde. Mit der Entwicklung der Politik der Vereinigten Staaten *in* Deutschland wurden diese Prozesse freier und die Anwälte, zuweilen auch die Angeklagten, benutzten dies zur Abgabe von Protesten, die aus Anlaß gewisser Vorfälle bei diesen Prozessen verfaßt wurden, oft aber den Methoden des Anfangsprozesses ähnlich waren. Gleichzeitig und parallel dazu liefen noch besondere Prozesse vor amerikanischen Militärgerichten. In diesen Prozessen durften sich die Angeklagten englischer oder amerikanischer Rechtsanwälte bedienen, die gegenüber dem Gericht unendlich freier auftreten konnten als ihre deutschen Kollegen. Diese besondere Lage gab Veranlassung zu einer Reihe von Eingaben an die amerikanischen Gerichte. Ich kenne sie längst nicht alle, aber nach jenen, die ich heranziehen konnte, scheint mir, daß sie eine Art Stellungnahme sind, die nicht mehr zu umgehen ist, wenn man den Wert der in Nürnberg vorgelegten Untersuchung beurteilen will.

Viele dieser Eingaben sind Dokumente rein juristischen Charakters, welche nur die in unserem ersten Teil bereits erwähnten Argumente wieder aufgreifen. Wir lassen sie deshalb beiseite. Eine gewisse Zahl von ihnen betreffen aber die Dinge selbst. Sie werfen der Anklage vor, den Angeklagten nicht alle Sicherheiten gegeben zu haben, auf deren Forderung sie ein Recht hatten; besonders sprechen sie den schweren Vorwurf aus, daß lästige Zeugen mit Vorbedacht ferngehalten wurden oder daß sie unter Druck gesetzt wurden, um ihre Aussage in einem der Anklage günstigem Sinne abzuändern.

Davon hier einige Beispiele. Zunächst bringe ich die eidesstattliche Erklärung des Generalfeldmarschalls Milch, eine von seinem Verteidiger, Rechtsanwalt Berghold beglaubigte Erklärung bezüglich des auf ihn selbst wegen seiner Aussage im ersten Nürnberger Prozeß ausgeübten Druckes. Ich bitte zu entschuldigen, daß ich dieses Dokument wie auch die folgenden so bringe, wie sie in ihrer ungeschickten und oft fehlerhaften Übersetzung an mich gelangt sind; ich wollte an diesen Dokumenten nichts ändern, was ihre Echtheit beeinträchtigen könnte, andererseits finde ich diese Auslassungen rührend, denn ihre Form beweist, daß sie von Männern stammen, die kein Geld, keine Zeitungen, keine Unterstützungen haben, ja, die alleinstehen, wenn sie zu sagen versuchen, was sie in Wirklichkeit waren.

„Ich, Erhard Milch, Generalfeldmarschall, geboren am 30. 3. 1892 in Wilhelmshaven, augenblicklich vor dem Gericht in Nürnberg, bin belehrt, daß ich mich strafbar mache, wenn ich eine falsche Erklärung unter Eid abgebe.

Ich erkläre unter Eid, daß meine Angaben wahr sind, und daß sie einem Gericht in Deutschland als Beweis übergeben werden.

Am 5.11. 1945 stattete der mir gut bekannte Major Emery, wie er sich in Deutschland nannte, aber auch Englander, wie er sich in England nannte, mir einen Besuch in Nürnberg ab. Er war mir schon von England her bekannt. Ich vermute, daß sein wahrer Name anders lautet. Er war, wie er mir einmal erzählte, Bankier in New York. Er leitete das englische Untersuchungslager No. 7, zu welchem auch der Captain Tracy (bestimmt auch ein falscher Name) gehörte. Als Major Emery beim Nürnberger Gericht eintraf, beschäftigte sich gerade ein amerikanischer Untersuchungsrichter mit mir. Ich hörte zufällig, daß es ein Major Mahagan (?) sein sollte. Nach einer kurzen Unterhaltung zu dreien bat Major Emery den Major Mahagan, uns allein zu lassen. Emery kündigte mir dann an, wenn ich weiterhin für Göring, Speer und die anderen Angeklagten Aussagen vor dem Internationalen Gericht machen würde, müßte ich meinerseits damit rechnen, wegen Kriegsverbrechen angeklagt zu werden. Ich erklärte, ich hätte keinerlei Kriegsverbrechen begangen und sähe deshalb keinen Grund, mich anzuklagen. Emery erwiderte: „das ist eine sehr einfache Sache, wenn wir wollen, können wir jeden Deutschen wegen Kriegsverbrechen anklagen und ihm den Prozeß machen, gleichgültig, ob er Kriegsverbrechen begangen hat oder nicht. Warum sprechen Sie für Göring und die Anderen, diese würden das für Sie auch nicht tun; ich möchte ihnen den guten Rat geben, sprechen Sie gegen diese Leute, es liegt in Ihrem Interesse."

Ich erwiderte ihm, daß ich nur die Wahrheit sagte, daß meine Person keinerlei Rolle spielte, und daß ich keine Angst vor einem Prozeß hätte. Emery antwortete „bedenken Sie, daß Sie noch jung sind, noch eine Rolle spielen könnten, und daß Sie auch an Ihre Familie denken müssen."

Ich lehne den Rat, den er mir gab, natürlich ab, selbst wenn er gut gemeint war. Emery beendete die Unterredung mit den Worten, dann könne er mir nicht helfen. Von diesem Augenblick an wußte ich, daß man versuchen würde, gegen mich einen Kriegsverbrecherprozeß anhängig zu machen. Ich habe dies Kameraden in Nürnberg und Dachau erzählt, ebenso Delegierten des Genfer Internationalen Roten Kreuzes.

Nürnberg, den 9. 4. 1947

gez.: Erhard Milch, Generalfeldmarschall.

„Die Unterschrift des Generalfeldmarschalls Erhard Milch ist vor mir, dem Rechtsanwalt Dr. Friedrich Berghold, abgegeben worden und wird als richtig bescheinigt.

gez.: Dr. Friedrich Berghold, Anwalt am Militärgericht II, Nürnberg."

Das hier angewendete Verfahren ist unter mancherlei Umständen wiederholt worden. Man muß sagen, daß nicht immer alle Zeugen so stark waren, wie Feldmarschall Milch. Ein Vorfall erregte sogar Aufsehen und ist in Deutschland so bekannt, daß ich hierüber kein Dokument vorzulegen brauche. Man benötigte Belastungen gegen das Reichsaußenministerium. Man ließ einen hohen Beamten dieses Amtes, Dr. Gauß, kommen. Man redete ihm ernst zu. Am Ende mehrerer Unterhaltungen gab der Zeuge eine für Deutschland und die Angeklagten erdrückende Aussage ab, die der öffentliche Ankläger mit großer Genugtuung vorlegte. Die Öffentlichkeit war etwas erstaunt, aber das legte sich, als man hörte, daß Dr. Gauß einer schmeichelhaften Beförderung von da an für gut befunden wurde: im Vorzimmer des Dr. Kempner, eines deutschen Juden, der 1938 nach den Vereinigten Staaten emigriert war und 1946 als Faktotum und Hauptmitarbeiter des Richters Jackson im Prozeß gegen Deutschland genannt wurde, Anklageakten zu ordnen.

Um diese Situation ehrlich einschätzen zu können darf man nicht vergessen, daß fast alle Zeugen gleichzeitig Angeklagte waren oder solche werden konnten: es war nicht schwer, sie zur Belastung ihrer Vorgesetzten zu überreden, oder die Tatsachen nach dem Wunsche des Anklägers zu fälschen, da sie auf diesem Wege ihrer eigenen Sache dienten. Genügte dieses Argument nicht, so drohte man ihnen, sie an sowjetische oder polnische Behörden auszuliefern.

Hierüber ein Auszug aus dem Stenogramm des Prozesses Weizsäcker (Verhandlung vom 3. März 1948), der die Befragung des Zeugen Eberhard von Thadden durch den Anwalt des Angeklagten, Dr. Schmidt-Leichner, wiedergibt:

„Frage: — Herr Zeuge können Sie sich erinnern, wie lange die Untersuchung im Falle Mesny gedauert hat?

Antwort: — Nein.

Frage: — Haben Sie vorher über die Hinrichtung Bescheid gewußt?

Antwort: — Nein, ich habe von ihr zum erstenmal durch Dr. Kempner erfahren.

Frage: — Sie wurden also 1946 über diese Angelegenheit vernommen?

Antwort: — Ja.

Frage: — Darf ich fragen, ob Sie nach Ihrer Meinung in der ersten Vernehmung als Zeuge oder Angeklagter vernommen wurden?

Antwort: — Meine Situation bei der Vernehmung 1946 war mir zuerst nicht klar, aber nach der Vernehmung vom September, nein Ende August, hatte ich den Eindruck, daß die Vernehmungen noch für den internationalen Prozeß waren.

Frage: — Hat man Ihnen während der Vernehmung zu verstehen gegeben, daß es möglich sei, Sie den französischen Behörden zu übergeben?

Antwort: — Ja.

Frage: — Wie bitte?

Antwort: — Ja.

Frage: —Wollen Sie bitte dem Hohen Gericht darüber einige Erläuterungen geben?

Antwort: — Man hatte mir angedeutet, daß mir zwei Möglichkeiten blieben, entweder ein Geständnis abzulegen, oder aber den französischen Behörden ausgeliefert zu werden; vor einem französischen Gericht sei mir die Todesstrafe sicher. Mir wurde eine Bedenkzeit von vierundzwanzig Stunden gewährt, während der ich mich zu entscheiden hatte.

Rechtsanwalt Schmidt-Leichner: Ich danke Ihnen. Ich habe keine weiteren Fragen."

Nun aus demselben Prozeß, Sitzung vom 11. Mai 1948, ein Ausschnitt aus der Befragung des Angeklagten Haeflinger durch einen der Anwälte, Dr. Siemer:

„Frage: — Sind Sie schon vernommen worden oder nicht?

Antwort: — Ich bin nach meiner Festnahme durch Herrn Sachs vernommen worden und dieser drohte mir, mich an die russischen Behörden auszuliefern, weil ich schweizer Staatsangehöriger war, und da ich mich auf meine schweizerische Nationalität berief, machte er mich darauf aufmerksam, daß zwischen Rußland und der Schweiz keine diplomatischen Beziehungen beständen."

Ähnliche Beispiele erwähnen die Eingaben der Rechtsanwälte. Ich zitiere zuerst einen Ausschnitt aus dem Memoire von Dr. Rudolf Aschenauer, dem Anwalt der SS im Prozeß der „Einsatzgruppe", das Memoire trägt das Datum vom Juni 1948:

„Im Prozeß der „Einsatzgruppe" veröffentlichte z. B. eine Berliner Tageszeitung, daß alle Angeklagten dieser Gruppe, die das Nürnberger Gericht nicht aburteile, den russischen Behörden ausgeliefert würden, was zur Folge hatte, daß sich niemand als Zeuge anbot. Die als Entlastungszeugen benannten Gefangenen wurden fast alle zuerst dem Richter vorgeführt. Sie waren Gegenstand zahlreicher Bedrohungen, insbesondere, an Polen ausgeliefert zu werden (Dr. Barthels, Dr. Baecker, Vietz). Daraus ergab sich, daß diese Zeugen in ihren Aussagen sehr ängstlich waren, denn sie machten sich darauf gefaßt, an Polen ausgeliefert zu werden und wußten, daß ihre Aussagen gegen sie verwendet werden würden. In einem Falle, Dr. Stier, ist die Auslieferung an Polen auch tatsächlich erfolgt (er befindet sich zur Zeit noch im Gefängnis in Warschau)."

Zwei in demselben Prozeß eingereichte Eingaben, eine von Dr. von Imhoff, die andere von Dr. Georg Froeschmann, den Anwälten anderer Angeklagter, protestierten gegen ähnliche Vorkommnisse.

„In demselben Prozeß wurde ein Deutscher, der als Zeuge geladen war und für den Angeklagten aussagen wollte, vor Gericht mit den folgenden Worten des Richters empfangen: „Da der Zeuge morgen den polnischen Behörden übergeben wird, waren wir gezwungen, ihn heute kommen zu lassen." Der Zeuge, der hiervon überhaupt nichts wußte, war fast unfähig, auszusagen, so hatte er Angst. (Dr. von Imhoff). „Oft wurden Personen, die als Zeuge für den Angeklagten gekommen waren, damit eingeschüchtert, daß sie an ausländische Behörden ausgeliefert würden, um zu erreichen, daß diese Zeugen nicht aussagten. Ich denke z. B. an Personen, wie die Angeklagten Berger, den Zeugen Dr. Barthels, Bräutigam, Meuerer und andere. Eine Vernehmung der verschiedenen Zeugen würde die Richtigkeit dieser Erklärungen ergeben." (Dr. Georg Froeschmann).

Die Untersuchungskommissare verfügten aber noch über andere Methoden, um Entlastungsaussagen aus der Welt zu schaffen, denn sie besessen ein reichhaltiges Arsenal. Sehr oft bedienten sie sich der Arbeiten der Entnazifizierungsbehörden. Ein Memoire von Dr. Frohwein für General Poertsch, das am 19. Juli 1948 in Nürnberg vorgelegt wurde, erklärt dieses Verfahren sehr deutlich.

Außer den Nürnberger Prozessen laufen gleichzeitig noch die Entnazifizierungsverfahren vor den deutschen Spruchkammern. Dieses Verfahren hat zur Folge, daß viele Zeugen nicht frei sprechen wollen.

Sie befürchten, daß (wie es schon wiederholt geschehen ist) das Gericht die Beweise an die deutsche Spruchkammer weitergibt, von der sie alsdann verurteilt werden."

„Im Rahmen des Nürnberger Gerichts arbeitet außerdem die Special Projet Division, der Beamte der deutschen Staatsanwaltschaft beigeordnet sind. Man glaubt zu wissen, daß diese in Zusammenarbeit mit dem Anklagedienst deutsche Prozesse vorbereiten. Das verhindert ebenfalls, daß die Zeugen frei sprechen.

„General Poertsch ist im Prozeß Süd-Ost freigesprochen worden. Jetzt wird er von der deutschen Spruchkammer als Hauptschuldiger eingestuft. Unter den gegen ihn erhobenen Beschuldigungen befinden sich von neuem die Anschuldigungen auf Kriegsverbrechen, hinsichtlich deren ihn das Militärgericht freigesprochen hatte. Der General behauptet, von dem öffentlichen Kläger gehört zu haben, daß die ihn belastenden Beweise von dem Nürnberger Ankläger ausgingen. Er behauptet ebenso, daß der öffentliche Kläger der Spruchkammer die Angelegenheit zuerst nicht als ernst betrachtet hätte, seit einiger Zeit aber, nach Erhalt von Anweisungen, sähe er die Sache als von sehr ernster Art an."

In anderen Fällen, wenn Auslieferung oder Entnazifizierung gegen den Zeugen nicht ins Auge gefaßt werden können, mischen sich häufig die Vereinigungen der politisch und rassisch Verfolgten ein und drohen, um Zeugen an der Aussage zu hindern. Diese letztere Art der Behinderung ist besonders bedenklich, weil sie oft die Angeklagten der Zeugen aus jenen Kreisen beraubt, die man als Opfer der deutschen Greuel hinstellte und die in der Lage gewesen wären, ohne Übertreibung über ihre Behandlung auszusagen. Der Ausfall dieser Aussagen führte nicht allein manchen Angeklagten ins Verderben, sondern erleichterte auch die Aufgabe der deutschfeindlichen Propaganda ganz erheblich. Damit konnte man leicht sagen, die Aussagen seien einheitlich gewesen und Abweichungen hätte es nie gegeben, sodaß man tatsächlich fast keine Aussagen brauchte, um so klarliegende Verbrechen festzustellen. Dies alles gleicht sehr einer gut abgestimmten Aktion, angesichts deren man wohl von einer gerissenen Vertuschung der Wirklichkeit sprechen muß.

Nun eine ganze Dokumentensammlung, die das Konzentrationslager Auschwitz betrifft, worin die Direktoren der I. G. Farben, des großen Deutschen Chemietrusts, wegen Verbrechen gegen die Menschlichkeit angeklagt wurden, weil sie politische Internierte als Arbeiter in ihrem dort gelegenen Werk beschäftigt hatten.

Die Verbände der ehemals politisch Internierten und der Opfer des Naziregimes haben unter den damaligen Verschickten einen Feldzug der Einschüchterung organisiert, um sie am Aussagen zu hindern.

Diese Tatsache wurde von Dr. Alfred Seidl in seinem Plädoyer für den Ingenieur Walter Dürrfeld vor dem Militärgericht No. VI festgestellt. Ich zitiere das Stenogramm der Verhandlungen Seite 50 und 51:

„.... Die eigentlichen Schwierigkeiten der Verteidigung haben sich in besonders scharfer Art bei den ehemaligen Internierten, die im Werk Auschwitz der I. G. Farben arbeiteten, bemerkbar gemacht. Soweit es sich um politische Internierte handelte, waren die Schwierigkeiten unüberwindlich und Zeugenaussagen unmöglich, denn die Organisationen der „Verfolgten des Naziregimes" verboten ihren Mitgliedern, für die Angeklagten zu sprechen. Ebenso ist es vorgekommen, daß Mitglieder, die trotzdem ausgesagt oder eidesstattliche Versicherungen abgegeben hatten, seitens anderer Mitglieder unter Druck gesetzt wurden, um sie zum Widerruf ihrer Aussagen zu zwingen. Es ist klar, daß es unter diesen Umständen unmöglich ist, die Wahrheit zu finden."

In dem Memorandum über die Rechte und Mittel der Verteidigung im Prozeß der I. G. Farben, das namens verschiedener Verteidiger durch Professor Wahl von der Universität Heidelberg abgegeben wurde, wird derselbe Protest wiederholt:

„Die Verteidiger stießen zuweilen noch auf die größten Schwierigkeiten. So hat z. B. die Gruppe der „politischen Verschickten", die mit den Anklägern zusammenarbeitet, ihre bei den I. G. Farben in Arbeit gewesenen Mitglieder wissen lassen, daß sie nicht für die im Prozeß der I. G. Farben Angeklagten aussagen dürfen. Trotzdem haben die Arbeiter einer Fabrik der I. G. Farben, die die Angeklagten sehr gut kannten, ohne daß sie deren Partei angehört hätten, hier gestreikt und ausgesagt, daß die angeklagten Direktoren nicht schuldig sind und keineswegs zur Gruppe der Kriegsverbrecher gehören."

Nun folgen Aktenstücke, die dem Memorandum der Verteidigung beigefügt sind und von politischen Internierten selbst herrühren. Zuerst zitiere ich einen Ausschnitt aus einem Briefe, der in dieser Angelegenheit von dem politischen Internierten Fritz H..., wohnhaft in Fellbach bei Stuttgart, unter dem 9. Juni 1948 an Bischof Wurm, den evangelischen Bischof von Stuttgart gerichtet wurde:

„Ich bin ehemaliger Internierter des Konzentrationslagers Auschwitz und war als Entlastungszeuge im I. G. Farbenprozeß vor das Gericht in Nürnberg geladen. Ich hatte schon 1947 eine Erklärung mittels einer eidesstattlichen Versicherung abgegeben, die Herrn Professor Dr. Wahl ausgehändigt wurde, welches Dokument sicherlich die Ursache meiner Ladung nach Nürnberg wurde.

Ehe ich noch zum erstenmal in Nürnberg vernommen wurde, hörte ich von einem Angestellten des Verbandes der Verschickten (V.V.N.) von Württemberg-Baden, die Vertreter der Anklage im I.G.-Farbenprozeß, die Herren von Halle und Minskoff, hätten der V. V. N. in Stuttgart, Bezirk Frankfurt, mitgeteilt, ich sei bestimmt nicht als politischer Internierter im Konzentrationslager gewesen und es sei möglich, daß ich Verbrechen gegen die Menschlichkeit begangen hätte. Ich darf bemerken, daß ich im Besitz der Karte für politische Internierte Nr. 441 bin und seitens der V.V.N. von Württemberg-Baden nach Kontrolle durch die Polizei von Stuttgart anerkannt wurde. Sonach ist sicher, daß meine Papiere in Ordnung sind und daß es sich um keinen Irrtum handeln kann. Ich bin seit einem Jahr in Arbeit. Mein Strafregisterauszug ist in Ordnung und enthält keine Strafe.

„Der Zweck dieser Manöver ist klar. Nachdem man mich mit diesen Erklärungen der

V.V.N. einzuschüchtern versucht hatte und vor allem, nachdem man mir bekanntgegeben hatte, daß man mich der Verbrechen gegen die Menschlichkeit verdächtigte, glaubte man, ich würde nicht aussagen. Nachdem ich meine Angelegenheiten für den Fall einer Verhaftung geregelt hatte, begab ich mich nach Nürnberg, um meine Aussage zu machen. Das Verhalten der Herren von Halle und Minskoff während meiner Vernehmung wird der bekannte Anwalt Dr. Seidl schildern können."

„Ich habe in dieser Aussage genau beschrieben, wie das Leben meiner Kameraden gewesen ist. Ich nenne als Zeugen Martin N... von Bad Cannstatt (folgt Anschrift). Auch er ist ehemaliger Internierter des Konzentrationslagers Auschwitz."

Diese Aussage steht nicht allein. Sie wird durch Vernehmungen anderer politischer Internierter vor dem Militärgericht Nr. VI in derselben Sache bestätigt. Ich zitiere das Stenogramm der Verhandlungen, Aussage des Zeugen D... aus K... Von dem öffentlichen Ankläger vernommen, erklärt der Zeuge:

„... Ich möchte bemerken, daß man versucht hat, mir Schwierigkeiten zu bereiten. Als Mitglieder des „Ausschusses der rassisch Verfolgten" hörten, daß ich aussagen sollte, haben sie sogar versucht, mich festnehmen zu lassen. Sie haben sich auch nicht gescheut, Kameraden, die mit mir zusammen interniert waren, zu fragen, ob ich nicht während dieser Zeit Juden oder Andere geschlagen hätte, um einen Anlaß zu meiner Verhaftung zu finden und meine Reise nach Nürnberg zu unterbinden."

„Aber diese Herren hatten keinen Erfolg."

Öffentlicher Ankläger: — Ich danke Ihnen; ich habe keine weiteren Fragen, Herr Präsident.'

Anschließend wird der Zeuge durch Dr. Servatius, einen der Anwälte der I. G. Farben, befragt. Hier das Stenogramm der Fragen und An Worten:

Frage: — Herr Zeuge, da wir die Absicht hatten, uns nicht mit dem Verlesen Ihrer eidesstattlichen Versicherung zu begnügen, hatten wir bei dem Hohen Gericht den Antrag gestellt, Sie nach Nürnberg kommen zu lassen. Dieser Antrag ist genehmigt worden und der Generalsekretär dieses Gerichts hat Ihnen ein Telegramm zugehen lassen, durch welches Sie aufgefordert werden, am 12. als Zeuge nach Nürnberg zu kommen.

Antwort: — Ja, ich habe dieses Telegramm erhalten.

Frage: — Sie haben geantwortet, daß Sie dieses Telegramm erhalten hätten, ist das wahr?

Antwort: — Ja, das ist wahr.

Frage: — War das am 12.?

Antwort: — Nein, das muß am 11. gewesen sein, vielleicht auch am 10. oder am 11.

Frage: — Herr Zeuge, nun ist ein zweites Telegramm angekommen, an Leutnant P. adressiert. Ich habe dieses Telegramm in der Hand; es lautet: Ich lege keinen Wert auf die Vernehmung durch die Verteidigung und ziehe meine Erklärung zurück.

Antwort: — Das ist richtig, ich hatte dieses Telegramm abgeschickt nachdem ich mit Kameraden gesprochen hatte, infolge...

Frage: — Entschuldigen Sie, Herr Zeuge, wenn ich unterbreche, ich habe Ihnen noch keine Fragen vorgelegt. Ich wollte folgendes wissen: hat Sie nach Ihrer eidesstattlichen Erklärung eine Person der V.V.N. in den Monaten März oder April vernommen und von Ihnen genaue Angaben über den Inhalt Ihrer Erklärung verlangt?

Antwort: — Ich bin nicht über den Inhalt meiner Erklärung befragt worden, man hat mich nur gefragt, ob ich für die Verteidigung aussagen würde.

Frage: — Wer hat Sie das gefragt?

Antwort: — Ein gewisser P... aus F...

Frage: — Wie heißt dieser Mann?

Antwort: — P...

Frage: — Ist dieser P... Mitglied der V.V.N.?

Antwort: — Ja.

Frage: — Was hat dieser Mann sonst noch gesagt?

Antwort: — Falls ich wirklich die Absicht hätte, dies zu tun, so sei mir doch sicherlich durch Zeitungsartikel der V.V.N. bekannt, diese wünsche nicht, daß ihre Mitglieder in den Prozessen für die Angeklagten aussagten.

Frage: — Hat man Ihnen gesagt, was Ihnen für den Fall geschähe, daß Sie doch aussagen würden?

Antwort: — Ja, man kündigte mir an, daß ich für diesen Fall erwarten müßte, nicht mehr als Mitglied der V.V.N. anerkannt zu werden und bestimmte Gruppen oder Abteilungen wohl Mittel finden würden, mir das begreiflich zu machen.

Frage: — War bei Ihrer Unterhaltung noch jemand auf Seiten P...'s dabei?

Antwort: — Während dieser Unterhaltung nicht.

Frage: — Fand später noch eine andere Besprechung statt, bei der andere Personen seitens P...'s anwesend waren?

Antwort: — Ja.

Frage: — Wann war diese Unterhaltung?

Antwort: — Sie war am 11. in G ...

Frage: — Wo fand sie statt?

Antwort: — Sie fand bei einem Herren H... in dessen Wohnung statt, wo sich auch das Bureau der V.V.N. befindet.

Frage: — Wieviel Personen haben mit Ihnen in diesem Bureau der V.V.N. gesprochen?

Antwort: — Es hat nur einer gesprochen.

Frage: — Und wieviel Personen waren bei ihm?

Antwort: — Zwei.

Frage: — Hat man Ihnen in G... gesagt, was geschehen würde, wenn Sie trotzdem als Zeuge für die Verteidigung aufträten, oder ganz einfach, wenn Sie Zeuge wären?

Antwort: — Man hat mir nicht direkt gesagt, was geschehen würde, sondern, daß sie es grundsätzlich nicht gern hätten, wenn ihre Mitglieder Zeugen seien. Ich habe das als Druck empfunden und schickte daraufhin dieses Telegramm. Ich habe erklärt, ich wollte nicht im Gegensatz zu meinen Kameraden handeln, ich ginge nicht nach Nürnberg.

Frage: — Sie sagten, Sie hatten den Eindruck, einem Druck ausgesetzt gewesen zu sein. Haben Sie z. B. befürchtet, aus der V.V.N. ausgeschlossen zu werden und die Vergütungen zu verlieren, die die Mitglieder dieser Vereinigung in verschiedener Hinsicht genießen?

Antwort: — Ja."

Schließlich gebe ich — immer zu derselben Frage — Erklärungen von Verurteilten wieder, die sich gegenwärtig im Gefängnis zu Landsberg als Häftlinge befinden. Sie haben zweifellos weniger Gewicht, als die vorstehenden Erklärungen, dürfen aber nicht übersehen werden, weil sie unter das soeben Gesagte fallen. Hier eine Stelle aus einer eidesstattlichen Erklärung des Karl H..., abgegeben in Landsberg am 18. Februar 1948:

„Die jüdische Ärztin, Dr. Lange-Waldeg und die ehemalige Konzentrationslagerinsassin Mydla aus Berlin hatten aus eigenem Antrieb Erklärungen abgegeben. Die Zeuginnen wurden Gegenstand einer Intervention seitens der V.V.N. und gaben keine Erklärungen mehr ab."

Hier eine andere Stelle, ein Auszug aus der eidesstattlichen Versicherung des Waldemar H..., abgegeben in Landsberg am 17. Februar 1948:

„Einer meiner Entlastungszeugen, Herr Friedrich D..., ehemaliger Internierter des Konzentrationslagers Buchenwald, hat vor Zeugen erklärt, daß er von der V.V.N. mit schweren Vergeltungsmaßnahmen bedroht worden sei, falls er für einen Angeklagten im Nürnberger

Kriegsverbrecherprozeß aussagen würde. In meinem Prozeß wollten 12 ehemalige Internierte des Konzentrationslagers Buchenwald, ohne sogar von der Verteidigung angefordert zu sein, aus eigenem Antrieb mit einem Lastkraftwagen von Hamburg nach Nürnberg kommen, um für mich auszusagen. Die Hamburger kommunistische Partei hielt ihren Wagen auf der Landstraße an und verhinderte sie, in meinem Prozeß auszusagen (die eidesstattlichen Versicherungen können beigebracht werden)."

Diese Fälle stehen nicht allein, sie sind nicht auf den Fall der I. G. Farben beschränkt. Nebenbei sei bemerkt, daß die Dokumentierung, die ich soeben beibrachte, sich auf das Konzentrationslager Auschwitz bezieht, in welchem nach dem befremdenden Geständnis des Lagerleiters, wie man uns auf das Bestimmteste versichert, alle Juden ausnahmslos sogleich in die Gaskammer kamen — eine Aussage, die von reichlich überraschenden Umständen umgeben ist, auf die man eines Tages wohl noch zurückkommen muß. Hier aber andere Beispiele, die ich aufs Geradewohl aus den Eingaben der Verteidiger oder dem Stenogramm des Prozesses zitiere.

Vor dem Militärgericht Nr. VI, Sitzung vom 14. April 1948, befragt Dr. Seidl den Zeugen Hellmuth Schneider und erhält folgende Erklärungen:

Frage: — Wurden Sie schon durch Herrn von Halle vernommen, was hat er Ihnen bei Beginn der Vernehmung gesagt?

Antwort: — Herr von Halle hat mich, bevor ein Protokoll aufgenommen wurde, gefragt: „sind Sie bereit, eine passende Erklärung abzugeben?" Hierüber war ich sehr erstaunt, denn als normaler Mensch, der seiner fünf Sinne mächtig ist, war ich in der Lage, eine normale Aussage zu machen. Herr von Halle machte mir alsdann begreiflich, daß er unter dem Wort passend das Wort brauchbar verstanden hätte. Ich erklärte, ich wüßte nicht, inwiefern meine Aussage brauchbar sei, aber ich würde die Wahrheit sagen. Herr von Halle bemerkte darauf, daß er Gelegenheit und Mittel hätte, mich brauchbare Aussagen machen zu lassen; dieses Wort wurde betont ausgesprochen."

Vor demselben Gericht, Sitzung vom 13. Februar 1948, führt der

Verteidiger des Angeklagten Ambros, Dr. Hoffmann, zugunsten seines Klienten folgendes aus:

„Herr Präsident, ich wollte dem Hohen Gericht noch folgende Angelegenheit vortragen: ich glaube, das Hohe Gericht erinnert sich noch der Aussage des Zeugen Pfeffer, der zur Sache Ambros ausgesagt hat. Ein Zeuge, der während der Vernehmung gleichfalls anwesend war, ein gewisser M..., ist Deutscher, der sich in Freiheit befindet. Diesen hatte ich für die Verteidigung des Ambros erscheinen lassen. Die Anklage hat M... ihrerseits vernommen, das ist vollkommen in Ordnung. Jetzt hat mir dieser Zeuge M..., der sich in Freiheit befindet, sagen lassen, man hätte ihm verboten, noch einmal mit mir zu sprechen: Herr Präsident, das ist nach meiner Meinung eine Ungerechtigkeit und entspricht weder den Grundsätzen der Anklage noch denen der Verteidigung des Angeklagten."

An der gleichen Stelle wies ferner Dr. Hoffmann darauf hin, daß sich der Angeklagte Heinrich Pieck beklagt, man hätte eine Aussage zu seinen Gunsten verhindert:

„Der Zeuge holländischer Nationalität, der auch zu meinen Gunsten aussagen wollte, hat meinem Rechtsanwalt, Dr. Hans Gawlick mitteilen lassen, eine Sekretärin des Untersuchungsrichters hätte ihm mitgeteilt, er dürfe nicht für mich aussagen."

Ein Memoire von Dr. Aschenauer, datiert Nürnberg, Juni 1948, berichtet den Fall einer Sekretärin, die man bedroht und unter Druck gesetzt hat:

„Der Stellvertreter des Oberrichters, Herbert Meyer, verlangte in Leipzig eine eidesstattliche Erklärung von einer Stenotypistin. Da die Erklärung nicht seinen Wünschen entsprechend abgegeben wurde, drohte er dem jungen Mädchen, er käme in einigen Minuten mit einem russischen Offizier zurück, sie solle sich inzwischen bedenken. Unter dieser Drohung wurde die eidesstattliche Erklärung abgegeben."

In demselben Memoire erinnert Dr. Aschenauer daran, daß mehrere Angeklagte einer Vorbeugungshaft von zweieinhalb Jahren ausgesetzt und während dieser Zeit der Polizeiwillkür preisgegeben waren, sie waren Druck und Bedrohungen aller Art ausgesetzt:

„Die Dauer der gerichtlichen Untersuchungen kann nicht genau angegeben werden, immerhin dauerte es jahrelang, da doch schon 1945 und 1946 Leute, die hernach angeklagt wurden, (Hoffmann und Lorenz), im Hauptquartier Oberursel vernommen worden waren und eidesstattliche Erklärungen, die dann in den Prozessen verwendet wurden, mit Gewalt erzwungen worden waren. (Zum Beispiel die eidesstattliche Erklärung Hoffmann). Bei der Vernehmung durch Richter (auch durch nichtrichterliche Personen) werden sie sogleich bedroht und unter moralischen Druck gesetzt, mit falschen eidesstattlichen Erklärungen, mit Auslieferung an russische oder andere Behörden (Lorenz, Hübner) mit dem Bemerken bedroht, was das für sie und ihre Familien bedeute (Lorenz, Hoffmann, Schwalm, Sollmann, Brückner, Greifelt), oder mit Aufhängen bedroht (Schwalm). „Wir werden Sie den russischen Behörden ausliefern und Sie wissen, daß Sie dann keine vierundzwanzig Stunden mehr leben" (Greifelt). Andererseits machte man ihnen versteckte Zusagen: wenn sie richtig, d. h. wunschgemäß aussagen würden, hätten sie keine Anklage zu erwarten (Viermetz, Hübner)."

Man muß noch eine weitere Quelle von Schwierigkeiten und Hindernissen erwähnen, von der es naiv wäre, wollte man sie allein den Umständen zuschreiben. Für die Verteidigung war es unmöglich, mit Zeugen, die im Ausland wohnten, in Verbindung zu treten und natürlich war es ihr auch unmöglich, sie kommen zu lassen. Man errät, wie bedenklich dieser besondere Umstand sein konnte, wenn es sich beispielsweise um die Konzentrationslager handelte. Praktisch bedeutete dies also, daß allein die von der Anklage geladenen Zeugen gehört werden konnten. Selbstverständlich bestand keinerlei entgegengesetzte Bestimmung, daß die deutschen Verteidiger ausländische Zeugen beriefen; praktisch aber waren die Schwierigkeiten unüberwindlich. Hier eine Stelle aus einem Einspruch des Rechtsanwalts Dr. Heintzeler für seinen Klienten, den Angeklagten Wurster, vor dem Militärgericht No. VI, Sitzung vom 1. Dezember 1947, die den Hergang bei dieser Behinderung gut darstellt:

Dr. Heintzeler: — Hohes Gericht, als vor einigen Wochen der Herr Anklagevertreter die erste eidesstattliche Erklärung eines Franzosen, der in einer Fabrik der I. G. Farben gearbeitet hatte, vorlegte, hatte ich die Ehre, zu bemerken, ich müsse nun verlangen, daß auch andere Franzosen zu diesem Urteil gehört würden, und daß es nötig sei, einen Verteidiger oder Beauftragten in dieser Angelegenheit nach Frankreich zu entsenden. Ich hatte mich damals mit dem „Defence Center" dieses Hauses in Verbindung gesetzt und schon mit der Antwort gerechnet, die ich dann auch erhielt und die folgendermaßen lautete: Die Militärregierung teilt mit, daß es für e tn e deutsche Zivilperson unmöglich ist, die Erlaubnis zur Einreise nach Frankreich zu erhalten, es sei denn, sie hätte schwer erkrankte Eltern in Frankreich; ebenso unmöglich ist es auch, Mark gegen Franken umzutauschen...

Der Richter: „Darf ich den Herrn Verteidiger fragen, ob Sie daran gedacht haben, eine Person französischer Nationalität, die sich in Frankreich befindet, diese Angelegenheit für Sie regeln zu lassen?"

Dr. Heintzeler: „Auch diese Frage ist schon geprüft worden, aber auch sie scheiterte an der Frage des französischen Geldes zur Bezahlung eines französischen Anwalts oder Vertreters. Wenn es sich darum handelt, Fragebogen zu schicken, ist es zunächst unerläßlich, die Anschriften der Zeugen zu kennen. Da es sich in diesem Fall aber nur um ausländische Arbeiter handelt, die in Deutschland beschäftigt waren, wird die Aufgabe der Verteidiger vor allem darin bestehen, die gewünschten Personen und ihre Anschriften zu ermitteln. Erst von diesem Zeitpunkt ab wäre die Möglichkeit zur Ausfüllung von Fragebogen gegeben."

Ein mehr allgemein gehaltenes Memoire des Anwalts Müller-Torgow, am 1. März 1948 verfaßt, beschreibt den ganzen Umfang dieser Schwierigkeiten und die daraus für die Verhandlungen entstehenden Verlegenheiten:

„Es war den Verteidigern nicht möglich, Reisen ins Ausland zu machen, um sich Beweise verschaffen zu können. Selbst in den Besatzungszonen war es sehr schwierig, Zeugen zu hören, die interniert sind. Es war daher sehr schwierig, die Angeklagten zu verteidigen, trotzdem man glauben sollte, die amerikanische Regierung oder die amerikanischen Behörden hätten alles Interesse daran, den Ablauf der Prozesse vom Standpunkt der „Verteidigung der Menschenrechte" aus hinreichend interessant zu machen, wie es in den Nürnberger Prozessen möglich war, mitzuhelfen, daß diese Schwierigkeiten aus dem Weg geräumt werden konnten. Besonders waren Reisen von Verteidigern ins Ausland eine Unmöglichkeit. Im Prozeß Süd befanden sich eine Menge Zeugen in Griechenland. Es war jedoch auch diesmal unmöglich, die Zeugen aus Griechenland kommen zu lassen, weil die Erlaubnis von den zuständigen Behörden in Berlin verweigert worden war; es war den Verteidigern aber auch unmöglich, nach Griechenland zu reisen und eidesstattliche Erklärungen beizubringen. Es war einfach unmöglich, Zeugen nach Nürnberg kommen zu lassen. Es war also auch unmöglich, an Eidesstatt abgegebene Erklärungen hoher griechischer Persönlichkeiten beizubringen. Das Gericht hatte jedoch die Möglichkeit, die Erlaubnis zum Kommen dieser Personen zu geben."

In dem weiter vorne erwähnten Memoire von Dr. Aschenauer heißt es wörtlich:

„Die in der Ostzone internierten Zeugen können von den Verteidigern niemals erreicht werden, wenn aber die Anklagebehörde Zeugen benötigt, stehen sie immer zur Verfügung. Es ist unmöglich, die Internierten in der Ostzone als Zeugen zu erreichen."

Dieselbe Erklärung wiederholt sich im Plädoyer von Dr. Seidl für den schon genannten Dürrfeld im I.G.-Farbenprozeß. Die Stelle, die ich hier erwähne, läßt den Umfang der durch dieses System verursachten Lücken und den Schaden ermessen, der hieraus für die Ermittlung der Wahrheit entstand:

„Sogar aus dem so nahen Österreich können weder Zeugen noch Beweismittel herübergebracht werden. Ebenso konnten wegen derselben Schwierigkeiten keine Zeugen aus der russischen Zone kommen. Hieraus geht hervor, daß die Beweismittel, die die ehemaligen Mitglieder der I. G. Farbenwerke betrafen, nur unter großen Schwierigkeiten beschafft werden konnten. Auslandsreisen sind für den Verteidiger eine Unmöglichkeit. In dieser Fabrik waren 25 000 Menschen beschäftigt. Für viele bedeutete eine Erklärung sogar eine persönliche

Gefahr. Die im Ausland oder der russischen Zone wohnenden Zeugen konnten nicht vor dem Gericht erscheinen."

Die deutschen Anwälte waren nicht die einzigen, die protestierten. Als Dr. Paget von englischen Spendern geschickt wurde, um an der Verteidigung des Generalfeldmarschalls von Manstein teilzunehmen, mußte er die gleichen Einwendungen erheben und scheute sich nicht, dies mit allem Nachdruck zu tun. Ich zitiere das Plädoyer von Dr. Paget nach der Veröffentlichung, die in Hamburg von Dr. Leverkühn, dem anderen Verteidiger des Generalfeldmarschalls unter dem Titel „Verteidigung Manstein" erschienen ist. Das Plädoyer beginnt mit folgenden einleitenden Worten:

„Die im Riesengebäude des Pentagon zu Washington aufgetürmten Dokumente wurden nach dem Maßstabe ausgewählt, wie sie Belastungsdokumente waren. Wir hatten keinerlei Möglichkeit — ohne daß hierfür die Anklage verantwortlich wäre — Dokumente auszusondern. Keine Kommission hat diese Dokumente jemals unter dem Gesichtspunkt geprüft, ob gewisse von ihnen für Deutschland oder für die Angeklagten günstig seien."

„Unsere Zeugen wurden einer nach dem anderen eingeschüchtert. Zeugen, die vorgeladen waren, um in den Kriegsverbrecherprozessen auszusagen, wurden plötzlich ohne Ankündigung verhaftet und hörten zu ihrem Schaden, daß ihre eigenen, als Zeugen abgegebenen Erklärungen gegen sie vor den deutschen oder alliierten Gerichten verwendet werden könnten. Das trifft gerade für von Manstein selbst zu."

„Mangels entsprechender Presseveröffentlichungen sind wir nicht in der Lage, für die uns interessierende Frage Zeugen zu finden."

„Zwei Drittel der Briefe, die wir erhalten haben, und die Zeugenaussagen sein könnten, sind ohne Unterschrift und unser Briefschreiber erklärt: Ich könnte Ihnen Dokumente oder Informationen liefern, aber ich wage nicht, Ihnen meinen Namen bekannt zu geben, weil ich Feinde in Deutschland und Eltern in der russischen Zone habe."

Diese Erklärung genügt Dr. Paget nicht. Er hat die Gepflogenheiten des englischen Anwalts: er hat das ganze Leben beobachtet und die Erfahrung gemacht, daß eine lange Reihe strenger Regeln hinsichtlich der Beweismittel beobachtet wurde. Er ist deshalb recht erstaunt, sie nicht angewendet zu sehen, wenn es sich um deutsche Generale handelt. Sein Plädoyer wird, als er diese Frage behandelt, eine sehr ernste Aufforderung zur Aufklärung über die Führung der Kriegsprozesse. Warum wurden die belastenden Dokumente nicht strenger geprüft? Warum läßt man alles Beliebige zu, vorausgesetzt, daß es eine Anklage darstellt? Warum läßt man Klatsch zu, unwahrscheinliche Erzählungen, Dokumente, die keiner Authentizitätsprüfung oder von der Gegenseite vorgenommenen Prüfung standhalten? Warum ist alles gut, wenn es sich darum handelt, anzuklagen, während jedes Schriftstück, das die Verteidigung interessiert, unauffindbar ist?

„Was die Beweise anbelangt, so haben Sie gesagt und es wiederholt, daß Sie sich unbedingt das Recht vorbehalten, die Glaubwürdigkeit der vorgelegten Dokumente zu beurteilen. Nach welchen Regeln aber beurteilen Sie diese Glaubwürdigkeit? Welches Mittel haben Sie, um den Wert von Dokumenten festzustellen, die auf Versicherungen beruhen, welche oft aus dritter oder vierter Hand stammen? Welche Regeln werden Sie anwenden, um ein Urteil auf Dokumente zu stützen, die von Manstein nie gesehen hat und die Ereignisse betreffen, von denen er nicht einmal Kenntnis hatte? Welche Regeln werden Sie hier anwenden? Die einzige Regel, die ich kenne, ist die des englischen Rechts und nach dieser Regel haben solche Dokumente überhaupt keinen Wert. Die englischen Juristen lehnen in 99 von 100 Fällen die als Beweise vorgelegten Dokumente ab, wenn sie aus zweiter Hand stammen. Sie lehnen alle Dokumente ab, die der Angeklagte nicht gesehen hat; sie lehnen sie ab, weil sie wissen, daß solche Art von Dokumenten die Gefahr mit sich bringt, mehr zu Irrtümern als zu einer Gewißheit zu führen."

„Ich weiß nicht, auf wieviele Tausende Sie die Dokumente schätzen, die von Manstein während des Krieges unterschrieben hat oder bei sich durchlaufen sah. Nach meiner Meinung müssen es mehrere Tausend gewesen sein. Und dann unterbreitet man Ihnen hier nur ein halbes Dutzend. Von den anderen Dokumenten wissen wir genau nichts. Im Gebäude des Pentagon lassen sich Tausende und Abertausende von Dokumenten finden und, wie ich schon gesagt habe, es besteht keine

Kommision, um von diesen Tausenden diejenigen zu überprüfen, welche Entlastungsbeweise zugunsten der Angeklagten oder Deutschlands sein könnten. Das ist ein ausschlaggebender Punkt."

Man fühlt, wie weit diese Einwände gehen. Sie stellen die ganze Untersuchungsmethode über das Benehmen der Deutschen in Frage, Denn die Unsicherheitselemente, die Dr. Paget hier angreift, findet man in allen Prozessen einschließlich des großen Nürnberger Prozesses vielfach wieder, in welchen von Kriegsverbrechen die Rede ist. Diese von einem englischen Rechtsanwalt vorgebrachten Argumente waren für ein englisches Gericht so schwerwiegend, daß ihnen im Urteil weitgehendst Rechnung getragen wurde. Man wird es später lesen: von siebzehn Anklagepunkten wurden nur zwei in ihrer ursprünglichen Form aufrechterhalten. Bei allen übrigen wurde angenommen, daß die vorgelegten Beweismittel entweder nicht genügten oder zu einer anderen Anklageformulierung hätten führen müssen. Man sieht an diesen Beispielen, wie weit wir davon entfernt sind, sagen zu können, daß wir eine vollständige oder nur hinreichende Dokumentation über eine ganze Reihe von Handlungen hätten, die als Kriegsverbrechen oder Verbrechen gegen die Menschlichkeit angesehen werden. Dann ist es doch keine Entschuldigung dieser Verbrechen, wenn ich hier feststelle, daß unsere Untersuchung übereilt und nur Stückwerk gewesen ist. Es heißt doch nicht irgend etwas verteidigen, wenn man für sich in Anspruch nimmt, die Wahrheit ehrlich und vollständig zu ermitteln. Was die interne Analyse der Stenogramme des Nürnberger Prozesses schon zu vermuten erlaubte, wird also nun durch die Tatsachen bestätigt.

KAPITEL II

DIE MALMÉDY-ÄFFAIRE

Zu diesen Gründen, die schon wichtig genug sind, an der Unparteilichkeit der Untersuchung, selbst ihrem mangelhaften Charakter zu zweifeln, fügten bedenkliche Vorfälle eine nicht leicht zu nehmende Mahnung hinzu. Diese Vorfälle bestätigen das von den Anwälten Gesagte, geben aber ihren Klagen plötzlich einen erschütternden Hintergrund. Zwar kann man aus ihnen keine Schlüsse allgemeiner Art ziehen, doch sind sie so bezeichnend, daß man sie unmöglich mit Stillschweigen übergehen kann. Ich meine damit besonders eine Angelegenheit, die in der ganzen Welt, außer Frankreich und den unter Sowjetkontrolle stehenden Ländern, beträchtliches Aufsehen erregt hat, nämlich die Malmédy-Angelegenheit.

Eine in Malmédy stationierte deutsche Einheit war beschuldigt worden, während der Schlacht bei Bastogne Zivilisten des Dorfes unter Feuer genommen und amerikanische Soldaten, die sich ergeben hatten, erschossen zu haben. Es handelte sich also um Kriegsverbrechen, die völlig den Haager Definitionen entsprachen und deren Urheber ermittelt werden durften. Leider befanden sich die Amerikaner hinsichtlich der Malmédy-Angelegenheit bald in derselben Lage wie wir in Bezug auf die Vorfälle von Asq und Oradour: man hatte wohl die Einheit festgestellt, aber es war unmöglich, die einzelnen Schuldigen zu ermitteln. Man weiß, wie radikal wir diese Schwierigkeit gelöst haben: ein Ausnahmegesetz ermöglichte es, alle Soldaten, welche der des Verbrechens bezichtigten Einheit angehörten, kollektiv als Urheber des Verbrechens anzusehen und ihnen demzufolge die Todesstrafe zuzudiktieren, ohne sich viele Gedanken darüber zu machen, wie groß ihr persönlicher Anteil an dem Verbrechen war. Dieses bewundernswerte juristische Instrument stand den Amerikanern nicht zur Verfügung. Sie waren also gezwungen, irgendwie zu Geständnissen zu kommen .Die Methoden, die sie zum

Zustandekommen der bei der Verhandlung beigebrachten Beweise und Geständnisse anwandten, führten zum Skandal. Sie riefen einen heftigen Feldzug des Anwalts der Verurteilten, Dr. Everett von Atlanta, sowie Presseinterventionen hervor und führten schließlich zur Ernennung eines hohen, mit einer Untersuchung beauftragten Beamten, des Richters van Roden. Die amerikanische Regierung hatte den Mut, zu dem man sie beglückwünschen muß, diese Untersuchung zu veröffentlichen. Die Tatsachen, die sie aufdeckte, waren so ernster Natur, daß die ganze angelsächsische Presse in tiefgehende Unruhe geriet. Wir bringen hier die von den Zeitungen wiedergegebenen Enthüllungen. Was die Verurteilten betrifft, so wurde ihr Todesurteil aufgehoben und ein Teil von ihnen in Freiheit gesetzt. Die anderen waren inzwischen gehängt worden, denn die Proteste verhelfen zwar manchmal der Wahrheit zum Sieg, halten aber selten den Henker auf.

Nun folgt, unter welchen Umständen sich die Malmédy-Angelegenheit abspielte und zwar so, wie sie mehrere, sich gegenseitig ergänzende Dokumente erwähnen, von denen die einen nach der Eingabe des Rechtsanwalts Everett und die anderen nach dem Bericht des Richters van Roden verfaßt wurden.

Die Berufungsklage berichtet von Dingen, die wir als zweitrangig beiseite lassen, obwohl auch sie schon sehr ernster Natur sind, nämlich der Tatsache, daß die Verteidigung kaum zwei Wochen Zeit bekam, um den Prozeß von 74 Angeklagten vorzubereiten, daß man den Verteidigern nur Dolmetscher ohne Erfahrung und keine Stenographen bewilligte, daß die Angeklagten, die als Kriegsgefangene hätten behandelt werden müssen, insgeheim widerrechtlich in das Gefängnis von Schwäbisch Hall überführt worden waren...Dort beginnt der Versuch der Fälschung. Sein erstes Kennzeichen sind moralischer Druck und physische Folterungen, über die uns der Bericht des Richters van Roden folgendermaßen unterrichtet:

In Bezug auf das Blutbad von Malmédy erklärt der Richter van Roden: „Man muß unterscheiden zwischen der Behauptung, daß das Verbrechen begangen wurde und der Behauptung, das Verbrechen sei von den 74 Deutschen begangen worden, die sich zu jener Zeit in oder bei Malmédy befanden und gegen die man zwei oder drei Jahre später

Beweise beibrachte." Der Richter van Roden nennt einen gewissen Oberstleutnant Ellis und einen gewissen Leutnant Pearl vom juristischen Personal der amerikanischen Armee, die ihm erklärt hätten, „es sei schwierig gewesen, einen schlüssigen Beweis zu bekommen", und, „da die Sache schwierig war, hätte man Methoden des Zuredens anwenden müssen." Über die Art dieser „Methoden des Zuredens" gibt der Richter van Roden alsdann eine lange Beschreibung. Hier ein Teil seines amtlichen Berichtes: „Die als „Beweise" vorgelegten „Geständnisse" wurden von Männern erpreßt, die zunächst einmal drei, vier oder fünf Monate lang in vollkommener Abgeschlossenheit gehalten worden waren. Sie wurden in einem Raum mit vier fensterlosen Mauern verwahrt, ohne eine physische Bewegung machen zu können. Täglich wurden zwei kärgliche Mahlzeiten durch eine an der Zellentür angebrachte Fallklappe hereingeschoben.

Sie durften nicht miteinander sprechen. Man verweigerte ihnen jegliche Verbindung mit ihrer Familie, einem Priester oder einem Pastor. In einigen Fällen genügte diese Behandlung bereits, um Deutsche soweit zu bringen, daß sie vorher abgefaßte Geständnisse unterschrieben. Diese im voraus angefertigten Geständnisse belasteten nicht nur den Unterzeichner, sondern belasteten oft auch andere Verdächtige."

„In anderen Fällen wurden körperliche Folterungen zur Erpressung von Geständnissen angewendet. Die Ermittler stülpten den Angeklagten eine schwarze Kapuze über den Kopf, schlugen sie dann mit Schlagringen ins Gesicht, versetzten ihnen Fußtritte und hieben mit Gummischläuchen auf sie ein. Mehreren deutschen Angeklagten waren die Zähne ausgebrochen, bei einigen die Kinnladen zertrümmert."

„In 139 überprüften Fällen waren alle diese Deutschen — außer zweien — mit solcher Gewalt in die Hoden geschlagen worden, daß eine dauernde Invalidität daraus entstand. Dies war eine „Standard"-Prozedur unserer amerikanischen Ermittler."

„Nach einer Reihe brutaler Mißhandlungen erklärte sich ein 18 Jahre alter Beschuldigter bereit, ein Geständnis, das man ihm diktieren werde, niederzuschreiben. Er hatte schon sechzehn Seiten geschrieben, als die Stunde kam, ihn für die Nacht wieder einzuschließen. Bei Tagesanbruch hörten ihn die Deutschen der Nachbarzellen rufen: „Nein, ich werde keine einzige weitere Lüge mehr schreiben." Als der Gefangenenwärter ihn zur Fortsetzung der Niederschrift seines „Geständnisses" aufsuchte, fand er den Jungen an einem Gitterstab seiner Zelle erhängt tot vor. Aber die schriftliche Erklärung dieses jungen Deutschen, der Selbstmord beging, um sie nicht fortsetzen zu müssen, wurde dennoch vorgelegt und als Beweismaterial im Prozeß gegen die anderen Angeklagten zugelassen."[1]

Eine große Zahl unwahrer Erklärungen wurde auf diese Weise gewaltsam beschafft. Man verwendete sie gegen die Angeklagten oder Dritte als Beweise für die Vorkommnisse. Aber das war noch nicht alles. Eine große Zahl der Angeklagten widerstand den Folterungen oder weigerte sich, die unwahren Erklärungen zu unterschreiben. Man nahm sich darauf vor, ein Scheingericht zu bilden, sie scheinbar zum Tod zu verurteilen und ihnen zu eröffnen, daß sie binnen vierundzwanzig Stunden hingerichtet würden, alsdann Polizisten als Priester verkleidet mit dem Auftrag zu ihnen zu schicken, ihnen eine Begnadigung in Aussicht zu stellen, falls sie gewisse Handlungen bezeugen wollten. Es folgt der Bericht über diese Szene, von der bereits in der Eingabe Dr. Everetts die Rede ist:

Die mit einer Kapuze bedeckten Angeklagten werden in einen großen dunklen Raum geführt.

„Nach Abnehmen der Kapuze sah jeder Angeklagte einen langen Tisch, auf dem eine bis zum Boden reichende schwarze Decke lag. An beiden Enden des Tisches brannten Kerzen und in der Mitte stand ein Kruzifix. Hinter dem Tisch hatten in wechselnder Zahl amerikanische Zivilisten Platz genommen, die sich unberechtigter Weise Uniform und Rangabzeichen amerikanischer Offiziere zugelegt hatten. Ein Scheinverteidiger (meist war es einer der verkleideten Ermittler) wurde

---

[1] Dr. Everett erläutert diesen letzteren Punkt: Während des wirklichen Malmédy-Prozesses legte die Anklage trotz der Vorstellung der Verteidiger diese nicht unterschriebene und unvollständige Erklärung als Beweismittel vor und zwar im Einverständnis mit dem Gericht. Obendrein besaß der amerikanische Staatsanwalt die Gewissenlosigkeit, von dem Polizisten die Aussage unter Eid zu verlangen, was dieser tote junge Deutsche in seiner Erklärung doch weiter mitgeteilt haben würde, wenn er am Leben geblieben wäre.

den jungen deutschen Soldaten zur Verfügung gestellt. Er stellte sich den Beschuldigten als ihr Verteidiger vor, obwohl er kein Anwalt war. Man belehrte sie und erweckte in ihnen den Eindruck, sie würden nun von den Amerikanern verurteilt, weil sie die Menschenrechte verletzt hätten. Am anderen Ende des Tisches saß ein sogenannter Staatsanwalt, der nun die Anklageschrift vorlas, wobei er die (18 bis 20 Jahre alten) Angeschuldigten in schreiendem Tone anfuhr und versuchte, durch Zwang von ihnen Geständnisse zu erhalten."

„Diese Scheinverhandlungen gingen folgendermaßen weiter: man stellte dem Beschuldigten einen falschen Zeugen nach dem anderen mit unwahren Aussagen gegenüber und „bewies" unter Anwendung von Lügen in unzweifelhafter Form, daß die Beschuldigten sich zahlreicher Kriegsverbrechen schuldig gemacht hätten. Während der ganzen Dauer dieser Scheinverhandlungen erweckte der angebliche Verteidiger den Anschein, als verteidige er sie. Am Schluß dieser angeblichen Verhandlungen schien der Verteidiger ein Plädoyer zu halten."

„Schließlich erkannte das Scheingericht dann auf Todesstrafen durch Erhängen, die binnen einer Frist von 24 bis 48 Stunden vollzogen' werden sollten. Darüber sprach der Scheinverteidiger sein Bedauern unter gleichzeitiger Feststellung aus, daß er alles ihm Mögliche für jeden der Beschuldigten getan hätte."

„Im Anschluß an diese Scheinverhandlungen versuchte der angebliche Verteidiger — und in den meisten Fällen gelang es ihm — die Beschuldigten soweit zu bringen, daß sie falsche Geständnisse unterschrieben, in denen sie die Richtigkeit aller gegen sie erhobenen Anklagen anerkannten. Ihr unrechtmäßiger Verteidiger hatte ihnen gesagt: „In 24 Stunden werden sie alle gehängt; warum wollen Sie nicht einen anderen entlasten, indem Sie die ganze Schuld auf sich nehmen und ein schriftliches Geständnis ablegen, das ich Ihnen diktiere?"

Man vervollständigte diese Komödie durch eine noch viel widerwärtigere. Wenn sich die Verurteilten widerspenstig zeigten, wurden sie wieder mit ihrer Kapuze bedeckt und in die Hinrichtungszelle geführt. Dort...

„Nahm man ihnen die Kapuze ab, zeigte ihnen die Kugeleinschläge in den Trennwänden, an denen in gräßlicher Weise Überreste von Menschenhaut und -haaren klebten, Überbleibsel einer der letzten Exekutionen."

„Durch diese Verfahrensweise erhielt die amerikanische Anklagevertretung auf gewaltsamem Wege Geständnisse über Verbrechen, die nie begangen worden waren."

„In anderen Fällen wurden mehrere Beschuldigte auf dieselbe Weise in die „Henkerkammer" geführt. Dort nahm man ihnen die Kapuze ab, stellte sie auf einen hohen Schemel und legte ihnen den Henkerstrick um den Hals. In solchen Augenblicken unterschrieben mehrere Beschuldigte die von ihnen verlangten Erklärungen, weil sie glaubten, man werde sie jetzt aufhängen. Hierin gaben sie nicht allein ihre eigene Schuld an Verbrechen zu, die sie nie begangen hatten, sondern es ließ sich aus ihnen auch die Teilnahme anderer Beschuldigter an Verbrechen ableiten, die in Wirklichkeit nie begangen worden waren. „

„Im Anschluß an diese Scheinverhandlungen haben die Ermittler diesen jungen Menschen, die heute Ankläger sind, nahegelegt, Abschiedsbriefe an ihre Eltern zu schreiben, ehe sie gehängt würden. Auch das bot eine Gelegenheit, einen Druck auf sie auszuüben, um den geschmiedeten Plänen zu dienen. Außerdem machten die Ermittler den Beschuldigten den Vorschlag, mit dem Besuch eines Priesters einverstanden zu sein, damit ihnen vor dem Tode noch die Sakramente verabreicht werden könnten."

An dieser Stelle bringt der Bericht van Rodens folgende Darstellung:

„In einem Falle betrat ein angeblicher katholischer Priester (in Wirklichkeit war es ein Polizist), die Zelle eines Angeklagten, hörte seine Beichte, gab ihm Absolution und folgenden kleinen freundschaftlichen Rat: „Unterschreiben Sie doch alles, was die Polizisten Sie zu unterschreiben bitten. Man wird Sie wieder freilassen. Selbst wenn es eine wahrheitswidrige Erklärung sein sollte, kann ich Ihnen im voraus die Absolution für die von Ihnen begangene Lüge erteilen."

Als letztes wird schließlich in der Eingabe Willis M. Everetts ausgeführt:

„Die amerikanischen Ermittler drohten wiederholt, mit Gewalt und Mißhandlungen gegen die Mütter, Väter, Schwestern, Verlobte und Kinder der verschiedenen Angeklagten vorzugehen, wenn sie nicht die ausschließlich von ihnen diktierten Geständnisse über Handlungen und Akte, die sie nie begangen hatten, wie auch über Handlungen und Akte anderer Angeklagter, von denen sie niemals Zeuge gewesen waren, unterschreiben würden."

Soweit die Malmédy-Angelegenheit. Man wäre jedoch nicht erschöpfend, wollte man nicht auch eine andere bestürzende Feststellung, die noch in der Eingabe Everetts enthalten ist, berichten. Angesichts der Proteste der Verteidigung entschloß man sich, den Sachverhalt verschiedener von der Anklage vorgebrachter Begebenheiten zu überprüfen. Und dabei kam heraus:

„Ein Offizier wurde nach Belgien geschickt und untersuchte in Wanne (Belgien) einen Vorfall, von dem man anscheinend folgendes behauptet hatte: einer der Beschuldigten sollte in das Haus eines belgischen Zivilisten eingedrungen sein und ohne jeglichen Grund eine auf einem Stuhl sitzende Frau ermordet haben. In unwahren, gewaltsam erpreßten Geständnissen hatte der Beschuldigte zugegeben, dieses Verbrechen begangen zu haben und vier oder fünf seiner Mitangeklagten hatten unter Eid in ihren gewaltsam erzwungenen unwahren Geständnissen zugegeben, daß diese Handlungen stattgefunden hätten und alle Einzelheiten in derselben Weise geschildert."

„Dieser im Einvernehmen mit dem Gericht abgeordnete Offizier brachte eine eidesstattliche Erklärung des Ehemannes der „vorsätzlich ermordeten" Frau bei, in welcher dieser erklärte, seine Frau sei zwar tatsächlich im Verlauf der Kämpfe getötet worden, doch habe sie sich im Augenblick der Detonation einer amerikanischen Granate, die sie getötet hätte, auf der Straße vor ihrem Hause befunden. Diese eidesstattliche Erklärung war, der Regel entsprechend, vor einem Priester abgegeben worden."

„Das zweite Beispiel bezieht sich auf gewisse Vorgänge, die sich im

Innern des Friedhofs von La Gleize (Belgien) abgespielt haben sollten. Einige der Beschuldigten hatten in ihren gewaltsam erpreßten Geständnissen zugegeben, daß zwei oder drei Gruppen amerikanischer Soldaten, die sich ergeben hatten, je zwanzig oder dreißig Männer, gegen die innere Friedhofsmauer gestellt und kaltblütig durch Feuerstöße aus Maschinengewehren erschossen worden seien."

„Die Untersuchung der Verteidigung führte zu der Feststellung, daß im Friedhof überhaupt keine innere Mauer vorhanden ist, sondern daß er in Wirklichkeit nur eine äußere Stützmauer hat."

„Der Geistliche des Pfarrbezirks übergab dem von der Verteidigung entsandten Offizier eine eidesstattliche Erklärung, in welcher er aussagt, er habe sich während der ganzen Dauer der Kämpfe und der sogenannten Verbrechen in der Kirche aufgehalten, er habe die äußere Stützmauer untersucht, ohne irgendein sichtbares Merkmal von Geschoßeinschlägen an ihr zu finden, übrigens seien solche Schandtaten in der Nähe seiner Kirche nie begangen worden und der einzige tote Amerikaner, den er in der Ortschaft gesehen habe, sei ein Soldat aus einem Panzer gewesen, den seine Verbrennungen unkenntlich gemacht hätten. Endlich sei er selbst während des Nachmittags, an dem die angeblichen Verbrechen begangen worden sein sollten, längs der Mauer vorbeigekommen und hätte keine toten Amerikaner gesehen."

Dieses Beispiel wollte ich vollständig wiedergeben, nicht nur, weil es allgemein bekannt ist (die meisten großen amerikanischen Zeitungen haben diesen Bericht loyalerweise gebracht), sondern weil es beweist, mit welcher Vorsicht man an die von der Anklagebehörde als Beweise in den Kriegsverbrecherprozessen vorgelegten Dokumente herangehen muß. Ich will durchaus nicht behaupten, man müsse daraus nun schließen, die Anklage habe stets unwahre Dinge behauptet. Ich will auch niemand beeinflussen, aus einem Vorgang, der ein alleinstehender Skandal sein kann, nun eiligst irgendwelche Schlüsse zu ziehen. Ich wünsche nur, daß man nach solchen Beispielen bei der Prüfung ähnlicher Fälle die Ehrlichkeit aufbringen sollte, die jeder Angeklagte mit Recht von Richtern erwarten kann, die ihm und der Öffentlichkeit Achtung einflößen sollen.

Ist die Malmédy-Angelegenheit ein Einzelfall, in dem man eine ungeheuerliche Ausnahme erblicken soll? Leider ist das nicht sicher. Es liegen noch weitere, weniger sensationelle, weniger dramatische Beispiele vor. Ich berichte sogleich eines von ihnen, um dieses Kapitel dann zu beenden.

Nach der „Chicago Tribune" vom 14. Februar 1949 folgt hier der Bericht über Mißhandlungen, die an einer Gruppe von Ärzten des Lagers Buchenwald verübt wurden, um Geständnisse von ihnen zu erzwingen. Der Bericht ist von Larry Rue unterschrieben. Er trägt die Überschrift: Ein deutscher Arzt erzählt ein Beispiel von Mißhandlungen, er beschuldigt die Amerikaner, unwahre Zeugenaussagen zu erpressen. Ich zitiere den ersten Teil dieses Berichts.

„Ein Beispiel der von der Kommission für Kriegsverbrechen angewandten Mißhandlungen, um unwahre Geständnisse oder Zeugenaussagen von Deutschen zu erreichen, wird von dem deutschen Arzt August Bender berichtet.

Bender, der 1909 geboren ist, hat von 1939 bis 1944 als Offizier an der Front gestanden. Dann wurde er als Militärarzt für die zum Lager Buchenwald gehörenden Arbeitskommandos diesem Lager zugewiesen. Bender wurde von jedem Verbrechen freigesprochen und versucht jetzt, sich wieder eine ärztliche Praxis in Krenzau bei Düren in der britischen Zone aufzubauen.

Bender befand sich bei einer Gruppe von 31 Kriegsgefangenen, die beim Waffenstillstand 1945 gefangengenommen wurden. Sie wurden unter Kollektivanklage gestellt für einen Prozeß, der sich in Dachau abspielte und den man dann den ersten Buchenwaldprozeß nannte. In diesem Prozeß beantragte der amerikanische Kläger gegen alle Angeklagten die Todesstrafe. Man hat ihm vorgeworfen, zur Stützung seiner Anklage unwahre Zeugenaussagen verwendet zu haben.

In einem Brief an den Erzbischof von München schreibt Bender: ‚Ohne eine einzige schriftliche oder mündliche Zeugenaussage wurde ich am 19. August 1947 zu zehn Jahren Gefängnis verurteilt. Am 18. Juni 1948 gab man mir bekannt, daß meine Entlassung befohlen worden sei.'

Die Mißhandlungen, von denen Bender berichtet, begannen am 17. September, als er in das Untersuchungslager Oberursel bei Frankfurt überführt wurde. Dorthin wurde er mit fünf anderen Beschuldigten überführt, die gegenwärtig Gefangene im Gefängnis zu Landsberg sind. Er befand sich mit Dr. Hans Theodor Schmidt in einer Zelle.

Bender erzählt: ‚Der Inspektor, der sich mit uns zu befassen hatte, schloß das Zellenfenster und setzte die elektrische Heizung in Gang. Die Hitze wurde außerordentlich stark und wir sagten es dem Wärter, aber dieser lachte nur und die Heizung brannte weiter. Am Abend war Gepolter im Gang und man holte mich aus der Zelle. Im Gang standen Amerikaner und bildeten ein Spalier, durch das ich gehen mußte. Es ging folgendermaßen weiter: bei meinem Vorbeikommen schlugen sie mich mit Gürteln oder Besenstielen, Rohrstöcken und Eimern, sie gaben mir Faustschläge, Fußtritte an die Schienbeine, schließlich stießen sie mich in eine besondere Zelle. Dort mußte ich mich vor einem amerikanischen Captain, der von einigen gewöhnlichen Soldaten begleitet war, auskleiden. Meine hohen Stiefel durfte ich anbehalten. Dann mußte ich denselben Weg, vollkommen nackt, wieder zurücklegen, wobei ich dieselbe Behandlung wie zuvor zu erleiden hatte. Dann sperrten sie mich in ein dunkles Verlies, in dem eine erstickende Hitze herrschte. Dieses Verlies mochte sechs auf acht Fuß groß gewesen sein und etwa acht Fuß Höhe gehabt haben. Die Mauern und die Decke bestanden aus Isoliermaterial. Auch in diesem Räume war ein elektrischer Heizkörper vorhanden, der voll eingeschaltet war.

Noch bevor ich zu Atem kommen konnte, wurde Schmidt zu mir geworfen. Dann wurden wir von einem Inspektor, immer in Gegenwart einer großen Zahl gewöhnlicher Soldaten, aufgefordert, stillzustehen und nicht zu lügen. Man drohte uns mit schwersten Strafen, wenn man feststellen würde, daß wir nicht mit dem Gesicht nach der der Tür gegenüberliegenden Wand stillstehen würden. Danach öffneten die Posten alle fünfzehn Minuten die Tür oder drehten den Schüssel um, als ob sie öffnen wollten.

Kaum standen wir schweißgebadet still, als mehrere Kübel eiskaltes Wasser auf uns und den Heizkörper geschüttet wurden. Dieser Wasserguß auf den Heizkörper entwickelte eine enorme Menge Dampf, uns wurde das Atmen sehr schwer. Dann banden sie uns zuerst Brust an Brust zusammen, etwas später Rücken an Rücken, dann noch später Seite an Seite. Darauf schoben sie Röhren durch die nur angelehnte Tür und heulten „Gas, Gas". Ein dem D.D.T.- Pulver ähnelnder Stoff wurde dann in das Innere des Verlieses geblasen, der sich in unsere Lungen setzte und uns Tränen in die Augen trieb. Dann kamen sie und zogen unsere Fesseln immer enger, so fest, daß Blut von meinem Unterarm floß, als man sie uns abnahm.

Während der Nacht wurden noch zwei weitere Gefangene unserer Gruppe, die auch nach Oberursel gebracht worden waren, zu uns in das Verlies geworfen. Sie hatten schon vorher dieselbe Behandlung durchgemacht wie wir.

Vom Morgen des 15. September 1945 an kann man mit Bestimmtheit von planmäßigen Folterungen sprechen, erklärte Bender. Vierzehn und einen halben Tag waren wir einem ununterbrochenen Druck seitens der drei Inspektoren unterworfen, die sich zu jeder Tageszeit mit uns beschäftigten.

Ständig konnten wir Männer in amerikanischer Uniform und auch manchmal einen Captain sehen. Einer der Inspektoren, wahrscheinlich ein Frontkämpfer, erklärte, er mißbillige die ihm anbefohlene Behandlungsweise, die wir nur durchmachen sollten, damit wir „zur Raison" kämen. Er entschuldigte sich ständig. ‚Es sind Befehle von oben', sagte er. Der zweite Inspektor war die personifizierte Brutalität. Der dritte dagegen war zynisch und schien zu glauben, er befände sich in einem psychologischen Laboratorium.

Die ersten neun Tage waren wir bei erstickender Hitze dauernd im Dunkel geblieben. Vom zehnten bis zum letzten Tage wurde ich von meinen Kameraden getrennt und hatte Folterqualen ganz besonderer Art durch Kälte auszuhalten.

Man ließ mich durch das gewohnte Spalier bis zum Ende des Barackenbaues in einen dunklen Verschlag aus Brettern laufen, der eine Grundfläche von etwa 40 Zoll und eine Höhe von acht Fuß hatte. Er besaß weder Fenster noch Heizung. Zwischen dem unteren Rand der Tür und dem Fußboden befand sich ein Loch, fast so groß wie eine Hand. Dieser abgelegene Verschlag schien als Aufbewahrungsort für Besen und Bürsten gedient zu haben. Er war schmutzig, lag ganz in der Nähe des Barackeneingangs und die Barackentür stand stets offen. Durch das unter der Tür befindliche Loch drang der Septemberwind ein und dank der Zwischenräume zwischen den Brettern, welche die Wand bildeten, fand ein unausgesetzter Luftdurchzug statt. Ich war nackt. Acht Tage lang hatte ich nun unter übermäßiger Hitze gelitten. Ich besaß weder eine Decke noch sonst etwas, um mich zuzudecken. In diesem Verschlag wurde ich dreieinhalb Tage gelassen.

Bender erzählte mir noch von Schlägen auf die Augen, abgeschnittenen Ohren und Schlägen in die Leistengegend. Er erklärte, daß seinen Kameraden und ihm keinerlei sanitäre Einrichtung zur Verfügung stand. Wir konnten uns nicht waschen, man nötigte uns, zu rauchen und zwang uns, die brennenden Kippen zu verschlucken, erklärte er. Man zwang uns auch, gymnastische Übungen bis zur Erschöpfung zu machen. Das sind die Dinge, die ich zwölf Tage lang aushalten mußte. Unsere Ernährung warf man auf den Boden und versuchte, uns zu zwingen, sie vom Boden zu essen. Wir waren dauernd hungrig und durstig. Die Internierten begannen, an Halluzinationen zu leiden und schlugen sich gegenseitig. Eines Abends zwang man uns, den Fußboden des Verlieses mit Zahnbürsten zu reinigen. Anstatt uns für diese Arbeit Wasser zu geben, schütteten sie kochendes Wasser über unsere Beine und auf unsere Füße. Regelmäßig führte man uns zu einem sogenannten Arzt, der die uns verbliebene Widerstandskraft kontrollieren sollte. Dieser ließ uns nie eine ärztliche Behandlung zuteil werden und versicherte mir, er habe weder Instrumente, noch Medikamente, noch Verbandmaterial."

Im zweiten Teil dieses Berichtes, dessen Text ich mir leider nicht verschaffen konnte, wird erläutert, wie von Dr. Bender und seinen Kameraden unwahre Geständnisse erzwungen wurden. Genau wie in der Malmédy-Angelegenheit wurden diese Schriftstücke an das Gericht abgegeben, das bei seiner Beschlußfassung von ihnen Gebrauch machte. Unter diesen Bedingungen wurde Dr. Bender, gegen den keinerlei andere Zeugenaussage auf getrieben werden konnte, zu zehn Jahren Gefängnis verurteilt. Im folgenden Jahr ergab eine genaue Prüfung der

Akten, daß jegliche Belastung fehlte und Dr. Bender wurde Gegenstand eines Gnadenerweises. Bei denjenigen seiner Kameraden aber, die gehängt worden waren, ging es wie bei den Opfern des Malmédy-Prozesses, man begnügte sich mit einem höflichen Bedauern und ausweichenden Entschuldigungen.

KAPITEL III

WEITERE UNTERSUCHUNGSMETHODEN

Ähnliche Vorgänge trugen sich auch unter französischer Kontrolle zu. Ich zitiere nur einen einzigen, um nicht eine leider umfangreiche Dokumentation vorlegen zu müssen, die andererseits auch den hier behandelten Gegenstand etwas zu sehr ausdehnen würde. Es handelt sich um einen von dem Pastor S... den protestantischen Behörden vorgelegten Bericht. Pastor S... übte sein geistliches Amt im Gefängnis zu Nimes während des Jahres 1948 aus. Er bringt in seinem Bericht eidesstattliche Erklärungen, die ihm von deutschen Inhaftierten abgegeben worden sind. Zwei dieser Erklärungen, welche über die Methoden aussagen, die 1944 und 1945 zur Herstellung von Untersuchungsakten angewendet wurden, gebe ich wieder. Zunächst die Erklärung von Albert Schmidt über sein Verhör:

„Der Unterzeichnete erklärt an Eidesstatt, daß er zwischen dem 15. und 24. Mai 1945 jede Nacht im Gefängnis zu Lörrach (Baden) von französischen Offizieren mißhandelt worden ist. Das Gefängnis wurde von einem französischen Offizier namens M... geleitet. Der Unterzeichnete wurde jedesmal blutüberströmt in seine Zelle zurückgebracht. Einmal verlangte man sogar von ihm, daß er sein Blut auflecken sollte, und als der Unterzeichnete sich weigerte, wurde er daraufhin von neuem geschlagen. Man drohte ihm, seine Frau und seine Kinder zu holen und ihnen in seinem Beisein die Finger- und Zehennägel auszureißen und wenn das nicht genüge, auch noch alle Zähne, wenn er das, was man ihm vorhalte, nicht zugeben würde. Dies war für den Unterzeichneten eine Seelenqual, weil die Anschuldigungen unwahr waren und der Unterzeichnete sie niemals zugeben konnte.

Im Oktober 1945 wurde ich, nachdem ich fast drei Wochen ohne Essen verbracht hatte, Männern des französischen Sicherheitsdienstes vorgestellt, um vernommen zu werden. Da ich damit rechnen mußte, von neuem mißhandelt zu werden, wenn ich nicht wunschgemäß antwortete, erklärte ich, daß ich mit diesem Fall nichts zu tun hätte. Die Beamten waren gezwungen, das Gefängnis zu verlassen, ohne irgendeine Auskunft von mir erhalten zu haben. Der Unterzeichnete bat nun um die Erlaubnis, den französischen Gefängniskommandanten sprechen zu dürfen; es wurde ihm erlaubt. Bei dieser Gelegenheit hatte der Gefangene Gelegenheit, seinen Fall vorzutragen, wie er in Wirklichkeit lag. Darauf erschienen einige Tage später Beamte des deutschen Sicherheitsdienstes, der sich wieder im Dienst befand und vernahmen den Unterzeichneten. Einige Tage nach der Vernehmung durch die Beamten des deutschen Sicherheitsdienstes kam einer der Beamten des französischen Sicherheitsdienstes und schlug den Unterzeichneten derart, daß ihn die Kameraden nur noch an seiner Kleidung erkennen konnten. Eine Woche später schlug ein zweiter Beamter des französischen Sicherheitsdienstes den Unterzeichneten erneut genau so schrecklich; noch heute sind die Narben dieser Mißhandlungen am Kopfe sichtbar. Der Unterzeichnete erklärt, daß auch noch schrecklichere Beispiele gleicher Art beigebracht werden können."

Und weiter Auszüge aus der Erklärung von Karl Ehrlich über das Verhör in seiner Angelegenheit:

„Bevor ich zum erstenmal am 28. August 1945, also genau acht Monate nach meiner Festnahme, durch den Untersuchungsrichter vernommen wurde, war ich in der Zeit vom 7. Februar bis 30. April 1945 von der Brigade der Surveillance des Gebietes Toulon vernommen worden. Diese Vernehmungen wurden fast alle von Polizeiinspektor Georges W..., 39 Jahre alt, vorgenommen. Entgegen den Gepflogenheiten bei der genannten Brigade, suchte mich der Inspektor W... persönlich am 27. Februar 1945 auf, um mich im Wagen der B. S. T. (Brigade der Surveillance des Gebietes Toulon) nach dem Bureau der B.S.T, in der Villa St. Joseph zu bringen. Dort angekommen, sagte er mir wörtlich (ich zitiere die Worte des Inspektors W... genau): „Sie sind ein Lügner, Sie werden eine schlimme Viertelstunde durchmachen." Ich erwiderte: „Ich habe nicht gelogen." Darauf W...: „In zehn Minuten werden Ihnen zwei Zeugen das Gegenteil beweisen." Ich mußte eine halbe Stunde warten, ehe zwei Männer, Emigranten aus Deutschland, kamen. Diese waren, wie ich später erfuhr, Männer der wohlbekannten Commission de la Recherche des Crimes de Guerre (Untersuchungskommission für Kriegsverbrechen). Einer von ihnen ließ sich immer mit Herr Direktor anreden. Er ist, wie ich aus der Unterredung zwischen dem Untersuchungsrichter Leutnant de R... und Inspektor W... hörte, unter dem Namen „Capitaine Truelle" im Dienste der französischen Zone in Reutlingen wegen seiner entsetzlichen Methoden und Mißhandlungen bekannt. Dieser Herr schrie mir sofort beim Betreten des Bureaus „Nazischwein" zu und schlug mich mit solcher Wucht, daß ich von einer Ecke des Raumes in die andere flog. Doch das sollte nur der Anfang sein. Da ich bei der Vernehmung nicht die gewünschten Aussagen gemacht hatte, die ich ja nicht machen konnte, weil ich keinen der angeführten Fälle kannte, mißhandelte man mich. Während der Vernehmung, die sich bis zwei Uhr morgens hinzog, erhielt ich Faustschläge ins Gesicht, in die Lebergegend, in den Unterleib, eine Rippe wurde mir gebrochen. Danach wurde ich über Kopf, Arme, Brust, Beine, Rücken und Fußsohlen gepeitscht. Damit diese letztere Handlung vorgenommen werden konnte, wurde ich gezwungen, meine Schuhe auszuziehen und mich so niederzuknien, daß sie gerade die richtige Stelle zu treffen vermochten. Die dabei entstehenden Schmerzen sind geradezu unerträglich. Der Inspektor W... hatte z. B. auch große Freude daran, mir mit seinen großen Stiefeln auf die nackten Füße zu treten. Nach dieser ersten Prozedur warf man mich in den Keller der Villa, wo ich bis zum Morgen blieb, vor Schmerzen aber nicht schlafen konnte.

Am Morgen des 28. Februar stellte man mich einem Franzosen vor mit Namen S..., einem Gefangenen wie ich, der während der Besatzungszeit mit den Deutschen zusammengearbeitet hatte. Dieser behauptete, eines Tages sei ich von einer Operation gegen die Widerstandsbewegung mit einem Maschinengewehr auf der Schulter und einer blutbefleckten Hand zurückgekommen. An diesem Abend im Jahre 1944 sollten acht oder neun Franzosen erschossen worden sein. Ich bestritt das entschieden: ‚Ich habe keinen Franzosen getötet'. Am Nachmittag desselben Tages vernahm man mich erneut in Gegenwart von zwei Mitgliedern der B.S.T.-Kommision. Ein französischer Arzt wohnte dieser Vernehmung einige Zeit bei. Dieser sagte mir, wenn ich mein Vergehen nicht zugeben wolle, so werde man mich mit anderen Mitteln schon zum Sprechen bringen. Während dieser Vernehmung wurde ich wiederholt mit der Peitsche über Kopf und Rücken geschlagen, auch von dem französischen Arzt in Uniform. Dieser bedeutete mir außerdem noch, wenn ich nicht bis zum Abend eingestanden hätte, daß ich einen Franzosen getötet hätte, schnitte man mir alle Finger stückweise ab. Als ich am Abend noch nicht gestanden hatte, daß ich einen Franzosen getötet hätte, weil ich wahrhaftig keinen Franzosen in der ganzen Zeit meines Aufenthaltes von 1940 bis 1944 in Frankreich getötet hatte, mißhandelte man mich erneut mit Peitschenschlägen, auch durch den französischen Arzt. Endlich kam der Polizeikommissar C..., der mir sagte, da ich nicht eingestanden hätte, würde man mit mir einen Spaziergang machen, von dem ich nicht mehr zurückkäme. Ich hatte den Eindruck, daß man mich so unter Todesangst zu zwingen versuchte, irgend etwas einzugestehen, um mich verurteilen zu können. Spät am Abend brachte man mich in den Keller zurück, wo ich bis zum Morgen des 1. März verblieb. Gegen 8.30 Uhr wurde ich aus dem Keller in das Büro des Inspektors W... sowie seiner Kameraden geführt und in ein Badezimmer gebracht. Dort nahm die Vernehmung ihren Fortgang. Zuerst befahl man mir, die Wahrheit zu sagen, was ich versprach. Dann fragte man mich, wie viele Franzosen ich getötet hätte. Ich antwortete: ‚Ich habe keinen Franzosen getötet'. Darauf wurde ich von den beiden Männern kopfüber in das mit Wasser gefüllte Badebecken gesteckt. Sie hielten mir den Kopf solange unter Wasser, bis ich nicht mehr atmen konnte. Wieder stellte man mir dieselbe Frage, wieder antwortete ich die Wahrheit: ‚Nein, ich habe keinen Franzosen getötet'. Derselbe Vorgang wiederholte sich. Ich fühlte, wie meine Kräfte schwanden, ich konnte nicht mehr nachdenken, ich hatte keinen Willen mehr, keine Kraft, alles, was man mit mir machte oder was um mich herum vorging, war mir gleich. Die physischen und moralischen Schmerzen waren nicht mehr zu ertragen. Nachzudenken war unmöglich. Ob ich wollte oder nicht, ich war gezwungen, alles, was man mir vorsagte, zu wiederholen, denn ich hatte nicht mehr die Kraft, mich zu verteidigen. Nochmals begannen sie mit derselben Methode und nochmals wurden dieselben Fragen gestellt. Jetzt, da ich nicht mehr den Willen hatte, da ich ohne Kräfte war, antwortete ich: ‚Ich weiß nicht, wie viele Franzosen ich getötet habe, einen oder zwei. Ich habe es nur auf Befehl meiner Vorgesetzten getan'. Aber das genügte noch nicht, dasselbe Bad begann zum viertenmal von neuem. Darauf gab ich zu, zwei Franzosen getötet zu haben. In Wirklichkeit hatte ich nicht einen einzigen Franzosen getötet, noch nicht einmal einen verwundet. Ich möchte bemerken, daß diese Mißhandlungen in Gegenwart des Polizeikommissars C... stattfanden, von dem ich jedesmal mit der Pistole bedroht wurde. Mehrmals setzte er mir die Pistole derart in den Nacken, daß ich ihr Eisen auf meiner Haut fühlen konnte. Ich glaube bewiesen zu haben, mit welchen Mitteln sie mich dazu brachten, ein nicht begangenes Verbrechen einzugestehen."

Wie man sehen kann, stehen diese Methoden jenen in nichts nach, die man als Gestapomethoden bezeichnet hat. Wie die in der Malmédy-Angelegenheit erpreßten Geständnisse, wurden die den Beschuldigten auf diese Weise abgezwungenen Erklärungen dann als Beweismittel vorgelegt. Eine andere Erklärung des Berichtes S... erlaubt uns nicht, daran zu zweifeln. Es ist die Erklärung von Willi Biewald, von der ich einen Auszug bringe:

„Ich mußte drei Vernehmungen durchmachen, in deren Verlauf ich jedesmal mit Faust- und Stockhieben ins Gesicht geschlagen wurde. Bei meiner ersten Vernehmung zeigte mir der Fragesteller zuerst Gegenstände auf einem Tisch: ein Terzerol, Dolche, Stock und ein viereckiges Eisenstück, das sicher zum Elektrisieren dienen sollte und sagte mir, wenn ich auf seine Fragen nicht so antwortete, wie er wünsche, würde ich mit ihm Bekanntschaft machen. Ich antwortete, daß ich nur die Wahrheit sagen könnte und das, was ich wirklich vor mir selbst verantworten könnte. Ich möchte außerdem bemerken, daß eines Tages, als ich mich noch im Gefängnis zu Reimes befand, ein Franzose erschien und mir ankündigte, ich brauchte nur ein Protokoll zu unterschreiben, das er bei sich trage und das schon fertig ausgestellt sei. Es war ein Herr B... (es folgt ein Name mit fremdländischem Klang). Darauf verlangte ich, daß ein deutscher Kamerad, der sich gleich mir im Gefängnis befand und die französische Sprache beherrschte, mir als Dolmetscher zugewiesen würde. B. erklärte mir, soviel Zeit hätte er nicht, ich müsse das Protokoll unterschreiben. Als er sah, daß ich zögerte, drohte er, mich zu mißhandeln. So unterschrieb ich, ohne den Inhalt des Protokolls überhaupt erfahren zu haben."

Die Folgerung, die ich aus diesen Beweismitteln ziehen möchte, geht dahin, daß ein Teil unserer Dokumente über die Kriegsverbrechen und ein wichtiger Teil, nämlich die Geständnisse der Deutschen selbst, uns außerordentlich verdächtig sein sollten. Aus ihnen geht auch hervor, daß die Alliierten mehr oder weniger bedauerliche Mittel angewendet haben, um sich belastende Erklärungen zu verschaffen. Indem man einerseits einen Teil der Zeugenaussagen verschwinden ließ und andererseits die uns noch zugängig gebliebenen durch Druck und Mißhandlung fälschte, erzielte man folgendes Ergebnis: alles Entlastungsmaterial verschwand praktisch und man hörte nur noch die Zeugen der Anklage, oft voreingenommene und unzuverlässige Zeugen, deren Wahrheitsliebe man von nun an nicht mehr kontrollieren kann. Auf diese Weise wird unsere ganze Untersuchung über die Kriegsverbrechen in Frage gestellt. Die Klagen, die man mit Recht an uns richtet, sind also sehr ernst. Ich kann hierüber keine genauere und umfangreichere Vorstellung geben, als daß ich zwei wichtige Dokumente zitiere, die in Deutschland umlaufen und einen amtlichen Charakter haben, weil das eine von Professor Wahl, einem Professor der Rechtswissenschaft an der Universität Heidelberg und das andere von Dr. Weber, einem Oberkirchenrat in Stuttgart stammt.

Leider habe ich mir die Arbeit von Professor Wahl nicht beschaffen können und beschränke mich darauf, eine Vorstellung von ihr nach einer Analyse von Hal Foust in der „Chicago Tribune" vom 30. April 1948 zu bringen:

„Nach einem Angriff auf die juristischen Grundlagen des Nürnberger Prozesses beschuldigt Professor Wahl den amerikanischen Ankläger barbarischer Verfahrensarten, die als kriminelle Handlungen verfolgt würden, wenn sie sich in den Vereinigten Staaten zugetragen hätten... Nach den Mitteilungen, die er von den Verteidigern erhielt, behauptet er, daß die von der Verteidigung beantragten Zeugen auf Anordnung des öffentlichen Klägers festgenommen und mit Einkerkerung von langer Dauer bedroht wurden. Dagegen, so fügt Professor Wahl hinzu, findet man unter den Belastungszeugen Verbrecher gegen das allgemeine Recht, die in Freiheit gesetzt werden, wenn sie eine brauchbare Aussage machen. Wahl sagt, daß Angeklagte durch Mißhandlungen gezwungen worden seien, gegen sich selbst oder gegen ihre Kameraden auszusagen. Er nennt zwei Beispiele. Ein Militärgesetz vom 16. August 1945 stempelt für jeden Deutschen die Nichtangabe einer ihn betreffenden Auskunft zum Vergehen. Ein anderes, ständig gebrauchtes Mittel bestand darin, einen Angeklagten als Zeugen sprechen zu lassen, ohne ihm zu sagen, daß er selbst auch Angeklagter war. Armee und Militärregierung haben alle Akten aus den der Kapitulation vorausgegangenen drei Jahren beschlagnahmt. Den deutschen Angeklagten und ihren Verteidigern waren die Akten bis zur Eröffnung der Verhandlungen nicht zugängig und den Personen, die sie innehatten, war ausdrücklich verboten, über ihren Inhalt etwas verlauten zu lassen. Die zur Verhandlung vorgelegten Dokumente wurden der Verteidigung erst während des Prozeßverlaufs bekanntgegeben. „In bestimmten Prozessen", schließt Dr. Wahl, „verschwanden sehr wichtige Zusammenstellungen beschlagnahmter Dokumente, ohne daß man später auch nur eine Spur von ihnen hätte wiederfinden können. Meist waren es für die Verteidigung wesentliche Dokumente, die auf diese Weise verlegt wurden".*

Der Bericht von Dr. Weber hat das Verdienst, zwischen Skandalen wie dem Malmédy-Prozeß und der Führung jenes Prozesses, den man den Nürnberger Prozeß nennt, eine sehr nützliche und notwendige Unterscheidung zu machen. Bei letzterem wurde der Schein gewahrt. Aber die Entstellung der Wahrheit wurde mit anderen Mitteln bewerkstelligt, von denen wir eingangs dieses Kapitels einige Beispiele brachten. Und vor allen Dingen, alles war brauchbar. Die Dokumentierung von Nürnberg wurde, obwohl sie nicht so skandalös gefälscht erscheint, wie die von Malmédy, insoweit verdächtig, als bewiesen ist, daß die Dokumentation der zweiten Prozesse gefälscht wurde. Man glaubt dem ersten Prozeß nicht mehr, wenn man die Lügen aufdeckt, welche die folgenden Prozesse begleiteten. Daraus entsteht ein allgemeiner Zweifel, den das sehr gemäßigte Dokument von Dr. Weber vorsichtigerweise als Unbehagen bezeichnet. So verstehen wir, wie bei vielen gewissenhaften Menschen alle diese Tatsachen notwendigerweise in Zusammenhang gebracht werden. Hier das Memorandum:

„Seit der Kapitulation Deutschlands werden in fast allen alliierten Ländern Deutsche wegen Kriegsverbrechen vor Gericht gestellt.

Obwohl wir mit vielen Anderen die Meinung teilen, daß die während der nationalsozialistischen Herrschaft gegen Angehörige der deutschen Nation oder fremder Nationen begangenen Untaten nicht ungestraft bleiben dürfen, finden doch Viele, daß die Urteile der Militärgerichte außerordentlich hart sind. Zugleich lenken wir ihre Aufmerksamkeit auf die Tatsache, daß die von den Militärgerichten ausgesprochenen Verurteilungen nicht, oder wenigstens in gewissen Fällen nicht in gerechter Weise den begangenen Verbrechen oder Vergehen angepaßt sind. Wir sind mehr und mehr davon überzeugt, daß eine beträchtliche Menge der Verurteilungen in ihrer gegenwärtigen Form nicht aufrechterhalten werden könnte, wenn eine objektive Prüfung der Beweismittel stattfinden könnte. Besonders gilt das für eine Reihe von Todesurteilen, die inzwischen vollstreckt wurden: es liegt Veranlassung zu der Annahme vor, daß in diesem Falle ebensoviele Justizmorde begangen worden sind."

Nach Erwähnung der im Malmédy-Prozeß vom Gericht in Dachau gebrauchten verbrecherischen Prozeduren zitiert Dr. Weber andere Vorgänge, die teilweise ebenfalls dem Gerichtshof in Dachau, teils auch anderen zur Last zu legen sind:

„Diese Prozesse wurden ohne jegliche Verfahrensregel begonnen; erst später wurden die grundsätzlichen Rechte der Verteidigung anerkannt. Die Angeklagten wurden nicht, wie es hätte sein müssen, über ihre Rechte belehrt. Das auf sie angewandte Recht war den deutschen Angeklagten wie auch ihren Anwälten vollkommen fremd und unbekannt. Die Angeklagten waren nicht in der Lage, ihre Verteidigung vorzubereiten. Wochen-, ja monatelang waren sie in ihren Gefängnissen und Lagern von der Außenwelt völlig abgeschnitten. Während dieser Zeit waren sie Mißhandlungen, ungenügender Ernährung und schlechten Lebensverhältnissen ausgesetzt. Nach dem Waffenstillstand hatte man in Deutschland recht lange weder Post noch Eisenbahn, sodaß die Isolierung der Beschuldigten vollkommen war. In vielen Prozessen wurde dem Beschuldigten die Anklageschrift nicht zugestellt oder erst kurz bevor der Gerichtshof zu tagen begann, in einer Weise, die es ihm praktisch unmöglich machte, seine Verteidigung vorzubereiten. Aber auch wenn die Anklageschrift ihm früher zugestellt worden wäre, hätte dies wenig Nutzen für ihn gehabt, denn gewöhnlich enthielten die Anklageschriften keine genauen Angaben über die Handlungen, die dem Angeklagten vorgeworfen wurden. In vielen Prozessen bestand die Anklageschrift nur aus sehr unbestimmten Phrasen. Häufig wußte der Angeklagte nicht, welche einzelnen Vorwürfe gegen ihn erhoben wurden bis zu dem

Augenblick, in dem er den öffentlichen Kläger im Prozeß gegen sich sprechen hörte. Unter diesen Bedingungen sicherte sich der Ankläger im Prozeß durch Aufzählen seiner Beweise eine Überraschungswirkung auf den Angeklagten, während dieser nicht genügend Zeit hatte, sich so vollständig zu verteidigen, wie er es vor einem ordnungsmäßig handelnden Gericht gekonnt hätte. Ebenso wurde berichtet, daß die Prüfung des Wertes von Beweisen nicht ordnungsmäßig durchgeführt worden sei. Selbst bei schweren Anschuldigungen, wie Ermordungen, Totschlägen oder Verbrechen wurde die Beweisführung durch Hörensagen vom Gericht zugelassen und angenommen. In einem Artikel des „Evening Star" in Washington vom 2. Oktober 1948 gab Mr. Leon B. Boullada, ein Mitglied der amerikanischen Staatsanwaltschaft, zu, daß diese Gewohnheit ein großer Verfahrensmangel war. Außerdem hätte keine Untersuchung der Zeugenaussagen durch das Gericht stattgefunden; der öffentliche Kläger hätte nicht wissen können, ob der Zeuge nicht schon selbst eines Verbrechens überführt worden wäre oder ob er nicht einen Meineid geleistet oder eine falsche Aussage gemacht hätte. Es muß außerdem die Einrichtung der „professionellen Zeugen" erwähnt werden, die wochenlang das Lager Dachau belagerten. Sie standen dem öffentlichen Ankläger als Belastungszeugen zur Verfügung. Bei dieser Gelegenheit bereicherten sie sich auf dem schwarzen Markt durch Verkauf amerikanischer Zigaretten; sie erschienen in solchem Umfange, daß man in mindestens achtzig Prozessen diese seltsamen und zweifelhaften Personen als Zeugen der Anklage auftreten sah. Unehrlichkeit, Haß und Ermunterung zu unwahren Erklärungen waren das Kennzeichnende an dem Verfahren, das unter dem Namen Dachauer Ausstellung berühmt wurde. Diese spielte sich in einer ganz besonderen Art ab, die angeklagten Gefangenen den ehemaligen Häftlingen der Konzentrationslager gegenüberzustellen. Die Gegenüberstellung fand im Lagertheater statt. Der Gefangene wurde an die Rampe geführt und starke Scheinwerfer auf ihn gerichtet — während die in ganz Europa zusammengelesenen Zeugen im Dunkeln saßen. Unter den an der Rampe vorgestellten Gefangenen sollten die Zeugen die Folterer von den anderen Angeklagten unterscheiden. Diese Ausstellungen, die von jenem Kirchbaum organisiert wurden, der schon im Zusammenhang mit dem Malmédy-Prozeß genannt wird, sind als besonders tadelnswertes Vorkommnis gebrandmarkt worden. Gegen sie wurden selbst von ehemaligen Internierten des Konzentrationslagers

Proteste laut. Kirchbaum, der sich schon in Schwäbisch Hall durch seine Gefangenenmißhandlungen hervorgetan hatte, fuhr durch das Lager Dachau mit einem Kraftwagen, auf dem in riesengroßen Buchstaben das Wort „Rache" geschrieben war: dies charakterisiert sein Verhalten in seiner Arbeit zur Genüge. Der öffentliche Ankläger wachte auch darüber, daß so wenig als möglich Erklärungen geliefert wurden, die Angeklagte entlasteten. Aus diesem Grunde bestand eine enge Verbindung zwischen dem Ankläger und der Vereinigung der Opfer des III. Reiches. Die Mitglieder dieser Organisation wurden aufgefordert, keine Erklärungen abzugeben, welche die Angeklagten entlasten könnte.

Das Dachauer Militärgericht war ausschließlich aus Militärpersonen zusammengesetzt und jeder Gerichtshof verfügte nur über einen Juristen. Die für die Verteidigung der Angeklagten getroffenen Vorbereitungen waren unzureichend. Ein einzelner mit der Verteidigung beauftragter amerikanischer Rechtsanwalt hatte gewöhnlich ganze Gruppen von Angeklagten gleichzeitig zu vertreten, sodaß es ihm unmöglich war, jedem Einzelfall die Zeit zu widmen, die nötig ist, wenn es sich um lebenslängliche Freiheits- oder Todesstrafen handelt. Der deutsche Rechtsanwalt, welcher der Verteidigung assistierte, verfügte nicht über genügende Kenntnis des eingeschlagenen Verfahrens. Außerdem sagte man, daß die in Dachau amtierenden Dolmetscher —. oder wenigstens gewisse unter ihnen — keineswegs der Bedeutung ihrer Aufgabe gewachsen waren. Die günstige Stellung des öffentlichen Klägers ermöglichte diesem einen entscheidenden Einfluß auf die Auswahl dessen, was letztlich in die Analyse des Prozesses aufzunehmen und was wegzulassen war. Dieser Punkt ist noch heute von größter Bedeutung, denn bei den am Gerichtshof in Dachau geführten Prozessen wurde keinerlei schriftliches Urteil verfaßt. Es wird behauptet, es gäbe Angeklagte, die für schuldig erklärt wurden, ja sogar Angeklagte, die zum Tod verurteilt und tatsächlich aufgehängt wurden, ohne jemals genau gewußt zu haben, warum sie verurteilt worden sind. Sie behaupteten, alle im Prozeß gegen sie vorgebrachten Belastungen widerlegt zu haben.

Nach dem Urteil wurden die Verurteilten nicht genügend über die Berufungs- oder Revisionsmittel gegen den Urteilsspruch belehrt. Ganz besonders scheint es den Verurteilten unbekannt gewesen zu sein, daß die Aufgabe ihres Anwalts mit der Urteilsverkündung nicht beendet war, sondern daß die Anwälte gehalten waren, die Interessen ihrer Klienten bei der Überprüfung der Urteile seitens der zuständigen Stellen der Militärregierung zu vertreten. Dagegen hatten die Männer, welche die Urteile ausgearbeitet hatten, das Recht, an der Überprüfung teilzunehmen. Die amerikanische Militärregierung in Deutschland hat des öfteren wiederholt, daß vor der endgültigen Bestätigung eines Urteils nicht weniger als acht Revisionsinstanzen lagen, um zu entscheiden, ob es aufrechterhalten werden könne oder nicht. Trotz dieser Tatsache muß dennoch diese Überprüfung der Urteile als ungenügend angesehen werden.

Wenn wir diese Erklärung abgeben, so liegt es nicht in unsere Absicht, eine Meinung über die Qualität der juristischen Arbeit zu äußern, die die Revisionsinstanzen in Einzelfällen geleistet haben mögen. Diese juristische Arbeit war vielleicht ausgezeichnet, immerhin ist es möglich, daß juristische Irrtümer bestätigt wurden. Der Grund hierfür ist, daß die Arbeit der Revisionsinstanzen einzig und allein von den vorgelegten Dokumenten ausging. In dieser Hinsicht müssen wir erneut die Aufmerksamkeit auf die Tatsache lenken, daß auf Grund der für die Darstellung jedes Prozesses gebrauchten Methoden, diese Darstellungen keine genügend sichere Grundlage für die Überprüfung bildeten. Dieses Dokument erwähnt beispielsweise nicht, ob ein Zeuge eine unwahre Aussage gemacht hat, oder ob seine Aussage aus irgend einem anderen Grund wertlos ist. Das ist der Beweggrund für das Verlangen aller evangelischen Kirchen Deutschlands, ein Berufungsgericht einzusetzen, um soweit als möglich die Ursachen der von uns berichteten Irrtümer festzustellen."

Dr. Weber berührt sodann die Prüfung des beim Prozeß der nationalsozialistischen Führer in Nürnberg angewandten Verfahrens.

„Die Nürnberger Prozesse unterscheiden sich äußerlich von den Dachauer Prozessen. Auf die Prozesse von Göring und den Anderen waren die Scheinwerfer der Weltöffentlichkeit von Anfang an gerichtet; auch wurden so außergewöhnliche Verstöße gegen die Grundsätze elementarster Gesetzmäßigkeit in Nürnberg nicht begangen. Im Gegenteil, wer die Nürnberger Prozesse verfolgte, erhielt den Eindruck, daß diese Prozesse loyal geführt worden waren; wer sich aber nicht mit einem oberflächlichen Eindruck begnügt und sorgfältiger prüft, wird sich darüber klar, daß gegen die Prozeßführung eingewendet werden muß, daß Anklage und Verteidigung niemals mit gleichen Waffen gekämpft haben. Der öffentliche Kläger hatte stets die Möglichkeit, sich eine den Angeklagten und der Verteidigung unstreitig überlegene Position zu sichern.

Bei den Vernehmungen, die vor den Prozessen stattgefunden hatten, scheuten sich die Vernehmungsbeamten nicht, außerordentlich starken Druck auf die Personen auszuüben, die auszusagen hatten. Dieselbe Wirkung hatten die Verhaftungen von Zeugen, die monatelang im Gefängnis behalten wurden, bis über die Notwendigkeit befunden wurde, ob sie aussagen sollten. Während der dem Prozeß vorangehenden Untersuchungen wurden Personen vernommen, die anschließend verfolgt wurden, ohne daß sie wissen, ob ihre Vernehmung als Zeuge oder als Angeklagter erfolgte. Es ist sogar vorgekommen, daß Leute, die später unter Anklage gestellt wurden, unter Strafandrohung eidlich Aussagen machen mußten. Eine besonders beliebte Methode zur Erlangung von Zeugenaussagen war die Drohung mit Auslieferung an Fremdmächte, besonders Polen oder Rußland.

Ein klassisches Beispiel dafür ist das Stenogramm der Vernehmung des juristischen Beraters im Außenministerium, Dr. Gauß, durch Dr. Kempner, ein Mitglied der Anklagebehörde, am 6. März 1947. Nachdem Gauß einmal dem auf ihn ausgeübten Druck erlegen war, brauchte er nie mehr zu fürchten, im Prozeß des Außenministeriums auf der Anklagebank Platz nehmen zu müssen. Im Gegenteil, man erlaubte ihm, Hilfskraft der Anklage zu werden und im Sekretariat Dr. Kempners beim Ordnen der Akten zu helfen.

Die Schwierigkeiten der Verteidigung wurden beträchtlich erschwert durch die Tatsache, daß sich die Anklage das Monopol auf die gesamte historische Dokumentation gesichert hatte. Der öffentliche Kläger hatte die Befugnis, zu bestimmen, welche Teile dieser Akten benutzt werden sollten. Der Verteidigung war nur ein beschränkter Teil dieser Akten zugängig. Mehr noch, die Verteidigung hatte praktisch keine Möglichkeit, Zeugen aus dem Ausland kommen zu lassen oder sich irgendwelche Beweise aus dem Ausland zu verschaffen. Schließlich wurden bis auf zwei Maßnahmen die amerikanischen Anwälte nicht als Berater der Verteidigung in Nürnberg zugelassen.

Infolge ihres furchtbaren Aktenmaterials spielten sich die Nürnberger Prozesse ständig in einer viel zu knappen Zeit ab. Natürlich lastete diese Einschränkung hauptsächlich auf der Verteidigung, denn sie hinderte diese, sich mit soviel Sorgfalt und Genauigkeit vorzubereiten wie es vor allem nach der langsamen Mitteilung der Beweismittel nötig gewesen wäre. Um Zeit zu sparen, ging das Nürnberger Gericht sogar soweit, daß es sich über den Grundsatz hinwegsetzte, nach welchem die Beweismittel dem Gericht in sachlicher Weise vorzulegen sind und beschränkte sich darauf, die Beweismittel indirekt durch besonders beauftragte Beamte zusammenbringen zu lassen.

Im Unterschied zum Dachauer Prozeß hat also die Nürnberger Anklage raffiniertere Methoden angewandt, mit denen sie jedoch nicht weniger wirksam ihre Ziele erreichte.

In Nürnberg wäre es außerordentlich wichtig gewesen, die geschichtliche Wahrheit mit ernsterer Sachlichkeit und nicht mit dem Schein von Sachlichkeit zu erforschen. Diese Feststellung der geschichtlichen Wahrheit hätte nicht Gegenstand einer lediglich polemischen Rhetorik des öffentlichen Klägers sein dürfen, dessen Haltung nur nach einer Seite ausschlug und dem es vor allem auf den Nachweis ankam, daß er Recht hätte.

Leider gleichen viele der in den Nürnberger Prozessen ausgesprochenen Urteile in Wirklichkeit politischen Schmähschriften.

Diese ernste juristische Situation wird durch Tatsachen erhärtet, die in dem Brief des Bischofs Wurm an General Clay ausgesprochen wurden: „Die Galgen und Gräber in Landsberg werden durchaus nicht dazu beitragen, den Eindruck einer loyalen Rechtsprechung und Gerechtigkeit zu erwecken, sobald man die in den Dachauer Prozessen begangenen Irrtümer und Fehler bedenkt. Das hat zur Folge, daß selbst jene Urteile, die unstreitige Verbrechen gerecht bestraften, leider auch angezweifelt werden können. Anstatt dem deutschen Volke Beispiele juristischer

Verfahren zu geben, deren Aufrichtigkeit unantastbar ist, hat die Art, in der die Dachauer Prozesse geführt worden sind, weit mehr verletzt, als seine Auffassung von Recht und Gerechtigkeit zu verstärken."

Über den letzteren Punkt möchte ich nicht nur Dokumente deutscher Herkunft zitieren. Das soll nicht heißen, daß ich dem einfältigen Einwand einer angeblich ewigen Unehrlichkeit Deutschlands irgendwelchen Wert beimesse. Denn ein solcher Einwand häuft nur ein Hindernis auf ein anderes: durch unser Vorgehen hindern wir die Deutschen am Sprechen und wenn es ihnen zufällig einmal gelingt, ein Wort anzubringen, so halten wir uns die Ohren zu. Offenbar vereinfacht dies die Diskussion.

Ich könnte mich darauf beschränken, an den früher schon zitierten Protest von Dr. Paget im Mansteinprozeß zu erinnern, der fast wörtlich die Anklagen des Memorandums von Dr. Weber wieder aufnimmt. Dieser Vergleich würde zweifellos genügen. Aber schließlich falle ich wohl kaum lästig, wenn ich an dieser Stelle einen zweiten Zeugen hören lasse, den niemand ablehnen oder verdächtig finden kann, weil er von der amerikanischen Regierung als Richter für Kriegsverbrechen ausgewählt worden ist. Es ist der Richter Wennerstrum vom Obersten Gerichtshof des Staates Iowa, dessen Name bereits genannt wurde. Hier folgt, was die „Chicago Tribune" vom 10. Juni 1948 uns als seine Auffassung unter dem Titel „Nürnberg entehrt uns* wiedergibt.

„Richter Wennerstrum, ein Jurist von unantastbarem Charakter, war einer der drei amerikanischen Richter, die den Auftrag hatten, am Prozeß der Gruppe deutscher Generale teilzunehmen, die wegen Geiselermordung (in Jugoslawien) angeklagt waren. Der Prozeß dauerte länger als ein halbes Jahr. Oberster öffentlicher Ankläger war General Taylor. Zwei der Angeklagten wurden zum Tode und acht andere zu Gefängnisstrafen verurteilt. Am Tage nach der Urteilsverkündung befragte unser Mitarbeiter Hal Foust den Richter Wennerstrum.

Der Richter sprach sein Bedauern darüber aus, den Vorsitz dieses Prozesses übernommen zu haben, weil er der Meinung ist, daß dieser Prozeß keineswegs dazu diente, das deutsche Volk zu erziehen...

Dann kam er auf einige Einzelheiten zu sprechen. Viele der Anklage zugeteilte Gerichtspersonen, Dolmetscher, Sekretäre und Untersuchungsbeamte seien erst vor kurzem nationalisierte Amerikaner gewesen, die aus persönlichen Gründen die Nazis haßten. Die Anklage versuchte, gewisse für die Verteidigung wichtige Dokumente zu unterschlagen und zeigte sich über das Gericht sehr verstimmt, als dieses darauf bestand, daß auf diesem Gebiet ordnungsmäßig vorgegangen werde. General Taylor hatte seine ganze Anklage fast nur auf Erklärungen und Geständnissen aufgebaut, die man von Beschuldigten erhalten hatte, die seit zwei und einem halben Jahre in Haft gewesen waren, „was an sich schon ein Element des Zwanges ist", wie der Richter selbst sagte ... Die Absicht dieser Propagandaprozesse war, das ganze Leid des Krieges auf den Feind abzuwälzen, obwohl jeder genau weiß, daß alle großen Nationen, einschließlich der unseren, an Kriegsverbrechen beteiligt sind."

Ich nehme an, daß diese Aktenstücke genügen, um uns zur Vorsicht zu mahnen und demnach auch eine Zurückhaltung, eine Vorsichtsmaßnahme des Historikers zu rechtfertigen, die man grundlos in eine systematische Zustimmung zum Verbrechen umformen wollte. Wenn soviel Elemente der Ungewißheit, so befremdende und hochtrabende Untersuchungsmethoden uns nicht dazu bringen, unser Urteil auszusetzen oder zumindest etwas bestürzt zu sein, dann frage ich mich, wann wir uns einmal bequemen wollen, Betroffenheit zu fühlen. Wenn der Beruf des Geschichtsschreibers in unseren Demokratien darin besteht, alles beharrlich zu übergehen, was unserer politischen Propaganda nicht paßt, dann frage ich mich — ich wiederhole es — in wessen Namen wir eigentlich den sowjetischen Geschichtsschreibern vorwerfen können, verstopfte Ohren zu haben. Und wenn wir nun eine Gesetzgebung oder eine Gesetzesauslegung erfinden, welche die Klarstellung dieser Schwierigkeiten verbietet, die nur sieht, daß die Worte, deren wir uns bedienen, keinen Sinn mehr haben, und daß die angebliche „Freiheit der Unterrichtung" nur ein Hohn ist?

Aber diese Beweismittel genügen mir noch nicht und ich will zeigen, daß meine Rechtfertigung noch vollkommener ist, indem ich nun Dokumente bekanntmache, die erst nach der Veröffentlichung meines Buches herauskamen oder mir damals noch unbekannt waren, und die meine Thesen oder vielmehr meine Zweifel über einige jener Punkte bestätigen, die mir am meisten vorgeworfen wurden.

Dem soll der dritte Teil dieser Abhandlung gewidmet sein.

NÜRNBERG

DRITTER TEIL

UNBEACHTET GELASSENE ZEUGEN

KAPITEL I

EINE AUSSAGE ÜBER BUCHENWALD

Auf Grund der Nachrichten, über die ich vor Jahren verfügte, hatte ich die heikle und schmerzliche Frage der Konzentrationslager angeschnitten. Ich hatte bei den Verhandlungen beiseite geschobene Dokumente, mir übergebene Nachrichten oder von mir gesammelte Aussagen ganz einfach als Beispiele zitiert und dabei nur gesagt: „Kennen Sie diese Urkunden, kennen Sie diese Aussagen? mir scheint, man sollte auf sie eingehen." Ich glaube nach wie vor, daß diese Einstellung auch für jene, die gelitten hatten, sehr gemäßigt und recht annehmbar war und diese Frage — denn es war- ja nur eine Frage — so beschaffen war, daß ein Historiker sie mit Recht stellen darf. Man hat mich so eindringlich der Unehrlichkeit bezichtigt, daß ich mit mir selbst zu Rate ging. Die Dokumente, die ich zitiert hatte, waren echt — ich meine ihre materielle Echtheit — nebenbei hatte sie auch niemand bestritten, aber ich fragte mich doch, ob ich nicht Voreingenommenheit an den Tag gelegt hätte, ob ich nicht aus einer systematischen Einstellung heraus vielleicht alleinstehende Dokumente, die nur eine Einzelheit betrafen, übertrieben hervorgehoben hätte. Ich bin also den Dingen auf den Grund gegangen, nicht nur, um mich zu verteidigen, sondern auch um mich selbst zu vergewissern.

Das Ergebnis dieser Nachforschungen trage ich hier vor. Da dieser Stoff aber stets heikel ist und die Gefahr in sich birgt, die gleiche Reizbarkeit wie ehedem zu erwecken, muß ich zunächst mit der Abgabe einer Versicherung beginnen. Wie ich schon in meinem vorhergehenden Buche sagte, verurteile ich die Konzentrationslager grundsätzlich, ich verurteile sie, wie und wo sie auch seien, in Frankreich, in der U.d.S.S.R., in Ostdeutschland wie auch im nationalsozialistischen Deutschland; und ich verwerfe, was in den deutschen Konzentrationslagern vorgegangen ist, falls das, was man uns gesagt hat, wahr ist. Aber, hat man uns die

Wahrheit gesagt? Hat man die Dinge nicht aus Leidenschaft, systematisch oder aus propagandistischem Bedürfnis übertrieben? Hat man uns nicht eine tendenziöse Darstellung' des Sachverhalts gegeben, um hinter ihr gewisse Verantwortungen zu verbergen? Diese Fragen sind von Bedeutung. Sie sind es umsomehr, als das besiegte Deutschland jahrelang von den Siegern zum Schweigen verurteilt war. Ist es für die Menschen, besonders die Intellektuellen, insbesondere aber die Intellektuellen unseres Landes, das sich einst durch seine Weisheit und seinen Mut beliebt machte, ehrenhaft, wenn niemand aufzustehen wagte und verlangte, daß das wehrlose Deutschland, auch wenn man es für schuldig hält, einer klaren, loyalen und ehrlichen Untersuchung für Wert befunden wurde, so wie jeder Angeklagte das Recht hat, Richter zu verlangen, die ihm Achtung einflößen? Ich glaube nicht.

Ich muß also sagen, daß ich mich nicht im geringsten schuldig fühle, wenn ich tat, was ich als rechtlich denkender Mensch für meine Pflicht halte. So will ich nun den Beweis oder zumindest beweiskräftige Indizien dafür liefern, daß die von mir erwähnten Dinge nicht alleinstehende Äußerungen sind, die systematisch und mit einem unehrlichen Hintergedanken hervorgehoben wurden, sondern daß sie durch andere, weitaus zahlreichere und unverdächtigere Aussagen bestätigt wurden, als ich geglaubt hatte.

Zur Klarstellung der Streitfrage ist es richtig, etwas in Erinnerung zu bringen, das von der Polemik verdunkelt wurde. In „Nürnberg" habe ich nicht etwa Bücher kritisiert, die erst nach dem Prozeß über die Konzentrationslager erschienen, sondern das Bild, wie es vom öffentlichen Kläger und den von ihm gestellten Zeugen in den Prozeßverhandlungen von den Konzentrationslagern entworfen wurde und nach welchem das Internationale Gericht sein Urteil gefällt hat. Anstatt aber dieses Bild zu bestätigen, haben die von den Verschickten selbst veröffentlichten Bücher sonderbarerweise seine Lücken enthüllt. So redet es z. B. recht wenig von den Kapos, vor allem nicht von den Blockältesten, also der Hierarchie, der mit Funktionen betrauten Gefangenen, von den Mißhandlungen und Grausamkeiten, die bestimmte Kategorien von Gefangenen an anderen Gefangenen begangen haben, alles Begriffe, die nun viel deutlicher in Erscheinung getreten sind. Andere, wenn auch weniger bedenkliche Unterlassungen geben immerhin zu denken. Dem

Gericht wurde niemals klargemacht, wie ein Konzentrationslager wirklich zusammengesetzt war, wie hoch sich z. B. der Anteil der kriminellen Häftlinge im, Vergleich zu den politischen belief.[1] Es wurde auch nie gesagt, daß die Kapos und noch häufiger die Blockältesten bewaffnet waren, noch daß die Lagerpolizei von den Häftlingen selbst in bewaffneten Trupps ausgeübt wurde[2], auch nicht daß Bestrafungen, die oft schwerwiegende Folgen hatten, von bestimmten Häftlingen über andere verhängt werden konnten. Diese Tatsachen, die von Verschickten berichtet werden, deren Feindschaft gegenüber dem Nationalsozialismus nicht bestritten werden kann, genügen, um die Unzulänglichkeit der in Nürnberg vorgelegten Dokumentation zu beweisen: im Lichte dieser einzelnen Aussagen ist also die Behauptung nicht übertrieben, daß der öffentliche Ankläger den inneren Betrieb der Konzentrationslager in höchst ungenauer Form geschildert hat.

Bevor ich weitere Dokumente bringe, will ich also die Häftlinge selbst zu Worte kommen lassen. Wenn auch die meisten von ihnen tendenziöse Aussagen machten, so berichtigen einige von ihnen, sobald man mit ihnen darüber spricht, dennoch ohne weiteres die Übertreibungen der Propaganda und versuchen mit Gelassenheit und ehrlich die Verantwortungen festzulegen. Schon lange interessierte mich dieser greifbare Unterschied zwischen dem, was die Verschickten sagen und dem, was ihre offiziellen Wortführer schreiben, sehr stark. Dieser Unterschied war so offenbar geworden, daß die den Verschicktenlagern gewidmete Literatur hierdurch an Durchschlagskraft verloren hatte. In den Werken, die bis in die letzte Zeit für diese Frage maßgebend waren, nämlich in den Büchern von David Rousset und Eugen Kogon, konnte man schon eine ganz andere Darstellung vom Lagerleben finden, als sie in Nürnberg gegeben worden war. Es wurden uns weit mehr ins Einzelne gehende Erklärungen über die Rolle der mit Funktionen in den Lagern betrauten Verschickten, die man in unseren Gefängnissen „détenues classés" nennt, gegeben. Langsam erkennt man, daß das, was man die

---

[1] Oberst Remy gibt in „La Justice et l'Opprobre" (Gerechtigkeit und Schande) nach einem Bericht von Debeaumarché den Anteil der politischen Häftlinge mit 10% der Gesamtstärke an. Er fügt an dieser Stelle hinzu, daß er diesen Anteil für höher hält, etwa 20— 25 %

[2] In den letzten Monaten und nur in gewissen Lagern.

„Konzentrationslagerwelt" nannte, gewissermaßen eine Autonomie war, die in der Selbstverwaltung der Häftlinge ihren Ausdruck fand. In den beiden letzteren Werken entschuldigte man jenen Teil Kollaboration — ich finde keinen besseren Ausdruck — den gewisse politische Häftlinge mit ihren Bewahrern einzugehen genötigt waren, mit erhabensten Motiven. Diese Darstellung änderte die Dinge schon sehr. Nun aber kam man bei der Untersuchung dieser Werke dazu, sich ganz verfängliche Fragen vorzulegen. Man hatte den Eindruck, daß man uns nicht alles sagte, und daß noch gewisse dunkle Punkte offen blieben[1]. Diese Lücken wurden durch ein Werk oder vielmehr zwei Werke geschlossen, die hinsichtlich des Stofflichen die Angaben David Roussets und Eugen Kogons bestätigen, die Tatsachen aber in anderem Lichte erscheinen lassen. Es handelt sich um zwei Bücher von Paul Rassinier, einem ehemals nach Buchenwald und Dora Verschickten und späteren Abgeordneten der Verfassunggebenden Versammlung, von denen das eine 1949 unter dem Titel „Passage de la Ligne" („Weg über die Grenze"), das andere kürzlich unter dem Titel „Le Mensonge d'Ulysse" („Die Lüge des Odysseus") erschienen sind.

Das erste dieser Bücher enthält die Aussage von Paul Rassinier über das, was er in Buchenwald und Dora selbst sah: für einen Historiker ist es ein sehr wertvolles Dokument, weil es jeden leidenschaftlichen Ton sorgfältig meidet. Es entstellt nicht, es erklärt und beschreibt. Dank eines solchen Sinnes für Genauigkeit ist dieses Buch nach meiner Meinung die deutlichste und unumstößlichste Zusammenstellung von Berichten, die über diesen Stoff erschienen sind. Das zweite Buch von Paul Rassinier bringt eine Untersuchung der Literatur über die Konzentrationslager und eine Hervorhebung der Irrtümer und Fälschungen, die in ihr vorkommen. Ich brauche wohl nicht zu sagen, wie bezeichnend das zweite Werk ist, da in ihm ja ein Verschickter selbst auf die Entstellungen hinweist, welche die Propaganda an den Tatsachen vorgenommen hat: Entstellungen, die ein unparteiischer Geschichtsschreiber wohl erraten, aber nie mit so viel Fachkenntnis hätte beleuchten können. Dieser Beweis von Mut und geistigem Anstand flößt mir große Achtung ein. Paul Rassinier hat, um die Wahrheit bekanntzugeben, eine jener Stellungen geopfert, die

---

[1] So muß man z. B. schon etwas hellhörig werden, wenn Eugen Kogon uns im Vorwort seines Werkes erklärt, daß er sein Manuskript gerade jenen an der Lagerverwaltung beteiligten Verschickten vorgelesen habe, die er in seinem Buche behandelt.

Marcel Aymé „behaglich" nennt; ihm war es genug, zu reden, wie jeder redet oder zumindest niemand zu scheuen. Eine solche Handlungsweise aber bringt ihre Früchte in der Zukunft. Diese loyale Schilderung wird vielleicht nicht sofort verstanden: erst später wird man erkennen, daß dieser Anstand seitens jener, die Opfer der Leiden der Besatzungszeit waren, der wirkungsvollste Beitrag zur Aussöhnung ist.

Um die Darstellung einfacher zu gestalten, vereinige ich die Betrachtungen von Paul Rassinier in seinen beiden Büchern sowie die Berichte von David Rousset und Eugen Kogon zu einer einzigen Abhandlung.

Im Grunde legen alle drei, Paul Rassinier, David Rousset und Eugen Kogon gemeinsam auf eine Tatsache wert, die dem Nürnberger Gericht nahezu unbekannt war, heute aber anscheinend als feststehende Wahrheit über die Konzentrationslager angenommen werden muß: man sah nämlich die mit der Bewachung und Verwaltung der Lager betrauten Deutschen (die man übrigens ungenau mit SS bezeichnet[1], nur von Zeit zu Zeit; innerhalb des Lagers wurde fast alles von den mit der Verwaltung und der Lagerpolizei beauftragten Häftlingen, die man die „Häftlingsführung" nannte, geregelt. In „Passage de la Ligne" stellt Paul Rassinier die Grundzüge dieser Verwaltung durch die Häftlinge in sehr klarer Weise heraus, wobei er zugleich auch die Übelstände hervorhebt.

„In der Anfangszeit der Lager, also während der Aufbauperiode, verwaltete die SS unmittelbar; in der Folgezeit und sobald es angängig war, verwaltete sie nur noch über die dazwischengeschalteten Häftlinge. Man könnte glauben, dies sei aus Sadismus geschehen und hat später auch nicht unterlassen, das zu behaupten. Es geschah aber zur Personalersparnis, wie es aus demselben Grunde bei allen Gefängnissen, allen Zuchthäusern aller anderen Nationen auch geschieht. Die SS

---

[1] Vgl. Paul Rassinier „Passage de la Ligne" Seite 69: Da der Kriegsbedarf schließlich die Abgabe junger Rekruten mit nur beschränkt militärischer, ja sogar ohne besondere Ausbildung an die Front nötig machte, wurden Junge durch Ältere ersetzt, durch Leute, die schon den Krieg von 1914—1918 mitgemacht hatten, auf die der Nationalsozialismus kaum Einfluß ausgeübt hatte Diese waren entgegenkommender. In den beiden letzten Kriegsjahren, als die SS nicht mehr ausreichte, wurden Untaugliche der Wehrmacht und Luftwaffe, die für nichts anderes mehr zu gebrauchen waren, als Lagerbewachung eingesetzt.

verwaltete und regelte die innere Ordnung nur dann unmittelbar, wenn es anders nicht möglich war. Wir haben nur die Selbstverwaltung der Lager kennengelernt. Alle alten Häftlinge, die beide Arten erlebten, erkennen einstimmig an, die erstere Art sei grundsätzlich besser und menschlicher gewesen und wenn es in Wirklichkeit dazu nicht gekommen sei, so habe es nur an den Umständen gelegen, weil die Notwendigkeit eines raschen Handelns und die sich überstürzenden Ereignisse es nicht mehr gestatteten."

Die Posten der „Häftlingsführung", die sich anfangs in den Händen der Kriminellen befanden, wurden diesen nach und nach von den Politischen abgenommen. Die Politischen, so sagen Rousset und Kogon, hätten damit eine bewundernswerte Aufgabe vollbracht, denn sie hätten nur zum Schein mit den Deutschen zusammengearbeitet, in Wirklichkeit aber hätten sie den Widerstand organisiert und viele Menschenleben gerettet. Diese Behauptung wird von Rassinier bestritten. Er sagt, sie sei erst nachträglich erfunden worden. Sie sei nur eine Rechtfertigung. In Wirklichkeit hätten die Häftlinge aus ganz anderen Gründen als denen eines selbstlosen Altruismus herausgehoben zu werden gesucht. Die Verwaltung durch die Häftlingsführung habe niemals eine Verbesserung des Loses der Gefangenen zur Folge gehabt.

Hier die von Paul Rassinier vorgebrachten Gründe und Tatsachen. Sie werden, wie ich hoffe, dem Leser zeigen, daß nichts von dem, was ich über die Verschicktenlager geschrieben habe, übertrieben war und die Zweifel die mir aufgestiegen waren, die Fragen, die ich gestellt hatte, derart waren, daß ein unparteiischer Kritiker, der über Dokumente nachzudenken gewohnt ist, sie schließlich erheben mußte.

Zunächst aus „Passage de la Ligne" die erste Berührung des in Buchenwald ankommenden Verschickten mit den herausgehobenen Häftlingen, die von nun an seine Herren sein sollten.

„Der Block ist in zwei Stämme eingeteilt: auf der einen Seite die Neuankömmlinge, auf der anderen die elf Personen, Blockältester, Schreiber, Friseur und Stubendienst, Deutsche oder Slawen, die den Verwaltungsapparat darstellen, und eine Art Solidarität, die mit allen Widerständen, allen Stellungs- und Meinungsverschiedenheiten reinen

Tisch macht, eint sie auch in der Verworfenheit gegen die Anderen. Sie, die Häftlinge sind wie wir, nur länger, die alle Gaunereien des Sträflingslebens durch und durch kennen, benehmen sich, als wären sie unsere wirklichen Herren und regieren uns mit Ungerechtigkeit, Drohung und Prügeln. Wir vermögen sie nur als „agents provocateurs" oder Spitzel der SS anzusehen. Mir wird es ein für allemal klar, daß sie „Tschauschs" sind, jene Gefängniswärter und Vertrauensleute der Zuchthäuser, welche die französische Literatur über Gefängnisse aller Art erwähnt. Vom Morgen bis zum Abend rühmen sich die Unseren mit geschwellter Brust der Macht, die sie haben, uns bei der geringsten Aufsässigkeit oder einem einzigen Wort ins Krematorium zu schicken. Und vom Morgen bis zum Abend essen und rauchen sie auch, was sie vor aller Augen und mit aller Wissen unverschämterweise von unseren Rationen stehlen: Suppe literweise, Margarinebrote, mit Zwiebeln und Paprika zugerichtete Kartoffeln. Sie arbeiten nicht. Sie sind fett. Sie sind uns zuwider."

Und nun eine Stelle aus „Le Mensonge d'Ulysse", die in noch aufschlußreicherer Form denselben Gedanken ausspricht und die von David Rousset gegebene Auslegung berichtigt.

„Man weiß, daß die SS die Verwaltung und Leitung der Lager an Häftlinge übertragen hat. Es gibt also Kapos (Kommandoführer), Blockälteste (Blockchefs), Lagerschutz (Polizisten), Lagerälteste usw... eine ganze Konzentrationslager-Bürokratie, die in Wirklichkeit die Autorität im Lager ausübt. Das ist ein Brauch, der bis heute im Strafvollzug aller Länder der Welt noch besteht. Wenn die Häftlinge, welchen diese Posten zufallen, nur den leisesten Gemeinschaftsbegriff, den geringsten Klassengeist besässen, würde sich diese Maßnahme überall als Straferleichterungsfaktor für alle auswirken. Leider besteht davon nicht das mindeste: überall, wo der Häftling Besitz von dem Posten ergreift, den man ihm anvertraut, ändert sich seine innere Einstellung und Zugehörigkeit. Diese Erscheinung ist zu bekannt, um besonders betont, und zu allgemein verbreitet, um einzig und allein den Deutschen oder Nazis zugeschrieben werden zu können. Jedenfalls ist es ein Irrtum , wenn David Rousset glaubt oder Anderen einreden will, es könne in einem Konzentrationslager anders sein und es sei dort auch tatsächlich anders gewesen — die politischen Häftlinge seien eine höhere Schicht in der Gemeinschaft der Männer gewesen und die Gebote, denen sie gehorchten, edlere als die Gesetze des persönlichen Lebenskampfes.

Dies veranlaßte ihn zu der Behauptung, die Bürokratie der Konzentrationslager hätte das Verdienst gehabt, weitgehendst die Qualität gerettet zu haben, da sie die Masse nicht retten konnte ...

„... Durch enge Zusammenarbeit mit einem Kapo konnte man sogar in der Hölle weitaus bessere Lebensbedingungen schaffen."

Aber er sagt nicht, wie man zu dieser engen Zusammenarbeit mit einem Kapo gelangen konnte ...

... In Wirklichkeit bestand dieser Kitt im materiellen Gewinn, den die an der Zusammenarbeit Beteiligten in Bezug auf Ernährung wie Sicherstellung des Lebens aus ihr ziehen konnten. In den beiden Lagern, die ich kennenlernte, ging die allgemeine Auffassung dahin, daß jedes „Komitee" — ob es nun aus Politischen oder Kommunisten bestand — zunächst den Charakter einer Vereinigung von Lebensmitteldieben hatte, unter welcher Form es auch immer geschah. Nichts konnte diese Auffassung entkräften. Im Gegenteil, alles unterstützte sie: die sich gegenüberstehenden Gruppen von Kommunisten oder Politischen, die Veränderungen in der Zusammensetzung der Gruppe, welche die Macht in der Hand hatte und deren Mitglieder sich im Verlauf von Streitigkeiten über Verteilung und Anteil am Raub, über die Einteilung der Kommandoposten, die nach demselben Verfahren vor sich ging, immer einmischten usw. ..."

Es stimmt nicht, sagt man uns, daß die bevorzugten Häftlinge, aus denen die „Häftlingsführung" bestand, nur daran gedacht hätten, Widerstandsausschüsse zu bilden und Sabotagehandlungen zu organisieren usw. ...

„Man hat gesagt, die Politischen — und vor allem die deutschen Politischen — hätten revolutionäre Ausschüsse gebildet, die in den Lagern Versammlungen abhielten, Waffen in ihnen lagerten und sogar heimlich mit der Außenwelt oder von einem zum anderen Lager korrespondierten: das ist eine Legende. Von den schon immer bestehenden Ausschüssen gab es in allen Lagern in Wirklichkeit nur einen einzigen, nämlich eine Vereinigung von Dieben und Plünderern, grünen oder roten, dem von der SS obendrein noch die Kommandogewalt überlassen wurde. Bei ihrer Befreiung versuchten sie diese Irreführung und es muß schon zugegeben werden, daß sie ansehnlichen Erfolg mit ihr hatten."

Das ist ein relativ gemäßigter Auszug aus „Passage de la Ligne." In „Le Mensonge d'Ulysse" geht Rassinier weiter. Ich begnüge mich damit, einen Auszug unter zahlreichen anderen Stellen auszuwählen, der mir für diese Frage, die ich für unendlich heikel halte, recht aufschlußreich erscheint. Man wird wohl einsehen, wie schwer es bei diesem Stoff ist, sorgfältig zu sein, ohne Unwillen zu erregen.

„Man kann behaupten — und vielleicht wird man es mit den Worten derer tun, die diese Tatsache für unerheblich halten oder sie sogar noch rechtfertigen wollen — es habe nicht festgestanden, daß die „Häftlingsführung" uns eine noch viel schrecklichere Behandlung erleiden ließ, als in führenden Nazikreisen für uns vorgesehen war, und daß nichts sie dazu gezwungen habe. Dem habe ich dann zu entgegnen, daß es mir unerläßlich erschien, die Ursachen der Greuel in allen ihren Aspekten genau zu bestimmen und sei es auch nur, um jenes subjektive Argument, von dem man so reichlich Gebrauch machte, auf seinen richtigen Wert zurückzuführen und die Wißbegier des Lesers ein wenig auf die eigentliche Natur der Dinge in dem Geiste zu richten, in dem das Problem bisher nur unvollkommen und unvollständig gelöst ist."

Die beiden Bücher von Paul Rassinier ermöglichen uns, dieser Herrschaft der „Häftlingsführung" im einzelnen nachzugehen. Sie zeigen uns, wie das recht eigenartige Verhalten dieser Häftlingsgruppe, die mit Hilfe einer grausamen Lagerordnung sich selbst über die Anderen stellte, von ihrem Beginn an etwas war, das man als ein System vorbedachter Grausamkeiten dargestellt hat. Man findet in diesen Büchern unendlich viele kleine, wenig bekannte oder entstellte Geschehnisse aus dem Lagerleben, die reichlich zu denken geben. Diese Aussagen bringen uns zwar nichts Neues, sondern nur Aufklärung über ähnliche Schilderungen, aber sie machen uns nun die unsinnigen oder sadistischen Kollektivmißhandlungen erklärlich, die dem unvoreingenommenen Beobachter ein Rätsel waren, wie z. B. jene endlosen Appelle im Schnee, die eiskalten Duschen, die phantastischen Geschichten über das „Revier". Ich muß mich hier kurz fassen, sonst hätte ich unendlich viel zu zitieren.

In „Le Mensonge d'Ulysse" untersucht Rassinier nach einem kleinen Buche des Bruders Biron den Bericht über Gewalttätigkeiten und Plagen, welche die Ankunft im Lager begleiten. Er erwähnt die Stelle und fügt dann hinzu:

„Der unvoreingenommene Leser glaubt natürlich ohne weiteres, daß diese kichernden und schabenden Stegreifbarbiere SS-Männer sind und die auf die Köpfe niedersausenden Knüppel von ihnen bereitgehalten werden. Mit nichten! Häftlinge sind es. Und da die SS-Männer bei dieser Zeremonie gar nicht zugegen sind, sondern nur aus der Ferne beobachten, zwingt sie kein Mensch, sich derart zu benehmen. Diese genaue Angabe wird aber unterlassen und so fällt die Verantwortung für alles auf die SS. Diese Irreführung wird durch das ganze Buch in derselben Weise beibehalten." Dieselbe Beobachtung auch bei der Ankunft in Dora: „Mir ist nicht in Erinnerung, daß Hunde auf uns gehetzt oder Gewehrschüsse auf uns abgegeben wurden. Im Gegenteil, ich erinnere mich sehr gut, daß die Kapos und der Lagerschutz, die uns übernahmen, viel aggressiver und rücksichtsloser waren, als die uns überführenden SS-Männer."

Etwas später folgt eine Erklärung für die berüchtigten stundenlangen Appelle, mit denen der Tag begann und endete. Hier ist das Ergebnis einer harmonischen Zusammenarbeit von Lagerordnung, Gefangenenmentalität und den herausgehobenen Häftlingen zu danken.

„Wenn die Länge der Appelle wohl auch von der Laune des SS-Rapportführers abhing, so war sie aber genau so von den Fähigkeiten der Leute abhängig, die beauftragt waren, täglich den Effektivbestand festzustellen. Unter ihnen befanden sich SS-Männer, die im allgemeinen rechnen konnten, aber es gab auch — vornehmlich unter den Häftlingen — Leute, die nahezu oder gänzlich Analphabeten waren und nur infolge Begünstigung zu Sekretären oder Rechnungsführern für die Arbeitsstatistik geworden waren. Es darf nicht vergessen werden, daß die Verwendung jedes einzelnen Häftlings in einem Konzentrationslager von seiner Anpassungsfähigkeit und nicht von seinem Können abhängig war. Wie überall, so stellte sich auch in Dora heraus, daß Maurer als Rechnungsführer und Rechnungsführer als Maurer oder Zimmerleute sowie Wagner als Ärzte oder Chirurgen verwendet wurden."

Diese Erklärung wird durch zwei dramatische Berichte illustriert, die in „Passage de la Ligne" zu finden sind. Der eine beschreibt eine Entlausungsaktion. Sie fand in Dora statt. Man hatte Läuse gefunden. Die SS-Führung befürchtete Typhus und ordnete eine allgemeine Entlausung an. Die Blockältesten lassen ihre Untergebenen antreten: man befiehlt ihnen, die Kleider abzulegen und nimmt sie ihnen fort; man stellt sie nackt zu fünfen auf und führt sie in Regen und Schnee zum Desinfektionsgebäude. Dort spielt sich folgende Szene ab:

„Die Entfernung beträgt etwa achthundert Meter. Wir kommen an. Die vier anderen Blocks, nackt wie wir, drängen sich bereits vor dem Eingang zusammen: wir fühlen, wie der Tod unter uns tritt. Wie lange soll dies dauern? Zu etwa einem Tausend stehen wir da, alle nackt in der nassen Nachtkälte, die uns bis auf die Knochen dringt, schlotternd an die Türen gedrängt. Keine Möglichkeit, hineinzukommen. Nur vierzig Mann können jeweils passieren. Entsetzliche Szenen spielen sich ab. Zuerst versucht man, den Eintritt zu erzwingen: die Leute von der Entlausung halten uns mit einem Wasserstrahl zurück. Dann will man zum Block zurückgehen, um dort zu warten, bis man an der Reihe ist: unmöglich, der Lagerschutz mit Gummiknüppeln in den Händen hat uns umzingelt. Man muß bleiben, zwischen Wasserstrahl und Gummiknüppel eingekeilt, naßgespritzt und geschlagen. Alle zehn Minuten werden vierzig Mann in einem schrecklichen Durcheinander, einem richtigen Kampf mit dem Tod eingelassen.*

Natürlich gab es Tote: durch Erdrücken, durch Lungenentzündung usw. ... Und nun die Erklärung:

„Was war vorgegangen?

Die SS-Führung hatte lediglich die Desinfektion für täglich fünf Blocks angeordnet und die „Häftlingsführung" bei der Durchführung völlig selbständig schalten und walten lassen. Sie hätte sich die Mühe machen können, einen Stundenplan aufzustellen, für jeden Block der Reihe nach: um 11 Uhr Block 35, um Mitternacht Block 24, um l Uhr Block 32 usw... Im Rahmen dieses Stundenplans hätten die Blockältesten uns z. B. in Zehnergruppen mit je zwanzig Minuten Abstand angekleidet hinschicken können, was nach dem Arbeitstag ohnehin schon recht anstrengend gewesen wäre. Aber nein, das wäre doch zu einfach gewesen. Statt dessen:...

Die Ereignisse in der Nacht zum 31. März waren der SS-Führung zu Ohren gekommen. Diese stellte vom anderen Tage ab selbst einen genauen Stundenplan für die noch zu desinfizierenden Blocks auf." Ein anderer, nicht weniger kennzeichnender Bericht. Für Ostern 1944 hatte die SS-Führung bestimmt, daß ein Urlaubstag zu gewähren sei: man steht später auf, es wird nicht gearbeitet. Alles scheint gut verlaufen zu müssen. Um 9 Uhr soll ein Generalappell abgehalten werden, von dem die SS wünscht, daß er sobald als möglich beendet wird, damit jeder den Urlaubstag genießen kann. Beim Appell ein verdrießlicher Zwischenfall: man stellt eine Differenz von 27 Männern zwischen der von der Verwaltung gelieferten Zahl und der Zahl der Anwesenden fest. Man läßt den Kapo von der Arbeitsstatistik kommen: man wiederholt die Berechnung, man durchsucht das Lager. Das dauert Stunden. Plötzlich kommt der Kapo von der Arbeitsstatistik wieder angelaufen: er hat eine andere Zahl gefunden. Wieder beginnt man mit der Feststellung, nun fehlen 8 Mann. Neue Nachforschungen, neue Berechnungen. Die Arbeitsstatistik bringt eine dritte Zahl: sie stimmt noch nicht. Endlich findet der Appell um 23." Uhr sein Ende und mehrere Häftlinge sind infolge Übermüdung und Mangel an Bewegung zusammengebrochen.

„Nun haben Sie die Erklärung für die Länge der Appelle: die bei der Arbeitsstatistik beschäftigten Leute sind nahezu oder völlig Analphabeten und wurden nur durch Begünstigung Rechnungsführer; sie sind unfähig, den genauen Effektivbestand auf den ersten Hieb zu errechnen."

Dieselbe Erklärung gilt auch für das „Revier". David Rousset und nach ihm Eugen Kogon haben klargelegt, daß die „Häftlingsführung" mit der Leitung der Krankenstube des Lagers, des „Reviers", sehr oft mit Vorliebe einen Häftling beauftragte, der keine medizinische Erfahrung besaß.

Eugen Kogon sagt dazu:

„Durch seine Stellung übte der Kapo der Krankenstube in allen Lagern einen beträchtlichen Einfluß auf die allgemeinen Lebensverhältnisse aus. Daher brachten die Häftlinge niemals einen Fachmann in diese Stelle, obwohl dies möglich gewesen wäre, sondern eine Person, welche der im Lager herrschenden Schicht völlig ergeben war."

Und Rassiniers Zusatz:

„Der Kapo, der nur ausgewählt wurde, weil er Kommunist war, wählte als Schreiber nicht etwa einen Häftling, der fähig gewesen wäre, Kranke von Nichtkranken oder stärker Erkrankte von weniger stark Erkrankten zu unterscheiden, sondern einen Häftling, der kräftig war und mit wuchtigen Schlägen amtieren konnte. Unnütz zu sagen, daß er dies wegen der zusätzlichen Suppen tat. Die Gründe, welche bei der Auswahl den Ausschlag gaben, entsprangen, falls sie nicht gleicher Natur waren, doch derselben edlen Einstellung. Wenn später in den Krankenstuben der Lager Ärzte vorhanden waren, dann nur, weil die SS sie eingesetzt hatte. Wenn es aber dazu kommen sollte, mußten sie schon beim Eintreffen der Transporte aus der Masse ausgesondert werden."

Gewalttätigkeit und Bedenkenlosigkeit hatten in der Krankenstube natürlich viel unheilvollere Wirkungen als sonstwo. Die Medikamente waren sehr knapp. Hier die Erklärung:

„Die SS-Führung bewilligt nur sehr wenig Medikamente und Proll (der mit der Leitung des „Reviers" beauftragte Häftling) nimmt von der Zuteilung alles für die „Häftlingsführung" Notwendige vorweg und läßt an die Kranken nur kommen, was die „Häftlingsführung" nicht braucht!"

Die Ernährung ist im „Revier" genau so unzureichend wie im Lager. Die Lagerordnung sieht zwar Zusatzrationen vor, aber diese werden genau so unterschlagen, wie die Medikamente. Hören Sie hier die Aussage von Eugen Kogon:

„Für die Krankenstube der Häftlinge gab es in den Lagern eine besondere Krankenkost, die man Diät nannte. Sie war als Zusatz sehr begehrt und ihr größter Teil wurde zugunsten der Lagerpersönlichkeiten, Blockältesten, Kapos usw. entwendet. In jedem Lager konnte man Kommunisten oder Kriminelle finden, die seit Jahren neben den anderen Vergünstigungen auch die Krankenzulagen erhielten. Es war dies hauptsächlich eine Sache der Verbindung zur Krankenküche, in der sich ausschließlich Leute befanden, die zur Klasse der das Lager beherrschenden Häftlinge gehörten oder es war eine Angelegenheit gegenseitiger Gefälligkeiten."

Die Mißhandlungen an Kranken wurden meist von Krankenpflegern oder Stubenbediensteten begangen, die von den Kapos nach dem bereits beschriebenen Grundsatz unter den Häftlingen ausgesucht wurden In „Passage de la Ligne" berichtet man uns, daß im „Revier* von Buchenwald nach der Lagerordnung allen Neuzugängen eine Dusche zu verabfolgen war. Der Apparat war so eingerichtet, daß heißes Wasser zugeleitet werden konnte. Handelte es sich um einen Häftling, der dem Krankenpfleger nicht empfohlen war, „so verschwor sich dieser bei allen Göttern, daß der Apparat nicht in Ordnung sei" und verabreichte eine eiskalte Dusche (Seite 123). Etwas später erzählt uns Rassinier von den Heldentaten eines polnischen Häftlings, der als Krankenpfleger auf Ruhrkranke Jagd machte und sie mit eiskalten Duschen innerhalb weniger Stunden gewaltsam in eine bessere Welt beförderte (Seite 127). Alle diese barbarischen Methoden haben nach Paul Rassinier folgende Hauptursache:

„Diese sogenannten „Häftlingsführer", die Tausende von Unglücklichen Krankheiten aussetzten, indem sie sie schlugen und ihnen die Nahrung stahlen, ließen sie am Ende dann, ohne daß die SS sie hierzu genötigt hätte, durch Leute verpflegen, die vollkommen ungeeignet waren."

Die deutschen Verantwortlichen überwachten alles in den meisten Fällen nur aus weiter Ferne, was man ihnen mit gutem Recht natürlich als Vernachlässigung vorwerfen kann. Mitunter hielten sie sich sogar von gewissen Blocks peinlichst fern, z. B. dem Block der Typhuskranken, wegen „ihrer unüberwindlichen Angst vor Ansteckungen", wie uns Eugen Kogon berichtet.

Dieses Eingehen auf Einzelheiten hat den Vorteil, daß es eine genauere Vorstellung von der Verwaltung der Lager vermittelt. Eine vollkommene Vorstellung von den unserem Urteil zugrunde liegenden faktischen Irrtümern wird man sich nur machen können, wenn man sich gewisser Einzelheiten erinnert, die in der französischen breiten Öffentlichkeit unbekannt geblieben sind. So kann man z. B. im Gegensatz zu dem, was man allgemein glaubt, bei Paul Rassinier lesen, daß die Verschickten unbehindert Pakete von ihren Familien erhalten durften. Derartige Sendungen bildeten durchaus keine Ausnahme: sie konnten täglich erfolgen. Paul Rassinier erklärt uns, daß er wahrscheinlich sein Leben nur der Ausdauer seiner Frau verdankt, die täglich beharrlich Pakete schickte, welche fast alle zugestellt wurden, obwohl sie keine Nachricht von ihm außer seiner Adresse erhalten hatte. Man durfte also Pakete empfangen und wenn man keine von seiner Familie erhielt, bekam man sie vom Roten Kreuz. Aber auch hier mischte sich die „Häftlingsführung" ein. Nun ein Auszug aus dem Kapitel über die Pakete in „Passage de la Ligne":

„Jeden Tag kam ein Waggon von zehn Tonnen, beladen mit Paketen aus allen Nationen Europas außer Spanien und Portugal, am Bahnhof von Dora an: bis auf geringe Ausnahmen waren sie alle unversehrt. Bei der Auslieferung an den Empfänger dagegen waren sie gänzlich oder zu drei Vierteln ausgeraubt. In zahlreichen Fällen erhielt man nur die Aufschrift, die von dem Inhaltsverzeichnis, einem Stück Rasierseife, einem Seifenstückchen oder einem Kamm usw. begleitet war. Ein Kommando von Tschechen und Russen wurde mit der Entladung des Waggons betraut. Von da an brachte man die Pakete zur Poststelle, wohin die Schreiber und Stubendienste jedes Blocks kamen, um die Lieferung in Empfang zu nehmen. Dann händigte sie der Blockälteste selbst dem Empfänger aus. Aber auch noch auf diesem begrenzten Wege wurden sie beraubt."

Ich erinnere daran, daß alle hier unter dem Namen Schreiber, Stubendienst, Blockältester aufgezählten Funktionäre Häftlinge sind, die von den Häftlingen gewählt wurden. Aber sie ließen beim Durchgang nicht nur die in den Paketen enthaltenen Lebensmittel verschwinden. Die in der Lagerordnung vorgesehenen Verpflegungsmengen kamen regelmäßig ins Lager (wenigstens bis zum Frühjahr 1945); die von den

Lagerkommandanten für die Schwerarbeiter beantragten Zusätze gingen ebenfalls ein; die Häftlinge haben endlich Recht auf ein Erspartes; mit diesen Ersparnissen dürfen sie in der Kantine einkaufen, sie dürfen Zigaretten kaufen, die jede Woche für das Lager zum Verkauf kommen. Was sich aber zuträgt, folgt hier. Ich zitiere David Rousset:

„Die Bürokratie dient nicht allein der Verwaltung der Lager: sie ist mit ihren Spitzen ganz in den Handel der SS eingebaut. Berlin schickt Kisten voll Zigarren und Tabak, um die Männer auszulohnen. Lastwagen mit Lebensmitteln kommen in das Lager. Man soll die Häftlinge wöchentlich entlohnen, bezahlt sie aber nur alle vierzehn Tage oder monatlich. Man setzt die Zahl der Zigaretten herab, man stellt Listen von schlechten Arbeitern auf, die nichts erhalten. Die Männer werden vor Wut platzen, wenn sie nicht rauchen können. Was tut das? Die Zigaretten gehen über den schwarzen Markt. Fleisch? Zucker? Honig? Konserven? Ein größerer Anteil an Rotkraut, Roterüben, Steckrüben, mit etwas Karotten gemischt, tut es auch. Es ist sogar reine Güte! Milch? Viel geweißtes Wasser tut es vollkommen. Und der ganze Rest: Fleisch, Butter, Zucker, Honig, Konserven, Milch, Kartoffeln; auf den schwarzen Markt für die deutschen Zivilisten, die bezahlen und korrekte Bürger sind. Die Leute in Berlin werden zufrieden sein, wenn sie hören, daß alles gut angekommen ist. Es genügt, wenn die Nachweise in Ordnung sind und die Buchführung stimmt."

Aus dieser verworrenen Erklärung ließe sich leicht folgern, daß die Lebensmittel und der Tabak seitens des deutschen Lagerdienstes zur Verwendung auf dem schwarzen Markt unterschlagen wurden. Hierüber läßt aber der Kommentar von Paul Rassinier keine Zweideutigkeit aufkommen:

„Hier wird, zumindest hinsichtlich der Lebensmittel, jene Legende Lügen gestraft, die gerne sehen würde, daß „höheren Orts" ein Plan geschmiedet worden wäre, die Häftlinge verhungern zu lassen. Entsprechend den Mitteilungen an die Familien schickt Berlin alles Erforderliche, um uns die vorgesehene Verpflegung zukommen zu lassen, aber ohne sein Wissen gelangt sie nicht an uns. Und wer stiehlt sie? Die mit der Verteilung beauftragten Häftlinge. David Rousset sagt uns, das geschehe auf Befehl der SS, der sie den Ertrag des Diebstahls auslieferten:

nein, sie stehlen zuerst für sich, tun sich an allem vor unseren Augen gütlich und zahlen der SS Tribut, um ihre Mitwirkung zu erkaufen."

Und nun greifen wir die Ausführungen Eugen Kogons wieder auf, der uns eine allgemeinere Erklärung gibt, die sich auf das Zusammenleben in den Lagern bezieht:

„Tatsächlich haben die Häftlinge nie die spärlichen Verpflegungssätze erhalten, die ihnen rechtmäßig zustanden. Vorneweg nahm die SS, was ihr paßte. Dann machten sich die Häftlinge, die im Lebensmittelmagazin und in der Küche arbeiteten, daran, ihren Anteil im voraus reichlich wegzunehmen. Dann unterschlugen die Stubenältesten eine ganze Menge davon für sich und ihre Freunde. Der Rest kam an die bedauernswerten gewöhnlichen Häftlinge."

Das genügt Paul Rassinier nicht; er wünscht noch größere Deutlichkeit.

„Es ist notwendig", fügte er hinzu, genau darzulegen: daß alles, was einen kleinen Teil von Lagerautorität innehatte, damit berechtigt war, vorwegzunehmen, der Lagerälteste, der die Rationen im ganzen ausgab, der Kapo oder der Blockälteste, die sich an erster Stelle reichlich bedienten, der Stubenälteste oder Stubendienst, die das Brot schnitten oder die Suppe in die Näpfe schöpften, der Polizist, der Sekretär usw.. . Es ist merkwürdig, daß Kogon dies gar nicht erwähnt. Alle diese Leute taten sich an den Erträgnissen ihrer Diebstähle gütlich und gingen mit strahlenden Mienen durch das Lager.

Bei seiner Erklärung, wie die Diebstähle vor sich gingen, gibt Kogon dem „System D", das unterschiedslos von allen im Ernährungssektor tätigen Häftlingen angewendet wurde, einen harmlosen Anstrich. Das ist eine Ungenauigkeit und daneben eine wohlwollende Einstellung gegenüber der „Häftlingsführung".

Der Arbeiter bei irgendeinem Kommando konnte nicht stehlen: der Kapo und der Vorarbeiter überwachten ihn genau und waren stets bereit, ihn anzuzeigen. Er konnte höchstens, wenn die Verteilung der Verpflegung erfolgt war, versuchen, seinen Leidensgefährten etwas wegzunehmen. Der Kapo aber und der Vorarbeiter konnten im Einverständnis miteinander vor der Verteilung im voraus aus den gesamten Rationen wegnehmen und taten es in zynischer Weise. Sogar ungestraft, weil es unmöglich war, sie außerhalb des Dienstweges, das heißt also über sie selbst, anzuzeigen. Sie stahlen für sich und ihre Freunde, für die vorgesetzten Funktionäre, denen sie ihre Posten verdankten und in den höheren Dienststellen für die SS, deren sie sich versichern oder deren Schutz sie sich erhalten wollten." Rassinier machte folgende Anmerkung als genaue Angabe: „Hierzu muß bemerkt werden, daß die SS allgemein nicht vorwegnahm oder höchstens sehr zurückhaltend: sie ließ zu ihren Gunsten vorwegnehmen und wurde so besser bedient."

Eine andere Seite des Lagerlebens, die für die Öffentlichkeit recht überraschend kam und den in Nürnberg vorgebrachten Erklärungen widersprach, vervollständigt diese Angaben: die mit der Bewachung des Lagers betrauten deutschen Truppen mischten sich kaum ein, sie verließen sich dieserhalb ganz auf die Häftlinge. Schon in „Passage de la Ligne" bestätigt uns Rassinier, daß der einzige deutsche Soldat, der mit den Häftlingen in Berührung kam, der Blockführer, der ordnungsgemäß beauftragt war, den von den Häftlingen gewählten Blockältesten zu überwachen, „sich nur sehr selten sehen läßt".

„Im allgemeinen beschränken sie sich darauf, dem Blockältesten täglich einen Freundschaftsbesuch zu machen, das heißt also, in Abwesenheit der Häftlinge, sodaß in letzter Instanz der Blockälteste alleiniger Richter ist und über alle seine Erpressungen praktisch keine Beschwerde möglich ist."

An anderer Stelle desselben Buches sagt Rassinier noch: „Die SS sicherte also nur die äußere Bewachung, man sah sie sozusagen nie innerhalb des Lagers, wo sie sich damit begnügte, beim Vorbeigehen den Gruß der Häftlinge, das berühmte „Mützen ab" zu fordern."

Das bestätigt auch Egon Kogon. Von der SS-Führung im Lager schreibt er:

„Das, was wirklich hinter dem Stacheldraht vorging, wußten sie nicht."

Und Rassinier kommentiert folgendermaßen:

„Die ‚Häftlingsführung' vervielfachte ihre Anstrengungen, damit die SS-Führung nichts davon erfuhr. Während sie sich zur wahren ‚Häftlingsjustiz' aufwarf und sich zu nutze machte, daß keine Berufung gegen ihre Entscheidungen — das Unwahrscheinlichste angenommen — eingelegt werden konnte, suchte sie stets nur Zuflucht bei der SS, um ihre Autorität zu stärken, wenn sie sie schwinden fühlte. Sonst aber sah sie lieber wenn die SS nicht eingriff, weil sie befürchtete, diese sei weniger streng, was ihr Ansehen und ihre Führungseignung bei der Masse in Frage hätte stellen können, wodurch dann das Problem ihrer Abberufung aus dem Amt und der Neubesetzung ihrer Stelle akut werden konnte. Praktisch löste sich alles in einem Kompromiß: die ‚Häftlingsführung' ‚vermeidet Geschichten', indem sie verhindert, daß diese durch das von ihr gebildete Absperrgitter dringen, die SS wünscht unter dem Vorbehalt, daß Ordnung herrscht, und diese unantastbar ist, nichts zu erfahren."

Man kann zumindest sagen, daß diese Angaben, nebeneinander gehalten, uns ein Bild von den Konzentrationslagern vermitteln, das von dem in Nürnberg dargestellten stark abweicht. Dieses genaue Bild ist nach und nach entstanden. Kogon ist genauer als Rousset und Rassinier genauer als Kogon. Wir kommen jetzt endlich zu einem wahrheitsgetreuen und vollständigen Einblick. Je genauer aber diese Beschreibung der Konzentrationslager wird, umso mehr entfernt sie sich von der in Nürnberg gegebenen. War es nicht vorteilhaft, diese von den Verschickten bestätigte Richtigstellung vorzunehmen? Begeht man ein Verbrechen, wenn man sagt, was nun offenbar ist, nämlich daß das uns anfänglich vorgezeichnete Bild falsch war? Worin ist hier denn eine Billigung der Konzentrationslager zu erblicken?

Ich habe die Zitate, die ich den beiden Büchern von Rassinier entliehen habe, auf ein Mindestmaß beschränkt. Es handelte sich einzig darum, den tatsächlichen Betrieb der Konzentrationslager verständlich zu machen. Ich kann aber mit diesen Aussagen nicht schließen, ohne Rassiniers Meinung über einige weitere Dinge zur Kenntnis zu bringen, von denen man immer zu glauben beliebt, die Diskussion über sie sei ein für allemal geschlossen. Man wird sehen, daß die Dinge so einfach nicht liegen.

Zuerst die Erklärungen Rassiners über einige genau umrissene Beschuldigungen, die ständig unter den „deutschen Greueln" aufgezählt werden. Über die „Spritzen" schreibt er in „Passage de la Ligne":

„In Dora bestand kein Meerschweinchenblock und Einspritzungen fanden nicht statt. Im allgemeinen wurden übrigens Spritzen in allen Lagern nicht bei allen Häftlingen angewandt, sondern von einem der beiden Stämme der Häftlingsführung gegen den anderen: die Grünen gebrauchten dieses Mittel, um sich auf geschmeidige Art von einem Roten zu befreien, dessen Stern sie am SS-Himmel aufsteigen fühlten oder umgekehrt."

Das bestätigt er auch an zwei Stellen in „Le Mensonge d'Ulysse", wo er sich den „romantischen" Angaben des Abbé Jean Paul Renaud und des Abbé Robert Ploton energisch widersetzt.

Bezüglich der Gaskammern ist er in „Passage de la Ligne' sehr skeptisch. In „Le Mensonge d'Ulysse" teilt er die Ergebnisse einer Unterredung mit, an der er sich beteiligte. Er nimmt an, der Glaube an Gaskammern rühre von einem Verfahren her, das in allen Lagern angewandt wurde und das in einer Auslese der Arbeitsuntauglichen bestand, die dann zu Transporten mit unbekanntem Ziel zusammengestellt wurden. Natürlich liefen über diese Transporte die pessimistischsten Gerüchte um, und so haben viele Verschickte geglaubt, wenn sie der „Auslese" entgingen, seien sie auch der Gaskammer entronnen. In Wirklichkeit, so versichert Rassinier, beweist nichts, daß die auf diese Weise verlegten Häftlinge alsbald ausgerottet wurden. Er hat im Gegenteil Kameraden der Gefangenschaft wiedergesehen, die unter solchen Umständen weggekommen und einfach nur nach Belsen verlegt worden waren. Andererseits meint er bei der Prüfung der von Eugen Kogon zitierten Dokumente, daß sie ungenügend sind und kaum eine Folgerung zulassen. Ich zitiere die Schlüsse seiner Studie: „Meine Meinung über die Gaskammern? Es waren welche vorhanden, aber nicht soviele als angenommen wird. Ausrottungen vermöge dieses Mittels fanden auch statt, doch nicht soviele, wie gesagt wird. Sicher vermindert die Zahl nicht ihre Schreckensnatur, doch die Tatsache, daß es sich um eine Maßnahme handelt, die von einem Staat im Namen einer Philosophie oder Doktrin angeordnet wurde, würde sie nur erhöhen. Man muß zugeben, daß es sich so verhielt? Es ist möglich, aber es ist nicht sicher."

Dagegen wird er bezüglich der Unwissenheit der Deutschen deutlich. Hier eine Stelle aus „Passage de la Ligne":

„Man hat gesagt, daß nahezu ganz Deutschland nicht wußte, was in den Lagern vor sich ging und ich glaube es: die bei uns befindlichen SS-Männer wußten kaum etwas davon oder hörten von gewissen Vorgängen erst geraume Zeit hinterher."

Das überraschendste aber ist seine Annahme, daß die Berliner Dienststellen auch nicht viel besser im Bilde waren:

„Im allgemeinen liebten die SS-Lagerleitungen nicht, die Berliner Dienststellen zu unterrichten. Sie befürchteten Weiterungen und Rückfragen, ja sogar Bedenken, die zu Verdrießlichkeiten Anlaß geben konnten, deren Klärung Versetzung zu einer anderen Formation mit sich brachte, was in Kriegszeiten folgenschwer sein konnte. Sie ließen Berlin fast völlig in Unkenntnis und unterrichteten es nur über das, was nicht zu verbergen war; das Meiste regelten sie an Ort und Stelle."

Aus dem Buche Eugen Kogons zitiert er ahnungslose Berliner Rundschreiben über die Ernährung der Häftlinge, die Sterblichkeit in den Lagern, die Prügelstrafe, die man „auf den nackten Hinterteil" nur dann erteilen solle, wenn das Wort „verschärft" dem Strafbefehl hinzugesetzt sei: alles Gedanken, die vermuten lassen, daß Berlin keinen besonders realistischen Begriff von dem hatte, was in den Lagern vor sich ging. Genau wie Rousset und Kogon erinnert auch er an die vorsichtigen Tarnungsmaßnahmen, die jedesmal ergriffen wurden, wenn offizieller Besuch angesagt wurde, sodaß die Besucher nie vermuten konnten, was im Lager vor sich ging. Auf diese Feststellungen gestützt, bestätigt Rassinier rückhaltslos, daß Berlin nicht besser unterrichtet war, als die restliche deutsche Bevölkerung.

„So also verbarg man gemeinsam nicht nur den ausländischen oder anderen Besuchern, sondern auch den höchsten Persönlichkeiten der SS und des dritten Reiches sorgfältig Spuren oder Beweise von Mißhandlungen. Ich denke mir, wenn diese Personen in Dachau oder

Buchenwald erschienen wären, so hätte man ihnen über die Gaskammern genau so harmlose Erklärungen gegeben wie über das „Gestell" in Buchenwald. Und ich stelle die Frage: wie kann man sonach behaupten, alle jene Schrecken, deren Schauplatz die Lager waren, wären ein Teil eines an hoher Stelle ausgedachten Planes gewesen?"

Auch über die Lagergeschichte enthalten Rassiniers Werke ebenfalls recht interessante Aufklärungen. Die Situation der Lager im Jahre 1945 läßt sich nach seiner Auffassung mit der Überbelegung und Auflösung erklären:

„Das für eine Belegung von ungefähr 15000 Menschen vorgesehene Lager erreicht manchmal 50000 Köpfe und noch mehr. Man schläft zu zweien oder dreien in einem Bett. Es gibt kein Brot mehr, weil das Mehl nicht mehr herankommt; dafür erhält man zwei oder drei kleine Kartoffeln. Die Zuteilung an Margarine und Wurst wird auf die Hälfte herabgesetzt. Die Vorratslager leeren sich in demselben Maße, wie die Insassen zunehmen; es wird fraglich, ob man mehr als einen halben Liter Suppe anstelle eines ganzen austeilen kann."

Nun aber taucht ein neuer Begriff auf, den ich nur hier gefunden habe: es ist der Entwicklungsgang des Lagers selbst. Wie viele nicht unterrichtete Leute hatte auch ich geglaubt und hierin hatte ich mich getäuscht — daß die Lebensverhältnisse in den Lagern ständig schwerer geworden seien, daß man 1943 weniger schlecht daran war als 1944 und 1942 weniger als 1943, und daß sich die Leiden nur verschlimmert hätten. Die Situation, die in „Passage de la Ligne" sehr gut beschrieben wird, war jedoch ganz anders. Jedwedes Lager macht eine Aufbauperiode durch, welche die härteste ist (es ist da ein Straflager), dann eine Ertragsperiode, während welcher das Werk des Lagers arbeitet, während die anderen Einrichtungen noch nicht beendet, mitunter noch gar nicht begonnen sind (es ist nun ein Arbeitslager), endlich, wenn das Lager ausgebaut ist, entspricht es dem festgelegten Plan; alle Baulichkeiten sind vollendet und die Dienststellen eingesetzt (es ist nun ein Konzentrationslager). Das Härteste ist stets die Aufbauperiode und am erträglichsten die Endperiode. Jedes Lager macht diese drei Entwicklungsstufen durch. So war z. B. das Lager Dora für alle, die es im ersten Stadium erlebten, zunächst eine Hölle, ein Jahr später war es weniger hart und schließlich kam es Buchenwald gleich. Die Entwicklung lief also in jedem Lager auf eine relative Verbesserung hinaus; zugleich aber bestanden zwischen den Lagern große Unterschiede, je nach der Stufe, in welcher sie sich befanden.

Daher jene Erklärung, die allem, was man uns im allgemeinen sagt, so sehr widerspricht: es habe — ich verwende hier dieselben Worte wie Paul Rassinier — auch „sehr menschliche Lager" gegeben. Nach Erzählungen von Kameraden in der Krankenstube von Buchenwald bringt er dafür zwei Beispiele:

„Im August war der Deutsche Hellmuth etwa zehn Tage lang mein Bettnachbar. Er kam geradewegs aus Lichterfelde bei Berlin. In diesem Lager befanden sich 900 Mann, die von der Wehrmacht bewacht wurden. Sie waren mit dem Aufräumen der zerbombten Vorstädte beschäftigt. Zwölf Stunden Arbeitszeit wie überall, aber drei Mahlzeiten täglich und alle drei reichlich (Suppe, Fleisch, Gemüse, oftmals Wein), keine Kapos, keine Häftlingsführung, demzufolge keine Schläge. Ein hartes Leben, aber doch zum Aushalten. Eines Tages wurden Fachleute verlangt. Hellmuth war Justierer, er hat sich gemeldet, man schickte ihn in den Tunnel von Dora und gab ihm einen Preßluftbohrer in die Hand. Acht Tage später spuckte er Blut.

Vorher lag ein Häftling neben mir, der einen Monat in Wieda verbracht hatte und mir erzählte, die 1500 Insassen dieses Lagers seien nicht allzu unglücklich gewesen. Natürlich mußte man arbeiten und bekam wenig zu essen, aber man lebte wie in einer Familie: Sonntag nachmittags kamen die Dorfbewohner zum Tanz außerhalb des Lagers beim Klang der Akkordeons der Häftlinge, wechselten freundschaftliche Gespräche mit ihnen und brachten ihnen Lebensmittel. Anscheinend war dies aber nicht von Dauer."

Diesen Auszug stellte man den Berichten gegenüber, die ich in „Nürnberg" aus dem jüdischen Organ „Sehern" brachte und die ebenfalls beschreiben, wie erträglich die Existenz in manchen Lagern war. Man mache sich auch klar, daß Rassinier an mehreren Stellen seiner beiden Bücher keinen grundsätzlichen Unterschied zwischen dem in gewissen französischen Lagern angewandten System und dem deutschen zu machen scheint. Er vergleicht die „Häftlingsführung", mit der er Bekanntschaft machte, gewöhnlich mit den „Tschautschs" unserer Zuchthäuser und den Profossen unserer Gefängnisse. In „Passage de la Ligne" erzählt er, wie einer seiner Lagerkameraden, wenn man sich zu sehr beklagte, zu sagen pflegte: Ich, verstehst Du, ich habe zwei und ein halbes Jahr in Calvi[1] abgemacht; seitdem bin ich „daran gewöhnt"; dann fügte er hinzu, daß es in Calvi „genau so war". In einem anderen Kapitel berichtet Rassinier weiter, wie er nebst seinen Kameraden bei der Ankunft in Buchenwald von Rotspaniern, die 1939 in Gurs[2] interniert waren, empfangen wurde. Diese wiesen darauf hin, daß sie als Franzosen nun die Behandlung kennenlernen würden, die sie anderen hätten angedeihen lassen. Sie behaupteten — versichert Rassinier — daß der Unterschied zwischen den französischen und den deutschen Lagern nur in der Arbeit bestehe, die übrige Behandlung sei bis auf wenige Punkte in allem gleich (Seite 68).

Diese Werturteile und Berichte stehen, wie man sieht, fast stets in Widerspruch zu dem, was man 1945 über die Lager gesagt und geschrieben hat und vor allem zu dem Bild, das den Richtern in Nürnberg gegeben wurde. Eine einzige Zeugenaussage wie die Paul Rassiniers würde den Vorschlag recht und billig erscheinen lassen, unsere gesamten Unterlagen über diesen Punkt „nochmals reiflich zu überlegen". Und dies mit stärkerem Recht, wenn man sich einer Sammlung von Auslassungen gegenübersieht, die sich ergänzen und gegenseitig beleuchten. Ich sehe darum nichts Empörendes in der Behauptung, daß die Wahrheit über die Konzentrationslager verwickelter ist, als man uns gesagt hat, daß Propaganda oder Übereilung oft die Tatsachen entstellt haben: in einer so einfachen Feststellung sehe ich nichts, was der Verteidigung des Mordes ähnlich sähe. Nicht ich bin es, denn ich habe mich wohl gehütet, einen solchen Satz zu schreiben, sondern Paul Rassinier, der auf einer Tragbahre zurückkam und nur noch 39 kg wog, ist es, der bestätigt, daß in Buchenwald „das Leben erträglich war". Ich zitiere diesen Ausschnitt aus „Passage de la Ligne":

„So war Buchenwald, wie wir es kennengelernt haben. Das Leben war für die dem Lager endgültig zugewiesenen Häftlinge erträglich, ein

---

[1] Calvi: französische Strafanstalt auf Korsika.

[2] französisches Konzentrationslager für politische Gefangene (Faschisten und Rotspanier)

wenig härter für die Durchzügler, die sich nur für die Quarantänezeit darin aufhalten sollten. In allen Lagern hätte es ebenso sein können. Das Unglück wollte, daß im Zeitpunkt der Massenverschickungen von Ausländern nach Deutschland es außer Buchenwald, Dachau und Auschwitz nur wenige ausgebaute Lager gab und fast alle Verschickten nur Lager in der Aufbauperiode, Straflager und Arbeitslager und keine Konzentrationslager kennenlernten. Das Unglück wollte auch, daß auch in den ausgebauten Lagern, um die Beziehungen zwischen den „Leuten" der Häftlinge und denen der Führung zu erleichtern, die ganze Verantwortung zuerst Deutschen anvertraut wurde, die aus Straflagern und Arbeitslagern zurückgeholt waren und denen das „Kazett", wie sie es nannten, nicht ohne jene Schrecken denkbar war, die sie selbst in ihm durchmachen mußten und die weit mehr als die SS die Hindernisse für ihre menschliche Gestaltung bildeten."

Ich bin es nicht — denn ich bin nie dorthin gekommen — sondern Rousset, Kogon und Rassinier sind es, die uns beschreiben, wie das Lager Buchenwald aussah:

„Man ist dabei, den Block 141 aufzubauen, der bestimmt ist, Theater-Kino zu werden; und das Bordell ist bereit, Frauen aufzunehmen. Alle Blocks sind geometrisch und angenehm auf dem Hügel verteilt und durch betonierte Straßen miteinander verbunden. Zementtreppen mit Geländern führen zu den höchstgelegenen Blocks. Vor jedem von ihnen eine Pergola mit Schlingpflanzen, kleine Gärtchen mit Blumenrasen — hier und da kleine Rondells mit Fontänen oder kleinen Statuen. Der Appellplatz, etwa einen halben Quadratkilometer groß, ist vollkommen gepflastert und so sauber, daß man keine Stecknadel verlieren kann. Ein zentral gelegener Fischteich mit Tauchbecken, ein Sportgelände, kühle Schattenanlagen, wie man sie nur wünschen kann, ein wahres Lager für Ferienkolonien; und irgend ein Passant, der während der Abwesenheit der Häftlinge zur Besichtigung zugelassen würde, verließe es in der Überzeugung, daß man dort ein angenehmes Leben voller Waldpoesie führt und jedenfalls ausnehmend beneidenswert, außerhalb jedes alltäglichen Vergleiches mit den Beschwernissen des Krieges, die das Los der freien Menschen sind. Die SS hat die Bildung einer Musikkapelle gestattet. Jeden Morgen und jeden Abend begleitet eine Kapelle von etwa dreißig Blasinstrumenten, einer großen Pauke und Schallbecken den Schritt der Kommandos, die zur Arbeit gehen oder von ihr zurückkommen. Tagsüber übt sie und erfüllt das Lager mit den ungewöhnlichsten Akkorden. Am Sonntagnachmittag gibt sie bei allgemeiner Gleichgültigkeit Konzerte, während die Gefangenen Fußball spielen oder Kunststücke im Tauchbecken machen."

Natürlich ziehe ich hieraus nicht den Schluß, daß die Konzentrationslager unschuldige rosige Bußanstalten waren, in denen man Fußball spielte und zur Harmonika sang. Ich vergesse nicht die Zahl der Toten, die letzten Endes doch als das eigentliche Ergebnis das System der Lager richtet und verurteilt. Da eine vollständige Untersuchung über die Lager schließlich aber auf die beiden, sich so völlig widersprechenden Bilder hinausläuft, nämlich einmal diese entmutigenden Listen und Leichen und andererseits diese dörfliche Strafanstalt von so bewillkommnendem Aussehen, liegt da nicht, wenn man allein von der Schuld der deutschen führenden Persönlichkeiten spricht, ein Geheimnis vor, dessen Grundlagen wir aufklären müssen; zumindest doch etwas Seltsames, ein Rätsel, hinsichtlich dessen sie als Angeklagte mit Recht fordern konnten, daß man es dem Gericht vollständig darlegte und es aufzuklären versuchte?

KAPITEL II

DER DACHAUER LAGERPROZESS

Ich glaube, hinreichend nachgewiesen zu haben, daß unsere eigene Literatur über die Lager die Forderung nach Berichtigung gewisser Lücken oder dunkler Stellen der offiziellen Untersuchung rechtfertigte. Jetzt möchte ich andere Dokumente vorlegen, die in Frankreich zwar noch unbekannt, für eine aufklärende Darstellung jedoch nicht weniger unerläßlich sind.

Nach den zuvor geschilderten Tatsachen wird man vielleicht weniger erstaunt sein, nun einige ausländische Aussagen zu lesen, die ich aber ohne die bisherige Vorbereitung nicht zu bringen gewagt hätte.

Hier folgt, was ein englischer Journalist, Leonhard O. Mosley, der die amerikanischen Truppen bei ihrem Vormarsch begleitete und einer der Ersten beim Betreten des Lagers Belsen war, über dieses Lager sagt. Seine Aussage geht in das Jahr 1945 zurück. Man findet sie in seinem Bericht „Report from Germany" (Bericht über Deutschland), der im gleichen Jahr bei dem Verleger Victor Gollancz veröffentlicht wurde:

„Nach allem, was man uns sagte, waren die Truppen der Wehrmacht über das, was sie entdeckten, selbst entsetzt... Die Entrüstung der deutschen Armee war derart, daß sie sich weigerte, über einen Paß für die SS-Männer zu verhandeln... Nach wenigen Tagen aber kamen Untersuchungsbeamte und Reporter nach Belsen und nun begannen einige Umstände sich aufzuklären. Die Opfer wurden vernommen und nun wurde erkennbar, daß Belsen ein Sammelort für die Kranken anderer, auswärts gelegener Konzentrationslager gewesen war. Der Lagerstab mochte schon rücksichtslos gewesen sein, aber er war noch lange nicht so grausam wie in anderen Lagern. Und bis zur russischen Offensive hatte er mit der Zahl seiner Toten und Sterbenden befriedigend dagestanden. Danach aber begann sich Transport auf Transport von kranken deutschen und alliierten Verschickten in das Lager zu ergießen. Bald starben die Menschen täglich zu Tausenden dahin; es waren nicht genug Lebensmittel zu ihrer Ernährung vorhanden; die vier Krematorien konnten die ungeheure Zahl an Leichen nicht mehr bewältigen. Als dann auch kein Isolierdienst mehr möglich war, als die in allen Teilen des Lagers umherliegenden Toten nicht mehr bestattet werden konnten, verloren Kramer und sein Stab die Herrschaft über die Lage so vollständig, daß sie gar nicht mehr versuchten, sich darin zurechtzufinden."

Als ich in „Nürnberg" vom Lager Belsen sprach, kannte ich diese Seite noch nicht. Man kann feststellen, daß der englische Reporter für das Drama von Belsen dieselbe Erklärung gibt wie mein Berichterstatter.

Ich habe noch eine Äußerung, ebenfalls ausländischer und zwar spanischer Herkunft zu erwähnen. Ich weiß, daß in Frankreich die spanische Presse verdächtig ist. Ich würde die Wiedergabe dieses Artikels vielleicht nicht gewagt haben, wenn nicht die von Rassinier uns gegebene Beschreibung des Lagers Buchenwald die hier folgende Beschreibung des Dachauer Lagers weniger unwahrscheinlich für mich gemacht hätte. Ich gebe gern zu, daß der nachfolgende Artikel angezweifelt werden kann: obschon er von einem Augenzeugen stammt, der von dem spricht, was er sah und das berichtet, was man ihm sagte, finde ich, daß er in mehreren Punkten im Widerspruch zur Analyse des Dachauer Prozesses steht, die ich später untersuchen werde. Ich überlasse es also dem Leser, die Glaubwürdigkeit mit Vorsicht abzuwägen. Es handelt sich um einen in der Wochenzeitung „Madrid" erschienenen Artikel eines Deutschen, Alfonso Ossenback, der in der Nummer vom 30. September 1947 veröffentlicht ist:

„Mit allen Kriegsgefangenen von Altenstadt", so beginnt der Verfasser, „wurde ich im Mai 1946 in das berüchtigte Lager Dachau verlegt. Ich war starr, als ich es kennen lernte, vor allem, nachdem ich die traurigen Geschichten gelesen hatte, die in der ganzen Welt über dieses Lager verbreitet wurden. Mein Erstaunen wäre von jedem, der es besuchte, geteilt worden. Es ist ein völlig ausgebautes Lager und sein Gesamtbild vermittelt einen angenehmen Eindruck von Harmonie und Schönheit. Dachau, das unter deutscher Herrschaft 10 000 Menschen fassen konnte, erscheint als kleine, herrlich entworfene Stadt mit seinen Gärten, seinen landwirtschaftlichen Versuchsfeldern, seinen großen, sauberen, mit Heizung und Duschen versehenen Blocks, seinen neuzeitlichen Küchen ... Seine Einrichtungen glichen den Kasernenbauten der deutschen Armee.

So sah Dachau aus und so ist auch heute in seinem äußeren Eindruck, über die Art, wie man dort vor der Niederschrift seiner dramatischen Legende lebte und die Art, wie man heute dort lebt, gebe ich das wieder, was ich von den Häftlingen weiß, die seit acht Jahren (unter den Deutschen und den Amerikanern) dort leben und was ich selbst habe beobachten können. Diese Häftlinge „auf Dauer" sind Juden, Kommunisten, ehemalige Parteimitglieder oder SS-Angehörige, die strafbare Handlungen in der Zeit von 1934 bis 1945 begangen hatten."

Der Artikel fährt fort:

„Von diesen Männern, die acht Jahre in Dachau „einlogiert" waren, erfuhr ich, wie das Lager während der Hitlerzeit betrieben wurde. Ich glaube ihnen, weil keiner von allen, ob Kommunist oder Jude, der Sympathie für das Naziregime verdächtigt werden kann. Alle stimmen darin überein, daß es eine Musterstrafanstalt war.

- Aber das Arbeitsprogramm war doch außerordentlich hart.

- Und man nahm Bestrafungen durch Stickstoffgase vor, wenn auch nur in gerechtfertigten Fällen.

- Wir waren weniger eingeengt als jetzt. Wo heute hundert Personen schlafen, wohnten damals nur fünfzehn.

- Und bei der Ernährung vermissen wir die Güte und Menge, die wir während des Krieges erhielten, wenn man die letzten Monate ausnimmt, die schrecklich, entsetzlich waren...

- Dagegen sind wir den Amerikanern sehr dankbar, daß sie nicht auf dem Tragen der Strafkleidung der „Ehemaligen" bestehen.

In Dachau legte man großen Wert auf Körperpflege sowie

künstlerische und musikalische Betätigung. Außerdem war eine große Bibliothek vorhanden.

- Ich habe gesehen, sagte ich, daß Tausende von Büchern marxistischer Literatur, Lenin, Einstein, Trotzki vorhanden sind. Viele Romane kommunistischer Tendenz... Wie haben Sie sich diese verschafft?

- Sie waren hier, als das Lager zu arbeiten begann.

- Das ist schwer zu glauben, erwiderte ich.

- Es ist aber so. Aber es lagen auch die Hauptwerke der nationalsozialistischen Literatur und alle nationalsozialistischen Bücher auf.

- Wo sind diese jetzt?

Die Männer zuckten die Achseln.

Dachau hat sich sehr verändert. Vordem gab es Kantinen, in welchen die Häftlinge alles Nötige kaufen konnten. Nur Alkohol war streng verboten. Die politischen Gefangenen erhielten alljährlich einen zweiwöchigen Urlaub, den sie mit staatlicher Unterstützung bei ihren Familien verbringen konnten. Die Arbeit wurde allen Häftlingen unterschiedslos vergütet. Für viele Gefangene war es sehr unangenehm, mit gemeinen Verbrechern und unerwünschten Elementen zusammenleben zu müssen.

- Die letzte Phase des Krieges war in diesem Lager entsetzlich, erzählten sie mir. Die Bombenangriffe verursachten Transportschwierigkeiten und die Zivilbevölkerung litt unter großem Lebensmittelmangel. Stellen Sie sich vor, was noch hierher kommen konnte. Der Hunger wurde entsetzlich. Die Epidemien erklären sich daraus, daß man sie nicht bekämpfen konnte. Einmal hatten wir eine Nacht, in welcher fünfzig oder sechzig Menschen starben. So fanden uns die Amerikaner, als sie hierher kamen.

In Dachau sind vier Verbrennungsöfen vorhanden. Zwei sehr kleine wurden erbaut, um Leichen verstorbener Häftlinge einzuäschern. Der Dritte, von derselben Größe wie die vorhergehenden, wurde während des Krieges erstellt. Der Vierte, der erst bei Schluß der Feinseligkeiten beendet war, wurde von den Amerikanern vergrößert.

- Welche Kapazität haben diese Öfen, fragte ich einen Ehemaligen.

- Es können täglich zwei Leichen verbrannt werden.

- Nun, sage ich erstaunt, um die Tausende von Leichen einzuäschern, die nach allem, was die Propaganda der demokratischen Länder erzählt, hier eingeäschert wurden, müßte es ja einer jahrzehntelangen ununterbrochenen Einäscherung bedurft haben?

- So ist es!

- Und dieser große Ofen?

- Ist nie benutzt worden. Weder von den Deutschen noch von den Amerikanern.

Ich hatte außerdem Gelegenheit, die schreckenerregende Gaskammer zu besuchen. Aber sie war nur ein Ort, der zur Desinfizierung der Kleidung von Neuankömmlingen bestimmt war.

- Ist es wahr, daß man in diesem Raum zahlreiche Menschen aus der Welt schaffte?

- Sie sollen die Wahrheit wissen... Möglich ist es, daß man in ihm Gefangene gefoltert und zum Schweigen gebracht hat. Aber das ist nur eine Vermutung. Keiner von uns würde für unsere Bewacher die Hände ins Feuer legen. Aber wir glauben nicht, daß man ihn zum Massenmord benutzt hat. Das würden wir bemerkt haben."

Diesen Artikel mag man tendenziös nennen. Audi über Dachau möchte ich mich lieber auf ein Dokument beziehen, dem man diesen Vorwurf nicht machen kann. Es ist die Analyse des Prozesses der für das Lager Dachau Verantwortlichen, wie sie von den amerikanischen

NÜRNBERG

Behörden zum Gebrauch für die mit der Prüfung der Gnadengesuche beauftragte Kommission verfaßt worden ist. Das Dokument geht von dem Anklagevertreter des mit der Rechtsprechung auf dem europäischen Kriegsschauplatz beauftragten Generalprokurators aus und enthält auf achtzig Seiten das Stenogramm des gegen den Lagerkommandanten, Major Weiß, und seine Untergebenen angestrengten Prozesses.

Die Angeklagten waren auf Grund von zwei Anklagepunkten zum Tod verurteilt worden: einmal wegen der Hinrichtung von 90 sowjetischen Kriegsgefangenen innerhalb des Lagers, ein Punkt, den wir beiseite lassen, und zweitens wegen Grausamkeiten und Mißhandlungen unter Einschluß von Morden, begangen an Internierten des Konzentrationslagers, über diesen letzteren Punkt hören wir nicht nur die Lesart der Anklage, wie sie in Frankreich weit verbreitet ist und als dem Leser bekannt angenommen wird, sondern auch noch die der Verteidigung, die uns zum erstenmal zeigt, wie die Verwaltung eines Lagers ihre schwere Aufgabe auffaßte.

Betrachten wir zunächst die Zuteilung der Ernährung für das Lager. Die Ernährung war in Dachau genau so mangelhaft wie in anderen Lagern. Die Gefangenen waren beim Eintreffen der Amerikaner mager und erschöpft (extremely emaciated) und von einer Gesamtzahl von 65 000 mußten 10500 wegen Unterernährung in Pflege genommen werden. Das sind die Zahlen des öffentlichen Klägers selbst. Aus ihnen ist also festzustellen, daß bei der Ankunft der Amerikaner 55 000 von den 65 000 Gefangenen keine Pflege nötig hatten. Die Anklage behauptet, der Kalorienwert der Rationen hätte 1942 1200 Kalorien für die Arbeiter und 1000 für die übrigen Internierten betragen, 1943 sei er auf 1000 für die Arbeiter gefallen und hätte 1945 zwischen 600 und 1000 geschwankt. Zu diesem Punkte hier die These der Verteidigung:

„Die SS-Mannschaften des Konzentrationslagers erhielten Militärration Nr. 3 und die Häftlinge empfingen die Militärration Nr. 4, die deutsche Zivilbevölkerung erhielt eine der Ration Nr. 4 ungefähr gleiche Ration, und die arbeitsunfähigen Häftlinge bekamen das entsprechende der Zivilration. Allein die Zivil- und alle Militärrationen wurden im Februar und März 1945 durch das Ernährungsministerium herabgesetzt. Nach der letzten Herabsetzung war die Ration Nr. 4 zur Erhaltung der Arbeitskraft nicht mehr ausreichend.

Diese Erklärungen sind der Aussage des Dr. Flocken entnommen, eines Arztes der Organisation Todt, der außerdem folgende genaue Angaben über den Kalorienwert dieser Rationen abgegeben hat. Die Ration Nr. 4 bestand aus täglich 600g Brot, 90g Fett, 60bis 80g Fleisch, 350g Gemüse, 500g Kartoffeln und anderen Dingen wie Kaffee-Ersatz. Dies alles ergab insgesamt 2100bis 2200 Kalorien täglich. Das war der Stand vor den soeben erwähnten Kürzungen. Nach den Kürzungen reichte die Ration zur Aufrechterhaltung eines guten Gesundheitszustandes nicht mehr aus, wie auch die amtlich festgesetzte Zivilration noch weniger hoch war.

Die Verantwortung für Ernährung, Unterkunft und ärztliche Betreuung der bei der Organisation Todt außerhalb des Lagers arbeitenden Häftlinge oblag ausschließlich der Organisation Todt und nicht der Lagerleitung von Dachau."

Man sieht, daß die beiden Thesen der Verteidigung und der Anklage in diesem Punkte unvereinbar sind. Aus dem Dokument läßt sich eine zufriedenstellende Erklärung nicht herausfinden: es sei denn, man kommt zur Auffassung, der öffentliche Ankläger und die Verteidigung redeten nicht von derselben Sache und bei der von uns zuletzt zitierten Stelle handele es sich nur um die Frage der Ernährung der bei der Organisation Todt gestellten Kommandos und nicht um das Lager selbst.

Die Vernehmung des Lagerkommandanten und des Ökonomen ergaben — stellen wir das fest — nicht die von Dr. Flocken angegebenen Zahlen. Sie führen im Gegenteil zu anderen Beurteilungsunterlagen. Filleboek, der Lagerökonom, sagt aus, er habe Schritte zur Verbesserung der Zuteilungen an die Internierten getan:

„Filleboek sagt folgendes aus: Er kam 1933 als Ökonom nach Dachau und war in dieser Stellung bis 1941. Von 1941 bis zum Ende war er Proviantinspektor im Lager. Er empfing seine Weisungen vom Angeklagten Wetzel und dem Wirtschaftsbüro des Lagers. Die Rationen wurden vom Büro der Wirtschaftsverwaltung bestimmt. Er hat versucht, zusätzlich Lebensmittelzuteilungen zu erhalten. Nach einer Kürzung der Rationen ist er mit Wetzel zur Leitung des Proviantamtes gefahren, um zu versuchen, mehr an Zuteilung zu erhalten. Er hat mehrere Tausend Kilo vorgerichteter Suppen im voraus angekauft, trotzdem solche Käufe verboten waren. Von 1943 bis 1945 hat er illegal 2 - 3 000 Kilo Fleisch und Knochen und 23 000 Kilo Bohnen und Trockenerbsen gekauft. Ebenso verschaffte er sich illegal Käse mit Fettgehalt von 30 % bis 40 % anstatt Käse mit 20 % Fettgehalt, der ihm ordnungsmäßig allein zustand. Die SS erhielt 1945 eine reichlichere und bessere Zuteilung als die Häftlinge.

Als Filleboek durch eine Meldung erfuhr (eine Einzelheit, die aber vielsagend für die Lagerverwaltung ist: Filleboek spricht, als ob er nie einen Schritt hinter den Stacheldraht getan hätte), daß Häftlinge im Dezember 1944 an Unterernährung gestorben seien, erhöhte er sofort die Gemüseration und unternahm in Dachau und München Schritte zur Aufhebung der Herabsetzung der Rationen."

Filleboek ließ zwei Zivilzeugen auftreten, die bestätigten, daß er tatsächlich bei ihnen Schritte unternommen und Erfolg gehabt hatte; aber nach einiger Zeit untersagte eine Anordnung von höherer Stelle derartige Maßnahmen.

Friedrich Wetzel, der Lagerverwalter, hat Filleboeks Schritte unterstützt, er hat Dachau außerdem zu einem Anbauunternehmen für Gemüse umgestaltet.

„Wetzel bezeugt folgendes: Er ist im August 1944 nach Dachau gekommen. Er war Direktor des Wirtschaftsverwaltungsbüros und mit der Versorgung des Lagers beauftragt; er stand an der Spitze des Lagerverwaltungsdienstes. Die Lebensmittelzuteilungen für die Konzentrationslager wurden von den Ernährungsinstanzen des Reiches bestimmt. Wetzel blieb nichts anderes übrig, als diese Bestimmungen zu befolgen.

Als die Rationen herabgesetzt wurden, pachtete Wetzel Gelände rings um das Lager, um dort Gemüse zu ziehen. Weitere Zuteilungen hat er sich durch Anträge verschafft. Diese Zusatzrationen, die laut Lagerordnung nur den Schwerarbeitern zustanden, wurden dank einer

Zahlenverschiebung an 70 % der Häftlinge ausgegeben, trotzdem eigentlich nur 20 - 25 % das Recht auf solche Rationen hatten. Die Häftlinge der Krankenstube erhielten auf Anforderung der Ärzte besondere Zusatzrationen.

Nach Herabsetzung der Rationen fuhr er mit Filleboek nach München zur Bezirksdirektion für die Zuteilung, um eine größere Zuteilung zu bekommen. Es ist unrichtig, daß unter seiner Verwaltung den Häftlingen verfaultes Gemüse geliefert wurde. Bis zum Ende des Krieges haben die Häftlinge dieselbe Zuteilung erhalten, wie die deutsche Zivilbevölkerung."

Wilhelm Wagner, der zeitweise für ein Arbeitskommando in Germering verantwortlich war, behauptet, daß die Internierten seines Kommandos anständige Rationen erhielten.

„Das Lager Germering, in dem Wagner die Verantwortung für die Häftlinge eines Arbeitskommandos hatte, bekam gute Ernährung. Die Mittagsmahlzeit bestand aus Fleisch, Suppe und Gemüse; abends bestand die Mahlzeit aus Suppe, Brot, Wurst oder Schlackwurst mit Butter oder Margarine. Frau Anna Erhardt, die Wirtschafterin von Germering bezeugt, daß die tägliche Brotration der Häftlinge in Germering 300 bis 350 Gramm nebst einem Zusatz von 200 bis 250 Gramm für die Schwerarbeiter betrug, dreiviertel bis einen Liter Kaffee zum ersten Frühstück, dieselbe Menge Suppe zum Mittagessen, dazu 70 bis 80 Gramm Fleisch und dreiviertel bis einen Liter Gemüse und 70 bis 80 Gramm Wurst nebst derselben Menge Margarine zur Abendsuppe."

Und Wagner versichert, er habe darüber gewacht, daß die Privatunternehmer, für die seine Häftlinge arbeiteten, ihnen zusätzlich die zuständige Abendsuppe verabreichten.

Weitere Berichte über die Ernährung liegen nicht vor. Und nun die genauen Angaben über Medikamente und ärztliche Fürsorge. Die Anklage beschreibt die Überbelegung des Hospitals (drei Kranke auf zwei Betten), den Mangel an Decken, die Unzulänglichkeit der Medikamente, schlechte hygienische Verhältnisse: die Typhusepidemie (1945) hat 15 000 Opfer gekostet, aber die Zeugen der Anklage geben zu, daß vor ihrem Ausbruch das Hospital verhältnismäßig wenig Todesfälle hatte (there were relatively few deaths in the hospital).

Die Darstellung faßt alles in zwei medizinischen Zeugenaussagen zusammen. Die eine, von Dr. Witteler, zeigt uns den Betrieb des Hospitals unter den normalen Lebensverhältnissen des Lagers (als die Zahl der Internierten 6000 bis 7000 betrug, wie wir aus der Vernehmung des Lagerkommandanten erfahren). Es herrschte Ordnung, es war genügend Personal da, es gab wenig Todesfälle.

„Witteler wurde im Januar 1944 als Chefarzt zugewiesen. Er blieb bis Mai 1944 auf diesem Posten. Er hatte die Verantwortung für die Häftlinge in medizinischer Hinsicht und auch die Verantwortung für die Hygiene des Lagers und der Küche und die Vorbeugungsmaßnahmen.

Er bestimmte fünfundzwanzig Ärzte unter den Häftlingen zu ihrer Betreuung und erreichte, daß internierte Ärzte nicht mehr für andere Zwecke verwendet wurden. Er hatte einen Stab von zweihundert Krankenpflegern und zweihundert Helfern. Jeder Block hatte einen internierten Arzt. Er richtete mit Hilfe einer neuen Wasserleitung eine bessere Wasserversorgung ein und begann auch, Epidemien vorzubeugen. Unter seiner Leitung traten keine Epidemien auf. Er besuchte die Kommandos alle vierzehn Tage. Im Hospital von Dachau lagen 1500 bis 1700 Kranke. Er hatte einen Durchlaß eingerichtet, der ermöglichte, zwischen den Blocks, welche das Hospital bildeten, hin- und herzugehen. Er ließ Duschen herrichten und führte einen augenärztlichen Dienst ein. Er ließ warmes Wasser in die Operationsräume legen und führte weitere Verbesserungen durch.

In dieser Zeit traten monatlich zwischen sechzig und achtzig Todesfälle ein."

Dr. Witteler versichert ferner, daß jeder Kranke im Hospital sein eigenes Bett hatte.

Dagegen zeigt uns die zweite Aussage, abgegeben von Dr. Hintermayer, das Lager in seiner dramatischsten Periode: ein aus den Fugen gegangenes Lager, unzulängliche Mittel, gigantische Sterblichkeit, deren Bekämpfung unmöglich ist.

„Hintermayer kam im März 1944 nach Dachau. Er wurde Hilfsarzt im Lager unter Dr. Wittelers Leitung; ab Oktober 1944 war er Chefarzt.

In seiner Aussage hat er erklärt, daß sich im April 1945 im Lager Dachau mit allen seinen Kommandos 65000 Häftlinge befanden. Einem so außerordentlichen Zustand fühlte er sich nicht gewachsen und meldete dies auch seinem Vorgesetzten, Dr. Lolling. Trotzdem gab man ihm den Befehl, auf seinem Posten zu bleiben.

Er fand klägliche hygienische Verhältnisse im Lager vor und verlangte vom Lagerleiter Weiter (der in der Lagerleitung auf Major Weiß gefolgt war), daß das Lager wie auch die Wasserleitungen erweitert würden. Er begann einen neuen Entlausungsraum zu bauen; ab Dezember 1944 kamen viele Krankentransporte nach Dachau, der vorhandene Entlausungsdienst reichte für alle Neuankömmlinge nicht mehr aus. Er machte fast täglich Berichte an die Lagerleitung und kennzeichnete diesen dramatischen Zustand. Der Befehl zur Überbelegung des Lagers kam aus Berlin und nun kündigte sich eine typhusartige Epidemie an, die ab Dezember 1944 währte. Hintermayer bekämpfte sie dadurch, daß er die Baracken, in denen sich Kranke befanden, unter Quarantäne stellte und Desinfektionsbassins in die Wasseranlagen einbaute sowie die Häftlinge gegen Typhus impfen ließ."

Nun sind wir im Dezember 1944. In diesem Augenblick brach die Typhusepidemie aus, die bis zum Eintreffen der Amerikaner wüten und schreckliche Verheerungen in einem Lager anrichten sollte, das derart desorganisiert, von allem entblößt und beinahe von jeder Hilfe in einem Lande abgeschlossen war, dessen Verbindungen und Verwaltungen in völlige Auflösung geraten waren.

„Im Dezember 1944 kündigte sich in Dachau eine Typhusepidemie an und es gab 20000 bis 30000 Kranke. Zehn Prozent der Kranken starben. Dachau hatte nicht genug Einrichtungen, um diese Epidemie zu bekämpfen. Hintermayer wandelte mehrere Baracken in Hospitäler um, er schlug auch die Einrichtung eines Krankenlagers außerhalb des Lagers vor, doch wurde dies angesichts der Kriegslage unmöglich ... Ein internierter Arzt hat bekundet, daß Hintermayer versuchte, sich Medikamente zu beschaffen, er erklärt, daß Hintermayer guten Willens war, aber wenig Energie besaß und seine Anstrengungen, diese Typhusepidemie zu kontrollieren, zu spät anliefen. Derselbe Arzt erklärt, daß Hintermayer sehr lange Listen mit Anforderungen von Medikamenten nach Berlin schickte, von denen er kaum mehr als ein Drittel erhielt. Er hat auch zahlreiche Briefe im Namen Hintermayers nach Berlin geschrieben und gegen die Überbelegung von Dachau protestiert."

Die Gegenüberstellung dieser beiden Aussagen läßt gut erkennen, wie die Verwaltung der Lager, die vorher in ihrem Ablauf von gewisser Stabilität war, zum unüberwindlichen Problem wurde, als die deutschen Frontlinien eingedrückt, das Land von Flüchtenden überschwemmt und durchzogen, die Lager zusammengelegt und die Eisenbahnen unbrauchbar wurden usw. ...

Dieselbe Krise trat auch bei der Bekleidung ein. Die von den Gefangenen getragene Bekleidung — so sagt die Anklage — bot keinen ausreichenden Schutz gegen Kälte. Mitten im Winter hatten viele Gefangene keine Mäntel. Wetzel erklärt dies folgendermaßen:

„Er war mit der Bekleidung der Häftlinge beauftragt. Er hat in Berlin Bekleidung angefordert, aber davon nur einen kleinen Teil erhalten. Ein Erlaß der Verwaltungsbehörden erläuterte später, daß infolge der großen Gebietsverluste in West und Ost keine umfangreichen Zuteilungen von Kleidungsstücken mehr erwartet werden dürften. Wetzel schrieb nach Oranienburg, um mehr Kleider zu verlangen, er schickte auch Fernschreiben. Alle Häftlinge, die zur Arbeit gingen, hatten Mäntel (overcoats) und Umhänge; und alle Häftlinge vom Lagerdienst, die im Lager arbeiteten, hatten ebenfalls Mäntel, einschließlich der Häftlinge, die an überdachten Stellen arbeiteten."

Er bringt Zeugen bei, die seine Angaben bestätigen.

Den für das Lager Verantwortlichen wirft die Anklage ferner noch Hinrichtungen von Häftlingen vor. Die Antworten der Angeklagten bringen in diese Angelegenheit einiges Licht. Die Anklage liefert keine genauen Angaben über Hinrichtung von Gefangenen, sie beschränkt sich auf die Behandlung der kollektiven Hinrichtung von 90 russischen Kriegsgefangenen, die wir bei unserer Prüfung nicht berücksichtigen, über diesen Punkt besitzen wir also nur Äußerungen der Angeklagten.

Michael Redwitz, der Leiter des Lagerpolizeidienstes hat nach der Anklage vierzig Hinrichtungen von Häftlingen beigewohnt. Die Anklage bestätigt, daß die Hinrichtungen auf Befehl des Reichssicherheitsdienstes stattfanden. Redwitz gibt dazu folgende Erklärung:

„Redwitz sagt wie folgt aus: Er war Berufssoldat; er übte die Tätigkeit eines Leiters des Lagerpolizeidienstes aus ... Wie in der Lagerordnung vorgeschrieben, wohnte er allen Hinrichtungen als Zeuge bei... Die im Lager Hingerichteten waren nicht Häftlinge des Lagers, sondern Leute, die von anderen Lagern zur Hinrichtung nach Dachau verschickt wurden."

Rudolf Heinrich Suttrop, stellvertretender Lagerkommandant, bestätigt seine Angaben:

„Der Zeuge sagt aus: Er war von Mai 1942 bis Mai 1944 in Dachau. Er war stellvertretender Lagerleiter unter den Kommandanten Purkowski, Weiß und Weiter... Suttrop hatte keinerlei Befugnis, Hinrichtungsbefehle zu geben. Diese wurden mit Fernschreiben oder Geheimschreiben von der Gestapo befohlen. Gewöhnlich traf der Hinrichtungsbefehl noch vor dem Häftling selbst ein."

Und Johann Kick, der den politischen Dienst im Lager leitete, erklärt die Weitergabe der Hinrichtungsbefehle:

„Die Hinrichtungen fanden entweder auf Anordnung des Reichssicherheitsdienstes oder auf Befehl Himmlers statt. War eine Hinrichtung vorzunehmen, so stellte Kick einen Befehl aus, den er dem Lagerkommandanten zur Unterschrift vorlegte und schickte ihn nach der Hinrichtung mit einer Meldung, die den Tod feststellte, zurück."

Über Mißhandlungen legt die Anklage eine ganze Liste vor, welche dem entspricht, was Rassinier, Rousset und Kogon von Buchenwald erwähnen. Die Angeklagten bestreiten. Nach den schon früher gegebenen Erklärungen über das Leben in den Lagern fällt die Behauptung schwer, sämtliche Einwände seien unterschiedslos ohne Wert. Später, aus der Zusammenfassung der Aussage des Majors Weiß, wird man noch ersehen, daß der Lagerkommandant gewisse harte Gewohnheiten seines Personals zugab, dabei aber — auf Zeugenaussagen gestützt — erklärt, daß er hiergegen eingeschritten ist.

Und noch ein Grund gibt uns Veranlassung, diese Erklärungen mit Aufmerksamkeit durchzulesen. Mitunter stellen sich nämlich — meist als Anspielung erwähnt — kleine Tatsachen heraus, die uns einen richtigeren, genaueren Begriff darüber geben, was im Lager zulässig war. Das ist zugleich ein Mittel, die Genauigkeit der von uns im vorhergehenden Kapitel erwähnten Angaben zu überprüfen. So erklärte auch der Ökonom des Lagers, daß er „durch eine Meldung" auf den körperlichen Zustand der Internierten aufmerksam geworden sei. Das kann eine faule Ausrede des Angeklagten sein. Ist es aber nicht sonderbar, daß er gerade an diese Entschuldigungsmöglichkeit gedacht haben sollte? Ebenso erfahren wir, daß die Gefangenen Besuche empfingen (Vernehmung von Johann Kick):

„Einige Häftlinge hatten die Erlaubnis, Besuche zu empfangen, die in Kicks Büro stattfanden; ihre Besucher durften ihnen bestimmte Sachen geben."

Daß manche Verschleppte tatsächlich freigelassen wurden (Aussage für Johann Kick):

„Der homosexuelle Häftling Kronfelder erklärt, daß Kick seine Freilassung veranlaßt hat, nachdem er ihn krankheitshalber darum gebeten hatte."

Daß man Pakete empfangen konnte (Aussage von Major Weiß, die wir weiter unten bringen), daß gewisse Häftlinge wegen guter Führung die Erlaubnis zum Besuch ihrer Familie erhielten (Aussage von Anton Endres):

„Er ist im Mai 1944 von der SS entlassen worden, weil er Häftlinge fortgelassen hatte, die ihre Eltern besuchen wollten."

Daß gewisse Kommandos erträglich waren oder wenigstens keine außergewöhnliche Sterblichkeit aufzuweisen hatten (Aussage von Johann Viktor Kirsch über das Kommando I von Kaufering):

„Die Sterblichkeitsziffer, die monatlich vierzehn bei seiner Ankunft betragen hatte, fiel auf eine pro Monat..."

Es scheint, daß Befehle, die vielleicht nicht befolgt wurden, doch zumindest gegeben worden sind, nämlich daß man Quälereien und Mißhandlungen der Internierten vermeiden solle (Aussage von Kastner für Walter Adolf Langleist und Aussage von Fritz Degelow):

„Der Zeuge Kastner, ein ehemaliger Offizier, hat Konferenzen beigewohnt, in denen Langleist (Kommandant des mit der Lagerbewachung betrauten Bataillons) seinen Untergebenen Verhaltungsmaßregeln erteilte, daß sie sich des Schlagens und Mißhandelns von Häftlingen enthalten sollten... Degelow (der Nachfolger Langleists auf demselben Posten) erließ als Kommandant eine ins einzelne gehende Ordnung für die unter seinem Befehl stehenden Bewachungsmannschaften. Er untersagte das Mitführen von Stöcken; er erklärte täglich, wer einen Häftling schlage, käme selbst in ein Konzentrationslager."

Daß gewisse SS-Männer recht sonderbare SS-Männer waren (Aussage von Simon Kiern):

„Er ist Mitte 1941 als SS-Mann nach Dachau gekommen. Nach einiger Zeit wurde er unter der Beschuldigung festgenommen, sechs Zigaretten aus einem Briefe gestohlen zu haben. Er wurde ein und ein halbes Jahr in ein Straflager in der Nähe von Danzig gesteckt und dann zur Front geschickt. Dann wurde er erneut von der SS festgenommen und wieder freigelassen. Er war Sozialdemokrat und solange er SS-Mann war, arbeitete er stets dagegen..."

Daß die Untersuchung gegen die einstigen Herren des Lagers Dachau roh geführt wurde und mehrere Angeklagte sich beschwerten, daß ihnen ihre Aussagen durch Mißhandlungen und Quälereien abgenötigt worden seien (Aussagen von Kramer, Kick und mehreren anderen):

„Kick protestiert, weil man ihm während seiner Vernehmung mit Waffen, Krücken, Fäusten geschlagen hat, um ihn zu Aussagen zu veranlassen, daß man ihn halb tot geschlagen hat, daß man ihn gezwungen hat, stundenlang eine elektrische Lampe anzusehen und sich auf runde oder eckige Gegenstände niederzuknien."

Endlich beweist der öffentliche Ankläger in keinem Punkte, daß es Gaskammern in Dachau gegeben hätte. Im Gegenteil, er behauptet, was auch die Angeklagten nicht bestreiten daß mit den Häftlingen medizinische Versuche gemacht wurden. Es gab zwei Arten von Versuchen: die einen über die Widerstandskraft bei Druckwechsel, die von Dr. Rascher vorgenommen wurden; die anderen, die sich mit der Malaria befaßten, wurden von Professor Dr. Schilling vorgenommen. Dr. Schilling ist ein bekannter Wissenschaftler, er ist zur Zeit des Prozesses 74 Jahre alt. Er bestreitet seine Versuche über die Malaria nicht, versichert aber, daß sie entscheidende wissenschaftliche Ergebnisse hatten und daß sie nicht zum Tod von Versuchspersonen geführt haben. Die Anklage behauptet das Gegenteil. Die Analyse ist an dieser Stelle leider viel zu kurz, um dem Leser eine Meinungsbildung zu ermöglichen. Aber ich wollte diesen Punkt nicht stillschweigend übergehen, um nicht einer vorsätzlichen Unterlassung beschuldigt zu werden.

Ich muß nun zeigen, wie Major Weiß seine Verteidigung führte, das heißt, wie er seine Rolle als Lagerkommandant angesehen hat. Major Weiß hat das Lager 1942 und 1943 geführt. Er scheint nicht versucht zu haben, zu fliehen — wenigstens sagt dies die Anklage nicht. Der öffentliche Ankläger wirft ihm in persönlicher Hinsicht nichts vor und die Anklage spricht über seine Lagerverwaltung beinahe in denselben Redewendungen wie er selbst. Beim Durchlesen des nun Folgenden wolle man sich erinnern, daß diese Angaben einen Zeitraum betreffen, in welchem das nicht überbelegte Lager unter einer Verwaltung lief, die man als seine normale bezeichnen könnte.

Hier die Stelle der Darlegung, die sich auf die Aussage von Major Weiß bezieht:

„Als Weiß Lagerkommandant wurde, setzte er sofort den Leiter seines Polizeidienstes ab, weil dieser Häftlinge geschlagen hatte. Unter Weiß' Leitung durften die Häftlinge Lebensmittelpakete empfangen und für eine gewisse Zeit hörten die Mißhandlungen auf. Die Ernährung wurde besser und größere Mengen zugeteilt. Weiß unterband die Strafart des Stillstehens vor der Tür und die Strafe des Scherens, die in einem Schermal auf dem Kopfe bestand. Er richtete ein Kino ein und ordnete Sport einschließlich Boxen und Ringen an. Nach der Übernahme der Lagerleitung wechselte Weiß sofort auch den Lagerältesten und dessen Stellvertreter aus, weil der Lagerälteste als grausamer Mensch bekannt war. Weiß verbot, Häftlinge am Handgelenk aufzuhängen; ebenso verbot er, die Häftlinge auf dem Innenhof unter Stillstehen zusammenkommen zulassen und sie jedesmal, wenn ein Gefangener entflohen war, vierundzwanzig Stunden ohne Nahrung und Wasser zu lassen. Weiß erlaubte, daß von Tschechen und Polen auf Anregung ihrer Kameraden und anderer Häftlinge Theatervorstellungen organisiert werden durften. Die Strafkompagnie wurde von Weiß abgeschafft. Pater Lenz, ein ehemaliger Häftling, bestätigt in seiner Zeugenaussage, daß Weiß alle Mißhandlungen im Lager unterbunden hat. Weiß hat niemals einer Hinrichtung beigewohnt. Unter seiner Leitung wurde die Lage der inhaftierten Priester verbessert; sie erhielten Erlaubnis, Messen zu zelebrieren und ihren Kameraden den letzten Beistand zu leisten. Man teilte ihnen leichtere Arbeit zu, auch wurde verboten, sie zu mißhandeln. Bei Gelegenheit gab Weiß die Erlaubnis, einige Kinder im Lager zu behalten, damit sie bei ihren Eltern blieben, obwohl diese Kinder zu jeder Arbeit unbrauchbar waren. Unter Weiß1 Lagerleitung hatten die Häftlinge das Recht, in den Textilräumen zu kochen. Weiß ging oftmals morgens vor dem Abmarsch der Arbeitskommandos allein durch das Lager. Die Häftlinge konnten sich an ihn wenden. Er schaffte die zwischen den Blocks bestehenden Unterschiede ab.

Ausnahmsweise war Weiß Zeuge einer Hinrichtung in Kaufering, aber er gab keinerlei Befehl und war für die Hinrichtung nicht verantwortlich. Die Hinrichtungen wurden alle vom Reichsführer Himmler angeordnet. Weiß hatte kein Recht, dessen Anordnungen zu ändern; er selbst gab nie einen Befehl zur Hinrichtung.

Weiß protestierte in Berlin, weil andere Konzentrationslager kranke

Häftlinge nach Dachau schickten, die auf der Reise starben. Er ließ einen Film aufnehmen, welcher den Zustand zeigte, in dem Häftlingstransporte ankamen und schickte diesen Film mit einem Protestschreiben nach Berlin.

Zu der Zeit, in der Weiß das Lager leitete, war es nicht überbelegt. Es zählte etwa 6000 bis 7000 Häftlinge. Die Lagerstärke war noch normal, als Weiß das Lager im November 1943 verließ.

Im November 1942 kam Himmler nach Dachau und gab Weiß den Befehl, sich den Versuchen von Dr. Rascher nicht zu widersetzen und befahl ihm, Rascher unbedingt allein zu lassen. Dr. Grewitz, der Leiter des ärztlichen Dienstes der SS, empfahl ihm für Dr. Schilling dasselbe.

Die Arbeitsstundenzahl wurde nicht von der Lagerleitung, sondern von höheren Dienststellen auf elf Arbeitsstunden täglich festgesetzt. Die einzigen korporativen Bestrafungen waren solche, die Berlin durch Verordnung für Fluchtversuche und Diebstahl festgesetzt hatte. Während Weiß' Zeit gab es ausreichende Verpflegung. Weiß gelang es, die für Arbeiter bestimmte Zusatzverpflegung für 70 % aller Häftlinge zu erhalten, trotzdem nur 20% der Häftlinge hierzu berechtigt waren.

Als eine Typhusepidemie ausbrach, stellte Weiß das Lager unter Quarantäne, verschaffte sich Desinfektoren, gab den Blockältesten den Befehl, Kranke und Verdächtige den Ärzten zu melden, trennte Kranke und Verdächtige von ihren Kameraden, ließ die Klosetts nach jedem Gebrauch mit einem Desinfektionsmittel waschen und ergriff andere Maßnahmen ähnlicher Art. Die Epidemie dauerte sechs Wochen und forderte nur einhundert bis einhundertfünfzig Tode bei einer Gesamtstärke von 9000 Häftlingen im Lager.

Ein Priester, der in mehreren Lagern war, bezeugte, daß Dachau ein besseres Lager war, als Berlin oder Sachsenhausen. Der Priester Geiger erklärte, daß Weiß darüber wachte, daß die Kranken stets zum Hospital geführt wurden. Der Häftling Mahl sagte aus, daß unter Weiß' Leitung ein Häftling sich wenigstens einmal beschweren konnte.

Weiß hatte nicht das Recht, die Zahl der für Malariaversuche angeforderten Gefangenen zu vermindern; er durfte nur die bezeichneten Häftlinge auswechseln. Andererseits wußte er nicht, daß die Dr. Schilling zugewiesenen Häftlinge eine Malaria-Einspritzung erhalten sollten. Laut Anklage wußte er auch nicht, daß fünfzig Kranke Opfer eines Versuches von Dr. Rascher geworden wären.

Weiß erklärt, daß es unter seiner Leitung nie „Straf"-Bunker gegeben hätte."

Ich habe nicht die Absicht, mich über die Genauigkeit dieser Erklärungen auszulassen und noch weniger, sie zu kommentieren. Ich führe nur den einzelnen Akteninhalt an. Diese Aktenunterlagen sind amtlicher Natur. Der Leser mag aus ihnen die Folgerung ziehen, die er für richtig hält. Ich schreibe nicht, um seine Folgerung zu beeinflussen oder herbeizuführen. Ich mache hinsichtlich dieser Dokumente nur eine einzige Bemerkung.

Es wäre wünschenswert gewesen, wenn solche Erklärungen, die das Plädoyer für die Angeklagten darstellten, in Nürnberg hätten vorgetragen werden können. Man mag sie bestreiten, man mag sie ablehnen. Hat man aber das Recht, sie zu übergehen? Der Prozeß, der für das Lager Dachau Verantwortlichen, fand vom 15. November bis zum 13. Dezember 1945 in Dachau statt. Der nach Lüneburg benannte Prozeß, in welchem die für das Lager Belsen Verantwortlichen auftraten, hatte noch früher stattgefunden. Die Sitzungen des Nürnberger Prozesses wurden erst mehrere Monate später abgeschlossen. Wäre es im Sinne einer guten Rechtspflege nicht besser gewesen, man hätte den für die deutschen Lager Verantwortlichen gestattet, ihre Aussagen den Aussagen der Zeugen des öffentlichen Anklägers gegenüberzustellen? Wenn ebenso noch Männer wie David Rousset, Rassinier und Kogon zu Gehör gekommen wären, hätten dann die Nürnberger Richter — und mit ihnen die Weltmeinung — nach ihren Aussagen nicht ein vielleicht verwickelteres, aber doch genaueres Bild bekommen, als das ihnen dargestellte? Wird nunmehr die Voruntersuchung des Nürnberger Prozesses nicht durch unwürdige Übereile und — wenn man die Klagen der Verteidigung würdigt — nicht durch einen geheimen Wunsch befleckt, gewisse Aspekte dieses Dramas nicht zu weit aufzuklären? Eine solche Dokumentierung muß notgedrungen einer Revision durch die

Geschichte unterzogen werden. Ist es da noch anständig, zu behaupten, diese Revision sei ein Verbrechen?

Ich möchte nur eine Betrachtung hinzusetzen, zu der mich gewisse Aktenteile dieser Darstellung, die ich gleich bezeichnen werde, veranlassen. Auf der einen Seite kann man die Konzentrationslager wegen ihrer Ergebnisse grundsätzlich verdammen und ich sagte schon in jenem Buche, das wegen Verteidigung des Mordes verboten wurde, daß ich mich dieser Verdammung anschließe. Aber es ist doch ein ganz anderes Ding, die Verantwortlichkeiten genau abzuwägen und zu sagen, welche Männer für diesen Zustand verantwortlich waren, wie hoch ihr Anteil an der Verantwortung war und inwieweit auch die Umstände daran beteiligt waren. Ich vergesse die Leiden derer nicht, die in diesen Lagern interniert waren und verstehe, daß es schon berechtigt ist, wenn sie in ihrem Zorn eine rasche Justiz forderten. Wahre Gerechtigkeit aber kennt keine Eile und die Weltgeschichte als die von der Zeit eingesetzte Gerechtigkeit hat noch weniger das Recht, eilig zu sein. Wenn hier Männer vor uns stehen, die, zu einer unmenschlichen Aufgabe herangezogen und durch eine strenge Lagerordnung gezwungen wurden, uns erklären, daß sie an ihren Posten alles taten, was sie konnten, um die furchtbare Staatspflicht, die man ihnen aufgebürdet hatte, möglichst wenig grausam zu gestalten — wenn die Anklage diesen Männern nichts vorwerfen kann, was eine weitere Grausamkeit, eine von ihnen obendrein noch begangene verbrecherische Handlung gewesen wäre, sind wir da nicht verpflichtet, ihre Verteidigung, wie die jedes Anderen anzuhören? Und bedeutet es dann eine Verteidigung des Verbrechens, wenn man verlangt, daß diese Männer nur für das verurteilt werden, was sie selbst begangen haben und nicht für etwas, das ihnen anbefohlen wurde?

Was fanden die Dachauer Juristen nun heraus, um die Stellung der Anklage gegenüber dieser für die Richter so offen daliegenden Schwierigkeit zu stützen? Um den von der Anklage geforderten Urteilen eine Grundlage zu geben, stützten sie sich auf die Meinung des Brigadiers, Mr. Scott Barett, der im Auftrag der britischen Behörden die Analyse des Prozesses der für das Lager Belsen Verantwortlichen verfaßt hatte:

„Die Angeklagten wurden nicht einzelner Morde beschuldigt, obgleich solche Einzelmorde begangen worden sind und einer bestimmten Zahl von ihnen nachgewiesen werden könnten. Die Aufgabe des öffentlichen Klägers gegen einen Angeklagten ist beendet, sobald dem Gericht bewiesen wurde, daß er oder sie Mitglied des Lagerstabes war, daß ihr Tun ein Teil einheitlicher systematischer Handlungen bildete und ferner diese systematische Einheitlichkeit als bewiesen angesehen wird, was tatsächlich außer Zweifel steht."

Ist eine derartige Fassung etwas anderes als die Bekräftigung des Grundsatzes der kollektiven Verantwortlichkeit, der so viele Irrtümer ermöglicht und zu so vielen Irrtümern führen kann?

Immerhin waren diese Männer auch Menschen. Jeder von ihnen war ein Mensch mit einer Familie, er hatte Kinder, Eltern; er war bis dahin kein Ungeheuer gewesen, weder für seine Schulkameraden, noch für seine Nachbarn, noch für alle, die ihn abends heimkehren sahen. Ich finde nichts dabei, wenn ich hier Stellen aus der Analyse von Dachau zitiere, die vielleicht außerhalb meines Stoffes liegen, aber allein versinnbildlichen, daß man in einem solchen Prozeß trotz allem doch über Menschen zu Gericht sitzt: es sind die Auszüge aus Gnadengesuchen, die dem Aktenstück beiliegen.

Das Gesuch des Johann Kick, der Beamter war, wird folgendermaßen wiedergegeben:

„In einem vom 1. Januar 1946 datierten Brief an die amerikanische Regierung: Ich war weder Nationalsozialist, noch Mitglied der Gestapo, noch der SS. Ich habe mich so betragen, wie dies ein alter bayerischer Polizist tun soll." Er erklärt, er sei nicht schuldig. Mathilde Kick erklärt in ihrem Brief vom 26. Januar 1946 an den obersten Gerichtshof der Besatzungsarmee, daß ihr Ehemann zuvor Verkehrspolizist in München gewesen und ohne zu wollen zur Gestapo überstellt worden sei... Sie bittet um einen Gnadenerweis und eine Umwandlung der Todesstrafe.

Das Gesuch des Arztes Hintermayer, der gegen den Typhus unter seinen 65000 Schutzbefohlenen nichts hatte ausrichten können, wird folgendermaßen zusammengefaßt:

"Die Ehefrau des Angeklagten, Maria Hintermayer, bittet durch einen vom 25. Dezember 1945 datierten Brief um eine Gnadenmaßnahme für den Angeklagten. Sie haben vier Kinder im Alter von sechs, fünf, drei Jahren und zehn Monaten. Der Angeklagte hat fünf Jahre an der Front gestanden; nur sieben Monate vor dem Kriegsende ist er Arzt in Dachau gewesen. Er war ein guter Ehemann und stand in gutem Ruf."

In den Akten von Dr. Witteler befindet sich ein Brief des Pastors Niemöller sowie ein Brief von Schwindemann. Das Aktenstück des Dr. Schilling ist von mehreren Eingaben begleitet, die aus medizinischen Kreisen stammen. Rudolf Heinrich Suttrop, der stellvertretende Lagerkommandant, bezeichnete sich als Soldat und hatte die Naivität, zu glauben, daß man ihn begnadigen werde, weil er sich an der Front gut geführt habe:

"Am 22. Januar 1946 hat Lotte Suttrop im Namen ihres Ehemanes ihren Brief an das Hauptquartier des europäischen Operationsgebietes eingereicht. „

Sie haben drei Kinder, sie behauptet, die einzige Schuld ihres Gatten sei gewesen, der SS angehört zu haben; sie bittet, seinen Fall zu überprüfen.

Es liegt ferner ein Brief vom 24. Februar 1946 vor, in welchem August und Rika, Vater und Mutter des Angeklagten, die Umwandlung der Todesstrafe erbitten und mitteilen, daß der Angeklagte, bevor er zum Eintritt in die SS gezwungen wurde, als guter Soldat an der Front gekämpft hätte und, wie sie sagen, keine andere Absicht hatte, als sein Vaterland zu verteidigen."

Die Berufung des Alfred Kramer, der einige Wochen an der Spitze eines Kommandos gestanden hatte, wird so dargestellt:

"Am 18. Januar 1946 bittet Maria Kramer in ihrer an das Hauptquartier gerichteten Petition, daß man zugunsten des Angeklagten sie und ihre drei Kinder berücksichtigen solle. Sie erklärt, ihr Mann sei 1939 zwangsweise zur SS überstellt worden, er sei im bürgerlichen Leben Bauzeichner und immer der beste Ehemann und ein guter Vater seiner drei Kinder im Alter von 23 Jahren, sechs Jahren und 11 Monaten gewesen."

Die Berufung des Angeklagten Schoettl wird in folgender Form dargestellt:

„Eine Petition für einen Gnadenerweis ist von dem Rechtsanwalt Franz Voelky unter dem Datum des 24. Januar 1946 an den Oberkommandierenden eingereicht worden. Der Angeklagte ist verheiratet und hat fünf Kinder. Auf die Nachricht von seiner Verurteilung zum Tode ist Frau Schoettl geisteskrank geworden; der Anwalt interveniert in ihrem Namen."

An dieser Stelle fügt die Inhaltsangabe nur hinzu: „Diese Eingabe führt keinerlei neue Gründe an, die eine Umwandlung der Todesstrafe rechtfertigen könnten."

Selbstverständlich bringt dies allen, welche die Leiden von Dachau kennenlernten, kein Vergessen und ändert auch nichts an dem Schmerz jener Familien, die vergeblich auf die Rückkehr derer gewartet haben, die dort weilten. Können wir uns aber zum Nicht-wissen- wollen oder zum Haß verurteilen, nur weil es leicht ist, diese Haltung einzunehmen? Ist es gleichgültig, erfahren, herauszufinden und verstehen zu suchen, wer diese Männer waren? Ist es nach unserem Gesetz eine strafbare Handlung, wenn man Verständnis zu haben versucht? Ist man verpflichtet, den amtlichen Verurteilungen und den Verdammungen der Zeitungen vorbehaltlos zuzustimmen? Und ist von nun an jeder von uns wie der amtliche Berichterstatter dieser Dokumente zu denken verpflichtet, daß die Leben, in die man hineinschaut und die Dramen, die man vor sich sieht, „keinerlei neue Begründung darstellen"?

Ich verlange, daß man uns sagt, ob diese notwendige Revision, die eine geschichtliche Aufgabe darstellt, erlaubt ist, vorausgesetzt, sie ist aufrichtig und wird ehrlich durchgeführt. Noch nie konnte eine amtliche Wahrheit der Zeit trotzen. Wie der erste Weltkrieg, so werden eines Tages auch die Konzentrationslager ihren Geschichtsschreiber finden. Wird man diesen neuen Norton Cru alsdann auch wegen Verteidigung des Mordes anklagen? Wenn das der Sinn ist, den man von nun an unseren Gesetzen gibt, worin ist unser Land dann noch freier als die Union der Sowjetrepubliken?

KAPITEL III

DIE WEHRMACHT UND DIE KRIEGSVERBRECHEN

Das Auftreten der deutschen Armeen im Felde ist ein so umfangreiches Gebiet, daß sicher keine summarische Untersuchung erwartet werden darf. Es stört mich nicht, wenn ich über diese Frage nur unzusammenhängende Dokumente vorlegen kann. Der Zufall allein hat sie zusammengebracht und ich habe sie Stück um Stück ohne Regel und ohne Absicht verwendet, ganz als ob ich mich auf das Auflesen von Blättern beschränkt hätte, welche unbeachtet von einem jener großen amerikanischen Lastwagen, die alle Wehrmachtsarchive in die Panzerschränke des Pentagon überführten, auf die Straße herabgefallen wären.

Ich stelle keinerlei Behauptungen auf. Die einzige Gefahr, die ich laufe, ist, daß ich eine nüchterne Lapalissade[1] schreibe (weilte aber Herr de la Palisse noch unter uns, so hätte er sich bestimmt gefängnisreif gemacht) und den Leser bitte, in ihr nicht etwa eine kriminelle Behauptung zu erblicken: ich glaube nämlich, daß die Feldheere der Westfront nicht nach denselben Regeln vorgegangen sind, wie im Osten. Für alles Andere habe ich kein System. Ich wiederhole, ich habe diese Papiere im Flug, wie nach einem Umzug, aufgelesen. Die einen sprechen vom Osten, die anderen von dem, was bei uns geschah. Doch aus allen ergibt sich nur die eine Folgerung, daß es besser wäre, keinen Krieg zu führen. Aber auch dieser Gedanke ist nicht mehr neu.

Das erste der mir zugewehten Blätter enthält Bemerkungen über Rommel. Es ist ein beachtliches, ernst zu nehmendes Blatt, ein Buch, das ein General über einen Marschall schrieb, genauer gesagt, ein Buch über

---

[1] Selbstverständlichkeit.

einen Feldmarschall von einem Brigadegeneral geschrieben, über den deutschen Generalfeldmarschall Rommel von dem englischen Brigadegeneral Desmond Young. Ähnlich, wie man sich um eine Heirat bemüht, hat Marschall Auchinleck, Youngs Vorgesetzter, das Buch bereitwilligst mit einem Vorwort versehen.

Das Buch enthält eine gute Lehre. Sie liegt in seinem Ton. Desmond Young hat 1941 in Afrika gegen Rommel gekämpft. So lernten sie sich kennen.

„Ich gehöre zu jener Art unmoderner Leute", beginnt Young, „die es bedauerlich finden würden, wenn auch der ritterliche Sinn ein Opfer des „totalen Krieges" würde. Glücklicherweise aber hat er ein zähes Leben." So lautet der Anfang. Wie man sieht, redet Young nicht in demokratischem Geiste. Für Auchinleck ist es ein Ehrenstandpunkt, sich in die „Gewerkschaft der Generale" einzureihen, die einen ritterlichen Gegner ehren. Er lehnt es ab, irgend ein Haßgefühl gegen Rommel zum Ausdruck zu bringen.

Nach dem Studium der Feldzüge Rommels bestätigt Young, daß das Verhalten des deutschen Generals als Armeebefehlshaber stets korrekt war und wenn im Afrikakrieg „Mißverständnisse" über die Gefangenenbehandlung aufgetreten seien, „der Fehler nicht immer bei den Deutschen gelegen hatte", die nach seiner Ansicht einen anständigen Krieg geführt hätten.

Als Beispiele für diese „Mißverständnisse" nennt Young folgende Fälle:

„Ein britischer Befehl (wahrscheinlich vom Gegner falsch ausgelegt), nach welchem es verboten war, den Gefangenen vor ihrer Vernehmung etwas zu essen oder trinken zu geben."

„Ein bei einem britischen Kommandooffizier während eines Angriffs auf Tobruk im August 1942 gefundener Befehl, der den Anschein erweckte (wenigstens machte die italienische Übersetzung diesen Eindruck), als sollten Gefangene, deren Abtransport Schwierigkeiten bereitete, erschossen werden."

Desmond Young beendet sein Buch mit dem erneuten Ausdruck seiner Hochachtung vor Rommel und kommt zu der Folgerung, daß er den ganzen Afrikakrieg den Kriegsgesetzen und - bräuchen entsprechend geführt habe und erklärt schließlich wörtlich, das gerechteste Bild, das er von Rommel zeichnen könne, sei, ihn mit seinem eigenen Vater zu vergleichen.

In dieser Form darf also ein englischer Offizier von einem deutschen General sprechen. Brigadegeneral Desmond Young wurde von den Gerichten seines Landes nicht verfolgt. Er wurde auch nicht mit Festungsarrest belegt.

Verwickelter ist schon der Fall des Generalfeldmarschalls v. Manstein. Man weiß, daß Feldmarschall v. Manstein, ein Armeeführer der Ostfront, im Verlaufe eines mehrere Monate dauernden Prozesses zu fünfzehn Jahren Gefängnis verurteilt wurde. Obwohl dieser Prozeß erst im Jahre 1950 stattfand und besonders lehrreich war, nahm die französische Presse keine Notiz von ihm. Dennoch sind die Bedingungen, unter denen sich der Prozeß v. Manstein abspielte und die Bewegung, welche die Ankündigung dieses Prozesses in England hervorrief, ferner die Bedingungen, unter denen Dr. Paget, ein sehr berühmter englischer Rechtsanwalt, Mitglied des Unterhauses, sich den deutschen Verteidigern des Feldmarschalls, Dr. Laternser und Dr. Leverkühn, anschloß, genügend bekannt. Ich erwähne sie nach einer Darstellung in „Europa-Amerika":

„Die englische Presse verlangte einstimmig eine möglichst weitgehende gesetzliche Hilfe für v. Manstein, besonders die Unterstützung durch englische Rechtsanwälte.

Die englische öffentliche Meinung begnügte sich nicht damit, nur einen Wunsch auszusprechen. Eine Gruppe unter Führung von Lord d'Isle und Generalmajor Vicomte Bridgeman leitete auf Bitten Dr. Leverkühns, eines der deutschen Anwälte v. Mansteins, eine Sammlung ein und brachte binnen kurzer Zeit einen Betrag von 1620 Pfund Sterling zusammen. Dieses Geld sollte die Kosten eines weitgehenden gesetzlichen Beistandes decken. Hierzu kamen noch 2 500 Pfund Sterling, die in Deutschland zur Bezahlung der deutschen Anwälte gesammelt worden waren. Winston Churchill unterschrieb sich mit 25 Pfund. Fünf Wochen vor dem Prozeßbeginn gab man bekannt, daß der Labourabgeordnete R. P. Paget, „Kings Counsel", von einem anderen englischen Rechtsanwalt begleitet, den deutschen Verteidigern beistehen werde. Mr. Paget lehnte es ab, für diesen Fall ein Honorar anzunehmen."

Das Plädoyer Pagets[1] war sehr energisch. Paget nahm an allem und besonders an den Regeln Anstoß, mit denen man in den meisten Kriegsverbrecherprozessen die Rechte der Verteidigung zu schmälern versucht hatte. Er führte den Prozeß, als handelte es sich um einen englischen Bürger, der nach den Gepflogenheiten der britischen Justiz vor einem englischen Gericht abgeurteilt wird. Er bediente sich aller Waffen, die in den Nürnberger Prozessen verboten gewesen waren, griff die Alliierten an, analysierte das Verhalten der Russen und brandmarkte die regelwidrigen Grundsätze, die man der militärischen Disziplin entgegenstellte.

Die Verteidigung v. Mansteins war auf drei wesentlichen Gedankengängen aufgebaut: 1.) Manstein hat von den meisten Vorgängen, die sie ihm vorwerfen, gar nichts gewußt: in einer Schlacht leitet der General die Schlacht, man kann ihn nicht mit der Meldung aufhalten, daß 70 km hinter der Front vier Bäuerinnen erschlagen wurden; 2.) Als General erhielt er Befehle des Führerhauptquartiers, für die er nicht verantwortlich ist und deren Befolgung er nicht verweigern konnte; er hat versuchen können, sie bei der Durchführung weniger rigoros zu gestalten, aber es ist unsinnig, von ihm als Armeeführer zu verlangen, daß er die Befehle des Obersten Befehlshabers für null und nichtig erklärt; 3.) Die Russen haben freiwillig und mit Vorbedacht einen illegalen Krieg geführt und sich von vornherein durch ihre eigene Art der Kriegführung außerhalb jeglichen Menschenrechts gestellt: sie können sich heute nicht auf internationale Übereinkommen berufen, die sie selbst ständig verletzt haben.

Ich nehme zum ersten Punkt, der besonderer Art ist und nur darauf abzielt, die persönliche Verantwortung v. Mansteins festzulegen, keine Stellung. Über die beiden anderen Punkte möchte ich Paget selbst

---

[1] Im Oktober 1950 in Deutschland und England veröffentlicht.

zitieren:

Zunächst seine Ausführungen über die Disziplin:

„Der Generalfeldmarschall v. Manstein hat in seiner Aussage als Zeuge vor dem Nürnberger Gericht gesagt — und die Anklage hat die Absicht, diese Aussage gegen ihn auszuspielen — daß die Disziplin Soldatenpflicht war. Für den Soldaten ist die militärische Disziplin ohne jeglichen Zweifel bindend und undiskutabel. Kein Dienstgrad hat das Recht oder die Pflicht, den Gehorsam zu verweigern. Ich darf Ihnen hierzu bemerken, daß ein anderer Feldmarschall den gleichen Standpunkt vertreten hat. Ich zitiere seine eigenen Worte: „Unsere Männer müssen lernen, alle Befehle auszuführen, selbst wenn sich ihr ganzes inneres Gefühl dagegen auflehnt und sie bewegt, ihnen auszuweichen. Ich bin Soldat und dazu da, jederzeit die Befehle auszuführen.' Diese Worte hat Feldmarschall Montgomery am 26. Oktober 1946 in Glasgow gesprochen. Hoher Gerichtshof, die Auffassung dieser beiden Marschälle ist unbestreitbar richtig. Die Gehorsamspflicht eines Offiziers läßt schlechterdings keine gesetzliche Beschränkung zu. Die Frage, ob eine Handlung dem Völkerrecht entspricht, ist eine Regierungsangelegenheit und nicht Sache des örtlichen Befehlshabers. Selbst wenn der erhaltene Befehl in offenbarem Widerspruch zu den Menschenrechten steht, selbst wenn er den Tod von Zivilisten oder Neutralen zur Folge hat, wenn dieser Befehl gegeben worden ist, so ist es Pflicht des Offiziers, zu gehorchen. Als die Flotte Vichys das Ultimatum des Admirals Somerville in Mers-el-Kebir zurückwies, erhielt Admiral Somerville den Befehl, zu schießen. Er protestierte. Wir befanden uns im Zustand eines Waffenstillstandes mit Vichy; die französische Flotte lag vor Anker. Admiral Somerville erklärte, unter diesen Bedingungen käme die Beschießung der Flotte vollkommen einem glatten Morde gleich. Die Admiralität unterstützte seinen Protest. Churchill und das Kriegskabinett setzten sich darüber hinweg und Admiral Somerville führte die Befehle aus. Die französische Flotte wurde versenkt und 1500 Franzosen dabei getötet. Hoher Gerichtshof, zweifelt einer von Ihnen auch im geringsten, daß Admiral Somerville Recht hatte, wenn er diesen Befehl ausführte?"

Und nachdem er daran erinnert hatte, das Nelson in Kopenhagen ein anderes, sehr bekannt gewordenes Beispiel einer gegen das

Menschenrecht gerichteten, für die Ziele Großbritanniens aber notwendigen Handlung gegeben hatte, fährt der Verteidiger fort:

„Wir als Nation geben unseren Staatsmännern das Recht, gegen die internationalen Gesetze zu handeln, wenn davon die Sicherheit unseres Landes abhängt und erwarten von ihnen, daß sie dies in einer solchen Lage als ihre Pflicht ansehen. Wir erwarten von unseren Staatsmännern, daß sie den Mut haben, die Verantwortung für einen solchen Entschluß zu übernehmen, wie dies Churchill für Mers-el-Kebir und Nelson für Kopenhagen getan haben. Und wenn unsere Staatsmänner diese Verantwortung übernommen haben, müssen wir als Volk auch die Folgen tragen.

Die Befehle der Regierung an einen kommandoführenden General haben, wenn sie ein Unternehmen auf feindlichem Boden betreffen, genau den gleichen Wert, wie die Beschlüsse des Parlaments, die sich in Form von Parlamentsakten äußern, wenn es sich um innere Fragen dreht. Jeder andere Standpunkt in dieser Frage würde klar und einfach zu der Folgerung führen, daß Großbritannien aufgehört hätte, ein souveräner Staat zu sein."

Und hier nun Dr. Pagets Ansicht über die Kriegführung gegen Partisanen und die Rechte der Kriegführenden, wenn Zivilisten gegen sie die Waffen ergreifen.

„Wenn ich in meinem Plädoyer den Rußlandfeldzug behandle, bitte ich das Gericht, doch erkennen zu wollen, wie die Lage tatsächlich war und sich auch vor Augen halten zu wollen, daß die meisten Kriegsgesetze, welchen Wert man ihnen auf anderen Kriegsschauplätzen auch zuerkannt haben mag, auf diesem Kriegsschauplatz von keiner der beiden hier anwesenden Parteien anerkannt worden waren.

Der Partisanenkrieg ist in seinen wesentlichen Merkmalen ein Krieg, der keinerlei Gesetze anerkennt. Er ist ein Kampf, in welchem die Kriegssitten und -brauche keine Anwendung finden. Die Zivilbevölkerung hat nur solange ein Recht auf Schutz, solange sie nicht am Kampfe teilnimmt. Beteiligt sie sich am Kampf, so befinden sich die Truppen natürlich im Recht, wenn sie alle zu ihrem Schütze nötigen

Maßnahmen ergreifen. Hier ist die Notwendigkeit einzige Regel. Die Partisanen erschießt man nicht auf Grund von Rechtsentscheiden; häufig erkennt man an, daß sie Helden und Patrioten sind. Das wissen Sie. Aber nichts ist lächerlicher oder kleinlicher als der Vorwurf, man hätte die üblichen Rechtsnormen nicht auf die Partisanen angewendet. Das heißt also, daß sie nicht als Verbrecher anzusehen wären, die abgeurteilt werden müßten. Man erschießt sie nicht in Verfolg einer Rechtsentscheidung, sondern um die Zivilbevölkerung, deren Teil sie sind, zu zwingen, sich nicht am Kampf zu beteiligen.

Jede Nation, die einen Kampf gegen Partisanen führen mußte, hat Geiseln festgenommen und Vergeltungsmaßnahmen durchgeführt. Hätte einer von Ihnen ein Kommando in einem Kriege zu führen, in welchem Partisanenaktionen stattfänden (ich wünsche Ihnen dies nicht, aber es könnte doch vorkommen), so würden Sie genau dasselbe tun: Sie würden Geiseln festnehmen, Sie wären gezwungen, Dörfer als Vergeltungsmaßnahme zu zerstören und Menschen auf einfachen Verdacht hin zu erschießen.

Die Regel, die dazu dient, den Umfang der Vergeltungsmaßnahmen festzusetzen, hängt von dem ab, was für den Schutz der Truppe nötig ist."

Um seine Beweisführung zu bekräftigen, stützt sich Dr. Paget auf die von den amerikanischen Militärgerichten selbst geschaffene Rechtsprechung und im besonderen auf das im Prozeß gegen den Generalfeldmarschall List gefällte Urteil, das recht gut erklärt, welchen Weg man seit den in Nürnberg aufgestellten albernen Thesen zurückgelegt hat.

„Das Gericht, das den Feldmarschall List verurteilte, hat entschieden, daß die im Falle List erwähnten Partisanenbanden nicht beanspruchen konnten, denselben völkerrechtlichen Schutz wie reguläre Truppen zu genießen. Das Gericht sagt in seinem Urteil: ‚Es ist natürlich, daß Angehörige dieser irregulären Verbände im Falle der Gefangennahme nicht beanspruchen können, als Kriegsgefangene behandelt zu werden. Die Angeklagten können billigerweise keines Kriegsverbrechens beschuldigt werden, weil sie Personen, die den Widerstandskräften angehörten, erschießen ließen, wobei sie sich auf die Tatsache stützten, daß diese Franktireurs waren. Das Gericht steht auf dem Standpunkt, daß die Regeln, welche die im Kampf in Kriegsgefangenschaft geratenen regulären Truppen betreffen, weder auf Partisanen noch auf alle Zivilisten anwendbar sind, die ihnen Unterstützung angedeihen ließen, in Verbindung mit ihnen standen und an ihren Handlungen teilnahmen. Im vorliegenden Falle kann das Gericht keinen Zweifel über die Tatsache lassen, daß die Partisanengruppen genau wie ihre Helfer, Agenten und Spione nicht beanspruchen können, in derselben Weise behandelt zu werden, wie reguläre Truppen."

Dasselbe Gericht sagt im gleichen Urteil ferner: „Das Recht, Vergeltungsmaßnahmen zu ergreifen, ist von zahlreichen Nationen, darunter den Vereinigten Staaten, Frankreich, England und der Sowjetunion anerkannt worden. Diese verschiedenen Nationen haben allgemein versprochen, dieses Recht in der Praxis durch Erlaß einer gesetzlichen Regelung zu begrenzen oder zu mildern."

Das englische Militärreglement sagt darüber auf Seite 95, Artikel 452 folgendes: „Die Vergeltungsmaßnahmen unter Kriegführenden Nationen sind Gegenmaßnahmen für unkorrektes Verhalten bei der Kriegführung und haben den Zweck, den Feind zu nötigen, künftig Kriegsmethoden anzuwenden, die als korrekt anerkannt sind. Sie sind in der Niederschrift der Haager Konvention nicht aufgezählt, sie werden aber im Rechenschaftsbericht der Konferenz von 1889, der die Leitsätze für die Sitten und Gebräuche des Landkrieges festlegt, erwähnt... Für gewöhnlich sind Vergeltungsmaßregeln berechtigt, wenn sie ein unerläßliches Mittel dafür sind, daß eine dem Menschenrecht entsprechende Kriegführung sichergestellt wird. Die einfache Tatsache, daß man sich für den Fall eines Bruches der Menschenrechte auf Vergeltungsmaßnahmen gefaßt machen muß, ist für sich allein schon von beachtlicher Bedeutung. Die Vergeltungsmaßnahmen sind weder ein Strafmittel, noch dienen sie zur Befriedigung von Rachegelüsten. Sie sind in erster Linie ein Mittel, den Feind zu nötigen, sich in den Grenzen des Menschenrechts zu halten." In Artikel 454 heißt es: „Der Rückgriff auf Repressalien ist eine außergewöhnliche Maßnahme, denn sie fügt Unschuldigen harte Leiden zu. Aber darin beruht eben ihre Wirksamkeit und deshalb kann man sie als letztes Mittel nicht verbieten."

Diese Verteidigungsrede hielt Paget für v. Manstein. Man hat sich sehr gehütet, uns hierüber etwas mitzuteilen. Sie hat den Gerichtshof so stark beeindruckt, daß von den siebzehn gegen v. Manstein erhobenen Anklagepunkten nur zwei in ihrer Ursprungsfassung aufrechterhalten wurden. Man hat auch nicht für nötig gehalten, uns von dieser Entwicklung Mitteilung zu machen. Ich zitiere hierüber noch einen von dem Militärkritiker Liddell Hart geschriebenen und im Briefkasten der „Times" vom 11. Januar 1950 abgedruckten Brief. Dieser Brief sagt das Wesentliche:

„Mein Herr."

Ganz allgemein übersieht man geflissentlich, wie zahlreich die Anklagepunkte sind, in denen der Generalfeldmarschall v. Manstein für nicht schuldig befunden worden ist. Von siebzehn ursprünglichen Anklagepunkten wurden nur zwei aufrechterhalten. In sieben anderen wurde er für verantwortlich erklärt, aber erst, nachdem das Gericht die Fassung dieser Punkte abgeändert hatte und — ein besonders verdächtiger Vorgang — erst nach dem Plädoyer der Verteidigung. Freigesprochen wurde er von acht der schwersten Anklagen, einschließlich jener, Kollektivausrottungen von Juden und Anderen „befohlen, ermächtigt und geduldet" zu haben, eine Beschuldigung, die den Kernpunkt des Prozesses bildete.

Die beiden Anklagepunkte, die das Gericht in ihrer ursprünglichen Fassung aufrechtzuerhalten hat, lauten:

1. daß russische Kriegsgefangene in manchen Zeiten zu Bauarbeiten militärischen Charakters sowie zur Minenräumung verwendet wurden;

2. daß in seinem Befehlsbereich Zivilpersonen ausgehoben und zur Arbeit nach Deutschland verschickt wurden. Wenn man bedenkt, was die Alliierten auf diesem Gebiet selbst geleistet haben, so ist v. Mansteins Verurteilung schwer zu rechtfertigen. Wie der öffentliche Kläger zugibt, haben alle Staaten Kriegsgefangene zu Minenräumungsarbeiten eingesetzt und die Alliierten dies auch noch nach dem Kriege getan. Die Franzosen haben — wenn man ihre amtlichen Zahlen zugrundelegt — 90 000 Gefangene zu dieser Arbeit herangezogen, während wir selbst in Norwegen und anderswo 9000 eingesetzt hatten.

Was soll man von sieben Anklagepunkten halten, in denen v. Manstein erst schuldig befunden wurde, nachdem sie abgeändert worden waren? Einer davon, der sich auf den Fall bezieht, daß sowjetische Gefangene in der Zone, in der seine Armee operierte, niedergemacht worden seien, beschuldigte ihn, „gröblich und mit Vorbedacht (deliberately) seine Pflicht, nämlich die Sorge für ihre Sicherheit, vernachlässigt" zu haben. Eine zweite Belastung trug in allen Punkten dieselben Merkmale, nur daß sie Juden und Zigeuner betraf. An der Fassung dieser beiden Anklagepunkte strich das Gericht die Worte „gröblich und mit Vorbedacht." Nach der britischen Gesetzgebung ist die einfache Fahrlässigkeit, die also weder vorbedacht noch gröblich ist, nicht strafbar. Ein anderer Anklagepunkt war, daß v. Manstein den Befehl Hitlers betreffs der politischen Kommissare gegengezeichnet und weitergegeben hätte. Zur Zeit der Veröffentlichung dieses Befehls war v. Manstein nur Kommandeur eines Armeekorps. Der Nachweis, daß er seinen Untergebenen empfahl, diese Maßnahme nicht durchzuführen, und daß in seinem Kommandobereich keine Erschießungen stattfanden, wurde so vollständig erbracht, daß der öffentliche Ankläger den gesamten, sich auf diesen Zeitraum beziehenden Teil der Anklageschrift zurückzog. Von der ganzen Belastung blieb allein noch bestehen, daß um diese Zeit, in welcher er den Befehl über die zweite Armee übernahm, einige Kommissare durch Polizeieinheiten seiner Zone an Stellen erschossen worden waren, wo der Partisanenkrieg besonders wütend geführt wurde. Auch in Bezug auf die Vergeltungsmaßnahmen änderte das Gericht den Wortlaut der Belastungen jedesmal wesentlich ab, wenn es sich um die Frage von Befehlen handelte, die v. Manstein selbst unterschrieben hatte. Die vier Vergeltungsmaßnahmen, die man nachwies, wurden auf Anfordern von Untergebenen durchgeführt, welche sich auf einen Befehl des O.K.W. beriefen, der bereits vor seiner Ernennung zum Armeebefehlshaber herausgekommen war. Sie verursachten im ganzen neunundneunzig Opfer in einem Zeitraum, in welchem er nach den von den Russen gemeldeten Zahlen zehntausend Mann durch Guerillatätigkeit verloren haben sollte. Ein solches Verhältnis kann als Beweis seiner gemäßigten Handlungsweise gelten. Man muß sich hier eines Stalinbefehls erinnern, nach welchem jeder Russe unbedenklich jeden Deutschen töten mußte, sobald er die Möglichkeit dazu hatte.

Ein sechster Anklagepunkt war, daß Zivilpersonen zum Ausheben von Stellungen verwendet worden seien: das ist eine recht geringfügige Belastung. Der siebte und achte Anklagepunkt endlich, in denen er schuldig gesprochen wurde, war, daß aufgrund seiner Befehle Zivilpersonen aus der zerstörten Zone, durch die er 1943 seinen Rückzug bewerkstelligte, zurückgeführt wurden. Dies ist eine Belastung, die man ihm ebenso richtig auch mit dem Bemerken zugute halten könnte, daß er versucht hätte, diese Bevölkerung vor einer nicht zu verhindernden Hungersnot zu bewahren, da das Gericht andererseits ja anerkannte, daß ein Armeeführer nach den Sitten und Gebräuchen des Krieges das Recht hätte, sich ihrer Herden, ihrer Lebensmittelbestände zu bemächtigen und ihre Wohnstätten zu zerstören. Mit der Schwere der ursprünglich erhobenen Beschuldigungen verglichen, ist der Inhalt dessen, was zu seiner Verurteilung führte, leicht und dennoch liegt der Urteilsspruch — in Wirklichkeit lebenslängliches Gefängnis — kaum um einen Grad unter der Höchststrafe. Ein solches Urteil zeugt von keinerlei Gefühl für die Verhältnisse: er beweist nur die Absicht, auf das Nürnberger Urteil kein Dementi folgen zu lassen.

Es ist heute klar, daß v. Manstein keine Härtepolitik getrieben hat und daß er von der Beschuldigung, die unter seinem Oberbefehl stehenden Truppen aufgefordert und ermutigt zu haben, Handlungen der Brutalität zu begehen, also dem Hauptpunkt jeder Anklage auf Kriegsverbrechen, freigesprochen werden mußte. Obwohl der Krieg in Rußland einen barbarischen Charakter angenommen hatte, sahen die Truppen v. Mansteins davon ab, die unerbittlichen Anordnungen des O.K.W. durchzuführen. Man konnte gegen ihn erst von dem Zeitpunkt an etwas vorbringen, an dem er infolge Versetzung den Befehl in einem Abschnitt übernehmen mußte, in welchem diese Anordnungen bereits angewendet wurden. Es ist gegen jede Vernunft, sich vorzustellen, daß ein einfacher neuernannter Armeegeneral, der sich in nichts von seinen Kameraden in den anderen Abschnitten unterscheidet, die offizielle Aufhebung von Befehlen auf sich nehmen könnte, die schon zur Kenntnis seiner Untergebenen und der Polizeiabteilungen der SS gelangt waren.

Und dennoch hat man festgestellt, daß er unter diesen Umständen ihre Strenge gemildert hat. Hierfür findet sich etwas sehr Bezeichnendes in folgender Notiz des Tagebuches, von Goebbels, der Hitler wiederholt auf den schlechten Willen v. Mansteins bei der Durchführung derartiger Befehle hingewiesen hatte: „v. Manstein und Kleist sichern der Bevölkerung dieses Gebietes, das sich nach der Zurückverlegung der Front wieder unter ihrer unmittelbaren Kontrolle befindet, eine menschliche Behandlung zu." (Notiz vom 28. April 1943).

Es ist also bewiesen, daß v. Manstein Maßnahmen, die er für zu hart hielt, aus eigenem Antrieb gemildert hat. Man möchte hoffen — zumindest für unseren Ruf — daß wir ihm gleiches angedeihen lassen, indem wir das viel zu harte Urteil, das ihm auferlegt wurde, mildern. Ich habe lang genug Kriegsgeschichte studiert, um behaupten zu können, daß nur wenige Männer, welche ein Kommando bei Kriegshandlungen ausübten, die mit solcher Verbissenheit geführt wurden, ebenso gut wie v. Manstein abgeschnitten hätten, wenn Ihre Handlungen genau so gewissenhaft wie die seinen überprüft worden wären. Unter diesen Umständen erscheint seine Verurteilung entweder als aufsehenerregendes Beispiel einer abgrundtiefen Unwissenheit oder einer großen Heuchelei."

B. H. Lidell Hart.

Aus diesem Dokument ist zu ersehen, wie sehr die Sorge um historische Genauigkeit uns dazu führen muß, mit unserem Urteil zurückhaltend zu sein und auch, wie frei man im Ausland zu diesen Fragen Stellung nehmen kann, über derartige Sonderfälle kann nicht hinweggegangen werden. Nun scheint die Haltung v. Mansteins aber gar keine Ausnahme gewesen zu sein. Man hat den deutschen Generalen den Vorwurf gemacht, nicht gegen die aus dem Führerhauptquartier gekommenen unerbittlichen Befehle protestiert zu haben. Aber sie haben doch protestiert! Diese Proteste liegen vor; sie sind erhalten geblieben und erst mit Hilfe dieser Proteste konnte der öffentliche Ankläger in Nürnberg den indirekten Nachweis vom Vorhandensein gewisser Befehle führen, die nicht wiedergefunden worden waren. In einem Anhang, der sich nur in der Originalausgabe von „Nürnberg oder das gelobte Land" befindet, und eine Liste der Unterlagen darstellt, auf die sich meine Behauptungen stützen, habe ich einige dieser Proteste hervorgehoben. Ich wiederhole diese Liste hier:

„Dr. Lammers protestiert gegen das Polen aufgezwungene Statut, Dr. Bräutigam protestiert gegen die Politik des Gauleiters Sauckel, der politische Kommissar von Minsk und Shitomir protestiert ebenfalls gegen die Politik des Gauleiters Sauckel, Rosenberg protestiert gegen die Ausrottung der Ostjuden, die Verwaltung für die Ostgebiete protestiert gegen die Methoden der Gestapo, Wisliceny, ein SS-General, protestiert gegen die Wegführung der ungarischen Juden, Oberst Bogislaw von Bonin und General Adolf Heusinger protestieren gegen den Befehl, die politischen Kommissare zu erschießen, General Röttinger protestiert gegen Partisanenerschießungen ohne Urteil. Fegelein protestiert gegen das Verhalten der Brigade Kaminski, Falkenhausen protestiert gegen Geiselerschießungen, Berger vom Kriegsgefangenendienst protestiert wegen ungenügender Zuteilungen, das Auswärtige Amt protestiert gegen die obligatorische Anzeige von Waffenlagern, Kesselring protestiert gegen den „Kommandobefehl", Kaltenbrunner, Himmlers Vertreter, protestiert gegen die in Auschwitz zur Anwendung gekommenen Methoden."

Aus dem Prozeß v. Manstein ersieht man, daß diese Proteste nicht immer platonischer Natur waren. Zumindest in gewissen Abschnitten hatten sie eine persönliche Politik der Verantwortlichen zur Folge, die darin bestand, Befehle zu umgehen oder zu mildern. In derselben Liste meiner Unterlagen habe ich auch darauf hingewiesen, daß aus dem vom Öffentlichen Ankläger vorgelegten Dokumentenmaterial in der Tat hervorgeht, daß gewisse Befehle anscheinend niemals ausgeführt wurden. Ich wiederhole diese Stelle ebenfalls:

„Nicht ausgeführt wurden vornehmlich die Befehle ‚Terror-Flieger' ohne Urteil zu erschießen, (Nürnberger Prozeß, Bd. IX, Seite 9), der Befehl über die Erschießung der Kommandos (Aussage Kesselring, Bd. IX, Seite 242), der Befehl über Tätowierungen von Kriegsgefangenen (Aussage Keitel, Bd. X, Seite 584), der Befehl zur Beseitigung der Generale Weygand (Aussage Oberst Lahousen, Bd. II, Seite 449), und Giraud (gleiche Aussage, Bd. II, Seite 461)."

Alle diese Gründe konnten natürlich nicht verhindern, daß der Krieg an der Ostfront in vielen Fällen mit entsetzlicher Härte geführt wurde. Wer aber trägt hieran die Schuld? In meinem vorhergehenden Buche habe ich genug darüber gesagt, daß mir gewisse Vorgänge als große politische Fehler und zugleich als Handlungen erschienen, die man unbedingt verurteilen muß. Paget aber weist uns darauf hin, daß der totale Volkskrieg, der natürlich auch den mit allen legalen und illegalen Mitteln geführten Partisanenkrieg in sich schließt, vom Beginn des Krieges an die offizielle Doktrin des sowjetischen Generalstabes gewesen ist. Es war der sowjetische Generalstab selbst, der den Grundsatz aufstellte, daß es in einem Kriege zwischen dem Proletariat und den kapitalistischen Staaten keine verbotenen Mittel geben könne und dürfe. Andererseits ist bei allen, die vom Ostkrieg etwas Ahnung haben, die Auffassung anzutreffen, daß ein Vergleich zwischen der russischen Mentalität und der unseren nicht möglich ist; daß Handlungen, die im Westen überhaupt nicht vorstellbar sind, dort in einem ganz anderen Lichte erscheinen; daß das Menschenleben für beide Lager nicht den gleichen Wert zu haben schien und daß schließlich niemand über das, was sich an der Ostfront ereignet hat, Richter sein kann, wenn er nicht persönlich dort gewesen ist. Die Einstimmigkeit der Augenzeugen darf gewiß nicht hindern, daß wir Methoden bedauern, die soviel Leid und Haß hervorrufen. Aber wurden sie denn nicht durch die sowjetische Vorstellung vom Kriege des gesamten Volkes, das in den Krieg der Waffen eingespannt wird, heraufbeschworen? Diese Form des modernen Krieges hat die Führer von Einheiten zu Kampfmethoden gezwungen, die sie als Soldaten zweifelsohne selbst verwerfen und die bestimmt nicht ihrer Vorstellung von ihrer Tätigkeit entsprachen, als sie zum erstenmal eine Leutnantsuniform anzogen.

Ich glaube nicht, daß ich Verbrechen verteidige, wenn ich behaupte, wir müßten als Menschen bereit sein, unter Verurteilung von Kriegsmethoden, die der Menschlichkeit und den Menschenrechten zuwiderlaufen ein gewisses Verständnis für die dramatische Situation zu zeigen, in welcher sich oft die militärischen Führer dieses Krieges befunden haben.

Ich habe auch gesagt, daß wir gleichfalls Einkehr bei uns selbst halten sollten. Ich füge dem, was jedermann über die intensiven Bombenangriffe auf die Zivilbevölkerung weiß, nichts hinzu (außer in einem Punkte), auch nicht über das Verhalten bestimmter irregulärer Einheiten. Diese Dinge sind der Öffentlichkeit zur Genüge bekannt und im Grunde genommen sind sich alle darüber einig. Aber ich bin verpflichtet, gewisse bezeichnende Vorgänge zu erwähnen, die unmöglich zu übergehen sind, wenn man ein ehrliches Urteil über die Kampfführung der Truppen beider Lager abgeben will.

Ich wiederhole, es sind nur Stichproben und dieser Teil meines Buches hat keineswegs den Charakter einer auch nur begrenzten Untersuchung. Es sind immer Dokumente, die durch Zufall aufgegriffen und ohne Ordnung aneinander gereiht wurden. Ich ziehe daraus keinerlei Schlüsse, ich drucke nur ein Aktenstück ab. Aber diese Stichproben machen uns nachdenklich, sie warnen uns vor abschlies-senden und uneingeschränkten Werturteilen. Ich drucke hier nur sichere und feststellbare Aussagen nach. Deshalb lasse ich das ungeheure Aktenstück über Handlungen gegen die Menschlichkeit beiseite, die man den russischen Behörden zur Last legt, über diesen Punkt werde ich mich am Schlüsse dieses Kapitels eingehend aussprechen.

Darum also zuerst ein von Walter H ..., Pastor eines Dorfes bei Rottenburg, abgegebenes Memorandum über die Erschießung von 80 deutschen Kriegsgefangenen im Bezirk von Annecy. Pastor H... ist Augenzeuge dieser Erschießung gewesen. Der Verfasser dieser Aussage bittet mich, mitzuteilen, daß er ein Feind des Hitlerregimes war, sich stets aus jeglicher Politik gehalten hat und dies auch weiter zu tun wünscht, und daß er das von ihm Gesehene nur niedergeschrieben hat, um der Sache der Wahrheit und des Friedens zu dienen.

„Ich, Unterzeichneter, berichte nachstehend, daß vierzig deutsche Gefangene am 2. September 1944 durch die F.F.I. (Forces francaises independants - unabhängige französische Streitkräfte) in Annecy (Haute Savoie) erschossen worden sind. Ich habe dies selbst gesehen. Ich bin bereit, diese Erklärung unter Eid abzugeben. Ich erstatte diesen Bericht freiwillig, lediglich, um dem Zustandekommen des Friedens zu dienen und bitte, diese Erklärung nicht als Propaganda zu gebrauchen. Ich bin Pastor der protestantischen Kirche Bayerns. Ich bin zugleich bereit, Beweise beizubringen, die mich als Gegner des Hitlerregimes seit 1933 kennzeichnen (unter anderem auch Zeugen aus der Schweiz und alliierten Ländern). Dies nur, um zu beweisen, daß ich keinerlei Propaganda treiben will.

Am Nachmittag des 1. September 1944 wurde mir und dem katholischen Geistlichen Friedrich Voelker befohlen, den Lagerkommandanten B. de R. aufzusuchen. Dieser erklärte uns zuerst barsch und dann, als er unser Erstaunen gesehen hatte, in deutscher Sprache: „Morgen werden wir achtzig Deutsche erschießen und Sie haben die kirchlichen Handlungen bei ihnen vorzunehmen." Jede Bitte um Aufklärung wurde barsch abgeschnitten. Man sagt uns weder den Grund weshalb diese Gefangnen erschossen werden sollten, noch gab man uns irgend eine andere Aufklärung. Unsere Bitte um Erlaubnis, unsere Kameraden auf den Tod vorbereiten zu dürfen, wurde abgeschlagen. Man sagte uns nur, daß wir uns diesen Abend bereithalten sollten.

In das Lager zurückgekommen, tat ich sofort Schritte zur Rettung meiner Kameraden. Ich suchte sofort den früheren Kommandeur Meyer auf, (einen Oberst, der sich als Kranker im Hospital befand) und bat ihn, in dieser Sache einzuschreiten, weil er es war, der kapituliert und die Zusicherung der F.F.I.-Truppen erhalten hatte, daß die Gefangenen unter dem Schutz der Genfer Konvention stünden. Oberst Meyer erklärte, er fühle sich nicht imstande, irgend etwas zu tun und bat mich, den Versuch einer Intervention zu machen. Ich bat also einen Leutnant der F.F.I., mich mit einem Posten zum Präsidenten des französischen Roten Kreuzes gehen zu lassen. Er gab mir keine Erlaubnis. In einer Unterhaltung erfuhr ich dann, daß er sich über unsere Lage nicht im klaren war, vor allem, daß es sich gar nicht um Nazis handelte. Die Franzosen, die sich in die Unterhaltung einmischten, warfen mir immer nur die von den Deutschen begangenen Grausamkeiten vor ..., keine meiner Erklärungen wurde anerkannt, die Deutschen wären eben Deutsche und es würden noch mehr Gefangene erschossen. Auch meine Bemerkung, daß die Alliierten den Krieg doch für etwas Gegenteiliges geführt hätten, fand kein Gehör.

Durch einen mir ergebenen Wachmann konnte ich dann ein kleines Briefchen an den mir gut bekannten Pastor Chapal gelangen lassen. Ich bat ihn, mich um jeden Preis heute Abend noch aufzusuchen. Pastor Chapal kam auch gegen 9.30 Uhr und ich konnte ihm meine entsetzliche

Nachricht mitteilen. Wir besprachen die Möglichkeit eines Versuches zum Eingreifen. Ich bat Herrn Pastor Chapal, nach dem 30 km entfernten Genf zu fahren und den Direktor des Internationalen Roten Kreuzes zum Kommen zu veranlassen. Er sagte mir, das sei unmöglich, weil alle Wagen requiriert seien und auch die Grenze von den Franzosen scharf bewacht werde. Er versprach, alles zu tun, um uns zu helfen und für uns zu beten. Nach einem gemeinsamen Gebet ging er fort. Ich weiß nicht, wieviele Versuche zum Eingreifen er machen und ob er den Kommandanten B. de R. sehen konnte.

Nach einer schrecklichen schlaflosen Nacht hofften wir schon, Pastor Chapal hätte irgend etwas tun können, als gegen 6.30 Uhr morgens ein Leutnant der F. F. I. kam, um uns zu holen. Man brachte uns im Wagen zu dem Platz, an dem die Gefangenen erschossen werden sollten. Dieser befand sich zwischen Annecy und Romilly, ungefähr 5 km von Annecy entfernt. Dort war die ganze Gegend durch Posten der F. F. I. abgesperrt worden. Kurz darauf kam ein Lastwagen mit den Gefangenen (40 Männer, die am Morgen erschossen werden sollten; die anderen 40 waren schon, wie wir am Morgen hörten, abseits von Saint-Pierre bei Romilly ohne kirchlichen Beistand erschossen worden). Die Unglücklichen wußten noch nicht, was ihrer wartete. Man hatte sie, wie ich später hörte, schon sehr früh aus Schloß Annecy, das während der ersten Wochen als Gefangenenlager diente, geholt. Sie glaubten, zu einem Arbeitskommando zu fahren.

Sie fragten mich, was hier los sei und ich war genötigt, ihnen mitzuteilen, daß sie erschossen werden sollten. Ich kann mich aller erlebten Szenen nicht mehr erinnern. Nach einem großen Erschrecken erhoben sich Stimmen des Protestes, untermischt mit Weinen und Schreien. Zwischen einem Führer der F. F. I. und einigen Offizieren entstand ein Wortwechsel. Hauptsächlich zwei oder drei von den sechs anwesenden Offizieren erhoben sehr laute und energische Proteste. Sie wollten den Grund wissen, weshalb man sie erschieße, welche Verbrechen sie begangen hätten, sie verlangten zugleich, dem Kommandeur vorgeführt zu werden und wollten wissen, welches Gericht sie verurteilt hätte. Die Diskussion war dieselbe, wie meine am Abend zuvor. Sie wurde von dem jungen Leutnant beendet, der befahl, „die ersten Zehn".

Die Geistlichen begannen nun, diesen Männern religiösen Beistand zu leisten so gut sie konnten. Die Männer der F. F. I. schrieen: „Machen Sie schnell, schnell, geben Sie Generalabsolution, das genügt, usw. ..." Das alles war für uns furchtbar hart, denn jeder von den Gefangenen wollte uns noch einen letzten Wunsch für die Seinen mitgeben oder kleine, ihnen gelassene Sachen schicken. Deshalb waren wir gezwungen, die Namen, die wir nicht alle kannten, auf kleinen Zetteln aufzunotieren. Es war unmöglich, jedem Einzelnen von ihnen beizustehen, denn immer wieder wurden wir durch Fragen oder Bitten unterbrochen. Man hätte allen auf einmal antworten müssen. Alle wollten uns noch etwas Dringendes während der letzten Minuten, die ihnen blieben, sagen. Eine kleine Unterbrechung gab es, als zwei Männer mich baten, den Männern der F. F. I. zu sagen, daß sie persönlich helfen wollten, Hitler zu begraben, und daß sie in die Fremdenlegion gehen wollten, um ihre antifaschistische Einstellung zu beweisen. Diese Bitte wurde ebenfalls abgeschlagen, auch sie wurden erschossen. Ein anderer Mann wurde irrsinnig. Er wandte sich zu uns und den Männern der F. F. I. und sprach konfuses Zeug.

Bei der ersten Gruppe gingen wir mit den Gefangenen bis zu der Stelle, an der sie erschossen werden sollten. Auf dem Wege dorthin versuchten zwei Männer, sich zu retten. Aber in kurzer Zeit waren sie durch die Mordkugeln der F. F. I. gefallen. Die anderen waren gezwungen worden, sich aufrecht in eine Linie zu stellen, ohne Binde vor den Augen und jedesmal zielten 10 Mann der F. F. I. auf einen Gefangenen, der vor sie gestellt wurde. Die meisten von ihnen waren nicht sofort tot und das Kommando der F. F. I. war gezwungen, auf die Verwundeten, die sich am Boden wälzten, noch mehrmals zu schießen; ein Anderer ging dann von Mann zu Mann und gab ihnen einen Pistolenschuß in den Kopf. Einige Gefangene, die wir beim Kommen nicht gesehen hatten, standen in etwa hundert Meter Entfernung aufrecht; sie wurden gezwungen, ihre Kameraden aufzuheben und in einen Graben zu legen, den sie in der vergangenen Nacht ausgehoben hatten.

Als wir zum Wagen am Straßenrand zurückkamen, war unter den Gefangenen eine große Stille eingetreten; kein Wort wurde mehr gesprochen, ein Kamerad las aus einem wahrscheinlich katholischen religiösen Buch mit lauter Stimme vor und alle Gefangenen wiederholten das Vaterunser. Wir kehrten mit der zweiten und dritten Gruppe nicht nach der Stelle zurück, denn wir wollten uns noch mit den Übrigen beschäftigen, was uns Zeit gewinnen ließ. Nachdem der Letzte erschossen war, brachte man uns sofort in das Lager Annecy, ohne uns Zeit zu lassen, ein Gebet am Grabe der Erschossenen zu verrichten. Die nachgelassenen Gegenstände der Erschossenen durften wir mitnehmen. Diese brachten wir in die Sakristei der Kirche des Lyzeums Bertholet (damals noch Hospital). Wir versahen die Hinterlassenschaften mit Namen und legten sie dann in einen Umschlag, der ebenfalls mit der Anschrift des Toten versehen wurde. Einige Tage später übergab man uns Bogen vom Internationalen Roten Kreuz zur Ausfüllung für die Sterbeakten; alle Spalten waren von uns auszufüllen, mit Ausnahme der Spalte „Todesursache"."

Ist eine solche Kollektiverschießung von Kriegsgefangenen ohne Urteil nicht eine Handlung, die alle Merkmale des Kriegsverbrechens trägt und nach dieser Aussage keinerlei mildernde Umstände zuläßt?

Ein solcher Massenmord ist leider keine vereinzelt dastehende Handlung. Es ist gut bekannt, daß an vielen anderen Orten deutsche Soldaten und Offiziere ohne Urteil erschossen wurden, nachdem sie sich ergeben hatten, und daß Verwundeten der Garaus gemacht wurde. Ich erspare mir, dieses traurige Dokumentenmaterial vorzulegen.

Man hat oft gesagt und geschrieben, diese gegen die Menschen-rechte gerichteten Handlungen seien ein unvermeidlicher und deshalb irgendwie gerechtfertigter Ausdruck des Volkszornes. Wer verteidigt hier nun das Verbrechen? Bin ich es, der sie als genau so verdammenswert verurteilt wie die von Deutschen begangenen Untaten, oder sind es diejenigen, welche solche Handlungen mit ihrer Autorität decken, die erklären, sie billigten sie und die oft noch ihre Verfolgung verhindern?

Aber nicht nur in unserem Lande wurden solche Untaten begangen. Überall, wo irreguläre Truppen auftraten, lassen sich dieselben Verbrechen feststellen. Mitunter waren sie so auffallend, so öffentlich, daß die Besatzungsbehörden nicht ganz an ihnen vorbeigehen konnten. Eine deutschsprachige Zeitung in Meran (Oberetsch), „Der Standpunkt", berichtet uns, daß zur Zeit der Kapitulation der deutschen Truppen 300 000 Personen hingemetzelt worden seien. Ich vermag diese Zahl kaum zu glauben. Genauer wird diese Zeitung im Falle der 2500 deutschen Kriegsgefangenen, die vom 27. April bis Ende Mai illegal erschossen wurden und die man in Sammelgräbern beisetzte, die Daten vor dem Waffenstillstand tragen. Die amerikanischen Behörden ordneten eine Untersuchung an und nahmen sogar Verhaftungen vor, gegen welche die Vereinigungen ehemaliger Partisanen protestierten. Ich weiß nicht, was aus dieser Sache geworden ist.

In Jugoslawien und der Tschechoslowakei begannen die Massenermordungen mit dem Einmarsch der sowjetischen Truppen. Sie waren nicht Taten sowjetischer Truppen, aber es scheint, als hätten diese nicht interveniert, sondern die örtlichen Kommunisten ganz nach Belieben schalten und walten lassen. Die hierüber von Geistlichen und Priestern zusammengetragenen Dokumente, in welchen die von anderen Geschädigten gelieferten Berichte gesammelt sind, ist sehr umfangreich und ernst zu nehmen. Hier ist nicht der Ort, sie zu untersuchen. Ich verzeichne sie nur der Erinnerung halber als Beispiel eines Kollektivblutbades, gegen das sich im Westen nur wenig Stimmen erhoben haben, von welchem die Angelsachsen angeblich nichts wissen, das an Schrecken aber bei weitem alles übersteigt, was die Anklage in Nürnberg den Deutschen vorwirft.

Wenn die deutschen Kriegsgefangenen nicht hingemordet wurden, war ihre Lage kaum besser. Ich erwähne der Erinnerung halber ebenfalls nur die mehr als eine halbe Million Kriegsgefangene, deren Verschwinden zu erklären die russischen Behörden nicht in der Lage sind. Das ist eine bekannte Tatsache und nutzlos, auf sie zu verweisen. Aber auch in Frankreich war die Lage der Kriegsgefangenen oftmals dramatisch, und als die französische Regierung den amerikanischen Behörden die Gefangenen zurückgeben mußte, die ihr anvertraut worden waren, befanden sich manche in keinem besseren Zustand, als die Verschickten bei ihrer Entlassung aus den Lagern. Ein einziges Mal hatte eine französische Zeitung den Mut zu einem Protest.. . Ich bringe den Bericht, der am 4. April 1945 in der Zeitung „Paris-Matin" erschien:

„Infolge des Einschreitens des Internationalen Roten Kreuzes wegen der Lebensverhältnisse der deutschen Kriegsgefangenen in Frankreich hat General Eisenhower sich bereit erklärt, die Untauglichen zurückzunehmen. Nach den Erklärungen des Generals de Gaulle erhielten diese Gefangenen dieselben Rationen, wie die französischen Arbeiter, welche die gleichen Arbeiten ausführten, aber sie wären von den Amerikanern „in beklagenswertem Zustande" übergeben worden[1]. Die Rückführung hat vor einigen Tagen begonnen. Der Korrespondent der amerikanischen Agentur „Associated Press", Mell Mott, berichtet über die Ankunft der ersten untauglichen deutschen Gefangenen, die von Frankreich im Konzentrationslager von Croutoy bei Soissons übergeben wurden:

„Die ersten arbeitsuntauglichen Gefangenen, die den Amerikanern zurückgegeben wurden, sind gestern im Konzentrationslager Croutoy bei Soissons angekommen.

Die Rückführung hat vom amerikanischen Generalstab die Bezeichnung „Operation Skinny" erhalten, was man je nach Wunsch mit „Vorkommnis mit den Abgemagerten" oder „Vorkommnis mit den zur Abmagerung Gebrachten" übersetzen kann.

1150 Schwankende, von Ungeziefer Geplagte, Junge, Alte, Kranke und Magere, von denen die Amerikaner versichern, sie vor vier Monaten den Franzosen in gutem körperlichen Zustand, mit gutem Schuhwerk, gut gekleidet und ausgestattet übergeben zu haben, wurden auf dem Bahnhof Soissons von Sanitätseinheiten der Armee der Vereinigten Staaten in Empfang genommen.

Alle erklärten, seit zwei Tagen nichts mehr gegessen zu haben. Ein Junge von 15 Jahren war zu schwach, das Stückchen Brot zu zerschneiden, das man ihm hinhielt.

Einige Gefangene kamen sofort ins Hospital und erhielten Ernährungsspritzen. Sie werden auf flüssige Diät gesetzt. Die anderen wurden in das Lager geführt, wo man ihnen eine leichte Mahlzeit verabfolgte. Nach Ausfüllung eines Fragebogens über die ihnen zuteil gewordene Behandlung wurden sie einer Bestäubung gegen Insekten

---

[1] General de Gaulle gebraucht hier denselben Ausdruck wie Major Weiss. der Dachauer Lagerkommandant, bei seiner weiter vorn erwähnten Verteidigung.

unterzogen, empfingen Decken und wurden in Zelten mit Spezialausstattung für den Winter untergebracht.

Bei der ärztlichen Untersuchung wurden die am Abend zuvor angekommenen 1323 Gefangenen als arbeitsuntauglich befunden: 19% mit „Zustand bedenklich", 31% mit „Zustand ernst". Sie haben 20% Untergewicht. Bei Dreivierteln ist die Unterernährung der Grund ihrer Arbeitsunfähigkeit. Bei den Übrigen ist es Krankheit oder Schwäche.

Die meisten der im Lager angekommenen Gefangenen haben die französischen Behauptungen bestätigt, nach denen sie infolge ihrer körperlichen Schwäche seit ihrer Übergabe an die französischen Behörden als arbeitsunfähig befunden worden waren.

Einige andere erklären, in Steinbrüchen, Bergwerken, Bauernhöfen oder Kantinen gearbeitet zu haben. Alle sind sich in der Versicherung einig, daß sich ihr Zustand während ihres Aufenthaltes in den französischen Lagern verschlimmert hat. Einer von ihnen erklärt, 14 kg abgenommen zu haben. Er wiegt nicht mehr als 51 kg. Alle berichten auch von Mißhandlungen und dem Fehlen ärztlicher Betreuung. Sie beschuldigen ihre Bewachung, ihnen ihre persönlichen Sachen weggenommen zu haben, erkennen aber an, von der Bevölkerung gut behandelt worden zu sein.

Die amerikanischen Militärbehörden registrieren diese Klagen. Jeder muß mit ja oder nein auf eine bestimmte Zahl von Fragen über Ernährung, Bekleidung, Unterkunft oder ärztliche Betreuung, die er in den amerikanischen und französischen Lagern erhielt, antworten. Er muß angeben, welche Bekleidung, welche Ausrüstungsgegenstände und wieviel Decken er bei der Übergabe an die französischen Behörden besaß.

Es ist nur möglich, ihre Angaben über ihre gegenwärtige Ausrüstung und über ihren körperlichen Zustand zu kontrollieren. Ihren weiteren Aussagen über das Leben in den französischen Lagern kann man nicht aufs Wort glauben. Es ist möglich, daß sie ihre Leiden übertreiben, um das Mitleid der Amerikaner zu erwecken.

Die französischen Behörden haben der „Associated Press" die Erlaubnis verweigert, einen Korrespondenten in ein französisches Lager zu entsenden. Ein solcher Besuch hätte sicher ermöglicht, weitaus bessere Lebensbedingungen festzustellen, als der Anblick der heute Morgen im amerikanischen Lager Croutoy angekommenen Gefangenen vermuten läßt. Diese gehörten zu den schwächsten und kränksten. Man vermag nicht zu glauben, daß mehr als hunderttausend von im ganzen fünfhunderttausend Kriegsgefangenen in einem so bejammernswerten Zustand sein können."

Die Behandlung der Kriegsgefangenen ist nicht der einzige Mangel unseres guten Gewissens. Unsere Marokkaner haben etwas mehr von sich reden gemacht, als notwendig gewesen wäre. Von ihrer Eigenschaft als Besatzungstruppe weiß man es. Aber es geschah auch im Felde. Unter dem 20. Dezember 1946 schreibt die „Libre Belgique" („Freies Belgien") folgendes über den Einzug der afrikanischen Truppen in die kleine Stadt Esperia:

„Die italienische Bevölkerung ist durch eine von Herrn Perciso, einem Abgeordneten der Verfassungsgebenden Versammlung an den Minister des Innern und den Hohen Kommissar der Hygiene und der öffentlichen Gesundheit gerichtete Anfrage über die unschuldigen Opfer des Liritales in Aufregung versetzt worden. In Verfolg dieser Anfrage wurden an Ort und Stelle Untersuchungen geführt und peinliche Enthüllungen der Presse übergeben. Wir sprechen von ihnen als einem Dokument eines allzu Menschlichen, das — wenn es nötig wäre — beweist, daß die scheußlichen Episoden, die sich während des Krieges fast überall zugetragen haben, uns nur aus den dunkelsten Epochen der Geschichte berichtet werden. Der Krieg entfesselt bei den Kriegführenden zuweilen die niedrigsten Instinkte, besonders, wenn diese Kampfteilnehmer Menschen sind, die außerhalb der christlichen Kultur leben.

Diese der Öffentlichkeit nun bekannt gewordenen Enthüllungen können kein Hindernis für die guten Beziehungen zwischen Frankreich und Italien sein; außerdem wünscht die Bevölkerung, die eine der peinlichsten Ehrenkränkungen dieses Krieges erlitten hat, nur, zu genesen und eine Episode zu vergessen, von der alle mit Scham sprechen.

Als die Kampffront um Monte Cassino starr wurde, flohen die kräftigen Männer des Liritales zum großen Teil in die Berge, um den Razzien der Deutschen zu entgehen. Es handelte sich um Bauern und Hirten guten Schlages, die vor dem Kriege ein hartes, aber friedfertiges Leben geführt hatten. Die Frauen, voller Gesundheit und sehr schön in ihren traditionellen Kostümen schillernder Farben, waren fleißig, ehrbar und fromm. Während die Männer als Widerstandskämpfer den Alliierten durch Belästigen der Nazitruppen halfen, ertrugen sie mutig Elend und Hunger in der Hoffnung, mit den sie befreienden Alliierten in ihr bescheidenes Heim zurückkehren zu können.

Die Alliierten kamen am 17. Mai 1944; aber es waren Kolonialsoldaten, die in jene Dörfer nicht als Befreier, sondern als zügellose Soldateska einzogen. Dieser 17. Mai wurde für die Einwohner von Esperia, Pontecorvo, Ausonia usw. zu einem Unglückstag.

Vierzehn Tage lang hatten die Alliierten voller Erbitterung gekämpft, um die deutschen Verteidigungslinien zu durchbrechen und die Offiziere der Kolonial-Truppen hatten ihren Männern die Plünderung des Liritales versprochen, um sie zum Kampfe anzuspornen. Man weiß, was das besagen will. Man weiß auch, daß nach einem alten Herkommen Söldner das Recht auf Beute nach dem Kampfe haben.

Der erste größere Ort, der die Gewalttaten der Afrikaner erdulden sollte, war Esperia, ein Bergdorf von ungefähr sechstausend Seelen. Die Freude über die Befreiung hatte die zurückgebliebene Bevölkerung gedrängt, diesen Truppen, die im Gros der alliierten Truppen als Streifkorps dienten, ohne Arg entgegenzugehen. Man kann die Szenen der Wildheit, die sich von jenem Augenblick an abspielten, nicht beschreiben. Die ganze Bevölkerung von Esperia, von 10 bis zu 70 Jahren, war dieser Soldateska preisgegeben, die mit Maschinengewehren bewaffnet und mit Handgranaten in den Händen, Tag und Nacht auf sie Jagd machte. Man hörte das Schreien und Rufen dieser unglücklichen Menschen, die sich zu verteidigen bemühten, so gut sie konnten. Die wenigen Männer, die sich im Dorfe befanden und sich zu widersetzen versuchten, wurden getötet oder verwundet. Die französischen Offiziere, von den brutalen Szenen angewidert, wagten nicht, ihre Unterkünfte zu verlassen. Dem Geistlichen, der ihr Einschreiten zu Gunsten der

Bevölkerung verlangt hatte, wurde geantwortet, es sei ihnen im Augenblick unmöglich, sich Gehorsam zu verschaffen. Der Geistliche wurde selbst ein Opfer der Brutalitäten und starb im folgenden Jahre, wobei er das Geheimnis seines Martyriums mit ins Grab nahm.

Im nächsten Dorfe, Pico, gelang es einem Priester, sich in seiner Wohnung, in deren Hof sich 150 Bäuerinnen mit ihren Haustieren geflüchtet hatten, bis zur Ankunft der anglo- amerikanischen Truppen zu verschanzen. Nichts konnte die Rohheitsakte dieser von Sinnen geratenen Bewaffneten, die sich in allen Dörfern dieser Gegend zwei Monate lang fortsetzten, zügeln. Als die amerikanischen Neger in diesen Ortschaften ankamen, mußten sie die Kolonialsoldaten mit Waffen bedrohen, um sie an der Fortsetzung ihrer Heldentaten zu hindern, die Schrecken, Entrüstung und Schande in dieser durch die Beschießung ohnehin schon schwer genug geprüften Zone verbreitet hatten.

Ein französischer Offizier, der während jener Tage afrikanische Truppen geführt hatte, konnte später bei einer Rückkehr in jene Orte die Ausdehnung des von seinen ehemaligen Soldaten angerichteten Leides feststellen und grämte sich außerordentlich darüber. Das Bedauern dieses Offiziers beweist, daß es Kriegsvorkommnisse gibt, die alte zivilisierte Nationen nicht billigen können, weil sie durch nichts zu rechtfertigen sind."

Die Amerikaner gebrauchten andere Methoden. Auch hierüber wurden unrichtige Vorstellungen in Umlauf gesetzt. Wenn man die Phosphorbomben auf die Zivilbevölkerung tadelt, antworten jene gutgläubigen Leute, welche zwar ablehnen, die Behauptung zu verteidigen, es hätte sich um Angriffe gegen militärische Ziele gehandelt, dennoch unterschiedslos: „Aber die Deutschen haben doch damit begonnen". In Frankreich wissen nur sehr wenig Menschen, daß dieser Gedanke vorzugsweise englischer Herkunft ist, zu welchem die höchsten Dienststellen der britischen Luftwaffe die Initiative ergriffen haben und sich darob noch beglückwünschen. In einem kleinen Buche „Advanc to Barbarism", von dem ich bereits weiter vorn zu sprechen Gelegenheit hatte, wird uns die Erklärung dazu wie folgt gegeben:

„Erst im April 1944, also an einem Zeitpunkt, an dem die deutsche

Luftwaffe durch Mangel an Flugzeugen behindert war und der Ausgang des Krieges nicht mehr zweifelhaft sein konnte, wurde das strenge Schweigeverbot über alle (von mir bereits erwähnten) Vorgänge zugunsten eines Mr. J. M. Spaight gelockert. Dieser Mr. Spaight war ehemaliger Kabinettsdirektor im Luftfahrtministerium und erhielt die Erlaubnis zur Veröffentlichung eines Buches, das „Bombing Vindicated" („Unser Bombenkrieg ist gerechtfertigt") betitelt ist. In diesem Buche erfuhr der Mann auf der Straße zum erstenmal, daß er am 11. Mai 1940 einen heroischen Entschluß gefaßt haben sollte. Der Mann auf der Straße konnte sich natürlich nicht entsinnen, an jenem Tage einen Entschluß — heroisch oder nicht — gefaßt zu haben: in Wirklichkeit erinnerte er sich überhaupt nicht, seit langem irgend einen Entschluß gefaßt zu haben, denn in einer guten Demokratie werden Entschlüsse ja nicht von Leuten wie er gefaßt, sondern von internationalen Finanzmännern, Pressebaronen, von Leuten, die seit langem in hohen Stellungen sind, und gelegentlich auch schon einmal von Mitgliedern des Kabinetts S. M. Daher war der Mann auf der Straße bestürzt.

Mr. Spaight enthob ihn seiner Bestürzung durch nachstehende beredte Erklärung: „Da uns die psychologische Auswirkung verdrossen hätte, die anläßlich der Enthüllung hätte entstehen können, daß wir es sind, die die Initiative zu den Luftangriffen aufgenommen haben, sahen wir davon ab, unseren großen Entschluß vom 11. Mai 1940 so weitgehend öffentlich zu verbreiten, wie er es eigentlich verdient hätte. Dieses Stillschweigen war ein Fehler. Es war damals ein glänzender Entschluß. Er war ebenso heroisch wie voller Entsagung, genau wie der Entschluß Rußlands, als es seine Politik der „verbrannten Erde" begann. Er war uns Coventry, Birmingham, Sheffield und Southampton wert, er gab uns das Recht, Kiew und Charkow, Stalingrad und Sebastopol in Kauf zu nehmen. Unsere sowjetischen Verbündeten hätten unsere Untätigkeit 1942 weniger hart beurteilt, wenn sie gewußt hätten, was wir unternommen hatten. („Bombing Vindicated", Seite 74).

In den Zeitungen der Kriegsjahre wird man vergeblich blättern, wenn man in ihnen unter dem Datum des 11. Mai 1940 irgend etwas Bemerkenswertes finden will. Eine ganz aufmerksame Untersuchung kann jedoch einen Vorfall an das Licht bringen, der damals durch sensationellere Begebenheiten in den Schatten gestellt wurde: In der

Nacht zum 11. Mai 1940 „griffen achtzehn Whitley-Bomber Eisenbahneinrichtungen in Deutschland an". Natürlich rief diese Meldung kein großes Interesse hervor, vor allem, weil sie nur besagte, daß diese Einrichtungen angegriffen worden waren; sie berichtete aber keineswegs, daß sie auch getroffen wurden.

Die vollständige Bedeutung dieser Meldung, die erst vier Jahre später von Mr. Spaight verraten wurde, wird erst nach einigem Nachdenken klar. Westdeutschland lag im Mai 1940 so abseits aller militärischer Einrichtungen wie Patagonien. Bis zu diesem Tage waren allein Stellungen, die sich in der Armeezone befanden oder rein militärische Anlagen, wie die Flughäfen Sylt in Deutschland oder auf den Orkneyinseln in England Ziel ähnlicher Luftangriffe gewesen. Dieser Angriff vom 11. Mai 1940, so geringfügig er an sich gewesen sein mag, wurde zum bedeutungsvollen Ereignis, weil er die erste absichtliche Verletzung jener grundsätzlichen Regel der Menschen-rechte darstellte, die bestimmt, daß Feindseligkeiten sich ausschließlich gegen kämpfende Truppen richten dürfen.

Als es später notwendig wurde, eine Rechtfertigung für jene Greuel zu finden wie sie in Hamburg stattfanden, wo die volkreichsten Vorstädte zu einer ungeheuren Glutstätte wurden, in welcher Tausende von Männern, Frauen und Kindern in die Kanäle sprangen, um der entsetzlichen Brandhitze zu entgehen, war die vorgebrachte Hauptentschuldigung, es hätte sich um eine Vergeltungsmaßnahme für die Angriffe auf Warschau und Rotterdam gehandelt. Mr. Spaight weist dieses Argument mit der Verachtung zurück, die es verdient. Als Warschau und Rotterdam mit Bomben belegt wurden — läßt er vernehmen — standen die deutschen Armeen vor ihren Toren. Die Bombardierung dieser Städte war nur eine taktische Operation, die einen Teil des Angriffs bildete'. Captain Lidell Hart steht auf demselben Standpunkt. Es fand — so schreibt er — keine Bombardierung statt, bevor die Deutschen nicht das Vorgelände dieser beiden Städte erreicht hatten und von da an entsprachen die Bombenwürfe den herkömmlichen Regeln des Belagerungsbombardements'.

‚Bombing Vindicated' ist in der Tat ein bemerkenswertes Buch: es ist ein Buch, das schon durch sein Erscheinungsdatum in Erstaunen setzt. Mr.

Spaight beschränkt sich nicht nur auf das Eingeständnis, daß England die Verantwortung dafür trifft, die Initiative zur Bombardierung der Zivilbevölkerung ergriffen zu haben, nein, er besteht sogar noch darauf, daß England die Ehre zuerkannt werden muß, diese Kriegsart sowohl ausgedacht wie angewendet zu haben. Er macht sich über die vorher widerwillig herausgegebene Erklärung des Informationsministers jener Zeit lustig, „der ganze augezeichnete Plan" sei nur gefaßt worden, weil ein unbekanntes Flugzeug einige Bomben auf einen Hügel bei Canterbury geworfen hätte. Er hält es nicht einen Augenblick für richtig, zuzugeben, der prächtige Entschluß vom 11. Mai 1940 hätte aus dem Stegreif verwirklicht werden können (unpremediated). Im Gegenteil, er bestätigt ganz energisch (Seite 38 seines Buches), daß dieser Entschluß dem Einfall zugeschrieben werden muß, den britische Sachverständige 1936 hatten, als der Generalstab der Bomberwaffe aufgestellt wurde'. Der Hauptgrund für die Aufstellung dieses Generalstabes der Bomberwaffe — sagt er uns (Seite 60 seines Buches) — war die Bombardierung Deutschlands im Kriegsfalle'. Kurz danach sagt er, Hitler hätte diese Absicht der Engländer für den Kriegsfall wohl geahnt und deshalb auch ,aufrichtig gesucht, mit England ein Übereinkommen zu treffen, das die Tätigkeit der Luftwaffe auf die Operationsbasis beschränkte'. Schließlich erkennt er an, daß Hitler die Bombenwürfe auf die englische Zivilbevölkerung zwar aufnahm, aber nur ungern und erst drei Monate nachdem die R.A.F. mit den Bombenwürfen auf die deutsche Zivilbevölkerung begonnen hatte und spricht die Meinung aus (Seite 47 seines Buches), daß Hitler, nachdem nun einmal begonnen war, sehr lebhaft gewünscht hätte, diesen Blutbädern Einhalt zu gebieten, denn auf alle Fälle hatte Hitler keinerlei Verlangen, zu sehen, daß sich ein gegenseitiges Bombardement fortsetzte.

Der Leser wird entdecken können, daß die einzelnen Elemente dieser Entwicklung von Mr. Spaight mit geradezu jugendhafter Freude in dem genannten Buche dargelegt werden, von Lidell Hart in seinem Buche ‚Revolution in Warfare' (Revolution in der Kriegführung) jedoch mit dem objektiven Abstand des Geschichtsforschers. Sie werden weiter von Luftmarschall Arthur Harris in seinem Buche Bomber Offensive' beschrieben. Der Luftmarschall stimmt mit Mr. Spaight darin überein, daß er die Militärs der ganzen Welt, besonders aber die deutschen, mit großer Geringschätzung beurteilt, weil sie in den Jahren vor 1939 nicht begriffen hatten, daß der schwere Bomber auf dem Wege war, eine viel wirksamere Waffe gegen die Zivilbevölkerung als gegen die Truppen zu werden. Er schreibt den Verlust des Blitzkrieges der kurzsichtigen Politik der Führer der deutschen Luftwaffe zu, die sich in Friedenszeiten nicht mit Apparaten eingedeckt hatten, die zu Angriffen gegen die feindlichen Zivilbevölkerungen bestimmt waren, eine Unterlassung – so erklärt er – durch welche die Deutschen den Krieg verloren haben. Denn wenn die Deutschen in der Lage gewesen wären, ihre Angriffe fortzusetzen, schreibt er, hätte London unstreitig das schreckliche Schicksal erlitten, das zwei Jahre später über Hamburg hereinbrach. Glücklicherweise hätten die Deutschen im September 1940 nur Bomber besessen, die nahezu jeglicher Kampfmittel entbehrten, sodaß sie während der Schlacht um England ebenso leicht zum Absturz zu bringen waren, wie man Kühe auf der Weide abschießen konnte."

Ich könnte hier nun Berichte über die Luftangriffe auf Hamburg oder Dresden anführen, deren Einzelheiten an Schrecken alles übersteigen, was man sich vorstellen kann. Ich könnte jene kleine Stadt am Rheinufer nennen, die nach zwanzigminutigem Bombardement zu 80 % zerstört wurde, ein fast unglaubliches Vorkommnis. Aber diese Tatsachen sind bekannt: ich würde dem Leser nichts mitteilen, was er nicht schon in großen Zügen kennt. Lange hat die ganze Welt geschwiegen. Heute, da sich die Dinge geändert haben, werfen die kommunistischen Zeitungen der amerikanischen Armee ihre Bombenangriffe auf die Zivilbevölkerung heftig vor. Die „Litteraturnaja Gazetta" erwähnt den Brigadegeneral Julius Timberlake junior, den Generalmajor James Elbert Brigges und den Generalleutnant Stratemayer und sagt, daß „die entrüstete Menschheit seitdem ihre Namen auf der Liste der Kriegsverbrecher führt." Und ich stelle mir vor, daß jene Leute, die am lebhaftesten den Erfolg der amerikanischen Truppen in Korea wünschten, sich besonders in Verlegenheit gefühlt haben, als sie hörten, mit welchem Preis er bezahlt worden ist. Von einer analogen Tat – der Zerstörung der berühmten Abtei Monte Cassino – schreibt kein Geringerer als der französische General Juin über das Bombardement, bei dem er zugegen war, folgendermaßen:

„Der wahre Verantwortliche für die Zerstörung des Klosters Monte Cassino ist der neuseeländische General Freyberg gewesen, der

Kommandeur eines aus einer neuseeländischen und einer Hindudivision gebildeten Armeekorps."

Dies hat der französische General Juin, der das französische Expeditionskorps befehligte, im Verlauf einer französischen Offiziersversammlung in Monte Cassino nach der versehentlichen Bombardierung seines Hauptquartiers durch alliierte Bomber zu erkennen gegeben.

Derselbe General bestätigte dies jetzt in einer französischen Revue. Er schrieb:

„General Freyberg, von dem Wert der taktischen Grundsätze der VIII. Armee überzeugt, die sich in Lybien und Tunesien bewährt hatten, war auch überzeugt, daß man sich das Stocken in der Vorwärtsbewegung durch einen einzigen Sturm ersparen könne, dem eine gewaltige Vorbereitung vorauszugehen hätte, bei der die ganze Skala der Feuerschlünde und alle Hilfsmittel der strategischen Luftwaffe eingesetzt werden sollten. Dies bedeutete zunächst einmal die Vernichtung der Abtei. Dieser Gedanke war unter der Voraussetzung gerechtfertigt, daß die gewünschte Wirkung, nämlich den Feind unschädlich zu machen, tatsächlich auch erreicht würde."

Bei diesem Vorschlag ging es nicht ohne einen Zusammenstoß mit dem General Clark ab fährt General Juin fort und fügt hinzu:

„Clark ordnete sich dem Rat des Generals Freyberg unter, aber nur sehr ungern, das kann ich bestätigen. Von meinen Stellungen aus trug ich zu dem schrecklichsten ‚Bombing' bei, das man sich denken kann. Aufeinanderfolge und Genauigkeit der Schüsse waren derart, daß das unglückliche Kloster in einer Wolke dicken Rauches verschwand, die sich zum Himmel erhob und sich wie der Pilz von Bikini ausbreitete.

Das Ergebnis war, daß die Hindus, die man zurückgezogen hatte, um ihnen größeren Sicherheitsraum zu geben, ihre Gräben nicht wiedernehmen konnten; der Feind hatte sie sofort besetzt und sich in ihnen untergestellt. Die Vorbereitung großen Stils hatte nur dazu gedient, daß das Kloster zerstört und Gelände verloren wurde."

Die „Libre Belgique", die diesen Auszug abdruckt, fügt hinzu:

„Wenn ein deutscher General derart leichtfertig die Zerstörung einer solchen Stätte befohlen hätte, wäre er dann nicht den alliierten Militärgerichten auf Grund jenes Artikels der Haager Konvention vorgeführt worden, der den Beschuß ziviler oder kultureller Gebäude ohne militärische Notwendigkeit verbietet?"

Reden wir nicht weiter von ihren Bombenangriffen; die Amerikaner haben unter anderen Umständen die Kriegsgesetze auch nicht besser beachtet. Ganz besonders war dies im fernen Osten der Fall. Hier folgt, was der Journalist Edgar L. Jones, der während des ganzen Krieges Pressekorrespondent an der Pazifikfront war, im Februar 1946 in der Revue „The Atlantic Monthly" schreibt:

„Wir Amerikaner haben vom internationalen Standpunkt aus gesehen einen gefährlichen Hang, nämlich anderen Nationen gegenüber eine Einstellung von höherer Moral einzunehmen. Wir glauben edler und moralischer als andere Völker zu sein und demzufolge besser in der Lage, zu entscheiden, was Recht in der Welt ist und was nicht. Was glauben die Zivilisten denn, welche Art Krieg wir geführt haben? Wir haben kalten Blutes Gefangene niedergemacht, wir haben Lazarette pulverisiert, Rettungsboote versenkt, feindliche Zivilisten getötet oder verwundet, Verwundeten den Garaus gemacht. Sterbende mit Toten in ein Loch zusammengelegt. Im Pazifik haben wir die Schädel unserer Feinde zerschlagen, sie abgekocht, um aus ihnen Tischgarnituren für unsere Bräute zu machen und haben ihre Knochen ausgemeißelt, um Brieföffner aus ihnen zu verfertigen. Wir haben unsere Phosphorbombenwürfe und unsere Morde an der Zivilbevölkerung mit dem Abwurf von Atombomben auf zwei beinahe unverteidigte Städte gekrönt und haben so zur Zeit einen unbestrittenen Rekord im Massenmord erreicht.

Als Sieger haben wir uns das Recht angemaßt, unsere Feinde für ihre Kriegsverbrechen vor Gericht zu ziehen; aber wir sollten Realisten genug sein, zu begreifen, daß wir in einem Dutzend Anklagepunkten für schuldig erklärt würden, wenn man uns wegen Bruches der Kriegsgesetze vor Gericht stellte. Wir haben einen ehrlosen Krieg geführt, denn die

Moral stand im Denken des kämpfenden Soldaten erst an letzter Stelle. Je härter die Schlacht ist, um so weniger Raum bleibt für edle Regungen. Und im Pazifikkrieg haben wir die Menschheit den düstersten Grad von Bestialität erreichen sehen.

Man kann nur sagen, daß kein amerikanischer Soldat, auch nicht einer von hundert, ungerechtfertigte Greuel mit Überlegung begangen hätte; aber dasselbe muß auch den Deutschen und Japanern zugestanden werden. Die Notwendigkeiten des Krieges haben uns oft zu Dingen gezwungen, die man Verbrechen nennt und in gewissem Grade mag man die Masse tadeln für jene Form des Wahnsinns, die der Krieg hervorgerufen hat. Aber wir haben viel Propaganda mit allen unmenschlichen Handlungen unserer Gegner getrieben und stehen nun dem ganzen Eingeständnis unserer eigenen Schwächen *in* Augenblicken der Verzweiflung gegenüber ... Wir haben die Leichen toter Feinde verstümmelt, wir haben ihnen die Ohren abgeschnitten und die Goldzähne ausgebrochen, um „Souveniers" zu haben, wir haben sie beerdigt und ihnen dabei die Geschlechtsteile in den Mund gesteckt, aber derartige Verstöße gegen alle Moralgesetze gehören zu einem Teil jener noch unerforschten Gebiete der Psychologie des kämpfenden Menschen.*

Vielleicht ist man erstaunt, daß ich mich nicht dem Chor derer anschließe, welche die sowjetischen Konzentrationslager verdammen. In der Tat hätte ich auch hierüber eine Dokumentensammlung vorlegen können. Welchen Aufschluß aber hätte diese gebracht? Daß sie ein Beweis für das Vorhandensein sowjetischer Konzentrationslager sei? Aber daran zweifelt ja niemand und die Kommunisten bestätigen selbst ihr Vorhandensein als Strafanstalten. Man müßte also das Vorliegen sowjetischer Greuel beweisen und durch Zeugenaussagen, die soweit als möglich sicher und auch kontrollierbar sind, dartun, daß dieses Greuelregime vorbedacht und von der Sowjetverwaltung gewollt wäre. Hat man aber folgendes bedacht: wenn mich schon die Erfahrung über die uns so nahe gelegenen Lager in Deutschland, über die reichlich Aussagen vorhanden sind, lehrt, wie schwierig es ist, genaue und leidenschaftslose Berichte zu erhalten, wie könnte ich hoffen, über die sowjetischen Lager mit Sicherheit unterrichtet zu werden, die in Sibirien liegen und aus denen wir nur wenig Zeugen haben, die uns zudem noch erzählen, was sie wollen? Weshalb sollte es mir in den Sinn kommen, ein unbesonnener und unredlicher Geschichtsschreiber Sowjetrußlands sein zu wollen, wo ich doch behaupte, ein verständiger und redlicher Historiker Deutschlands zu sein? Ich würde jeden Augenblick Gefahr laufen, der Leichtfertigkeit oder des Widerspruchs bezichtigt zu werden. Ich liefe Gefahr, wider Willen zum Spielball einer Propaganda zu werden, die mir nicht uninteressiert zu sein scheint. Ich finde es ebenso schwierig, die sowjetischen Führer der Ungeheuerlichkeit anzuklagen, wie die Deutschen. Ich sehe nicht ein, weshalb ich es bei den Einen lieber tun soll, als bei den Anderen. Wenn man mir mit sicheren Beweisen dargelegt haben wird, daß das Sowjetregime eine Politik systematischer Ausrottung seiner Gegner mittels der Verschicktenlager eingerichtet und betrieben hat, werde ich das bestimmt sagen. Im Augenblick finde ich aber nicht, daß die beigebrachten Dokumente ausreichen, um eine solche Feststellung zu erlauben. Ich werde mich also nicht an einer Kampagne beteiligen, die hauptsächlich eine Kampagne der Aufreizung zum Haß und zum Krieg zu sein scheint. Ich möchte mit meinem Urteil über diesen Punkt zurückhaltend sein. Lieber will ich 'ein gutes Argument verlieren, als es einer Gefahr aussetzen. Ich bin Antikommunist, das habe ich nie verheimlicht. Das scheint mir aber kein Grund zu sein, plötzlich zu einem unverständigen Kopf oder zu einem unredlichen Menschen zu werden.

Meine Aktenunterlagen sind übrigens auch ohnehin umfangreich und traurig genug. Man darf daher nicht erstaunt sein, wenn immer mehr Menschen glauben, daß es der Krieg ist, der in verhängnisvoller Weise das Verbrechen gebiert und glauben, daß kein Krieg zu führen sei, ohne daß man zu Handlungen gedrängt wird, die man nicht billigt und nicht kaltblütig begeht, die aber durch die Umstände und die Heftigkeit des Kampfes nahezu unvermeidlich werden.

Eine belgische Zeitung, die über zwei Artikel der „Chicago Tribune" berichtet, die ich nicht in Händen habe, kommt hierüber zu folgendem Urteil:

„Unter dem Datum vom 12. März 1949 berichtet die „Chicago Tribune" das harte Wort des US-Richters van Roden: „Wenn Gerechtigkeit Platz greifen soll, dann müßte man die ganze amerikanische Armee nach den Vereinigten Staaten zurückführen, um sie dort abzuurteilen". Dieselbe

Zeitung (13. September 1948) verlangte schon diejenigen amerikanischen und englischen Verantwortlichen wegen „Verbrechen gegen die Menschlichkeit" abzuurteilen, welche die Blutbäder unter der deutschen Zivilbevölkerung durch die „area bombing", die Bombenteppiche, und ebenso die Atombombenangriffe auf Japan vorbereitet hätten; dies seien Kriegssitten, die sogar einem Attila Schande gemacht hätten." (General J. F. C. Fuller)."

Wir Franzosen halten uns für ein sehr intelligentes Volk und glauben, daß unser Denken weiter reicht und rascher geht, als das der Amerikaner; und dennoch sind es die amerikanischen und nicht die französischen Schriftsteller, die den Mut haben, offen die Folgerungen zu ziehen, zu denen man eines Tages wohl kommen muß. Ich bitte um Erlaubnis, nochmals Freda Utley, von der ich bereits gesprochen habe, zitieren zu dürfen. Sie scheint mir ein besseres Abbild des amerikanischen Gewissens zu sein, als die allzu berühmte Mrs. Roosevelt. Sie schreibt am Ende ihres Buches:

„Im Vergleich zu den Gewalttaten, den Morden, den Diebstählen der sowjetischen Armee am Ende des Krieges, der Sklaverei, dem Hunger, den Morden, die heute noch in der Ostzone wüten und im Vergleich zu der von den Polen und Tschechen vorgenommenen Austreibung der Bevölkerung, sind die von den Deutschen begangenen Kriegsverbrechen und Verbrechen gegen die Menschlichkeit, die in Nürnberg mit Tod oder lebenslänglicher Haft gesühnt wurden, von geringer Bedeutung... Es ist mehr als Zeit, daß wir aufhören, die Deutschen schuldig zu sprechen, denn es gibt kein einziges Verbrechen der Nazis, das wir nicht selbst begangen hätten, die Vernichtungsangriffe durch Bomben, die Massenaustreibungen und Enteignung von 12 Millionen Deutschen wegen ihrer Nationalität, die systematische Organisierung der Hungersnot während der ersten Okkupationsjahre, die Verwendung von Kriegsgefangenen als Arbeitssklaven, die Konzentrationslager der Sowjets und die Plünderungen, die von Amerikanern wie von den Sowjets begangen wurden ... Ein ganz klein wenig Geschichtskenntnis würde genügen, um die allgemein verbreitete Ansicht zum Verschwinden zu bringen, daß die Deutschen von Natur aus aggressiver wären als die Engländer, die Franzosen oder irgend ein anderes Volk. Jedes Volk wurde Angreifer nach seiner Art, entsprechend seiner Kraft, seinen Mitteln und dem Ehrgeiz seiner Herren."

Ich will keine Schlüsse ziehen, das habe ich schon gesagt. Ich zitiere hier nur Dokumente.

Ich wiederhole auch, diese Dokumente sollten vor einem Gericht verlesen werden. Die Umstände brachten es nun mit sich, daß sie der Öffentlichkeit vorgelegt werden. Damit wird ihr Sinn aber nicht verändert. In der Lage, in der wir uns heute befinden, ist es sogar wichtig, daß die Fragen, die ich stelle, in aller Klarheit gestellt werden. Darum fasse ich das, was ich hervorheben wollte, in nachstehenden drei Punkten zusammen:

1. Das Nürnberger Urteil wird heute in allen Ländern der Welt angefochten und zwar in genau so heftigen Worten, wie ich sie gebraucht habe. Es ist nur noch die Frage, ob Frankreich jetzt außer den Nationen unter sowjetischer Kontrolle das einzige Land der Welt ist, in dem dieses Urteil nicht kritisiert werden darf.

2. Sowohl im Prozeß gegen die führenden Männer des Reiches, wie auch den späteren Prozessen, die den ersten Prozeß vervollständigen sollten, ist die in Nürnberg geführte Untersuchung in mehreren Fällen mit bedauerlichen, oft von freiwilligen oder absichtlichen Unterlassungen begleiteten Methoden durchgeführt worden, die nun das Ergebnis haben, daß auf die gesamte, den Richtern vorgetragene Berichterstattung Zweifel fallen. Es fragt sich, ob es unter diesen Bedingungen angängig ist, mit seinem Urteil über die der Weltmeinung zur Kenntnis gebrachten Tatsachen zurückzuhalten und ob es gesetzwidrig ist, bei diesem Stoff sich zur Vorsicht zu bekennen.

3. Die Berichte, die man über das zusammentragen kann, was gemeinhin deutsche Greuel genannt wird, versuchen zu zeigen, daß das Bild, das von diesen Greueln dem Nürnberger Gericht dargestellt wurde, eine gewisse Übereilung verrät, und daß es nicht frei genug von jenen Leidenschaften ist, die der Krieg hervorgerufen hat. Dieses Bild fordert zu Berichtigungen auf, die einzig und allem die Geschichte bringen kann. Der Anstand wie das Interesse unseres Landes machen es uns zur Pflicht, die Zeit für die Inangriffnahme dieser Aufgabe nicht endlos

hinauszuschieben. Darum wollte ich, daß sich in unserem Lande eine Stimme für das erhöbe, was nach meinem Dafürhalten Wahrheit und Gerechtigkeit ist. Sind in einem Lande, das einst wegen der Freiheit seiner Urteile und seines Edelmutes berühmt war, solche Stimmen von nun an verboten? Ich glaube nicht, daß das der Sinn ist, den der Gesetzgeber einem Gesetzestext zu geben wünschte, der in einer Zeitspanne anarchistischer Attentate angenommen wurde, um einer Ermutigung jener Leute vorzubeugen, die Bomben nach den Fahrzeugen der Staatsoberhäupter schleuderten.

SCHLUSSFOLGERUNG

Die Rechtspflege der Menschen ist nie ohne Berufung. Die Gewalt mag wohl schon ein Urteil vorschreiben: sie hat aber nicht die Macht, ihm Dauerhaftigkeit zu verleihen. Inmitten des Rachegeschreies und des Aufruhrs der Leidenschaften gefällt, ist das Nürnberger Urteil kein ehrliches Urteil und konnte das auch nicht sein. Es wird von der Geschichte ganz unvermeidlich revidiert werden, wenn die Zukunft das noch weiter bestehen läßt, was man früher „Die Geschichte" nannte.

Wer vermöchte allen Ernstes zu glauben, daß ein Krieg, und vor allem ein politischer Krieg, wie es der zweite Weltkrieg war, stattfinden könnte, ohne von jener Erscheinung begleitet zu werden, die man früher „Lügenpropaganda" genannt hat? Ist denn jede Reaktion auf jene „Lügenpropaganda" verboten? Sind gewisse Dinge darum etwa unantastbar, weil zu viele Sonderinteressen des Regimes aufs Spiel gesetzt würden? Worin sind wir dann aber noch ein „freies Land", und was werfen wir eigentlich Sowjetrußland vor?

Einige Jahre nach dem ersten Weltkrieg ließ Lord Ponsonby ein berühmt gewordenes Buch erscheinen, in welchem er die Lügen der alliierten Regierungen über die „deutschen Greuel" von 1914 aufdeckte. Die Linkspresse, die damals ihre guten Gründe hatte, unterstützte dieses Streben nach einer objektiven Geschichtsschreibung. Eine internationale Kommission bestätigte die von Lord Ponsonby veröffentlichten Dokumente und wenig später veröffentlichte der amerikanische Historiker Norton Cru nach den Dokumenten, welche die Staatskanzleien endlich der Öffentlichkeit bekannt gaben, eine Geschichte des Krieges, die in Europa Aufsehen erregte, weil sie das von der Legende noch übriggebliebene völlig austilgte. Man wurde sich nun darüber klar, daß die alliierten Regierungen über die Vorgänge, die zur Kriegserklärung geführt hatten, über die Kriegführung sowie die Ereignisse und Operationen ständig gelogen hatten. Die Regierungen hatten für ihre Lügen allerdings triftige Gründe gehabt: kein Mensch hätte mehr ein Gewehr in die Hand genommen, wenn man ihm die Wahrheit gesagt hätte.

Aber leben wir denn noch immer im Kriege? Ist die von den Siegern errichtete „neue Ordnung" so zerbrechlich, daß sie den starken Wind der Wahrheit nicht ertragen kann? Zehn Jahre hat es gedauert, ehe man wagte, einige ehrliche und genau zutreffende Seiten über den ersten Weltkrieg zu schreiben. Werden wir jetzt fünfzig Jahre benötigen, um die Geschichte des zweiten Weltkrieges zu schreiben? Wo sind die Dokumente, die gestatten, die Dinge so darzustellen, wie sie abgelaufen sind und nicht wie sie die Propaganda uns vorsetzt? In den Kellern des Pentagons[1], wo sie für uns unzugänglich sind und im sowjetischen Gewahrsam in Schlupfwinkeln, die für die Ausarbeitung der Wahrheit wenig geeignet sind. Im Jahre 1945 war die Jagd auf Menschen mit der Jagd nach den Archiven verbunden. Da die Wahrheit genau so gefährlich war, wie die Menschen, hat man auch sie unter strengen Arrest gestellt. Washington, Moskau, London und Paris sind weiter entfernte Gefängnisse und noch haltbarer verriegelt, wie Werl und Spandau. Es gibt ja so viele verschwiegene Mittel, um der Geschichte einen Maulkorb anzulegen! Ist Ihnen bekannt, was die französische Regierung mit den Dokumenten gemacht hat, die die deutsche Besetzung in Frankreich betreffen? Sie hat sie in Bausch und Bogen dem Nationalarchiv einverleibt. Eine anscheinend tadellose Entscheidung, die nur den einen Nachteil hat, daß die unabänderliche Regel dem Nationalarchiv die Mitteilung zeitgenössischer geschichtlicher Dokumente vor Ablauf von fünfzig Jahren an jedermann verbietet.

So hat man das Kunststück fertiggebracht, und zwar gut. Das Nürnberger Gericht hat die für die Anklage nützlichen Dokumente ausgesucht. Dann schließen sich die Nationalarchive für die anderen, die für die Verteidigung unerläßlich sind. Man gibt uns auf diese Weise recht deutlich zu verstehen, daß man keine andere Geschichtsschreibung dieses Zeitabschnittes wünscht, als sie die Richter geschrieben haben, selbst wenn man gegen sie Einspruch erhebt. Themis[2] hat ihre schwere Hand auf die Schulter der Wahrheit gelegt. Und wenn Klio[3] allein und

---

[1] Pentagon = Fünfeck, das Kriegsministerium der U.S.A.
[2] Themis, griechische Göttin der Gerechtigkeit.
[3] Klio, griechische Muse der Geschichtsschreibung.

schüchtern vorgeht und ihren Schutzbefohlenen sehen will, verschließt man ihr die Türen zu den Kerkermeistern.

Wird eines Tages dieses bittere Zwiegespräch kommen, ohne das es keine Ehrlichkeit, keine aufrichtige Verständigung zwischen den Völkern, kein gemeinsames Schicksal und keine Zukunft gibt, wird eines Tages das notwendige Zwiegespräch zwischen Themis und Klio, zwischen der Jungfrau ohne Gewissen und der weisen Jungfrau kommen? Die Gewissenlosigkeit ist ansteckend, wird Klio ihrerseits nicht wahnsinnig werden? Denn die Theologen überwachen sie und man fühlt, daß sie nicht geneigt sind, Klio irgend etwas sagen zu lassen.

Ihre Kirche könnte durch Klios Weisheit ja in Gefahr geraten. Alle Wahrheiten können nicht gut gesagt werden, das wird man ihr wohl zu verstehen geben. Und vielleicht träumen wir noch mit einigem Erstaunen von einem Zeitalter, in dem es noch Geschichtsschreiber gab, bei denen man manchmal — wenn auch nur von weitem und verschwommen — das Antlitz der Wahrheit entdecken konnte, von jenem sonderbaren Mittelalter der Politik, in dem einst Klio vorherrschend war.

Denn wir sehen das Zeitalter heraufziehen, in dem Klio nichts mehr gelten wird. Sie wird ihr Diadem und ihr unbeflecktes Gewand verloren haben; sie wird den Palast der Zeit durcheilen, einen Schlüsselbund in der Hand, der nichts mehr öffnet und um ihr Leben zu fristen, wird sie gewissenhaft die Parkette[1] der Themis bohnern. Wie ungleich ist doch die Partie zwischen ihnen schon geworden! Themis verfügt über Milliarden; sie mobilisiert die amerikanische Armee; ihre in die Jeeps gestiegenen Schreiber folgen den motorisierten Panzerspähwagen, um die Divisionsstabsquartiere auszuräumen; riesige Lastwagen, vollgepfropft mit den Archiven der ganzen Welt, ergießen sich in ihren Hof und die Diener der Themis wählen die Nahrung aus, die der Göttin genehm ist und räumen in tiefen Panzerschränken alles aus dem Wege, was ihren Geruchsinn verletzt. Sie spricht in vier Sprachen[2], sie ist mit einer Art dreifacher Krone geschmückt, von der schon Nebukadnezar geträumt haben könnte und die ihr erlaubt, sich in einem einzigen Augenblick an

---

[1] Parkett: Wortspiel. Parkett heißt im Französischen nicht nur Parkettfußboden, sondern auch Gerichtssaal und Staatsanwaltschaft.
[2] Anspielung auf den Nürnberger Prozeß, bei dem in vier Sprachen verhandelt wurde.

ihre Untertanen in der ganzen Welt zu wenden: sie hat die Presse, sie verfügt über das Radio, jedes ihrer Worte findet in der ganzen Welt Widerhall. Ganz nach ihrem Wohlgefallen läßt sie Entsetzen, Zorn, Haß, die Sättigung des Blutdurstes gebären; aber das genügt ihr noch nicht, denn da sie Gewissensbisse hat, ist sie auch Bauchrednerin und bringt nötigenfalls die Angeklagten in der von ihr gewünschten Weise zum Reden. Sie ist keine große Dame, wie der gute Dumas sagte, sondern ein Industriekapitän. Sie bezieht Geld aus dem Propagandabudget und man rechnet mit ihr nicht ab, denn sie arbeitet stets mit Überschuß. So sieht Themis aus, die unsere Väter für eine Göttin hielten und die sich in die Staatsgeschäfte mit einem Erfolg eingemischt hat, der nicht mehr zu leugnen ist.

Ihr gegenüber hat die arme Klio, deren jämmerliche Miene schon Peguy[1] beunruhigte, nichts was beruhigen könnte. Sie hat es nicht fertiggebracht, modern zu werden. Sie ist eine arme kleine Muse, eine ihrem Handwerk treue Unschuld vom Lande geblieben: sie macht stets den Eindruck, als stecke sie in Holzschuhen. Sie ist dickköpfig und stolz, aber sie bewegt unser Herz zu allem, denn so waren die Mädchen von einst, jene Mädchen, welche die Menschen auf der großen Reise geleiteten und schützten, die sie bis auf uns Heutige gemacht haben, wie man uns in der Schule gelehrt hat. Sie und auch die anderen Mädchen, hauptsächlich aber sie, die Stolzeste, sind für die Männer des Abendlandes eine ihrer Lebensgrundlagen, eines der Geheimnisse ihrer Größe gewesen und manchen von ihnen — das dürfen wir nicht vergessen — gaben sie sogar die Grundlage zum Sterben. Sie waren unser althergebrachtes Erbe, diese Töchter Griechenlands, die Töchter der Weisheit, genau wie unser Boden, wie unsere Gesetze. Sie bildeten eine Einheit mit unserem Boden und unsere Gesetzen, deren geistiger Gehalt und deren Seele sie waren. Dies alles verlieren wir nun zusammen und es ist gerecht so. Es ist unvermeidlich, daß wir gleichzeitig mit dem reelen Besitz unseres Bodens auch unsere Gesetze und unsere Götter verlieren. Alle Eroberungen gleichen einander: man tötet die Menschen, man nimmt ihnen die Felder fort, dann reißt man die Tempel ein. Wenn wir einmal Flüchtlinge in diesem Abendland sind, das wir nicht zu

---

[1] Peguy, Charles, französischer Schriftsteller und Mystiker (1875—1914).

verteidigen Vermochten, wird Klio eine Fremde sein.

Etwas Anderes wird wohl kaum gesagt werden können, wenn es eines Tages zur Aussprache zwischen Themis und Klio kommen sollte. Vielleicht aber hat Themis die Klio schon endgültig ersetzt. Das hängt von uns ab. Wenn wir es fertigbringen, wieder Herren unseres Landes und unseres Schicksals zu werden, dann werden wir auch unseren Seelen jene Nahrung sichergestellt haben, ohne die sie nicht auskommen können und die jahrhundertelang ihnen Kraft und Wohlbefinden brachte. Gelingt uns dies aber nicht, dann wird Themis über unsere Herzen herrschen. Das würde alsdann zu unserem Leben gehören wie die Camelzigaretten, der Hot-Jazz, das Coca-Cola und die Waschmaschinen.

Ich weiß nicht, was in einer so verstandenen Welt aus den Menschen werden würde, die das Unglück haben, dem Kult der Wahrheit zu huldigen. Wahrscheinlich würden sie sich an die Camels und die Waschmaschinen gewöhnen und niemand zwänge sie, die Bars zu besuchen. Aber das Denken ist ein lebendiges Ding, es ist wie eine Pflanze und leidet, wenn es niemals an Luft und Sonne kommt. Ich stelle mir vor, daß in einer solchen Welt jene Menschen, die Träger der abendländischen Tradition beinahe in der Form sind, wie man Bazillenträger ist, schließlich einen eigenen Menschenschlag heranbilden, eine geistige Familie, ähnlich jenen französischen Jansenisten[1], die, Port Royal treu, bis zur Mitte des XIX. Jahrhunderts unter sich selbst lebten. Sie werden an nichts glauben, denn sie kennen den Preis eines jeden Wortes der Themis. Sie werden sich untereinander an Zeichen erkennen, die Anderen unzugänglich sind, an ihrer Vorliebe für einen Vornamen, für eine Farbe, für ein Buch, für ein Lied. Sie werden bestimmt vollendete Staatsmänner sein, da Machiavelli vom Souverän vollkommene Gefühllosigkeit fordert. Sie werden für keinen in den Tod gehen, sondern dafür Sorge tragen, stets auf der Seite des Stärkeren zu stehen. Sie werden jener Wurm in der Frucht sein, der alle Verfallserscheinungen begleitet. Sie werden Grimassen schneiden

---

[1] Jansenismus: Eine von dem belgischen Bischof Jansen aus Ypern um 1600 begründete theologische Lehre, die Ähnlichkeit mit dem Kalvinismus hatte. Das Kloster Port Royal in Paria war der Hauptsitz. Trotz wütender Verfolgungen durch Jesuiten und päpstlicher Bannbullen auch heute noch nicht ganz ausgestorben. Anhänger dieser Lehre waren zahlreiche Denker jener Tage.

und nur für sich und ihre Brüder ein Herz haben. Sie werden Gesten machen und alles von sich weisen. Dieses Sich-allem-versagen wird ihre allerletzte Zuflucht sein. Allein noch ihr Herz wird um jenen Rest von Erhabenheit wissen, dessen sie sich nicht erwehren können und um ihre Liebe zu dem, was niedergerungen wurde.

BEREITS VERÖFFENTLICHT

www.omnia-veritas.com

www.ingramcontent.com/pod-product-compliance
Lightning Source LLC
Chambersburg PA
CBHW071312150426
43191CB00007B/600